2015ANTIQUES AUCTION RECORDS

拍卖年鉴 全彩版

2014.1.1～2014.12.31

欣弘 主编

图书在版编目(CIP)数据

2015古董拍卖年鉴·珠宝翡翠 / 欣弘主编.—长沙：湖南美术出版社，2015.3
ISBN 978-7-5356-7153-0

I. ①2… II. ①欣… III. ①历史文物－拍卖－价格－中国－2015－年鉴②宝石－拍卖－价格－中国－2015－年鉴③翡翠－拍卖－价格－中国－2015－年鉴 IV. ①F724.787-54

中国版本图书馆CIP数据核字(2015)第019405号

2015古董拍卖年鉴·珠宝翡翠

主　　编：欣　弘
策　　划：易兴宏　李志文
责任编辑：李　坚

湖南美术出版社出版发行(长沙市东二环一段622号)
湖南省新华书店经销
雅昌文化(集团)有限公司制版、印刷
(本书采用CTP工艺制版、印刷)
开本：787×1092　1/16　印张：15
2015年3月第1版　2015年3月第1次印刷
ISBN 978-7-5356-7153-0
定价：118.00元

邮购联系：0731-84787105　邮编：410016　网址：http://www.arts-press.com/
电子邮箱：market@arts-press.com
如有倒装、破损、少页等印装质量问题，请与印刷厂联系斟换。

目　　录

凡 例

1.《2015古董拍卖年鉴》分瓷器卷、玉器卷、杂项卷、珠宝翡翠卷、书画卷共五册。收录了纽约、伦敦、香港、澳门、台北、北京、上海、广州、昆明、天津、重庆、成都、安徽、云南、南京、西安、沈阳、济南等城市或地区的几十家拍卖公司几百个专场的2014年度拍卖成交记录与拍品图片。

2.本书内文条目原则上保留了原拍卖记录，按拍品号、朝代、品名、估价、成交价、尺寸、拍卖公司名称、拍卖日期等排序，部分原内容缺或不详的，即不注明，书画卷内文条目还有作者姓名、作品形式、创作年代等内容。

3.因境外拍卖公司宿地不同，本书拍品中有多种币种：RMB人民币，USD美元，EUR欧元，GBP英磅，HKD港币，TWD台币。但本书所有拍品成交价均采用按汇率转换成RMB(人民币)币种。

4.需查看更多图片资料，请登陆“www.artron.net”进入“中国艺搜”栏目，输入要查看拍品的完整名称或名称的关键词语点击搜索即可。

佩玩件

佩

8692 清中期 红翡巧雕灵猴献寿佩
估 价：RMB 60,000～80,000
成交价：RMB 69,000
长6.5cm 北京保利 2014.06.06

6934 清 翡翠透雕灵芝鹦鹉佩
估 价：RMB 80,000～120,000
成交价：RMB 126,500
长5cm 北京保利 2014.12.05

3463 清 翡翠螭龙纹佩
估 价：RMB 180,000～280,000
成交价：RMB 207,000
高4cm 中国嘉德 2014.11.20

623 清 翠雕福寿延年纹佩
估 价：RMB 150,000
成交价：RMB 302,400
高5.7cm 天津文物 2014.11.15

3822 19世纪 翡翠透雕莲花鱼鹤佩
估 价：HKD 300,000～400,000
成交价：RMB 296,625
长5cm 香港苏富比 2014.10.08

183 清 粉红碧玺封侯佩
估　价：RMB 40,000～60,000
成交价：RMB 44,800
3cm×4cm 上海国拍 2014.05.18

1806 翡翠花件（一对）
估　价：HKD 150,000～200,000
成交价：RMB 148,313
长4.52cm，长4.17cm 香港苏富比 2014.10.07

1896 翡翠“兰花”花件
估　价：HKD 600,000～700,000
成交价：RMB 593,250
高5.6cm 香港苏富比 2014.10.07

3363 清 翡翠双欢
估　价：HKD 300,000～400,000
成交价：RMB 804,000
长3.5cm 佳士得 2014.05.28

80 翡翠吉祥福佩
估　价：RMB 450,000～600,000
成交价：RMB 517,500
直径5.6cm 上海金艺 2014.07.04

4583 翡翠木纳种“观音”佩
估 价：RMB 120,000～160,000
成交价：RMB 138,000
高6.3cm 中鸿信 2014.11.23

1630 粉红色碧玺雕件
估 价：HKD 30,000～40,000
成交价：RMB 128,375
高5.3cm 香港苏富比 2014.04.07

556 王朝阳 翡翠 梵香
估 价：RMB 900,000～1,600,000
成交价：RMB 1,035,000
高42cm 银座国际 2014.06.01

3225 巧雕翡翠四君子佩
估 价：HKD 4,200,000～6,000,000
成交价：RMB 4,806,907
长6.7cm 保利香港 2014.10.07

557 王朝阳 翡翠 宝相
估 价：RMB 1,200,000～1,800,000
成交价：RMB 1,380,000
高5.0cm 银座国际 2014.06.01

79 翡翠双龙佩
估 价：RMB 1,700,000～1,900,000
成交价：RMB 1,955,000
高5.2cm 上海金艺 2014.07.04

翎管

3717 清 翡翠翎管
估 价：RMB 200,000～220,000
成交价：RMB 356,500
长6cm 北京匡时 2014.12.03

565 清 翠翎管
估 价：RMB 35,000
成交价：RMB 140,000
长6.8cm 天津文物 2014.05.16

牌

336 19世纪 翠玉镂雕双龙戏珠纹牌
估 价：USD 6,000～8,000
成交价：RMB 99,694
长7cm 纽约苏富比 2014.03.18

252 冰种飘花翡翠龙牌
估 价：RMB 450,000～500,000
成交价：RMB 460,000
重72.7g 北京艺融 2014.12.08

1206 冰种翡翠平安牌
估 价：RMB 250,000～300,000
成交价：RMB 287,500
直径5.7cm 东拍国际 2014.07.31

216 冰种满绿翡翠螭龙圆牌
估 价：RMB 900,000～1,000,000
成交价：RMB 1,012,000
重34.9g 北京艺融 2014.12.08

607 墨翠龙牌挂坠
估　价：RMB 400,000～600,000
成交价：RMB 575,000
6.9cm×5.2cm 荣宝斋（上海） 2014.05.09

538 黄翡凤凰牌（一对）
估　价：RMB 10,000～20,000
成交价：RMB 14,560
长6.7cm×2　未来四方 2014.05.23

835 高冰八宝纹翡翠圆牌（一对）
估　价：RMB 750,000～800,000
成交价：RMB 2,737,000
直径5.2cm 北京艺融 2014.06.03

837 高冰飘花翡翠财源滚滚圆牌
估　价：RMB 450,000～480,000
成交价：RMB 517,500
直径5.0cm 北京艺融 2014.06.03

205 满色翡翠链牌
估　价：RMB 1,800,000～2,200,000
成交价：RMB 2,016,000
重量53.5g 北京荣宝 2014.08.24

4591 翡翠冰种飘紫飘绿花自在观音牌
估　价：RMB 600,000～750,000
成交价：RMB 690,000
高7cm 中鸿信 2014.11.23

842 紫罗兰翡翠龙牌
估　价：RMB 350,000～400,000
成交价：RMB 1,104,000
直径4.9cm 北京艺融 2014.06.03

573 翡翠素面平安无事牌配钻石挂件
估　价：RMB 550,000～800,000
成交价：RMB 632,500
高5.8cm 银座国际 2014.06.01

836 糯冰种千手观音翡翠牌
估　价：RMB 250,000～300,000
成交价：RMB 759,000
直径6.9cm 北京艺融 2014.06.03

6931 清 翡翠莲荷牌
估　价：RMB 80,000～120,000
成交价：RMB 109,250
长6.5cm 北京保利 2014.12.05

1149 黄翡“指日高升”方牌
估　价：RMB 300,000～400,000
成交价：RMB 345,000
高7.8cm 华艺国际 2014.09.28

扳 指

180 清 翡翠扳指
估　价：RMB 50,000～80,000
成交价：RMB 89,600
内径2cm 武汉中信 2014.10.23

3165 清 翡翠扳指
估　价：RMB 60,000～80,000
成交价：RMB 97,750
高2.5cm 西泠拍卖 2014.12.13

带 钩

578 清 翡翠巧雕螭纹龙首带钩
估　价：RMB 50,000
成交价：RMB 89,600
长9.2cm 天津文物 2014.11.15

3178 清 翡翠雕苍龙教子带钩
估　价：RMB 120,000～150,000
成交价：RMB 138,000
长8.5cm 西泠拍卖 2014.05.06

1845 翡翠挂勾（一对）
估　价：HKD 380,000～580,000
成交价：RMB 374,775
长2.63cm 佳士得 2014.11.25

686 清 翡翠龙纹带扣（一对）
估　价：RMB 250,000～350,000
成交价：RMB 299,000
长9cm；长10cm 北京保利 2014.01.11

珠 串

428 七彩碧玺正圆提珠
估　价：RMB 380,000～450,000
成交价：RMB 437,000
直径0.18cm×28 浙江世贸 2014.04.13

6284 清 翠玉带珊瑚朝珠
估　价：RMB 100,000～200,000
成交价：RMB 759,000
长119cm 北京保利 2014.06.04

3174 清 珍珠十八子手串
估　价：RMB 30,000～50,000
成交价：RMB 74,750
西泠拍卖 2014.05.06

2451 清 原配全套金珀朝珠（108粒）
估　价：RMB 50,000～80,000
成交价：RMB 92,000
北京翰海 2014.05.10

吊 坠

6930 清 翡翠福禄坠
估　价：RMB 100,000～150,000
成交价：RMB 161,000
长5.5cm 北京保利 2014.12.05

5069 清 双色碧玺松鼠蔬果坠
估　价：RMB 28,000～32,000
成交价：RMB 34,500
高4cm 北京翰海 2014.10.26

9651 110克拉海水蓝宝石竹节型吊坠
估　价：RMB 100,000～160,000
成交价：RMB 115,000
主石长6.57cm 北京保利 2014.06.06

4189 清中期 黄碧玺双欢挂坠
估　价：RMB 45,000～50,000
成交价：RMB 55,200
长4.7cm 北京匡时 2014.06.04

4628 18K白金镶钻翡翠辣椒
估　价：RMB 80,000～100,000
成交价：RMB 115,000
高4.2cm 中鸿信 2014.11.23

1400 民国 翡翠年年有余坠
估　价：RMB 10,000～20,000
成交价：RMB 28,750
长5.5cm 北京保利 2014.10.26

9647 105.11克拉粉色紫锂辉石吊坠
估　价：RMB 65,000～90,000
成交价：RMB 103,500
主石长3.8cm 北京保利 2014.06.06

76 18K白金翡翠“观音”吊坠
估 价：HKD 880,000～950,000
成交价：RMB 855,255
翡翠长4.86cm 香港拍得高 2014.06.21

4619 18K金镶翡翠满绿色弥勒佛吊坠
估 价：RMB 100,000～130,000
成交价：RMB 7,820,000
高1.9cm 中鸿信 2014.11.23

917 18K金翡翠观音镶钻吊坠
估 价：RMB 1,600,000～1,800,000
成交价：RMB 2,300,000
5.3cm×3.3cm 江苏爱涛 2014.07.06

676 18K金猫眼2.64克拉配钻石项坠
估 价：RMB 10,000～14,000
成交价：RMB 11,200
未来四方 2014.05.23

4533 18K白金镶钻翡翠平安豆挂坠
估 价：RMB 60,000～80,000
成交价：RMB 92,000
高3.9cm 中鸿信 2014.11.23

4576 18K金镶黄翡翠弥勒佛吊坠
估　价：RMB 80,000～110,000
成交价：RMB 92,000
高3cm 中鸿信 2014.11.23

11502 18K金镶嵌满绿玻璃种翡翠坠子
估　价：RMB 2,600,000～3,600,000
成交价：RMB 2,990,000
长3.5cm 北京博观 2014.07.06

669 18K金红碧玺钻石吊坠
红碧玺17.246ct；配钻石0.723ct
估　价：RMB 70,000～80,000
成交价：RMB 78,400
未来四方 2014.05.23

2580 18K金镶钻冰种满绿翡翠弥勒项坠
估　价：RMB 450,000～650,000
成交价：RMB 450,000
高2.9cm 北京九歌 2014.12.17

647 18K金钻石双色粉碧玺21.69克拉项坠
估　价：RMB 110,000～130,000
成交价：RMB 112,000
未来四方 2014.05.23

2522 18K金镶嵌缅甸翡翠“叶件”挂坠
估　价：HKD 150,000～220,000
成交价：RMB 158,675
长3.52cm 保利香港 2014.10.06

1564 5.03克拉浅彩黄色VVS1净度钻石吊坠
估　价：RMB 600,000～800,000
成交价：RMB 782,000
华艺国际 2014.12.09

9649 75.35克拉红色碧玺佛公吊坠
估　价：RMB 80,000～120,000
成交价：RMB 92,000
2.94cm×2.96cm 北京保利 2014.06.06

1227 2.52克拉星光红宝石吊坠
估　价：RMB 38,000～48,000
成交价：RMB 42,560
北京荣宝 2014.06.15

715 阿卡红珊瑚花形挂坠（胸针）
估　价：RMB 85,000～95,000
成交价：RMB 101,200
北京艺融 2014.06.03

861 32.13克拉黑欧泊配镶钻石吊坠
估　价：RMB 150,000～250,000
成交价：RMB 172,500
长2.72cm 北京保利 2014.02.05

4562 白金镶钻满绿翡翠吊坠、戒指、耳坠（四件套）
成交价：RMB 32,200,000
观音高6.7cm；宽4.5cm；戒指直径2.3cm；耳坠高3.7cm 中鸿信 2014.11.23

4523 白金镶钻满翠吊坠、胸针（两件套）
估　价：RMB 450,000～560,000
成交价：RMB 517,500
坠长4.5cm；戒指直径1.7cm
中鸿信 2014.11.23

1687 蚌珠配红宝石及钻石吊坠
估　价：HKD 70,000～90,000
成交价：RMB 98,750
长1.71cm 香港苏富比 2014.04.07

508 白金镶红碧玺51.65克拉挂件
估　价：RMB 380,000～500,000
成交价：RMB 437,000
长3.96cm 银座国际 2014.06.01

9566 白欧泊猫形吊坠
成交价：RMB 20,700
吊坠长3.73cm 北京保利 2014.12.04

2046 冰黄翡“酒仙”挂件
估 价：RMB 300,000～450,000
成交价：RMB 345,000
长6.0cm 华艺国际 2014.05.31

189 冰种翡翠“豆荚”吊坠
估 价：HKD 3,200,000～4,200,000
成交价：RMB 2,979,264
长7.7cm 天成国际 2014.12.07

26 冰种翡翠“福瓜”吊坠
估 价：HKD 3,300,000～4,300,000
成交价：RMB 3,165,468
长7.72cm 天成国际 2014.12.07

1632 冰种翡翠“弥勒佛”配翡翠及钻石吊坠
估 价：HKD 60,000～80,000
成交价：RMB 345,625
弥勒佛高3.71cm 香港苏富比 2014.04.07

1667 冰种翡翠雕“多子多福”配钻石吊坠
估 价：HKD 100,000～150,000
成交价：RMB 237,300
翡翠长6.67cm 香港苏富比 2014.10.07

1717 冰种翡翠“观音”配红宝石及钻石吊坠
估 价：HKD 150,000～200,000
成交价：RMB 247,188
观音长7.01cm 香港苏富比 2014.10.07

247 冰种翡翠观音挂件
估 价：RMB 1,500,000～1,800,000
成交价：RMB 1,495,000
重71.1g 北京艺融 2014.12.08

243 冰种福瓜翡翠挂件
估 价：RMB 2,600,000～2,800,000
成交价：RMB 2,530,000
重107.2g 北京艺融 2014.12.08

214 冰种翡翠巧色雕挂件
估 价：RMB 600,000～700,000
成交价：RMB 678,500
重38.4g 北京艺融 2014.12.08

9798 冰种满绿翡翠观音吊坠
估 价：RMB 1,280,000～1,680,000
成交价：RMB 1,472,000
翡翠长5.26cm 北京保利 2014.12.04

848 冰种满绿翡翠镶钻挂坠
估 价：RMB 400,000～450,000
成交价：RMB 1,012,000
5.4cm×2.4cm 北京艺融 2014.06.03

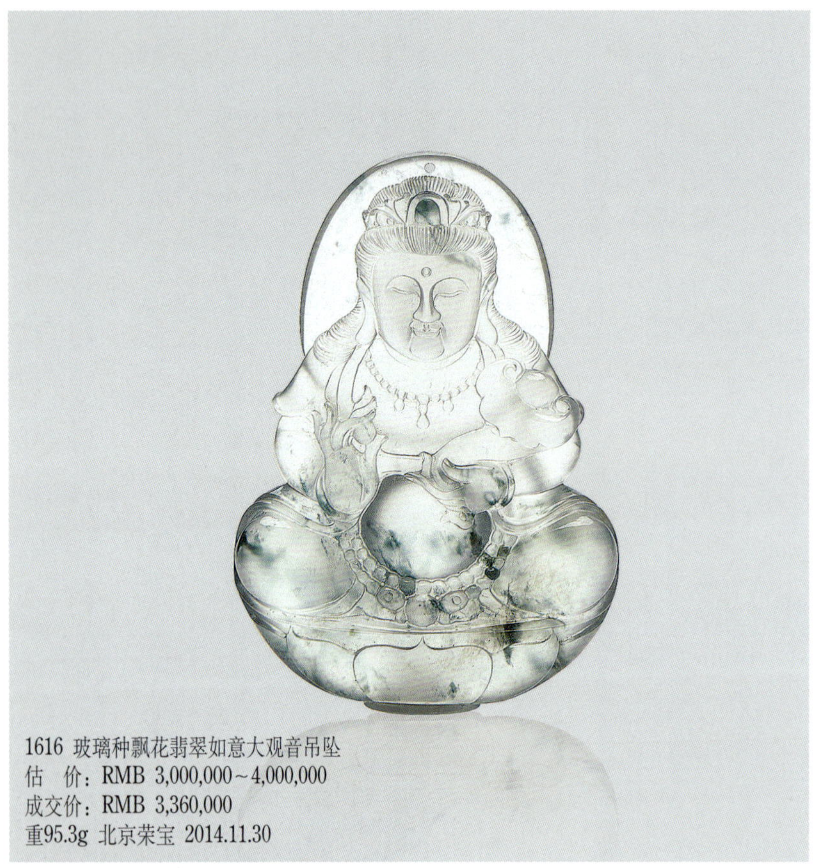

1616 玻璃种飘花翡翠如意大观音吊坠
估 价：RMB 3,000,000～4,000,000
成交价：RMB 3,360,000
重95.3g 北京荣宝 2014.11.30

244 冰种寿桃翡翠挂件
估 价：RMB 3,000,000～3,500,000
成交价：RMB 2,990,000
重89.2g 北京艺融 2014.12.08

84 冰种飘花翡翠观音吊坠
估 价：RMB 780,000～1,080,000
成交价：RMB 897,000
翡翠长7.77cm 北京保利 2014.04.29

211 冰种紫罗兰翡翠福寿挂件
估 价：RMB 3,000,000～3,500,000
成交价：RMB 3,220,000
重44.1g 北京艺融 2014.12.08

1890 冰种飘绿怀古“夔龙拱璧”翡翠挂件
估 价：RMB 300,000～500,000
成交价：RMB 396,750
长3.8cm 上海嘉泰 2014.06.18

38 彩蓝色钻石吊坠
估　价：USD 100,000～1,500,000
成交价：RMB 18,234,750
重9.15克拉 纽约苏富比 2014/11/20

197 翡翠“吉祥”配钻石吊坠
估　价：HKD 11,000,000～15,000,000
成交价：RMB 10,435,920
翡翠长4.46cm 天成国际 2014.06.08

135 翡翠“福瓜”配钻石吊坠
估　价：HKD 3,600,000～4,600,000
成交价：RMB 3,351,672
福瓜长6.8cm 天成国际 2014.12.07

1132 翡翠“禅音”挂件
估　价：RMB 180,000～200,000
成交价：RMB 517,500
高9.5cm 南京经典 2014.04.27

2342 陈世英设计 缅甸翡翠配钻石吊坠耳环
估　价：HKD 2,400,000～4,000,000
成交价：RMB 2,022,400
长2.8cm 保利香港 2014.04.06

1730 翡翠“观音”配钻石吊坠
估　价：HKD 1,200,000～1,400,000
成交价：RMB 1,170,680
观音长5.1cm 香港苏富比 2014.10.07

1664 翡翠“弥勒佛”配钻石吊坠
估　价：HKD 600,000～800,000
成交价：RMB 641,875
弥勒佛长3.03cm 香港苏富比 2014.04.07

1812 翡翠“猕猴献寿”吊坠
估　价：HKD 350,000～450,000
成交价：RMB 346,063
翡翠长3.59cm 香港苏富比 2014.10.07

1817 翡翠“心”配钻石吊坠
估　价：HKD 500,000～750,000
成交价：RMB 543,813
心长2.1cm 香港苏富比 2014.10.07

1882 翡翠“如意”配钻石吊坠
估　价：HKD 380,000～500,000
成交价：RMB 493,750
如意长3.32cm 香港苏富比 2014.04.07

268 翡翠“竹报平安”配钻石吊坠
估　价：HKD 3,800,000～4,800,000
成交价：RMB 3,605,136
竹节长4.36cm 天成国际 2014.06.08

4550 翡翠玻璃种“大观音”挂件
估　价：RMB 1,000,000～1,300,000
成交价：RMB 2,070,000
高9.2cm 中鸿信 2014.11.23

554 翡翠玻璃种葫芦配钻石挂件
估　价：RMB 150,000～200,000
成交价：RMB 172,500
长3.9cm 银座国际 2014.06.01

1804 翡翠雕“佛手”吊坠
估　价：HKD 70,000～100,000
成交价：RMB 177,975
佛手长4.77cm 香港苏富比 2014.10.07

560 翡翠冰种满绿竹节配钻石挂件
估　价：RMB 880,000～1,500,000
成交价：RMB 1,012,000
长4.2cm 银座国际 2014.06.01

1922 翡翠雕“弥勒佛”配钻石吊坠
估　价：HKD 3,200,000～3,800,000
成交价：RMB 4,777,640
弥勒佛高2.92cm 香港苏富比 2014.10.07

1662 翡翠雕“如意”配钻石吊坠/别针
估　价：HKD 350,000～450,000
成交价：RMB 613,025
如意长2.85cm 香港苏富比 2014.10.07

1818 翡翠雕“佛手”吊坠
估　价：HKD 500,000～600,000
成交价：RMB 494,375
佛手长4.49cm 香港苏富比 2014.10.07

1627 翡翠雕“弥勒佛”配钻石吊坠；红翡翠雕“弥勒佛”配钻石吊坠
估　价：HKD 120,000～160,000
成交价：RMB 118,650
弥勒佛高2.48cm 香港苏富比 2014.10.07

1671 翡翠雕“弥勒佛”配钻石吊坠
估　价：HKD 150,000～220,000
成交价：RMB 237,300
弥勒佛高2.38cm 香港苏富比 2014.10.07

1815 翡翠雕“蟠桃”吊坠
估　价：HKD 190,000～250,000
成交价：RMB 217,525
蟠桃长2.87cm 香港苏富比 2014.10.07

1718 翡翠雕“狮子寿桃”配粉红色璧玺吊坠
估　价：HKD 60,000～100,000
成交价：RMB 108,763
吊坠约4.0cm 香港苏富比 2014.10.07

1720 翡翠雕“碗豆”配钻石吊坠
估　价：HKD 150,000～200,000
成交价：RMB 257,075
碗豆长3.12cm 香港苏富比 2014.10.07

1719 翡翠雕“运财童子”吊坠
估　价：HKD 50,000～80,000
成交价：RMB 44,494
长6.05cm 香港苏富比 2014.10.07

1800 翡翠雕“招财进宝”配钻石吊坠
估　价：HKD 60,000～100,000
成交价：RMB 128,538
辣椒长约3.89cm 香港苏富比 2014.10.07

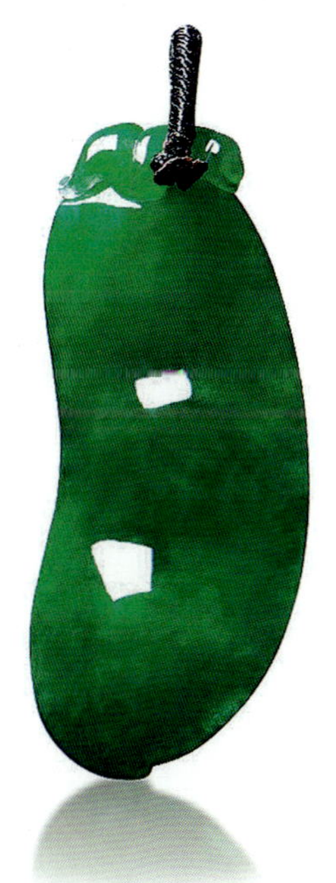

9778 翡翠豆角吊坠
估　价：RMB 48,000～68,000
成交价：RMB 109,250
翡翠长4.27cm 北京保利 2014.06.06

2042 翡翠豆荚吊坠及耳坠套装
估　价：HKD 4,000,000～6,000,000
成交价：RMB 3,818,760
最大豆荚长4.25cm；吊坠长5.4zm，
耳坠长5.3cm 佳士得 2014.11.25

2185 翡翠佛祖挂件
估　价：RMB 1,300,000～1,800,000
成交价：RMB 1,610,000
翡翠长8.4cm 华艺国际 2014.05.31

71 翡翠福瓜挂件
估　价：RMB 1,200,000～1,400,000
成交价：RMB 1,380,000
长5.6cm 上海金艺 2014.07.04

4525 翡翠高冰满阳色葫芦挂件
估　价：RMB 500,000～660,000
成交价：RMB 575,000
高4.2cm 中鸿信 2014.11.23

1124 翡翠福在眼前挂件
估　价：RMB 128,000～158,000
成交价：RMB 147,200
长4.6cm 南京经典 2014.08.04

1581 翡翠仿古“螭龙”挂件
估　价：RMB 800,000～1,000,000
成交价：RMB 943,000
翡翠长6.7cm 华艺国际 2014.12.09

24 翡翠及钻石吊坠
估　价：RMB 600,000～800,000
成交价：RMB 750,000
翡翠长4.82cm 佳士得（上海） 2014.10.24

1409 翡翠金枝玉叶挂件
估　价：RMB 180,000～280,000
成交价：RMB 195,500
长5cm 中贸圣佳 2014.07.06

4551 翡翠糯冰种观音挂件
估　价：RMB 120,000～160,000
成交价：RMB 138,000
高6cm 中鸿信 2014.11.23

75 翡翠连中三元挂件
估　价：RMB 160,000～200,000
成交价：RMB 184,000
长3.9cm 上海金艺 2014.07.04

1668 翡翠配钻石吊坠
估　价：HKD 120,000～160,000
成交价：RMB 217,525
翡翠长3.35cm 香港苏富比 2014.10.07

306 翡翠配钻石吊坠
估　价：HKD 980,000～1,280,000
成交价：RMB 929,746
翡翠长3.53cm 天成国际 2014.06.08

1760 翡翠配钻石吊坠
估　价：HKD 250,000～350,000
成交价：RMB 247,188
蛋面长约2.34cm 香港苏富比 2014.10.07

1762 翡翠配钻石吊坠
估　价：HKD 800,000～1,000,000
成交价：RMB 791,000
梨形翡翠长约3.01cm；圆形翡翠长约1.23cm
香港苏富比 2014.10.07

1759 翡翠配钻石吊坠
估　价：HKD 200,000～280,000
成交价：RMB 296,625
翡翠长2.6cm 香港苏富比 2014.10.07

1920 翡翠配钻石吊坠
估 价：HKD 10,000,000～12,000,000
成交价：RMB 8,099,840
蛋面长约2.28cm；长1.49cm
香港苏富比 2014.10.07

269 翡翠配钻石吊坠、戒指、耳环套装
估 价：HKD 19,000,000～23,000,000
成交价：RMB 17,076,960
蛋面长约2.28cm；戒指长2.39cm；耳环长2.01cm、长2.07cm；钻石共重约8.70克拉，项链长度约59.6cm，戒指尺寸7 天成国际 2014.06.08

571 翡翠叶子配钻石挂件
估 价：RMB 1,100,000～1,800,000
成交价：RMB 1,265,000
长7.5cm 银座国际 2014.06.01

1152 翡翠三彩昭君出塞挂件
估 价：RMB 180,000～200,000
成交价：RMB 207,000
高6.5厘米 南京经典 2014.08.04

87 翡翠如意灵猴挂件
估 价：RMB 950,000～1,100,000
成交价：RMB 1,092,500
长3.9cm 上海金艺 2014.07.04

4505 翡翠紫罗兰色高冰福禄寿挂件
估　价：RMB 800,000～1,000,000
成交价：RMB 920,000
高6cm 中鸿信 2014.11.23

84 瑰丽翡翠“竹报平安”配钻石吊坠
竹节长5.29cm；圆形钻石重1.70克拉，E色VS1净度
估　价：HKD 22,000,000～30,000,000
成交价：RMB 18,620,400
天成国际 2014.12.07

1852 清晚期 粉红色璧玺挂件
估　价：HKD 48,000～65,000
成交价：RMB 108,763
璧玺约长4.91cm 香港苏富比 2014.10.07

215 福寿三多翡翠挂件
估　价：RMB 500,000～600,000
成交价：RMB 517,500
重84.8g 北京艺融 2014.12.08

1664 清晚期 粉红色璧玺吊坠（两件）
估　价：HKD 120,000～160,000
成交价：RMB 148,313
蟠桃高4.12cm；瓶高3.75cm
香港苏富比 2014.10.07

37 瑰丽罕有鲜彩蓝色钻石吊坠
钻石重9.75ct，净度VVS2
估　价：USD 10,000,000～15,000,000
成交价：RMB 200,766,750
纽约苏富比 2014.11.20

1685 海螺珠17.40克拉配钻石“十字架”吊坠
估　价：HKD 300,000～380,000
成交价：RMB 296,250
香港苏富比 2014.04.07

218 荷塘月色 冰种翡翠挂件
估　价：RMB 4,800,000～5,000,000
成交价：RMB 5,175,000
长5.92cm 北京艺融 2014.12.08

806 红碧玺龙凤纹挂坠
估　价：RMB 220,000～250,000
成交价：RMB 253,000
重37g 北京艺融 2014.06.03

1669 红色翡翠雕“如意”吊坠
估 价：HKD 60,000~80,000
成交价：RMB 98,875
如意长2.44cm 香港苏富比 2014.10.07

1247 金丝种老坑翡翠吊坠（一对）
估 价：RMB 150,000~200,000
成交价：RMB 168,000
总重15.4克 北京荣宝 2014.06.15

1227 黄翡观音挂件
估 价：RMB 120,000~200,000
成交价：RMB 322,000
长6.7cm 华艺国际 2014.09.28

220 金枝玉叶.冰种满绿翡翠挂件
估 价：RMB 2,800,000~3,000,000
成交价：RMB 2,530,000
重38.3g 北京艺融 2014.12.08

1776 祖母绿15.50克拉配钻石吊坠
估 价：HKD 280,000~350,000
成交价：RMB 316,000
香港苏富比 2014.04.07

1835 火蛋白石21.47克拉配祖母绿及钻石吊坠
估 价：HKD 120,000~160,000
成交价：RMB 187,863
香港苏富比 2014.10.07

9552 老坑玻璃种帝王绿翡翠“发财”吊坠
估　价：RMB 800,000～1,200,000
成交价：RMB 920,000
翡翠长2.91cm 北京保利 2014.12.04

965 老坑翡翠配钻石观音挂件
估　价：RMB 1,600,000～1,800,000
成交价：RMB 2,415,000
观音长5.6cm 福建东南 2014.10.26

996 老坑帝王绿翡翠弥勒挂坠
估　价：RMB 2,500,000～2,800,000
成交价：RMB 3,680,000
翡翠长2.78cm 福建东南 2014.10.26

1621 满绿翡翠“螭龙”挂件
估　价：RMB 2,000,000～3,000,000
成交价：RMB 2,645,000
翡翠长5.3cm 华艺国际 2014.12.09

1592 满绿翡翠配钻石吊坠
估　价：RMB 4,000,000～5,000,000
成交价：RMB 4,600,000
翡翠长4.7cm 华艺国际 2014.12.09

858 满绿翡翠镶钻葫芦水滴坠
估　价：RMB 680,000～720,000
成交价：RMB 1,598,500
长2.35cm 北京艺融 2014.06.03

9671 满绿翡翠观音吊坠
估　价：RMB 2,500,000～3,500,000
成交价：RMB 2,875,000
翡翠长4.41cm 北京保利 2014.06.06

616 满绿翡翠佛公吊坠
估　价：RMB 480,000～680,000
成交价：RMB 552,000
翡翠长3.63cm 保利厦门 2014.11.02

9673 满绿翡翠叶形挂件
估　价：RMB 900,000～1,200,000
成交价：RMB 1,035,000
翡翠长4.37cm 北京保利 2014.06.06

2058 满绿老坑种翡翠配钻石“如意”吊坠
估　价：RMB 2,000,000～3,000,000
成交价：RMB 3,220,000
翡翠长4.3cm 华艺国际 2014.05.31

2752 缅甸翡翠“聚宝盆”吊坠
成交价：RMB 8,773,772
聚宝盆长4.01cm 保利香港 2014.10.06

856 满绿翡翠镶钻叶坠
估　价：RMB 700,000～780,000
成交价：RMB 1,702,000
长3.5cm 北京艺融 2014.06.03

2264 缅甸翡翠〔辣椒〕吊坠
估　价：HKD 880,000～1,200,000
成交价：RMB 1,023,050
辣椒长约3.31cm 保利香港 2014.04.06

2157 缅甸翡翠〔树叶〕吊坠
估　价：HKD 4,800,000～6,800,000
成交价：RMB 4,202,800
树叶吊坠长4.25cm 保利香港 2014.04.06

3123 墨翠钻石项坠
估 价：RMB 250,000～350,000
成交价：RMB 264,500
长5cm 中国嘉德 2014.05.19

2619 缅甸紫罗兰翡翠配红宝石及钻石挂坠
估 价：HKD 3,200,000～4,500,000
成交价：RMB 2,800,140
蛋面长4.52cm 保利香港 2014.10.06

2614 缅甸翡翠配钻石挂坠
估 价：HKD 260,000～360,000
成交价：RMB 233,345
拱方长2.41cm 保利香港 2014.10.06

1928 缅甸翡翠弥勒佛吊坠
估 价：HKD 320,000～480,000
成交价：RMB 502,500
弥勒长3.63cm 佳士得 2014.05.27

9678 墨翠“四面玲珑”吊坠
估 价：RMB 50,000～80,000
成交价：RMB 86,250
主石长3.72cm 北京保利 2014.06.06

720 南洋金色珍珠挂坠
估　价：RMB 80,000～88,000
成交价：RMB 92,000
北京艺融 2014.06.03

364 青松翠竹－满绿翡翠镶钻方形挂坠
估　价：RMB 1,600,000～1,800,000
成交价：RMB 1,610,000
长5cm 北京艺融 2014.12.08

4549 木纳种翡翠观音挂件
估　价：RMB 80,000～120,000
成交价：RMB 92,000
高8.1cm 中鸿信 2014.11.23

1671 欧泊彩宝吊坠（兼胸针）
估　价：RMB 28,000～35,000
成交价：RMB 31,360
欧泊13.56克拉 北京荣宝 2014.11.30

608 墨翠水月观音挂坠
估　价：RMB 400,000～600,000
成交价：RMB 632,500
长9cm 荣宝斋（上海） 2014.05.09

177 三彩翡翠雕仕女挂件
估　价：RMB 150,000～250,000
成交价：RMB 172,500
长7cm 广州皇玛 2014.01.02

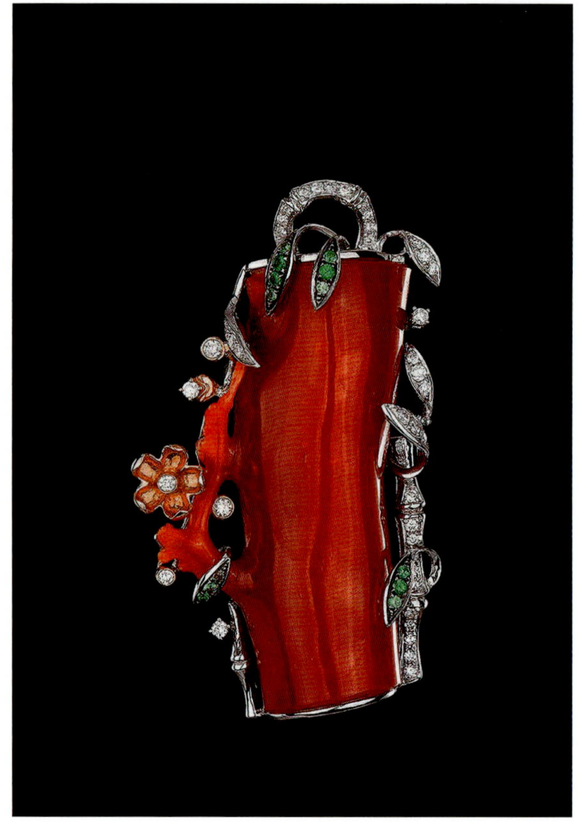

528 珊瑚17.79克配钻石、祖母绿挂件
估　价：RMB 160,000～250,000
成交价：RMB 184,000
银座国际 2014.06.01

9676 山水墨翡翠吊坠
估　价：RMB 28,000～40,000
成交价：RMB 46,000
主石长4.05cm 北京保利 2014.06.06

1210 手工微雕巧色玉髓吊坠（兼胸针）
估　价：RMB 15,000～25,000
成交价：RMB 16,800
总重15.8克 北京荣宝 2014.03.23

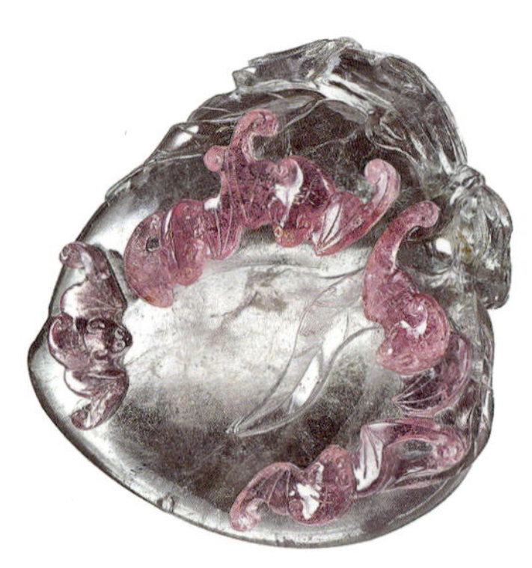

581 绿红双色碧玺雕“五福献寿”坠
估　价：HKD 69,000～80,000
成交价：RMB 63,797
长5.8cm 香港富得 2014.05.24

259 双色冰种翡翠“金蟾献寿”吊坠
估 价：HKD 4,200,000～5,200,000
成交价：RMB 3,910,284
长5.17cm 天成国际 2014.12.07

360 珍罕翡翠“弥勒佛”配钻石吊坠
估 价：HKD 18,500,000～22,000,000
成交价：RMB 17,551,320
弥勒佛长9.7cm 天成国际 2014.06.08

188 双色翡翠“观音”吊坠
估 价：HKD 1,000,000～1,500,000
成交价：RMB 931,020
观音长7.59cm 天成国际 2014.12.07

219 招财进宝－冰种翡翠挂件
估 价：RMB 1,500,000～1,800,000
成交价：RMB 1,495,000
重79.2g 北京艺融 2014.12.08

077 紫翡佛公挂件
估 价：RMB 550,000～750,000
成交价：RMB 632,500
长5.3cm 上海金艺 2014.07.04

1851 双色翡翠雕“佳偶成双”吊坠（一对）
估　价：HKD 50,000～80,000
成交价：RMB 108,763
翡翠长7.46cm；长6.97cm 香港苏富比 2014.10.07

1582 紫罗兰翡翠配钻石吊坠
估　价：RMB 450,000～600,000
成交价：RMB 517,500
翡翠长4.4cm 华艺国际 2014.12.09

2028 紫罗兰翡翠蛋面吊坠、耳环及戒指套装
估　价：HKD 600,000～800,000
成交价：RMB 641,063
最大蛋面长1.77cm；吊坠长6.7cm；耳坠长4.0cm，戒指尺寸5¾ 佳士得 2014.11.25

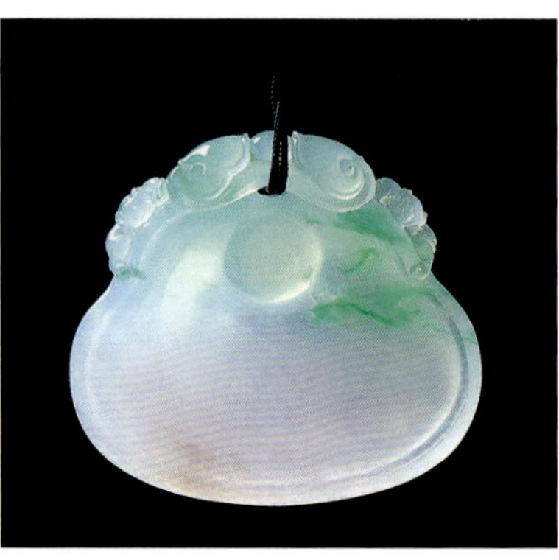

076 紫翡福寿如意挂件
估　价：RMB 1,700,000～1,900,000
成交价：RMB 1,955,000
长9cm 上海金艺 2014.07.04

1730 梨形钻石9.14克拉，F色，净度内部无瑕（IF）吊坠
估　价：HKD 3,200,000～3,800,000
成交价：RMB 3,160,000
香港苏富比 2014.04.07

1782 钻石配玛瑙及祖母绿“豹”吊坠及耳环套装，卡地亚（CARTIER）
钻石共重约2.60克拉
估 价：HKD 200,000～280,000
成交价：RMB 346,063
香港苏富比 2014.10.07

1908 祖母绿及钻石吊坠
估 价：HKD 800,000～1,200,000
成交价：RMB 789,000
吊坠长4.0cm 佳士得 2014.11.25

1819 钻石及蓝宝石吊坠/胸针
估 价：HKD 80,000～120,000
成交价：RMB 140,700
胸针长5.0cm 佳士得 2014.05.27

1788 钻石珠宝吊坠、项链、别针套装，卡地亚（CARTIER）
估 价：HKD 40,000～55,000
成交价：RMB 98,875
香港苏富比 2014.10.07

1610 钻石配宝石“小丑”吊坠，肖邦（CHOPARD）
钻石共重约3.00克拉
估 价：HKD 80,000～120,000
成交价：RMB 54,313
香港苏富比 2014.04.07

2051 钻石及珍珠吊坠/胸针
估 价：HKD 80,000~120,000
成交价：RMB 170,850
项链长51.0cm 佳士得 2014.05.27

戒 指

617 清 翠马镫戒指
估 价：RMB 40,000
成交价：RMB 89,600
长2.2cm 天津文物 2014.11.15

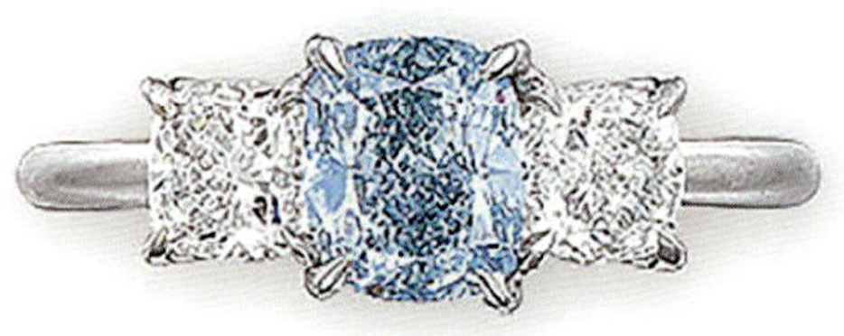

2112 1.06克拉枕形鲜彩绿蓝色SI2（极优打磨）钻石戒指
估 价：HKD 1,280,000~1,800,000
成交价：RMB 2,733,600
戒指5½ 佳士得 2014.05.27

2532 1.16克拉祖母绿切割H色SI1净度钻石戒指
估 价：HKD 88,000~128,000
成交价：RMB 79,337
指环6½ 保利香港 2014.10.06

9823 “梦醉克什米尔”极为罕有的6.56克拉克什米尔无瑕蓝宝石戒指 未经加热处理
估 价：RMB 6,200,000~8,200,000
成交价：RMB 6,670,000
主石长1.10cm 北京保利 2014.12.04

2231 1.19克拉淡彩棕粉色钻石配钻石戒指
估　价：HKD 150,000～200,000
成交价：RMB 139,830
指环6 保利香港 2014.04.06

101 1.58克拉黄绿色VS2净度钻石戒指
估　价：RMB 180,000～250,000
成交价：RMB 201,600
北京荣宝 2014.08.24

1119 1.47克拉枕垫型浓彩VS1净度橙黄色钻石戒指
估　价：RMB 500,000～600,000
成交价：RMB 632,500
华艺国际 2014.09.28

817 “鸽血红”红宝石镶钻戒指
估　价：RMB 700,000～780,000
成交价：RMB 690,000
12.02克拉 北京艺融 2014.06.03

2699 1.23克拉克什米尔蓝宝石配钻石戒指
估　价：HKD 180,000～260,000
成交价：RMB 149,341
指环6 保利香港 2014.10.06

2084 10.02克拉心形D/IF 钻石戒指
估　价：HKD 6,500,000～9,500,000
成交价：RMB 7,750,560
佳士得 2014.05.27

9690 1.51克拉椭圆形足色无瑕钻石戒指
估　价：RMB 100,000～150,000
成交价：RMB 189,750
北京保利 2014.06.06

2703 10.49克拉缅甸蓝宝石配钻石戒指
估　价：HKD 1,380,000～1,600,000
成交价：RMB 1,213,394
指环6 保利香港 2014.10.06

2086 10.74克拉圆形D/IF Type IIa（极优切割、打磨及比例）钻石戒指
估　价：HKD 12,500,000～18,000,000
成交价：RMB 12,092,160
戒指6 佳士得 2014.05.27

131 10.10克拉长方形淡彩黄色VS2净度钻石配钻石戒指
估　价：HKD 1,150,000～2,000,000
成交价：RMB 1,138,464
戒指5¾ 天成国际 2014.06.08

2184 10.83克拉蓝宝石配钻石戒指 未经热处理
估　价：HKD 270,000～350,000
成交价：RMB 251,694
指环6½ 保利香港 2014.04.06

035 10.85克拉阶梯式切割“哥伦比亚”无经处理祖母绿配钻石戒指
估　价：HKD 3,500,000～4,500,000
成交价：RMB 3,320,520
戒指6 天成国际 2014.06.08

301 10.88克拉G色VS2净度古垫形“克什米尔”无经加热处理“矢车菊”蓝宝石配钻石戒指
估　价：HKD 10,000,000～15,000,000
成交价：RMB 9,310,200
戒指6 天成国际 2014.12.07

9633 10.88克拉坦桑石戒指
估　价：RMB 25,000～35,000
成交价：RMB 33,350
北京保利 2014.12.04

1989 11.54克拉圆形G/IF（极优打磨）钻石戒指
估　价：HKD 5,600,000～8,000,000
成交价：RMB 6,303,360
戒指5½ 佳士得 2014.05.27

251 11.08克拉椭圆形“斯里兰卡”紫红色星光蓝宝石配钻石戒指
估　价：HKD 120,000～150,000
成交价：RMB 113,846
戒指6 天成国际 2014.06.08

9306 10克拉红色碧玺戒指
估 价：RMB 50,000
成交价：RMB 45,000
北京保利 2014.02.05

2159 12.12克拉紫水晶配钻石戒指
估 价：HKD 48,000～68,000
成交价：RMB 41,949
指环6 保利香港 2014.04.06

597 11.97克拉SI2净度鲜彩黄色钻石戒指
估 价：RMB 3,500,000～4,500,000
成交价：RMB 3,680,000
保利厦门 2014.11.02

9621 12.03克拉哥伦比亚祖母绿戒指
估 价：RMB 380,000～580,000
成交价：RMB 437,000
北京保利 2014.06.06

159 11.78克拉心形艳彩黄色内部无瑕钻石配钻石戒指
估 价：HKD 6,900,000～7,900,000
成交价：RMB 6,424,038
戒指5¾ 天成国际 2014.12.07

2514 12.17克拉火欧泊戒指
估　价：HKD 75,000～100,000
成交价：RMB 65,337
指环5 保利香港 2014.10.06

9775 12.88克拉艳彩黄色钻石戒指
估　价：RMB 3,750,000～5,750,000
成交价：RMB 4,312,500
主石长1.3cm 北京保利 2014.06.06

2117 12.93克拉长方形彩橙粉红色VS2（极优打磨）钻石戒指
估　价：HKD 12,500,000～20,000,000
成交价：RMB 22,608,480
佳士得 2014.05.27

9693 12.42克拉IF净度彩黄色无瑕钻石戒指
估　价：RMB 1,800,000～2,400,000
成交价：RMB 2,070,000
主石长1.34cm 北京保利 2014.06.06

1183 12.47克拉星光红宝石戒指
估　价：RMB 30,000～40,000
成交价：RMB 33,600
北京荣宝 2014.03.23

1240 12.1克拉星光红宝石戒指
估 价：RMB 38,000~58,000
成交价：RMB 42,560
北京荣宝 2014.06.15

9654 13.10克拉赞比亚艳绿色祖母绿戒指
估 价：RMB 420,000~520,000
成交价：RMB 483,000
主石长1.85cm 北京保利 2014.12.04

048 13.03克拉椭圆形“斯里兰卡”无经加热处理蓝宝石配钻石戒指
估 价：HKD 380,000~580,000
成交价：RMB 465,510
戒指4¾ 天成国际 2014.12.07

2044 14.07克拉火蛋白石戒指
估 价：HKD 50,000~80,000
成交价：RMB 110,550
戒指6 佳士得 2014.05.27

9657 14.57克拉斯里兰卡变色蓝宝石戒指 未经热处理
估 价：RMB 200,000~300,000
成交价：RMB 230,000
指环16 北京保利 2014.06.06

545 13.97克拉斯里兰卡星光蓝宝石戒指
估 价：RMB 320,000~520,000
成交价：RMB 368,000
主石长1.55cm 保利厦门 2014.11.02

9594 15.75克拉缅甸皇家蓝蓝宝石戒指 未经加热处理
估 价：RMB 2,700,000～3,700,000
成交价：RMB 3,105,000
主石长1.4cm 北京保利 2014.12.04

9626 15.55克拉枕形艳彩黄色VS2净度钻石戒指
估 价：RMB 6,750,000～8,250,000
成交价：RMB 7,762,500
指环13 北京保利 2014.12.04

2029 16.93克拉锥形缅甸蓝宝石戒指
估 价：HKD 1,000,000～1,500,000
成交价：RMB 2,540,640
指环6 佳士得 2014.05.27

2195 16.02克拉哥伦比亚祖母绿配钻石戒指 未经注油
估 价：HKD 3,600,000～5,600,000
成交价：RMB 3,566,850
指环6½ 保利香港 2014.04.06

2299 15.16克拉斯里兰卡“矢车菊蓝”蓝宝石配钻石戒指 未经热处理
估 价：HKD 1,450,000～1,800,000
成交价：RMB 1,341,025
指环6 保利香港 2014.04.06

9661 18.34克拉哥伦比亚祖母绿戒指 未经注油处理
估 价：RMB 4,300,000～5,200,000
成交价：RMB 5,060,000
主石长1.83cm 北京保利 2014.12.04

9697 18.126克拉缅甸皇家蓝蓝宝石戒指 未经热处理
估 价：RMB 3,400,000～4,500,000
成交价：RMB 4,140,000
主石长1.61cm 北京保利 2014.06.06

2578 18.76克拉缅甸红宝石配钻石戒指
估 价：HKD 2,400,000～4,000,000
成交价：RMB 2,053,436
保利香港 2014.10.06

28 18K黄金镶钻石、彩色钻石及彩色宝石戒指，卡地亚（CARTIER）
估 价：USD 6,000～8,000
成交价：RMB 230,625
指环5 纽约苏富比 2014/11/20

4455 18K金镶满钻鸽血红宝石大戒
估 价：RMB 130,000～180,000
成交价：RMB 149,500
主石3.35克拉 中鸿信 2014.11.23

1458 18K金镶钻石鸽血红宝石戒指
估 价：RMB 800,000～1,600,000
成交价：RMB 862,500
长2.6cm 中贸圣佳 2014.07.06

207 2.06克拉梨形彩紫粉红色SI1净度钻石配钻石戒指
估 价：HKD 2,900,000～3,900,000
成交价：RMB 2,699,958
戒指5¾ 天成国际 2014.12.07

1456 18K金镶钻石紫色碧玺戒指
估 价：RMB 80,000
成交价：RMB 92,000
长2.9cm 中贸圣佳 2014.07.06

9821 2.27克拉克什米尔蓝宝石戒指 未经加热处理
估 价：RMB 310,000～410,000
成交价：RMB 356,500
北京保利 2014.12.04

1461 18K金镶方型黄色钻石戒指
估 价：RMB 180,000～380,000
成交价：RMB 207,000
长2.6cm 中贸圣佳 2014.07.06

2738 2.54克拉SI1净度彩绿色钻石戒指
估 价：HKD 1,800,000～2,600,000
成交价：RMB 1,586,746
指环5½ 保利香港 2014.10.06

2544 20.50克拉缅甸“皇家蓝”蓝宝石配钻石戒指
估 价：HKD 1,280,000～1,600,000
成交价：RMB 1,213,394
指环5½ 保利香港 2014.10.06

255 25.11克拉长方形深彩棕黄色VS1净度钻石配钻石戒指
估 价：HKD 3,000,000～4,000,000
成交价：RMB 2,846,160
戒指5½ 天成国际 2014.06.08

1914 2.98克拉长方形F/SI1 钻石戒指
估 价：HKD 300,000～500,000
成交价：RMB 653,250
戒指4¼ 佳士得 2014.05.27

9687 2.66克拉淡蓝色钻石配镶粉色钻石戒指
估 价：RMB 500,000～800,000
成交价：RMB 575,000
指环12 北京保利 2014.06.06

9813 2.55克拉枕形彩黄绿色VS1净度钻石戒指
估 价：RMB 350,000～450,000
成交价：RMB 402,500
北京保利 2014.12.04

2196 25.31克拉缅甸“皇家蓝”蓝宝石配钻石戒指 未经热处理
估 价：HKD 7,500,000~11,000,000
成交价：RMB 6,837,450
指环5½ 保利香港 2014.04.06

326 25.49克拉椭圆形“缅甸”（抹谷） 无经加热处理星光红宝石配红宝石及钻石戒指
估 价：HKD 2,000,000~3,000,000
成交价：RMB 2,087,184
天成国际 2014.06.08

9807 3.03克拉淡彩黄色SI2净度钻石戒指
估 价：RMB 100,000~160,000
成交价：RMB 115,000
主石长1.25cm 北京保利 2014.12.04

1963 28.88克拉枕形哥伦比亚祖母绿戒指
估 价：HKD 13,800,000~18,000,000
成交价：RMB 25,760,160
戒指5¾ 佳士得 2014.05.27

103 3.03克拉变色蓝宝石戒指
估 价：RMB 80,000~120,000
成交价：RMB 89,600
北京荣宝 2014.08.24

1973 3.03克拉梨形D/IF 钻石戒指
估 价：HKD 800,000~1,200,000
成交价：RMB 804,000
戒指5½ 佳士得 2014.05.27

1241 3.06克拉红宝石戒指
估 价：RMB 90,000～150,000
成交价：RMB 100,800
北京荣宝 2014.06.15

183 30.91克拉古垫形“缅甸”无经加热处理蓝宝石配钻石戒指
估 价：HKD 7,000,000～8,000,000
成交价：RMB 6,641,040
天成国际 2014.06.08

2628 31.01克拉鲜彩黄色VVS2净度钻石戒指
成交价：RMB 15,867,460
指环6½ 保利香港 2014.10.06

9645 34.78克拉缅甸橄榄石戒指 未经热处理
估 价：RMB 80,000～120,000
成交价：RMB 115,000
主石长2.02cm 北京保利 2014.06.06

9633 36.08克拉斯里兰卡变色星光蓝宝石戒指 未经热处理
估 价：RMB 660,000～960,000
成交价：RMB 759,000
主石长1.83cm 北京保利 2014.06.06

1246 3.07克拉浓彩黄VS2净度钻石戒指
估　价：RMB 380,000～500,000
成交价：RMB 616,000
北京荣宝 2014.06.15

1272 32.17克拉坦桑石戒指
估　价：RMB 190,000～250,000
成交价：RMB 168,000
北京荣宝 2014.06.15

2290 4.14克拉缅甸祖母绿配钻石戒指 未经注油
估　价：HKD 580,000～780,000
成交价：RMB 540,676
指环6 保利香港 2014.04.06

9820 4.089克拉缅甸鸽血红红宝石戒指 未经加热处理
估　价：RMB 1,900,000～2,400,000
成交价：RMB 2,070,000
主石长1.13cm 北京保利 2014.12.04

1988 4.32克拉圆形D/IF（极优切割）钻石戒指
估　价：HKD 1,800,000～2,800,000
成交价：RMB 2,154,720
戒指6½ 佳士得 2014.05.27

2548 4.57克拉缅甸“鸽血红”红宝石配钻石戒指
估　价：HKD 2,400,000～3,200,000
成交价：RMB 2,613,464
指环6½ 保利香港 2014.10.06

2642 4.71克拉海螺珠配钻石戒指
估 价：HKD 180,000～240,000
成交价：RMB 168,008
保利香港 2014.10.06

9773 5.04克拉八卦形黄色钻石戒指
估 价：RMB 380,000～580,000
成交价：RMB 437,000
指环13 北京保利 2014.06.06

9691 6.07克拉哥伦比亚祖母绿戒指
估 价：RMB 390,000～500,000
成交价：RMB 460,000
主石长1.28cm 北京保利 2014.06.06

2297 5.59克拉鲜彩黄色钻石配钻石戒指
估 价：HKD 1,300,000～1,800,000
成交价：RMB 1,186,580
指环5¾ 保利香港 2014.04.06

080 50.40克拉圆珠形“斯里兰卡”无经处理金绿猫眼石配钻石“金球”戒指
估 价：HKD 3,000,000～4,000,000
成交价：RMB 2,793,060
戒指5¾ 天成国际 2014.12.07

2326 52.50克拉斯里兰卡蓝宝石配钻石戒指 未经热处理
估 价：HKD 2,800,000～4,800,000
成交价：RMB 2,567,500
指环4 保利香港 2014.04.06

977 7.10克拉枕形黄色钻石戒指
估 价：RMB 950,000～1,450,000
成交价：RMB 1,058,000
主石长1.14cm 北京保利 2014.02.05

1968 7.57克拉圆形J/VS1 钻石戒指
估 价：HKD 550,000～800,000
成交价：RMB 996,960
戒指5½ 佳士得 2014.05.27

2354 7.80克拉喀什米尔蓝宝石配钻石戒指 未经热处理
估 价：HKD 4,800,000～6,800,000
成交价：RMB 4,111,950
指环6 保利香港 2014.04.06

2118 6.13克拉枕形浓彩绿色VS2（极优打磨）钻石戒指
估 价：HKD 20,000,000～30,000,000
成交价：RMB 22,608,480
戒指6 佳士得 2014.05.27

209 7.33克拉D色内部无瑕Triple Excellent （极优切割，打磨及比例） 钻石戒指
估 价：HKD 8,300,000～10,000,000
成交价：RMB 7,634,364
戒指6 天成国际 2014.12.07

231 77.01克拉“斯里兰卡”无经处理金绿猫眼石“双龙”戒指
估 价：HKD 5,400,000～6,400,000
成交价：RMB 5,123,088
戒指10 天成国际 2014.06.08

2546 8.33克拉浓彩黄色VVS1钻石戒指
估　价：HKD 1,200,000～1,600,000
成交价：RMB 1,493,408
指环5½ 保利香港 2014.10.06

9634 9.16克拉莫桑比克鸽血红红宝石戒指 未经加热处
估　价：RMB 2,400,000～3,600,000
成交价：RMB 2,760,000
主石长1.45cm 北京保利 2014.06.06

2742 Graff 10.06克拉钻石戒指
估　价：HKD 9,500,000～12,500,000
成交价：RMB 8,680,434
指环7 保利香港 2014.10.06

9684 8.08克拉缅甸星光鸽血红红宝石戒指 未经热处理
估　价：RMB 1,880,000～2,880,000
成交价：RMB 2,162,000
主石长1.2cm 北京保利 2014.06.06

2626 Van Cleef & Arpels 23.49克拉缅甸“皇家蓝”蓝宝石配钻石戒指
估　价：HKD 5,800,000～8,000,000
成交价：RMB 5,133,590
指环7 保利香港 2014.10.06

837 白色南洋珍珠戒指
估 价：RMB 45,000～65,000
成交价：RMB 48,300
珍珠直径1.73cm 北京保利 2014.02.05

1676 变色石榴石共重约15.97克拉18K白色黄金配钻石戒指
估 价：HKD 150,000～180,000
成交价：RMB 276,500
香港苏富比 2014.04.07

2317 宝格丽 海罗珠配钻石戒指
估 价：HKD 300,000～380,000
成交价：RMB 288,982
指环4½ 保利香港 2014.04.06

1737 “斯里兰卡”变色蓝宝石重9.91克拉配钻石戒指
估 价：HKD 180,000～230,000
成交价：RMB 177,975
香港苏富比 2014.10.07

1791 变色石榴石重10.81克拉配钻石戒指
估 价：HKD 150,000～200,000
成交价：RMB 79,100
香港苏富比 2014.10.07

1933 约12.45克拉椭圆形斯里兰卡天然变色蓝宝石戒指
估 价：HKD 150,000～250,000
成交价：RMB 345,188
戒指6¾ 佳士得 2014.11.25

1670 冰种翡翠配钻石戒指及吊耳环套装
估 价：HKD 150,000～200,000
成交价：RMB 197,750
香港苏富比 2014.10.07

1775 彩蓝色钻石7.02克拉SI2净度配粉红色钻石戒指
估 价：HKD 12,000,000～15,000,000
成交价：RMB 15,598,520
指环5½ 香港苏富比 2014.10.07

9553 冰种满绿翡翠方型戒指
估 价：RMB 1,800,000～2,600,000
成交价：RMB 2,070,000
主石长1.62cm 北京保利 2014.12.04

206 玻璃种满绿翡翠镶钻蛋面戒指
估 价：RMB 1,200,000～1,500,000
成交价：RMB 1,150,000
重7.7g 北京艺融 2014.12.08

1748 彩灰黄绿色钻石10.04克拉SI2净度配黄色钻石及钻石戒指
估 价：HKD 1,400,000～1,700,000
成交价：RMB 1,360,520
指环5¾ 香港苏富比 2014.10.07

1865 彩橙粉红色钻石2.96克拉VS1净度配钻石戒指
估 价：HKD 1,000,000～1,300,000
成交价：RMB 961,856
指环4¾ 香港苏富比 2014.10.07

2099 约3.75克拉长方形浓彩黄绿色VS1（极优打磨）钻石戒指
估　价：HKD 2,800,000～3,800,000
成交价：RMB 2,493,240
佳士得 2014.11.25

1999 约5.04克拉圆形鲜彩黄色VVS2 钻石戒指
估　价：HKD 3,000,000～5,000,000
成交价：RMB 2,871,960
佳士得 2014.11.25

2101 约5.42克拉梨形彩粉红色IF Type IIa 钻石戒指
估　价：HKD 6,400,000～9,500,000
成交价：RMB 10,919,760
佳士得 2014.11.25

1900 彩黄色钻石21.04克拉，VS1净度配钻石戒指
估　价：HKD 1,800,000～2,300,000
成交价：RMB 2,306,800
指环5½ 香港苏富比 2014.04.07

1996 彩色钻石及钻石戒（两枚）
约3.01克拉浓彩黄色VS2；2.50克拉橙粉红色VS2
估　价：HKD 2,000,000～3,000,000
成交价：RMB 1,925,160
佳士得 2014.11.25

2098 2.01克拉长方形浓彩蓝绿色SI1钻石戒指
估　价：HKD 3,000,000～5,000,000
成交价：RMB 2,871,960
佳士得 2014.11.25

2103 约2.09克拉心形彩红色SI2 钻石戒指，Moussaieff 设计
估 价：HKD 28,000,000～38,000,000
成交价：RMB 31,023,480
戒指5½ 佳士得 2014.11.25

1741 彩棕黄色钻石49.31克拉VVS1净度戒指
估 价：HKD 13,000,000～16,000,000
成交价：RMB 10,649,200
指环5¾ 香港苏富比 2014.04.07

2102 约3.39克拉椭圆形鲜蓝色IF钻石戒指，Moussaieff 设计
估 价：HKD 35,500,000～50,000,000
成交价：RMB 35,441,880
戒指5¼ 佳士得 2014.11.25

1867 彩色钻石配祖母绿及钻石戒指，陈世英(Wallace Chan)
钻石重0.90克拉VS2净度
估　价：HKD 800,000～950,000
成交价：RMB 741,563
香港苏富比 2014.10.07

2751 陈世英设计缅甸翡翠配钻石及水晶戒指
估　价：HKD 5,800,000～8,800,000
成交价：RMB 5,600,280
蛋面长2.36cm 保利香港 2014.10.06

1903 淡彩紫粉红色钻石重4.16克拉D色内部无瑕(IF)净度配钻石戒指
估　价：HKD 4,000,000～5,000,000
成交价：RMB 3,638,600
指环5½　香港苏富比 2014.10.07

1709 斯里兰卡橙粉红色刚玉重20.29克拉配钻石戒指
估　价：HKD 480,000～600,000
成交价：RMB 464,713
指环6¾ 香港苏富比 2014.10.07

1773 淡彩粉红色钻石重3.65克拉SI1净度配钻石戒指
估　价：HKD 1,500,000～1,800,000
成交价：RMB 1,455,440
指环6 香港苏富比 2014.10.07

1740 淡粉红色钻石6.27克拉内部无瑕（IF）净度配钻石戒指
估　价：HKD 4,300,000～4,800,000
成交价：RMB 5,340,400
指环6 香港苏富比 2014.04.07

1740 淡粉红色钻石2.02克拉VVS1净度配钻石戒指
估　价：HKD 700,000～850,000
成交价：RMB 933,380
指环5¾ 香港苏富比 2014.10.07

1690 淡粉红色钻石4.02克拉VVS1净度配钻石戒指
估　价：HKD 1,000,000～1,200,000
成交价：RMB 1,169,200
指环4¼ 香港苏富比 2014.04.07

1796 淡黄色钻石8.05克拉W至X色内部无瑕(IF)净度配钻石戒指
估　价：HKD 400,000～500,000
成交价：RMB 494,375
指环6 香港苏富比 2014.10.07

1744 淡黄色钻石11.00克拉配钻石戒指
估　价：HKD 350,000～500,000
成交价：RMB 514,150
指环5½ 香港苏富比 2014.10.07

1706 淡黄色钻石13.43克拉W至X色VVS1净度配钻石戒指
估　价：HKD 1,100,000~1,300,000
成交价：RMB 1,075,760
指环6¼ 香港苏富比 2014.10.07

1676 翡翠戒指
估　价：HKD 600,000~750,000
成交价：RMB 741,563
翡翠长2.33cm 香港苏富比 2014.10.07

1989 翡翠及钻石戒指
估　价：HKD 2,000,000~3,000,000
成交价：RMB 1,925,160
蛋面长1.8cm 佳士得 2014.11.25

1828 淡黄色钻石3.40克拉配钻石戒指
估　价：HKD 70,000~100,000
成交价：RMB 108,763
指环5 香港苏富比 2014.10.07

1622 翡翠马鞍戒指
估　价：HKD 160,000~200,000
成交价：RMB 197,750
马鞍长2.34cm 香港苏富比 2014.10.07

241 翡翠配钻石戒指
估　价：HKD 19,000,000～23,000,000
成交价：RMB 17,551,320
蛋面长2.49cm；钻石共重约3.10克拉 天成国际 2014.06.08

1915 翡翠雕“金蟾”配钻石共重约1.50克拉戒指
估　价：HKD 180,000～250,000
成交价：RMB 177,975
金蟾长3.34cm 香港苏富比 2014.10.07

1630 翡翠配钻石戒指
估　价：HKD 60,000～100,000
成交价：RMB 93,931
蛋面长1.57cm 香港苏富比 2014.10.07

337 翡翠配贝母及钻石戒指
估　价：HKD 12,000,000～15,000,000
成交价：RMB 11,384,640
蛋面长2.12cm 天成国际 2014.06.08

1635 翡翠配红宝石及钻石戒指
估　价：HKD 80,000～100,000
成交价：RMB 98,875
蛋面长1.37cm 香港苏富比 2014.10.07

1722 翡翠配钻石戒指
估　价：HKD 180,000～220,000
成交价：RMB 276,850
蛋面长2.0cm 香港苏富比 2014.10.07

1897 翡翠戒指
估　价：HKD 150,000～200,000
成交价：RMB 197,750
蛋面长1.78cm 香港苏富比 2014.10.07

1628 翡翠配钻石戒指
估　价：HKD 80,000～100,000
成交价：RMB 415,275
蛋面长1.17cm 香港苏富比 2014.10.07

1665 翡翠配钻石戒指
估　价：HKD 220,000～300,000
成交价：RMB 316,400
翡翠长3.68cm 香港苏富比 2014.10.07

1675 翡翠配钻石戒指
估　价：HKD 120,000～150,000
成交价：RMB 316,400
翡翠长1.01cm 香港苏富比 2014.10.07

1632 翡翠配钻石戒指
估　价：HKD 55,000～80,000
成交价：RMB 88,988
蛋面长1.78cm 香港苏富比 2014.10.07

1725 翡翠配钻石戒指
估　价：HKD 650,000～800,000
成交价：RMB 980,840
翡翠长2.01cm 香港苏富比 2014.10.07

1921 翡翠配钻石戒指
估　价：HKD 3,800,000～4,500,000
成交价：RMB 4,777,640
蛋面长1.77cm 香港苏富比 2014.10.07

1859 翡翠配钻石戒指
估　价：HKD 800,000～1,000,000
成交价：RMB 1,075,760
翡翠长2.16cm 香港苏富比 2014.10.07

1757 翡翠配钻石戒指
估　价：HKD 250,000～350,000
成交价：RMB 247,188
翡翠长1.81cm 香港苏富比 2014.10.07

1808 翡翠配钻石戒指
估　价：HKD 250,000～300,000
成交价：RMB 276,850
翡翠长1.43cm 香港苏富比 2014.10.07

1624 翡翠配钻石戒指；及翡翠马鞍戒指
估　价：HKD 150,000～180,000
成交价：RMB 197,750
翡翠长1.14cm 香港苏富比 2014.10.07

1874 粉红色刚玉配钻石戒指
色刚玉重20.41克拉，古垫形钻石重2.02克拉E色VS1净度；2.01克拉F色VVS2净度
估　价：HKD 2,000,000～2,500,000
成交价：RMB 1,927,600
香港苏富比 2014.04.07

1626 翡翠算盘戒指；及翡翠马鞍戒指
估　价：HKD 150,000～180,000
成交价：RMB 217,525
香港苏富比 2014.10.07

1663 翡翠配钻石戒指及耳环套装
估　价：HKD 280,000～330,000
成交价：RMB 346,063
戒指蛋面长1.18cm 香港苏富比 2014.10.07

1708 粉红色尖晶石6.11克拉配钻石戒指，IVY
估　价：HKD 550,000～650,000
成交价：RMB 543,813
香港苏富比 2014.10.07

1943 粉红色蓝宝石19.47克拉及钻石戒指，Forms 设计
估　价：HKD 4,200,000～6,000,000
成交价：RMB 4,670,880
戒指$5^{3}/_{4}$ 佳士得 2014.11.25

1854 粉红色刚玉5.04克拉配钻石及黄色钻石共重约3.20克拉戒指
估　价：HKD 150,000～200,000
成交价：RMB 148,125
指环6 香港苏富比 2014.04.07

9664 罕见的30.24克拉哥伦比亚祖母绿戒指 未经注油处理
估　价：RMB 9,800,000～12,800,000
成交价：RMB 10,580,000
主石1.98cm×1.94cm×1.06cm 北京保利 2014.12.04

1869 粉红色海螺珠配钻石戒指
估　价：HKD 220,000～280,000
成交价：RMB 217,525
指环$5^{1}/_{2}$ 香港苏富比 2014.10.07

1613 缟玛瑙配钻石“兰花”戒指，卡地亚（Cartier）
配钻共重约1.00克拉
估　价：HKD 100,000～140,000
成交价：RMB 93,931
香港苏富比 2014.10.07

1945 黑蛋白石及钻石戒指
估　价：HKD 150,000～250,000
成交价：RMB 355,050
指环6 佳士得 2014.11.25

1973 红宝石13.85克拉及钻石戒指，BVLGARI设计
估　价：HKD 8,000,000～12,000,000
成交价：RMB 7,321,920
佳士得 2014.11.25

1896 红宝石2.01克拉及钻石戒指
估　价：HKD 200,000～300,000
成交价：RMB 864,744
戒指$5^1/_2$ 佳士得 2014.11.25

1790 黑蛋白石18.83克拉配钻石戒指
估　价：HKD 120,000～160,000
成交价：RMB 148,313
指环$5^3/_4$ 香港苏富比 2014.10.07

9520 黑欧泊戒指
估　价：RMB 35,000～50,000
成交价：RMB 40,250
主石1.41cm×0.96cm 北京保利 2014.12.04

1639 红宝石3.05克拉配祖母绿及钻石戒指
估　价：HKD 240,000～300,000
成交价：RMB 415,275
指环5 1/4 香港苏富比 2014.10.07

1687 红宝石6.37克拉配钻石戒指
估　价：HKD 2,000,000～2,500,000
成交价：RMB 2,404,640
指环5 1/2 香港苏富比 2014.10.07

1821 红宝石戒指
估　价：HKD 10,000～15,000
成交价：RMB 50,250
戒指5 1/2 佳士得 2014.05.27

1699 红宝石4.06克拉配黄色钻石及钻石戒指
估　价：HKD 1,800,000～2,200,000
成交价：RMB 1,738,000
指环5 3/4 香港苏富比 2014.04.07

1638 黄色刚玉14.16克拉配钻石戒指
估 价：HKD 70,000～100,000
成交价：RMB 118,500
指环6¹/₄ 香港苏富比 2014.04.07

1762 红宝石29.62克拉配钻石戒指，由卡地亚镶嵌
估 价：HKD 50,000,000～60,000,000
成交价：RMB 45,219,600
指环5¹/₄ 香港苏富比 2014.04.07

1878 红宝石3.23克拉配钻石戒指，蒂芙尼（TIFFANY & CO.）
估 价：HKD 500,000～580,000
成交价：RMB 692,125
指环5¹/₂ 香港苏富比 2014.10.07

1806 红宝石4.57卡配钻石戒指
估 价：HKD 220,000～280,000
成交价：RMB 444,375
指环5³/₄ 香港苏富比 2014.04.07

1940 尖晶石11.09克拉及钻石戒指
估　价：HKD 200,000～300,000
成交价：RMB 345,188
戒指$5^{1}/_{4}$ 佳士得 2014.11.25

1684 黄色刚玉27.52克拉配钻石戒指
估　价：HKD 180,000～220,000
成交价：RMB 177,975
指环$6^{1}/_{2}$ 香港苏富比 2014.10.07

1821 火蛋白石8.85克拉配钻石戒指
估　价：HKD 40,000～55,000
成交价：RMB 34,606
指环$6^{1}/_{4}$ 香港苏富比 2014.10.07

1653 祖母绿6.07克拉配钻石戒指
估　价：HKD 800,000～1,000,000
成交价：RMB 980,840
指环$6^{1}/_{2}$ 香港苏富比 2014.10.07

1913 祖母绿配钻石“花”戒指，宝格丽（BVLGARI）
祖母绿共重14.81克拉
估　价：HKD 240,000～320,000
成交价：RMB 790,000
指环$6^{3}/_{4}$ 香港苏富比 2014.04.07

1935 祖母绿35.72克拉配钻石戒指
估　价：HKD 32,000,000～36,000,000
成交价：RMB 26,672,520
指环6 香港苏富比 2014.10.07

1669 祖母绿3.76克拉配钻石戒指
估　价：HKD 300,000～400,000
成交价：RMB 395,000
指环6 香港苏富比 2014.04.07

1883 祖母绿35.43克拉配钻石戒指
估　价：HKD 300,000～400,000
成交价：RMB 296,625
指环5 香港苏富比 2014.10.07

1901 祖母绿8.36克拉配钻石戒指
钻石重0.64克拉D色VVS2净度；重0.56克拉E色VS1净度
估　价：HKD 4,600,000～5,200,000
成交价：RMB 4,303,040
指环$6^{1}/_{4}$ 香港苏富比 2014.10.07

1722 祖母绿4.93克拉配钻石戒指
估　价：HKD 780,000～900,000
成交价：RMB 1,027,000
指环6 香港苏富比 2014.04.07

1872 祖母绿8.79克拉配钻石戒指
估　价：HKD 2,100,000～2,600,000
成交价：RMB 1,927,600
香港苏富比 2014.04.07

1917 祖母绿12.63克拉配钻石戒指
估　价：HKD 7,000,000～8,500,000
成交价：RMB 7,141,600
指环$6^1/_4$ 香港苏富比 2014.04.07

1750 祖母绿3.58克拉配钻石戒指，卡地亚（CARTIER）
钻石重4.08克拉G色VS1净度
估　价：HKD 3,200,000～3,800,000
成交价：RMB 3,638,600
香港苏富比 2014.10.07

9705 卡地亚 CARTIER 黄金镶嵌祖母绿“豹头”戒指
估　价：RMB 45,000～65,000
成交价：RMB 66,700
指环19 北京保利 2014.06.06

2226 卡地亚 36.31克拉缅甸星光蓝宝石配钻石戒指 未经热处理
估　价：HKD 350,000～450,000
成交价：RMB 307,626
指环5 保利香港 2014.04.06

2063 蓝宝石11.64克拉及钻石戒指
估　价：HKD 9,500,000～12,000,000
成交价：RMB 12,245,280
戒指5¹/₄ 佳士得 2014.11.25

2061 蓝宝石25.24克拉及钻石戒指
估　价：HKD 8,000,000～12,000,000
成交价：RMB 7,605,960
戒指6 佳士得 2014.11.25

2052 克什米尔蓝宝石10.50克拉及钻石戒指，Gübelin 设计
估　价：HKD 4,800,000～6,800,000
成交价：RMB 4,576,200
戒指5¹/₂ 佳士得 2014.11.25

2046 缅甸蓝宝石17.10克拉及钻石戒指，Gimel 设计
估　价：HKD 6,500,000～9,500,000
成交价：RMB 5,712,360
戒指5³/₄ 佳士得 2014.11.25

1883 缅甸蓝宝石15.12克拉及钻石戒指，Mikimoto设计
估 价：HKD 1,800,000~2,800,000
成交价：RMB 2,209,200
戒指6 佳士得 2014.11.25

1752 克什米尔蓝宝石配祖母绿及钻石戒指，卡地亚（CARTIER）
蓝宝石约重12.00克拉
估 价：HKD 6,000,000~7,500,000
成交价：RMB 14,269,640
指环5 3/4 香港苏富比 2014.10.07

1643 蓝宝石3.20克拉配沙弗来石及钻石"花"戒指，梵克雅宝（Van Cleef & Arpels）
估 价：HKD 65,000~85,000
成交价：RMB 148,313
指环5 1/4 香港苏富比 2014.10.07

1658 斯里兰卡蓝宝石35.16克拉配钻石戒指
估 价：HKD 400,000~500,000
成交价：RMB 444,938
指环6 1/2 香港苏富比 2014.10.07

1638 斯里兰卡蓝宝石8.02克拉配钻石戒指
估 价：HKD 65,000~100,000
成交价：RMB 158,200
指环6 香港苏富比 2014.10.07

1641 斯里兰卡蓝宝石43.65克拉配钻石戒指
估　价：HKD 700,000～900,000
成交价：RMB 692,125
指环7 香港苏富比 2014.10.07

1875 缅甸蓝宝石6.56克拉配钻石戒指
估　价：HKD 550,000～650,000
成交价：RMB 632,800
指环$5^3/_4$ 香港苏富比 2014.10.07

1890 斯里兰卡蓝宝石29.54克拉配钻石戒指
估　价：HKD 350,000～450,000
成交价：RMB 514,150
香港苏富比 2014.10.07

1755 蓝宝石50.85克拉配钻石戒指
估　价：HKD 1,800,000～2,500,000
成交价：RMB 3,353,840
指环$5^1/_2$ 香港苏富比 2014.10.07

1938 克什米尔蓝宝石17.16克拉配钻石戒指
估　价：HKD 22,000,000～28,000,000
成交价：RMB 24,900,680
指环$5^3/_4$ 香港苏富比 2014.10.07

1760 克什米尔蓝宝石20.04克拉配钻石戒指
估 价：HKD 12,000,000～17,000,000
成交价：RMB 16,021,200
指环4³/₄ 香港苏富比 2014.04.07

1882 蓝宝石16.89克拉配钻石戒指及耳环（一对）
估 价：HKD 220,000～300,000
成交价：RMB 866,936
指环8 香港苏富比 2014.10.07

1875 缅甸蓝宝石25.69克拉配钻石戒指
估 价：HKD 3,500,000～4,000,000
成交价：RMB 3,349,600
指环6³/₄ 香港苏富比 2014.04.07

628 老坑玻璃种满绿翡翠戒指耳环套装
估 价：RMB 3,200,000～4,200,000
成交价：RMB 3,450,000
指环14 保利厦门 2014.11.02

9800 老坑种满绿翡翠蛋面戒指
估 价：RMB 4,500,000～6,500,000
成交价：RMB 4,887,500
主石长2.5cm 北京保利 2014.06.06

2017 缅甸翡翠蛋面戒指
估　价：HKD 3,800,000～5,800,000
成交价：RMB 4,856,160
蛋面长2.44cm 佳士得 2014.05.27

9561 满绿翡翠配镶钻石戒指
估　价：RMB 1,400,000～2,000,000
成交价：RMB 1,610,000
主石长1.91cm 北京保利 2014.06.06

1881 绿玉髓“Panthère”戒指
估　价：HKD 20,000～30,000
成交价：RMB 75,375
戒指6 佳士得 2014.05.27

1611 锰铝榴石10.23克拉配钻石戒指
估　价：HKD 80,000～100,000
成交价：RMB 98,750
指环6$^{3}/_{4}$ 香港苏富比 2014.04.07

2066 缅甸翡翠蛋面戒指
估　价：HKD 2,000,000～3,000,000
成交价：RMB 2,444,160
蛋面长1.53cm 佳士得 2014.05.27

2074 缅甸翡翠蛋面戒指
估　价：HKD 6,000,000～8,000,000
成交价：RMB 5,531,520
蛋面长2.25cm 佳士得 2014.05.27

2011 缅甸翡翠马鞍戒指
估　价：HKD 120,000～180,000
成交价：RMB 241,200
马鞍长2.17cm 佳士得 2014.05.27

2068 缅甸翡翠蛋面戒指及耳环套装
估　价：HKD 6,800,000～9,500,000
成交价：RMB 6,303,360
蛋面长1.60cm 佳士得 2014.05.27

2657 缅甸翡翠配钻石戒指及耳环套装
估　价：HKD 1,800,000～2,800,000
成交价：RMB 1,493,408
最大蛋面长1.64cm 保利香港 2014.10.06

1924 缅甸翡翠方牌戒指
估　价：HKD 150,000～250,000
成交价：RMB 351,750
方牌长3.06cm 佳士得 2014.05.27

1944 缅甸紫罗兰翡翠戒指及耳环套装
估　价：HKD 280,000～380,000
成交价：RMB 402,000
最大蛋面长1.45cm 佳士得 2014.05.27

1774 浓彩黄色钻石8.09克拉配粉红色钻石戒指
估　价：HKD 1,000,000～1,200,000
成交价：RMB 980,840
指环$5^1/_2$ 香港苏富比 2014.10.07

1934 帕德玛刚玉及钻石戒指
钻石11.65克拉 刚玉16.75克拉
估　价：HKD 1,450,000～2,200,000
成交价：RMB 3,440,040
戒指$8^3/_4$ 佳士得 2014.11.25

1908 莫桑比克红宝石3.45克拉钻戒
估　价：RMB 180,000～280,000
成交价：RMB 230,000
长0.90cm 上海嘉泰 2014.06.18

1896 轻淡粉红色钻石配钻石7.76克拉内部无瑕（IF）净度戒指
估　价：HKD 1,600,000～2,000,000
成交价：RMB 1,785,400
指环$5^3/_4$ 香港苏富比 2014.04.07

1860 浓彩黄色钻石5.02克拉内部无瑕（IF）净度配钻石戒指
估　价：HKD 1,000,000～1,200,000
成交价：RMB 1,548,400
香港苏富比 2014.04.07

1613 摩根石22.33克拉配海水蓝宝戒指，迪奥（Dior）
估　价：HKD 40,000～60,000
成交价：RMB 79,000
香港苏富比 2014.04.07

1859 轻淡蓝色钻石及淡彩紫粉红色钻石配钻石戒指
紫粉红色钻石1.00克拉SI2净度；淡蓝色钻石2.01克拉SI2净度
估　价：HKD 450,000～500,000
成交价：RMB 444,375
指环6 香港苏富比 2014.04.07

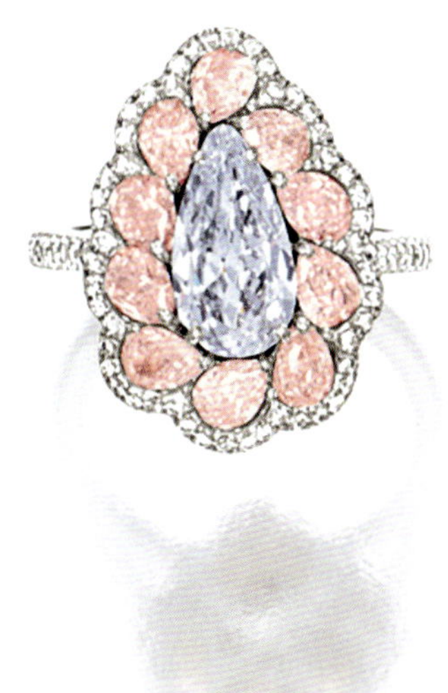

1726 轻淡蓝色钻石1.33克拉VS1净度配粉红色钻石及钻石戒指
估 价：HKD 350,000～450,000
成交价：RMB 493,750
指环6 香港苏富比 2014.04.07

1800 东非沙弗来石10.98克拉配钻石戒指
估 价：HKD 380,000～450,000
成交价：RMB 454,250
指环$6^3/_4$ 香港苏富比 2014.04.07

1902 深彩黄色钻石7.25克拉VVS2净度配钻石戒指
估 价：HKD 1,100,000～1,300,000
成交价：RMB 979,600
指环6 香港苏富比 2014.04.07

098 珊瑚配红宝石及钻石戒指
估 价：HKD 280,000～380,000
成交价：RMB 265,642
珊瑚2.06cm 天成国际 2014.06.08

1906 斯里兰卡猫眼石戒指
估 价：HKD 400,000～600,000
成交价：RMB 402,000
戒指7 佳士得 2014.05.27

1936 鲜彩蓝色钻石3.32克拉内部无瑕(IF)净度配钻石戒指
配钻共重约2.00克拉
估 价：HKD 26,000,000～34,000,000
成交价：RMB 32,873,960
指环6 香港苏富比 2014.10.07

2040 椭圆形斯里兰卡蓝宝石戒指
估 价：HKD 180,000～280,000
成交价：RMB 331,650
戒指5 1/2 佳士得 2014.05.27

2671 坦桑石13.76克拉配钻石戒指
估 价：HKD 80,000～100,000
成交价：RMB 74,670
指环6 保利香港 2014.10.06

1729 鲜彩黄色钻石2.07克拉VVS1净度
配钻石戒指
估 价：HKD 650,000～750,000
成交价：RMB 641,875
指环6 香港苏富比 2014.04.07

1941 鲜彩紫粉红色钻石配钻石戒指，由Sotheby' s Diamonds镶嵌
紫粉红色钻石重8.41克拉，内部无瑕(IF)净度，极优打磨
估 价：HKD 100,000,000～120,000,000
成交价：RMB 109,063,080
指环5 1/2 香港苏富比 2014.10.07

9694 显赫的总重14.89克拉缅甸鸽血红红宝石戒指（主石6.17克拉） 未经加热处理
主石重6.17克拉，
估　价：RMB 10,000,000～16,000,000
成交价：RMB 12,190,000
指环13 北京保利 2014.06.06

1739 鲜彩黄色钻石6.05克拉VS2净度配钻石戒指，宝格丽（BVLGARI）
估　价：HKD 1,500,000～1,800,000
成交价：RMB 1,645,280
指环5 香港苏富比 2014.10.07

1957 斯里兰卡星光蓝宝石蛋面51.08克拉及钻石戒指
估　价：HKD 240,000～350,000
成交价：RMB 374,775
戒指$6^{1}/_{2}$ 佳士得 2014.11.25

1679 斯里兰卡星光蓝宝石17.38克拉配钻石戒指
估　价：HKD 210,000～260,000
成交价：RMB 493,750
指环$6^{1}/_{4}$ 香港苏富比 2014.04.07

1757 巴西亚历山大变色石1.83克拉配钻石戒指
估　价：HKD 180,000～220,000
成交价：RMB 246,875
指环6 香港苏富比 2014.04.07

1605 斯里兰卡星光蓝宝石55.12克拉配钻石戒指
估 价：HKD 400,000～500,000
成交价：RMB 474,600
指环$6^{1}/_{4}$ 香港苏富比 2014.10.07

1814 亚历山大猫眼变色石6.12克拉配钻石戒指
估 价：HKD 480,000～550,000
成交价：RMB 543,125
指环6 香港苏富比 2014.04.07

1833 养殖珍珠配钻石戒指
估 价：HKD 70,000～90,000
成交价：RMB 98,875
指环$5^{1}/_{4}$ 香港苏富比 2014.10.07

418 伊卡洛斯－冰种蓝花翡翠镶钻蛋面戒指、耳坠（三件套）
估 价：RMB 2,600,000～3,000,000
成交价：RMB 2,530,000
主石长3.3cm 北京艺融 2014.12.08

1841 巴西亚历山大变色石2.20克拉配钻石戒指及吊耳环套装
估 价：HKD 380,000～450,000
成交价：RMB 474,600
指环$6^{1}/_{4}$ 香港苏富比 2014.10.07

2116 约10.02克拉榄尖形鲜彩黄色VS2 钻石戒指
估　价：HKD 6,500,000~9,500,000
成交价：RMB 6,785,760
戒指6 佳士得 2014.05.27

2107 约5.08克拉梨形D/FL（极优打磨及比例）钻石戒指
估　价：HKD 3,200,000~4,800,000
成交价：RMB 4,373,760
戒指3 1/4 佳士得 2014.05.27

1986 约22.50克拉枕形缅甸蓝宝石戒指
估　价：HKD 3,600,000~5,500,000
成交价：RMB 3,408,960
戒指5 1/2 佳士得 2014.05.27

1978 约24.97克拉枕形肯亚红宝石戒指
估　价：HKD 1,600,000~2,500,000
成交价：RMB 2,540,640
戒指4 1/2 佳士得 2014.05.27

1961 约5.43克拉圆型哥伦比亚祖母绿及 约4.75克拉圆形E/VS1（极优切割、打磨及比例）钻石戒指
估　价：HKD 3,600,000~5,500,000
成交价：RMB 3,891,360
戒指6 佳士得 2014.05.27

2119 约9.38克拉梨形浓彩粉红色钻石戒指
估　价：HKD 45,000,000～65,000,000
成交价：RMB 37,016,160
戒指7 佳士得 2014.05.27

9584 约72.68克拉星光蓝宝石戒指
估　价：RMB 1,000,000～1,600,000
成交价：RMB 1,265,000
主石长2.25cm 北京保利 2014.12.04

2079 约5.75克拉枕形缅甸红宝石戒指
估　价：HKD 3,800,000～5,800,000
成交价：RMB 4,759,680
戒指$5^{1}/_{2}$ 佳士得 2014.05.27

2106 约8.20克拉圆形D/IF Type IIa（极优切割、打磨及比例）钻石戒指
估　价：HKD 10,500,000～15,000,000
成交价：RMB 9,487,200
戒指$5^{3}/_{4}$ 佳士得 2014.05.27

358 珍罕15.07克拉椭圆形缅甸抹谷无经加热处理红宝石配钻石戒指
配红宝石及钻石分别共重约4.28及2.52克拉
估　价：HKD 11,000,000～15,000,000
成交价：RMB 10,435,920
戒指$5^{1}/_{2}$ 天成国际 2014.06.08

164 珍罕55.01克拉方形缅甸抹谷无经加热处理“皇家蓝”色蓝宝石配钻石戒指
椭圆形及梨形钻石共重7.41克拉
估　价：HKD 28,000,000～35,000,000
成交价：RMB 26,534,070
戒指6 天成国际 2014.12.07

1972 约8.15克拉枕形D/VVS1 钻石戒指
估　价：HKD 3,200,000～5,000,000
成交价：RMB 4,856,160
戒指$5^{1}/_{4}$ 佳士得 2014.05.27

9585 珍罕的5.01克拉缅甸抹谷鸽血红红宝石戒指 未经加热处理
配以2颗1.71克拉水滴形钻石
估　价：RMB 8,600,000～10,000,000
成交价：RMB 8,855,000
主石1.36cm×0.95cm 北京保利 2014.12.04

134 珍罕紫翡翠配翡翠及钻石戒指
估　价：HKD 2,500,000～3,500,000
成交价：RMB 2,327,550
紫色蛋面长2.31cm 天成国际 2014.12.07

1645 珍珠配钻石戒指及耳环套装
估　价：HKD 100,000～130,000
成交价：RMB 276,850
指环$4^{3}/_{4}$ 香港苏富比 2014.10.07

1839 紫翡翠配钻石戒指
估　价：HKD 150,000～200,000
成交价：RMB 711,000
指环$5^{1}/_{2}$ 香港苏富比 2014.04.07

1660 紫翡翠配钻石戒指
估　价：HKD 180,000～250,000
成交价：RMB 741,563
指环$7^{1}/_{2}$ 香港苏富比 2014.10.07

2026 锥形缅甸红宝石戒指及耳坠套装
红宝石戒指8.05克拉，耳坠7.88克拉
估　价：HKD 2,500,000～3,500,000
成交价：RMB 2,444,160
戒指6 佳士得 2014.05.27

1674 紫翡翠配钻石戒指及耳环套装
估　价：HKD 450,000～550,000
成交价：RMB 444,938
指环$5^{1}/_{2}$ 香港苏富比 2014.10.07

9714 紫罗兰翡翠蛋面戒指
估　价：RMB 2,700,000～3,800,000
成交价：RMB 3,105,000
主石2.73cm×3.21cm 北京保利 2014.12.04

1643 紫水晶10.30克拉配石榴石11.00克拉戒指
估　价：HKD 47,000～65,000
成交价：RMB 54,313
指环7 香港苏富比 2014.04.07

9761 总重7.75克拉缅甸鸽血红红宝石戒指、耳环套装 未经加热处理 迪奥 DIOR
估　价：RMB 1,600,000～2,200,000
成交价：RMB 2,242,500
北京保利 2014.12.04

2008 祖母绿5.13克拉及钻石戒指
估　价：HKD 1,800,000～2,800,000
成交价：RMB 2,019,840
佳士得 2014.11.25

2010 18.56克拉八角形哥伦比亚祖母绿戒指
估　价：HKD 1,800,000～2,800,000
成交价：RMB 1,735,800
戒指5 1/2 佳士得 2014.11.25

2013 约20.69克拉八角形哥伦比亚天然祖母绿戒指，Gimel设计
估　价：HKD 12,000,000～18,000,000
成交价：RMB 11,866,560
戒指$6^{1}/_{4}$ 佳士得 2014.11.25

1784 钻石“莲花”戒指，梵克雅宝（VAN CLEEF & ARPELS）
估　价：HKD 150,000～200,000
成交价：RMB 148,313
指环7 香港苏富比 2014.10.07

1908 钻石12.22克拉，F色VS2净度戒指
估　价：HKD 5,400,000～6,000,000
成交价：RMB 5,347,160
指环$5^{1}/_{2}$ 香港苏富比 2014.10.07

1652 钻石4.01克拉K色VS1净度极优打磨戒指
估　价：HKD 250,000～350,000
成交价：RMB 375,725
指环$5^{1}/_{2}$ 香港苏富比 2014.10.07

1907 钻石5.03克拉D色内部无瑕(IF)净度戒指
估　价：HKD 2,600,000～3,000,000
成交价：RMB 2,499,560
指环$5^{1}/_{2}$ 香港苏富比 2014.10.07

1711 钻石5.03克拉D色VVS1净度戒指
估　价：HKD 1,500,000～2,000,000
成交价：RMB 2,879,240
指环5½ 香港苏富比 2014.10.07

1701 钻石7.10克拉戒指
估　价：HKD 330,000～420,000
成交价：RMB 415,275
指环4½ 香港苏富比 2014.10.07

1716 方形钻石5.91克拉，D色内部无瑕（IF）净度戒指
估　价：HKD 3,300,000～3,800,000
成交价：RMB 3,065,200
指环5¾ 香港苏富比 2014.04.07

2018 5.79克拉椭圆形D/IF（极优打磨及比例）钻石戒指
估　价：HKD 2,800,000～3,800,000
成交价：RMB 2,682,600
戒指6¾ 佳士得 2014.11.25

2064 27.94克拉心形D/VS1（极优打磨）Type IIA 钻石戒指
估　价：HKD 20,000,000～30,000,000
成交价：RMB 20,419,320
戒指9½ 佳士得 2014.11.25

2088 8.65克拉梨形D/IF Type IIa戈尔康达钻石戒指
估　价：HKD 9,000,000～15,000,000
成交价：RMB 8,742,120
戒指5½ 佳士得 2014.11.25

1732 椭圆形钻石重10.00克拉，D色内部无瑕（IF）净度戒指
估　价：HKD 8,000,000～10,000,000
成交价：RMB 6,857,200
指环5¾ 香港苏富比 2014.04.07

1743 圆形钻石重16.08克拉，E色内部无瑕（IF）净度戒指
配钻共重约1.35克拉
估　价：HKD 13,000,000～16,000,000
成交价：RMB 11,881,600
指环6 香港苏富比 2014.04.07

1933 方形钻石25.40克拉H色VVS1净度戒指，海瑞温斯顿（HARRY WINSTON）
两颗配钻共重约1.60克拉
估　价：HKD 9,500,000～12,000,000
成交价：RMB 12,371,240
指环6¾ 香港苏富比 2014.10.07

2012 9.91克拉长方形D/IF（极优打磨及比例）Type IIa 钻石戒指，Cartier 设计
估　价：HKD 8,500,000～12,000,000
成交价：RMB 8,363,400
戒指4 佳士得 2014.11.25

2050 6.90克拉圆形E/VVS2（极优切割、打磨及比例）
钻石戒指，Harry Winston设计
估　价：HKD 3,600,000～5,500,000
成交价：RMB 3,345,360
戒指4¾ 佳士得 2014.11.25

手 镯

1243 清 冰种福禄寿三彩翡翠手镯
估 价：NTD 3,000,000～3,600,000
成交价：RMB 736,320
直径6.5cm 帝图艺术 2014.06.22

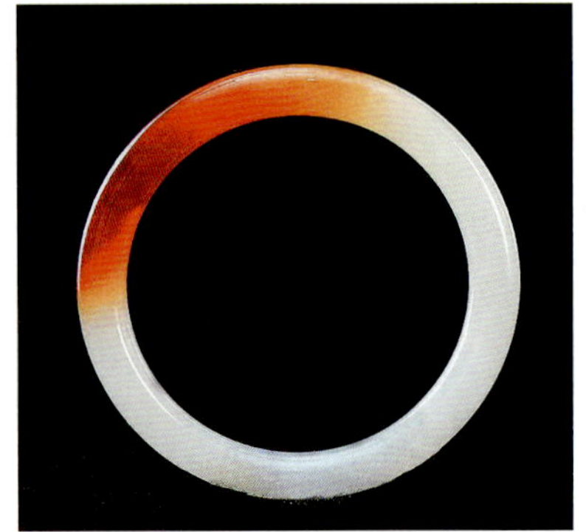

189 清 红翡手镯
估 价：RMB 20,000～30,000
成交价：RMB 56,000
内径5.5cm 武汉中信 2014.10.23

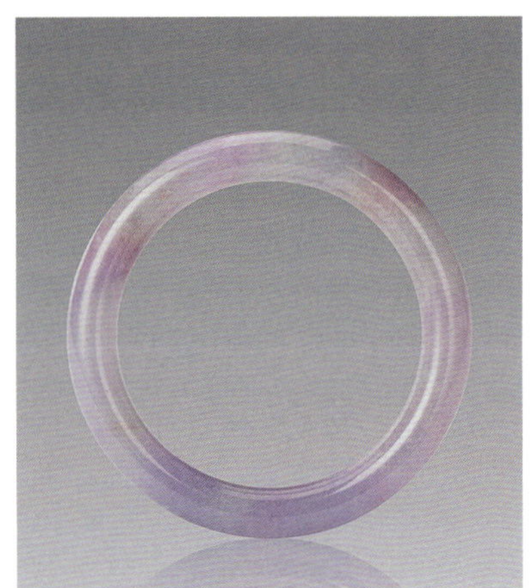

276 清 紫罗兰手镯
估 价：RMB 50,000～80,000
成交价：RMB 71,300
直径6cm 深圳市拍 2014.01.05

616 清 翡翠手镯
估 价：RMB 180,000
成交价：RMB 403,200
内径5.5cm 天津文物 2014.11.15

040 清 足金二龙争珠手镯（一对）
估 价：HKD 1,000,000～1,500,000
成交价：RMB 1,090,200
香港拍得高 2014.03.30

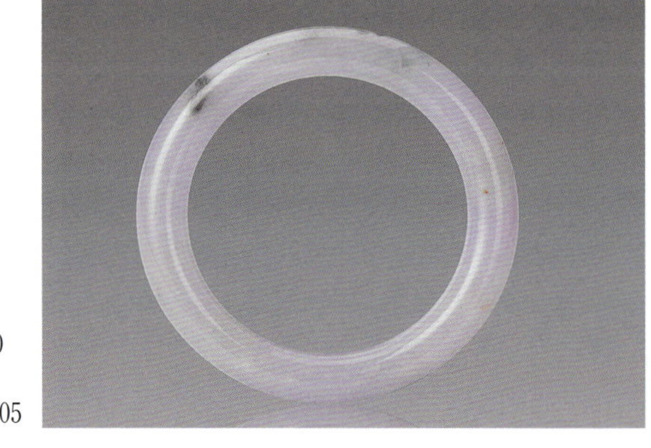

275 清 翡翠春带彩手镯
估 价：RMB 50,000～80,000
成交价：RMB 57,500
直径5.5cm 深圳市拍 2014.01.05

2153 17.99克拉“斯里兰卡”紫色星光蓝宝石配钻石手镯
估 价：RMB 250,000～380,000
成交价：RMB 287,500
内径5.7cm 华艺国际 2014.05.31

48 18K黄金镶红宝石及钻石手镯
估 价：USD 3,000～5,000
成交价：RMB 161,438
长19.05cm 纽约苏富比 2014/11/20

1818 18k白金及黄金手镯
估 价：HKD 120,000～180,000
成交价：RMB 281,400
内周长17.5cm 佳士得 2014.05.27

1962 4.66 至1.64克拉枕形哥伦比亚祖母绿手镯
估 价：HKD 2,500,000～3,500,000
成交价：RMB 2,444,160
内周长14.4cm 佳士得 2014.05.27

1478 925银编麻花状镶宝石手镯耳钉
（一套三件）
估 价：RMB 30,000～80,000
成交价：RMB 34,500
长6.7cm；长2.2cm×2 中贸圣佳 2014.07.06

759 冰种翠色翡翠手镯
估 价：RMB 3,000,000～3,600,000
成交价：RMB 3,910,000
直径5.8cm 北京艺融 2014.06.03

776 冰种翠色翡翠手镯
估 价：RMB 2,200,000～2,600,000
成交价：RMB 2,875,000
直径5.5cm 北京艺融 2014.06.03

1828 冰种翡翠三彩满色手镯
估 价：NTD 4,000,000～7,500,000
成交价：RMB 1,186,560
直径6.7cm 台湾世家 2014.04.13

226 冰种翡翠手镯（一对）
估 价：RMB 5,000,000～5,500,000
成交价：RMB 5,175,000
直径5.9cm 北京艺融 2014.12.08

9550 冰种翡翠手镯
估 价：RMB 120,000～180,000
成交价：RMB 448,500
内径5.67cm 北京保利 2014.12.04

761 冰种飘花翡翠手镯
估 价：RMB 1,600,000~2,000,000
成交价：RMB 1,955,000
直径5.6cm 北京艺融 2014.06.03

763 冰种飘花翡翠贵妃镯
估 价：RMB 1,000,000~1,300,000
成交价：RMB 1,265,000
直径5.5cm 北京艺融 2014.06.03

717 阿卡红珊瑚镶钻花形手镯
估 价：RMB 85,000~95,000
成交价：RMB 97,750
北京艺融 2014.06.03

624 冰种飘绿翡翠圆条手镯
估 价：RMB 800,000~1,400,000
成交价：RMB 1,725,000
内径5.37cm 保利厦门 2014.11.02

1716 冰种紫翡翠及翡翠手镯
估 价：HKD 130,000~160,000
成交价：RMB 138,425
内径5.7cm 香港苏富比 2014.10.07

372 冰种飘花翡翠手镯
估　价：RMB 880,000~1,200,000
成交价：RMB 1,265,000
直径5.6cm 北京艺融 2014.12.08

091 冰种紫翡翠手镯
估　价：HKD 3,500,000~4,500,000
成交价：RMB 3,320,520
直径7.75cm 天成国际 2014.06.08

9758 玻璃种翡翠扁条手镯
估　价：RMB 650,000~900,000
成交价：RMB 747,500
内径5.75cm 北京保利 2014.06.06

4561 翡翠“皇家绿”平安镯
估　价：RMB 5,600,000~8,000,000
成交价：RMB 8,970,000
直径5.2cm 中鸿信 2014.11.23

263 翡翠手镯
估　价：RMB 6,000,000
成交价：RMB 6,720,000
内径5.8cm 上海联合 2014.10.11

945 翡翠手镯
成交价：RMB 12,650,000
直径7.1cm 江苏爱涛 2014.07.06

1846 翡翠手镯
估 价：HKD 380,000～580,000
成交价：RMB 836,340
内径5.54cm 佳士得 2014.11.25

1995 彩色钻石及钻石手镯，Graff设计
估 价：HKD 380,000～580,000
成交价：RMB 789,000
内周长16.0cm 佳士得 2014.11.25

1728 翡翠手镯
估 价：HKD 3,500,000～5,000,000
成交价：RMB 4,303,040
内径5.18cm 香港苏富比 2014.10.07

1980 翡翠手镯
估 价：HKD 600,000～800,000
成交价：RMB 591,750
内径5.71cm 佳士得 2014.11.25

2103 翡翠手镯
估 价：HKD 30,000,000～50,000,000
成交价：RMB 32,513,760
内径5.37cm 佳士得 2014.05.27

1856 翡翠手镯
估 价：HKD 1,300,000～1,600,000
成交价：RMB 1,550,360
内径5.50cm 香港苏富比 2014.10.07

1751 翡翠手镯
估 价：HKD 6,000,000～10,000,000
成交价：RMB 10,459,600
内径5.30cm 香港苏富比 2014.04.07

0216 翡翠手镯（一对）
估 价：HKD 3,000,000～5,000,000
成交价：RMB 2,846,160
内径5.42cm 天成国际 2014.06.08

1942 粉红色蓝宝石及钻石手镯，Forms 设计
估 价：HKD 1,500,000～2,500,000
成交价：RMB 1,451,760
内周长15.0cm 佳士得 2014.11.25

1617 黑色法琅彩配祖母绿及缟玛瑙手镯，卡地亚 (CARTIER)
估 价：HKD 95,000～120,000
成交价：RMB 316,000
内径5.58cm 香港苏富比 2014.04.07

0781 黄翡三色巧雕双凤手镯
估 价：RMB 1,500,000～1,800,000
成交价：RMB 1,955,000
直径5.7cm 北京艺融 2014.06.03

1906 翡翠手镯
估 价：HKD 40,000,000～50,000,000
成交价：RMB 34,602,000
内径5.55cm 香港苏富比 2014.04.07

1923 翡翠手镯（一对）
估 价：HKD 350,000～550,000
成交价：RMB 641,063
内径5.63cm 佳士得 2014.11.25

1681 红宝石配钻石及小珍珠手镯
估 价：HKD 450,000～550,000
成交价：RMB 444,938
长度约16cm 香港苏富比 2014.10.07

0225 老坑种满绿翡翠雕花手镯
成交价：RMB 43,700,000
内径5.95cm 北京艺融 2014.12.08

2265 缅甸翡翠手镯
估　价：HKD 2,000,000～2,800,000
成交价：RMB 1,795,275
内径5.75cm 保利香港 2014.04.06

0564 满绿翡翠手镯
估　价：RMB 900,000～1,500,000
成交价：RMB 1,035,000
内径5.38cm 保利厦门 2014.11.02

2584 满绿翡翠手镯
估　价：RMB 1,800,000～2,800,000
成交价：RMB 1,800,000
内径5.40cm 北京九歌 2014.12.17

0775 糯冰满绿翡翠手镯
估　价：RMB 2,000,000～2,500,000
成交价：RMB 2,530,000
直径5.4cm 北京艺融 2014.06.03

0780 糯冰种翠色翡翠手镯
估　价：RMB 2,500,000～2,600,000
成交价：RMB 7,452,000
直径5.8cm 北京艺融 2014.06.03

0227 糯冰种带绿翡翠手镯（一对）
估　价：RMB 4,000,000～4,500,000
成交价：RMB 4,370,000
直径5.5cm 北京艺融 2014.12.08

1833 黄色钻石配钻石手镯，格拉芙（GRAFF）（三只）
估　价：HKD 350,000～450,000
成交价：RMB 641,875
尺寸不一 香港苏富比 2014.04.07

0769 糯冰春带彩翡翠手镯
估　价：RMB 1,800,000～2,000,000
成交价：RMB 2,300,000
直径5.6cm 北京艺融 2014.06.03

0772 糯冰种浅绿翡翠手镯（一对）
估　价：RMB 1,500,000～1,800,000
成交价：RMB 1,725,000
直径5.7cm 北京艺融 2014.06.03

0760 糯冰种满绿翡翠手镯
估　价：RMB 3,500,000～4,000,000
成交价：RMB 4,025,000
直径5.7cm 北京艺融 2014.06.03

0779 糯冰种浅绿翡翠手镯
估　价：RMB 700,000～800,000
成交价：RMB 1,288,000
直径5.7cm 北京艺融 2014.06.03

2660 缅甸翡翠手镯
成交价：RMB 8,400,420
内径5.44cm 保利香港 2014.10.06

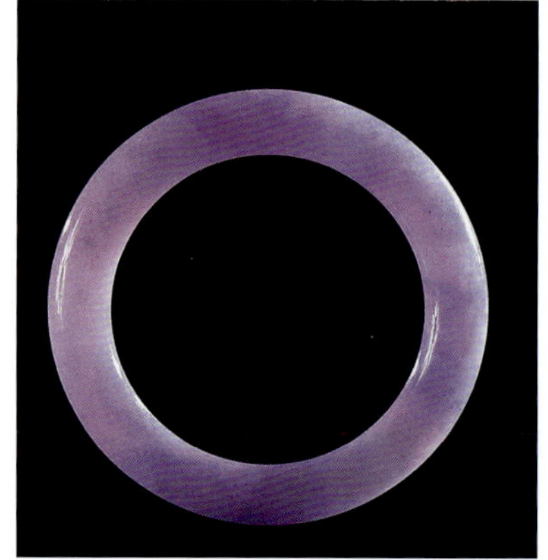

0756 糯冰种紫罗兰翡翠手镯
估　价：RMB 500,000～600,000
成交价：RMB 575,000
直径5.7cm 北京艺融 2014.06.03

1861 缅甸翡翠手镯（一对）
估　价：HKD 550,000～800,000
成交价：RMB 1,093,440
内径6.80cm，内径6.75cm 佳士得 2014.05.27

0758 三彩翡翠手镯
估　价：RMB 500,000～600,000
成交价：RMB 598,000
直径5.7cm 北京艺融 2014.06.03

1916 三彩翡翠手镯
估　价：HKD 200,000～300,000
成交价：RMB 395,500
直径5.46cm 香港苏富比 2014.10.07

1708 三色翡翠手镯（一对）
估　价：HKD 600,000～750,000
成交价：RMB 1,074,400
直径5.41cm 香港苏富比 2014.04.07

1781 石榴石配钻石手镯，Michele della Valle
估　价：HKD 40,000～60,000
成交价：RMB 64,188
香港苏富比 2014.04.07

1888 紫翡翠手镯
估　价：HKD 1,200,000～1,600,000
成交价：RMB 1,453,600
内径5.37cm 香港苏富比 2014.04.07

2020 约42.65克拉哥伦比亚猫眼祖母绿手镯
估　价：HKD 1,600,000～2,500,000
成交价：RMB 1,961,760
内周长14.8cm 佳士得 2014.05.27

0234 紫翡翠手镯（一对）
估 价：HKD 8,000,000~12,000,000
成交价：RMB 7,448,160
直径8.21cm 天成国际 2014.12.07

2137 阳绿翡翠手镯（一对）
估 价：RMB 4,000,000~6,000,000
成交价：RMB 4,830,000
直径5.9cm×2 华艺国际 2014.05.31

0770 紫罗兰春带彩翡翠手镯（一对）
估 价：RMB 1,200,000~1,500,000
成交价：RMB 1,610,000
内径5.80cm 北京艺融 2014.06.03

2075 紫罗兰翡翠手镯
估 价：HKD 800,000~1,200,000
成交价：RMB 2,682,600
内径5.18cm 佳士得 2014.11.25

1985 紫罗兰翡翠手镯
估 价：HKD 500,000~800,000
成交价：RMB 978,360
内径5.37cm 佳士得 2014.11.25

手 链

32 18K黄金及铂金镶彩黄色钻石及钻石手链，BLACK STARR & FROST
估 价：USD 125,000~175,000
成交价：RMB 916,350
长17.78cm 纽约苏富比 2014/11/20

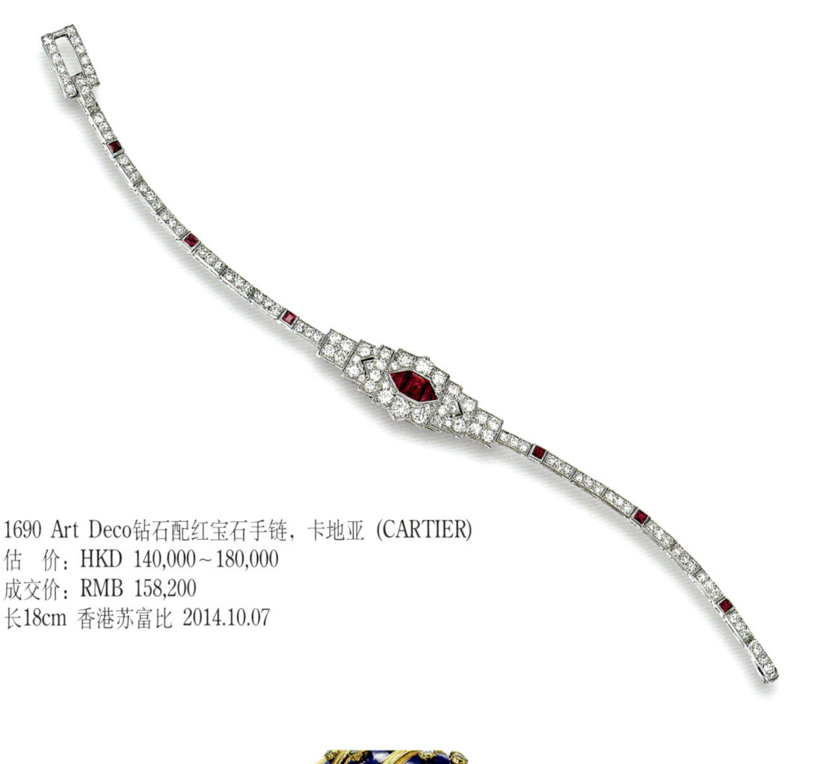

1690 Art Deco钻石配红宝石手链，卡地亚（CARTIER）
估　价：HKD 140,000～180,000
成交价：RMB 158,200
长18cm 香港苏富比 2014.10.07

1607 珐琅彩配钻石“Jackie”手链，Schlumberger 蒂芙尼（SCHLUMBERGER FOR TIFFANY & CO.）
估　价：HKD 180,000～250,000
成交价：RMB 217,525
长17.0cm 香港苏富比 2014.10.07

1823 白色珐琅彩“Jackie”手链，Schlumberger 蒂芙尼（SCHLUMBERGER FOR TIFFANY & CO.）
估　价：HKD 88,000～120,000
成交价：RMB 128,538
长17.5cm 香港苏富比 2014.10.07

15 铂金镶红宝石及钻石手链，法国
估　价：USD 20,000～30,000
成交价：RMB 916,350
长16.51cm 纽约苏富比 2014/11/20

1845 冰种翡翠配翡翠、玛瑙、红宝石及钻石手链
估　价：HKD 150,000～200,000
成交价：RMB 177,975
长18cm 香港苏富比 2014.10.07

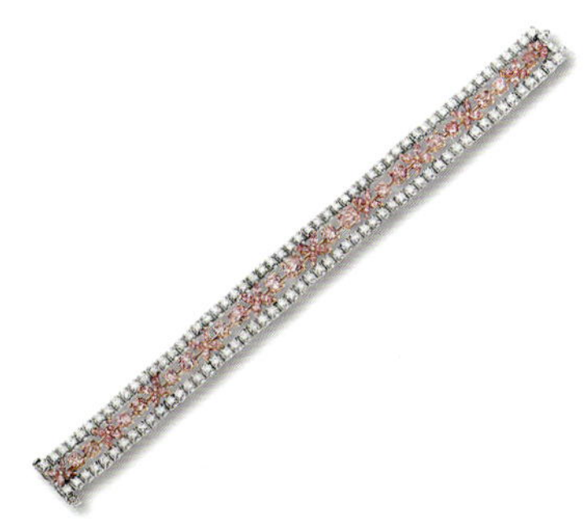

1743 粉红色钻石配钻石手链
估　价：HKD 800,000～950,000
成交价：RMB 809,984
长17.0cm 香港苏富比 2014.10.07

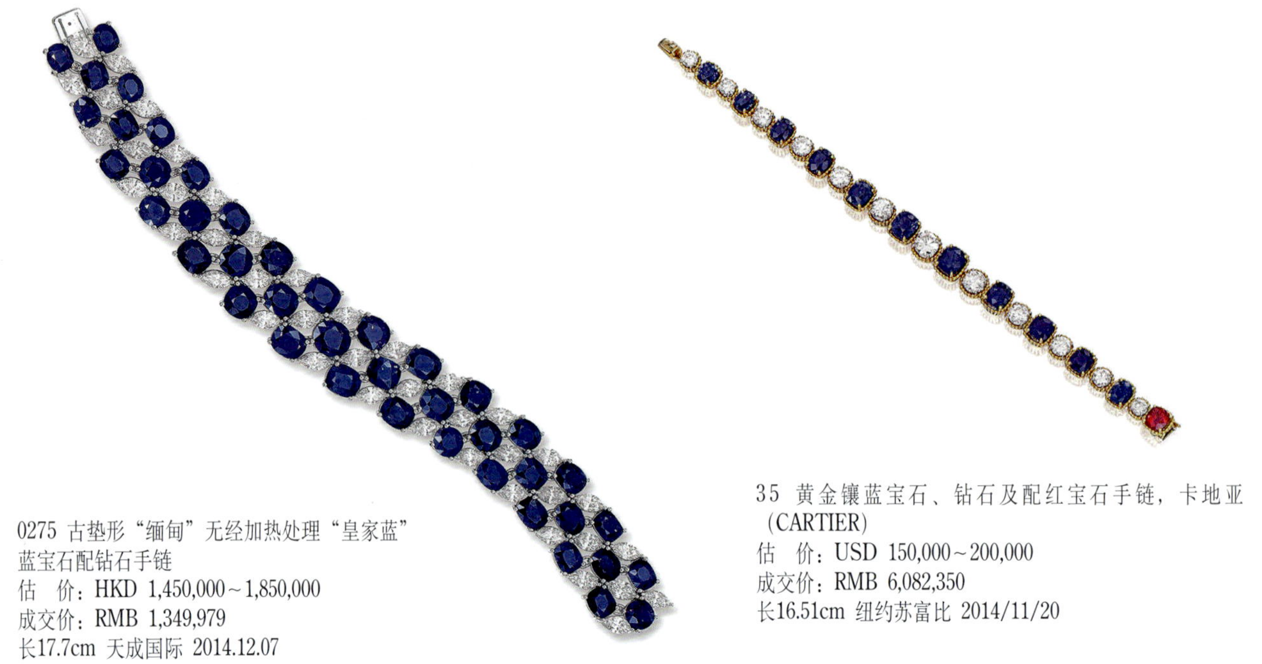

0275 古垫形“缅甸”无经加热处理“皇家蓝”蓝宝石配钻石手链
估　价：HKD 1,450,000～1,850,000
成交价：RMB 1,349,979
长17.7cm 天成国际 2014.12.07

35 黄金镶蓝宝石、钻石及配红宝石手链，卡地亚(CARTIER)
估　价：USD 150,000～200,000
成交价：RMB 6,082,350
长16.51cm 纽约苏富比 2014/11/20

1879 红宝石配钻石手链，Bhagat
红宝石共重约43.85克拉；钻石共重约21.30克拉
估　价：HKD 1,600,000～2,000,000
成交价：RMB 1,550,360
长17.5cm 香港苏富比 2014.10.07

1603 黄金手链/手表，积家
估　价：HKD 40,000～60,000
成交价：RMB 69,213
长18cm 香港苏富比 2014.10.07

34 黄金镶蓝宝石、钻石及红宝石手链
估　价：USD 150,000～200,000
成交价：RMB 3,425,550
长16.51cm 纽约苏富比 2014/11/20

2080 钻石手链，Cartier 设计
估　价：HKD 600,000～800,000
成交价：RMB 2,209,200
长17.0cm 佳士得 2014.11.25

1735 75颗古垫形及椭圆形蓝宝石共重约59.07克拉配钻石手链
估　价：HKD 650,000～750,000
成交价：RMB 641,875
长17.5cm 香港苏富比 2014.04.07

1738 36颗浓彩黄色钻石手链，宝格丽（BVLGARI）钻石共重24.03克拉
估　价：HKD 800,000～1,000,000
成交价：RMB 980,840
长17.0cm 香港苏富比 2014.10.07

825 哥伦比亚祖母绿9.50克拉配钻石手链
估　价：HKD 280,000～380,000
成交价：RMB 375,725
长16.5cm 香港苏富比 2014.10.07

1695 钻石共重约49.90克拉手链
估　价：HKD 500,000～600,000
成交价：RMB 276,850
长17.0cm 香港苏富比 2014.10.07

1616 钻石共重约24.00克拉手链
估　价：HKD 40,000～60,000
成交价：RMB 138,425
长16.0cm 香港苏富比 2014.10.07

项 链

1898 清晚期 翡翠项链、手镯、戒指套装
项链18颗翡翠珠直径约15.05至14.85毫米，长约15.5cm；手镯内径5.27cm；马鞍面长约2.21cm
估 价：HKD 2,000,000～2,500,000
成交价：RMB 5,252,240
香港苏富比 2014.10.07

2349 10.16克拉IIa型钻石吊坠项链 D色IF净度
估 价：HKD 11,000,000～16,000,000
成交价：RMB 9,562,950
项链长约46cm 保利香港 2014.04.06

1433 18K金镶翡翠怀古环项链
估 价：RMB 500,000～1,500,000
成交价：RMB 575,000
直径2.5cm 中贸圣佳 2014.07.06

1487 18K金镶红色绿色粉色碧玺项链
估　价：RMB 500,000～950,000
成交价：RMB 552,000
长42cm 中贸圣佳 2014.07.06

0070 2.84克拉未加热鸽血红宝石吊坠项链
估　价：RMB 180,000～250,000
成交价：RMB 201,600
项链长45cm 北京荣宝 2014.08.24

1877 18k 黄金“Panthère”项链、胸针及戒指套装
估　价：HKD 100,000～150,000
成交价：RMB 201,000
项链长37cm 佳士得 2014.05.27

1952 5.02克拉梨形D/VVS1（极优打磨）钻石吊坠项链
估　价：HKD 2,000,000～3,000,000
成交价：RMB 1,817,040
项链长40.5cm 佳士得 2014.05.27

1583 32.17克拉坦桑石吊坠项链
估　价：RMB 150,000～180,000
成交价：RMB 168,000
项链长41cm 北京荣宝 2014.11.30

2518 88.48克拉红碧玺配珍珠吊坠项链
估　价：HKD 180,000～240,000
成交价：RMB 168,008
项链长92cm 保利香港 2014.10.06

4530 白金镶钻满翠项链、戒指（两件套）
成交价：RMB 26,450,000
翡翠直径2.0～2.5cm 中鸿信 2014.11.23

0016 JACOB & CO.特殊定制“美元”垂饰项链
估　价：HKD 150,000～200,000
成交价：RMB 642,688
项链长63cm 香港苏富比 2014.10.07

0039 冰种翡翠配翡翠及钻石吊坠项链，吊耳环及戒指套装，Alessio Boschi设计
估　价：HKD 2,600,000～3,600,000
成交价：RMB 2,420,652
项链长45.8cm 天成国际 2014.12.07

9669 白色南洋珍珠项链
估　价：RMB 550,000～800,000
成交价：RMB 632,500
直径约1.5～1.71cm 北京保利 2014.06.06

2021 9.67克拉方形黄钻吊坠及钻石项链
项链共重约9.16克拉
估　价：RMB 1,600,000～2,400,000
成交价：RMB 2,070,000
华艺国际 2014.05.31

1623 冰种翡翠珠配翡翠珠项链
估　价：HKD 80,000～120,000
成交价：RMB 158,200
项链长62cm 香港苏富比 2014.10.07

0238 冰种满绿翡翠镶钻项链四件套
估　价：RMB 7,000,000～8,000,000
成交价：RMB 7,475,000
北京艺融 2014.12.08

0797 冰种满绿翡翠镶钻蛋面项链
估　价：RMB 2,500,000～3,500,000
成交价：RMB 3,220,000
北京艺融 2014.06.03

1804 贝母“Alhambra”项链、耳环及戒指套装，
Van Cleef & Arpels设计
估　价：HKD 80,000～120,000
成交价：RMB 256,425
项链长40.5cm 佳士得 2014.11.25

0416 冰种满绿翡翠镶钻蛋面项链
估　价：RMB 4,000,000～4,500,000
成交价：RMB 4,140,000
北京艺融 2014.12.08

0417 冰种阳绿翡翠镶钻花型项链
估　价：RMB 5,000,000～5,500,000
成交价：RMB 5,520,000
北京艺融 2014.12.08

1746 彩黄色钻石20.13克拉，VVS2净度配钻石项链
估　价：HKD 2,800,000～3,800,000
成交价：RMB 3,069,080
项链长40.5cm 香港苏富比 2014.10.07

1912 彩黄色钻石配钻石项链
14颗彩黄色钻石共重63.76克拉
估　价：HKD 4,300,000～5,500,000
成交价：RMB 4,018,280
项链长40cm 香港苏富比 2014.10.07

1612 彩色刚玉配钻石项链
估　价：HKD 180,000～230,000
成交价：RMB 296,250
项链长72cm 香港苏富比 2014.04.07

2583 顶级玻璃种翡翠套链
估　价：RMB 720,000～1,200,000
成交价：RMB 720,000
长45cm 北京九歌 2014.12.17

2096 5.79克拉梨形淡粉红色VS1钻石吊坠项链
估　价：HKD 2,400,000～3,500,000
成交价：RMB 2,587,920
项链长60cm 佳士得 2014.11.25

1874 彩色蓝宝石及钻石项链，Buccellati 设计
估　价：HKD 120,000～180,000
成交价：RMB 295,875
项链长38.5cm 佳士得 2014.11.25

2004 42.10克拉长方形彩黄色VS1钻石吊坠项链，Jahan 设计
估　价：HKD 8,000,000～12,000,000
成交价：RMB 11,109,120
佳士得 2014.11.25

1712 翡翠“叶子”配钻石吊坠项链
配钻共重约2.70克拉
估　价：HKD 6,000,000～7,000,000
成交价：RMB 4,961,200
长45cm 香港苏富比 2014.04.07

1633 冰种紫翡翠珠配翡翠珠及钻石项链
估　价：HKD 200,000～300,000
成交价：RMB 296,625
香港苏富比 2014.10.07

1827 蛋白石配彩色宝石及钻石吊坠项链，Buccellati
估　价：HKD 160,000～200,000
成交价：RMB 217,525
项链长40cm 香港苏富比 2014.10.07

0218 翡翠配冰种翡翠及钻石吊坠项链及戒指套装，Alessio Boschi 设计
估　价：HKD 2,500,000～3,500,000
成交价：RMB 3,165,468
项链长44.5cm 天成国际 2014.12.07

1991 翡翠及钻石吊坠项链（一对）
估　价：HKD 2,000,000～3,000,000
成交价：RMB 5,333,640
项链长56cm 佳士得 2014.11.25

1629 翡翠雕“年年有余”配钻石吊坠项链
估　价：HKD 80,000～120,000
成交价：RMB 395,500
长36.5cm 香港苏富比 2014.10.07

1857 翡翠配翡翠珠及钻石项链
估　价：HKD 800,000～1,000,000
成交价：RMB 1,360,520
香港苏富比 2014.10.07

0112 翡翠配钻石吊坠项链
估　价：HKD 3,800,000～4,800,000
成交价：RMB 3,605,136
项链长42.9cm 天成国际 2014.06.08

0136 翡翠吊坠项链
估 价：RMB 1,500,000～2,000,000
成交价：RMB 1,680,000
项链长56cm 北京荣宝 2014.08.24

1766 翡翠配钻石项链
配钻共重约9.00克拉；20颗蛋面长约1.92～1.13cm
估 价：HKD 15,000,000～25,000,000
成交价：RMB 14,269,640
项链长41cm 香港苏富比 2014.10.07

0173 翡翠配钻石吊坠项链
估 价：HKD 5,800,000～7,800,000
成交价：RMB 5,502,576
项链长39cm 天成国际 2014.06.08

2041 翡翠项链
估 价：HKD 7,000,000～9,000,000
成交价：RMB 6,469,800
长47cm 佳士得 2014.11.25

1924 翡翠配钻石项链，Carvin French
配钻共重约3.50克拉
估　价：HKD 5,000,000～7,000,000
成交价：RMB 4,587,800
项链长40cm 香港苏富比 2014.10.07

0025 翡翠珠及珍珠项链 Cartier设计钻石扣
估　价：RMB 2,800,000～3,800,000
成交价：RMB 3,390,000
长47.1cm 佳士得（上海） 2014.10.24

0801 翡翠珠链
33颗直径1.3～1.5cm翡翠
成交价：RMB 11,500,000
北京艺融 2014.06.03

1619 翡翠珠配红宝石及钻石项链
翡翠珠47颗
估　价：HKD 180,000～200,000
成交价：RMB 276,850
长59cm 香港苏富比 2014.10.07

1914 翡翠珠项链
翡翠珠107颗
估　价：HKD 650,000～750,000
成交价：RMB 1,645,280
长94cm 香港苏富比 2014.10.07

1723 翡翠珠配红宝石及钻石项链
翡翠珠29颗刻面
估　价：HKD 3,200,000～3,800,000
成交价：RMB 4,018,280
长62cm 香港苏富比 2014.10.07

1701 翡翠珠项链
翡翠珠86颗
估　价：HKD 600,000～800,000
成交价：RMB 1,927,600
长66cm 香港苏富比 2014.04.07

1905 翡翠珠项链
翡翠珠166颗
估　价：HKD 1,200,000～1,400,000
成交价：RMB 2,117,200
长51cm 香港苏富比 2014.04.07

0961 翡翠紫罗兰项链、戒指套件
估　价：RMB 1,400,000～1,500,000
成交价：RMB 1,610,000
福建东南 2014.05.25

1872 粉红色海螺珠配钻石项链
海螺珠59颗
估　价：HKD 2,000,000～2,500,000
成交价：RMB 1,930,040
长45cm 香港苏富比 2014.10.07

0573 共33颗金色南洋珍珠项链
估　价：RMB 48,000～68,000
成交价：RMB 66,700
保利厦门 2014.11.02

1819 粉红色钻石配钻石项链及吊耳环套装，格拉芙（GRAFF）
估　价：HKD 240,000～300,000
成交价：RMB 395,000
香港苏富比 2014.04.07

2085 古董钻石项链
约19世纪制作
估 价：HKD 16,000,000～20,000,000
成交价：RMB 14,233,560
项链长35.5cm 佳士得 2014.11.25

0324 古垫形缅甸无经加热处理蓝宝石配钻石项链及吊耳环套装
估 价：HKD 4,500,000～5,500,000
成交价：RMB 4,032,060
项链长44cm 天成国际 2014.06.08

1910 海螺珍珠、钻石及彩色钻石项链
估 价：HKD 1,800,000～2,800,000
成交价：RMB 1,735,800
长50.5cm 佳士得 2014.11.25

2047 海螺珍珠项链
估 价：HKD 3,000,000～5,000,000
成交价：RMB 3,408,960
长42.5cm 佳士得 2014.05.27

9824 共68颗总重88克拉缅甸皇家蓝蓝宝石链 未经加热处理
估 价：RMB 1,180,000～1,680,000
成交价：RMB 1,322,500
北京保利 2014.12.04

18 古文明复兴风格黄金项链
估　价：USD 5,000～7,000
成交价：RMB 238,313
长40.64cm 纽约苏富比 2014/11/20

2582 海螺珠配钻石项链及耳环套装
估　价：HKD 4,800,000～6,800,000
成交价：RMB 3,733,520
项链长59cm 保利香港 2014.10.06

1840 红宝石配钻石项链
估　价：HKD 200,000～240,000
成交价：RMB 197,750
长17.5cm 香港苏富比 2014.10.07

1911 黑玛瑙及钻石吊坠项链、耳环及戒指套装
估　价：HKD 200,000～300,000
成交价：RMB 150,750
项链长79.2cm 佳士得 2014.05.27

2032 红宝石及蓝宝石蛋面项链
估　价：HKD 4,000,000～6,000,000
成交价：RMB 4,856,160
佳士得 2014.05.27

9513 黑色南洋珍珠项链
珠直径1.5～1.77cm共27颗
估　价：RMB 45,000～65,000
成交价：RMB 51,750
项链长42.5cm 北京保利 2014.06.06

1914 红宝石配钻石项链，James W. Currens为Fai Dee设计
红宝石共重104.51克拉梨形、圆形及椭圆形钻石共重约59.06克拉
估　价：HKD 68,000,000～88,000,000
成交价：RMB 61,146,000
长40cm 香港苏富比 2014.04.07

247 黑欧泊吊坠项链
估　价：RMB 180,000～220,000
成交价：RMB 201,600
北京荣宝 2014.08.24

1640 红宝石配钻石项链及吊耳环套装
估　价：HKD 300,000～400,000
成交价：RMB 692,125
长43cm 香港苏富比 2014.10.07

1865 红宝石配钻石项链及吊耳环套装
估　价：HKD 1,100,000～1,300,000
成交价：RMB 1,264,000
项链长39cm 香港苏富比 2014.04.07

1974 红宝石项链（三条）
估　价：HKD 12,000,000～18,000,000
成交价：RMB 11,393,160
项链长51.4cm、长47.3cm、长43.8cm
佳士得 2014.11.25

1888 红宝石配钻石项链及吊耳环套装
估　价：HKD 1,300,000～1,600,000
成交价：RMB 1,218,140
香港苏富比 2014.10.07

1904 红宝石项链
估 价：HKD 160,000～250,000
成交价：RMB 1,189,920
项链长37.5cm 佳士得 2014.05.27

230 华光流彩·豹型翡翠镶钻项链
估 价：RMB 2,800,000～3,000,000
成交价：RMB 2,760,000
北京艺融 2014.12.08

1615 黄水晶配绿松石及钻石项链及手链套装，卡地亚（CARTIER）
估 价：HKD 200,000～280,000
成交价：RMB 641,875
长19cm 香港苏富比 2014.04.07

36 黄金镶钻石项链，卡地亚（CARTIER）
镶29颗圆形钻石，共重约110.00克拉，链扣钻石4.20克拉
估 价：USD 1,250,000～1,500,000
成交价：RMB 17,201,550
长35.56cm 纽约苏富比 2014.11.20

242 黄翡翠配翡翠及钻石项链
估 价：HKD 250,000～350,000
成交价：RMB 232,755
天成国际 2014.12.07

990 黄钻项链
成交价：RMB 6,325,000
江苏爱涛 2014.07.06

9783 金色无瑕南洋珍珠项链
珠直径约11.6~13.1mm，共35颗
估 价：RMB 160,000~240,000
成交价：RMB 184,000
长47.5cm 北京保利 2014.12.04

1698 八角形哥伦比亚祖母绿重24.43克拉配钻石吊坠项链
估 价：HKD 1,200,000~1,500,000
成交价：RMB 1,643,200
长50cm 香港苏富比 2014.04.07

1860 祖母绿配钻石项链，梵克雅宝(VAN CLEEF & ARPELS)
估 价：HKD 550,000~650,000
成交价：RMB 692,125
长35.5cm 香港苏富比 2014.10.07

2327 辉帝J.W. CURRENS设计 缅甸“鸽血红”红宝石配钻石“凤凰”项链 未经热处理
红宝石60颗总重约57.71克拉
估 价：HKD 10,800,000~16,800,000
成交价：RMB 10,017,200
长40cm 保利香港 2014.04.06

1751 哥伦比亚祖母绿共重约42.25克拉配钻石项链，梵克雅宝 (Van Cleef & Arpels)
估 价：HKD 3,600,000~4,500,000
成交价：RMB 3,448,760
长40.5cm 香港苏富比 2014.10.07

239 绝代风华·冰种满绿翡翠镶钻项链（三件套）
估　价：RMB 7,000,000～8,000,000
成交价：RMB 7,475,000
共11颗125.9g 北京艺融 2014.12.08

2062 101.32克拉枕形斯里兰卡天然蓝宝石吊坠项链，Chatila设计
估　价：HKD 4,800,000～6,500,000
成交价：RMB 6,375,120
长41cm 佳士得 2014.11.25

1911 祖母绿配钻石项链
估　价：HKD 1,800,000～2,300,000
成交价：RMB 2,212,000
长41cm 香港苏富比 2014.04.07

1657 祖母绿配钻石项链及耳环套装
估　价：HKD 850,000～950,000
成交价：RMB 933,380
长41cm 香港苏富比 2014.10.07

2524 孔雀绿黑珍珠项链
估　价：RMB 55,000～80,000
成交价：RMB 55,000
长41cm 北京九歌 2014.12.17

1872 蓝宝石及祖母绿项链及耳环套装，Buccellati 设计
估　价：HKD 150,000～250,000
成交价：RMB 443,813
长39cm 佳士得 2014.11.25

1766 斯里兰卡蓝宝石配钻石项链
蓝宝石重102.61克拉，钻石共重约60.00克拉
估　价：HKD 22,000,000～30,000,000
成交价：RMB 25,754,000
长46cm 香港苏富比 2014.04.07

1647 斯里兰卡蓝宝石配钻石项链
蓝宝石共重43.67克拉；钻石共重约25.45克拉
估　价：HKD 400,000～500,000
成交价：RMB 444,938
长40cm 香港苏富比 2014.10.07

1735 缅甸蓝宝石配钻石长项链
蓝宝石共重145.22克拉，配钻共重约19.55克拉
估　价：HKD 380,000～450,000
成交价：RMB 415,275
长65cm 香港苏富比 2014.10.07

1909 斯里兰卡蓝宝石配钻石项链，梵克雅宝（VAN CLEEF & ARPELS）
蓝宝石重42.48克拉钻石共重约60.00克拉
估　价：HKD 7,000,000～8,500,000
成交价：RMB 6,193,600
长41cm 香港苏富比 2014.04.07

1685 蓝宝石配钻石项链
蓝宝石共重33.48克拉，钻石共重约42.60克拉
估　价：HKD 1,300,000～1,600,000
成交价：RMB 1,265,600
长18.5cm 香港苏富比 2014.10.07

1899 蓝宝石项链
估　价：HKD 1,000,000～1,500,000
成交价：RMB 996,960
长41.8cm 佳士得 2014.05.27

233 罗马之恋·满绿翡翠镶钻蛋面项链
估　价：RMB 4,000,000~4,500,000
成交价：RMB 4,370,000
北京艺融 2014.12.08

234 满绿翡翠珠链
估　价：RMB 5,000,000~5,500,000
成交价：RMB 5,175,000
北京艺融 2014.12.08

798 满绿翡翠镶钻项链
估　价：RMB 4,000,000~5,000,000
成交价：RMB 8,970,000
北京艺融 2014.06.03

1187 梨形祖母绿配黄钻及钻石项链、耳环套装
估　价：RMB 1,000,000~1,500,000
成交价：RMB 1,265,000
华艺国际 2014.09.28

1576 满绿翡翠珠链
估　价：RMB 3,200,000~4,000,000
成交价：RMB 3,680,000
华艺国际 2014.12.09

9672 老坑玻璃种满绿翡翠项链、戒指及耳环（一套）
估　价：RMB 3,600,000~5,600,000
成交价：RMB 4,140,000
北京保利 2014.06.06

2097 美好年代风格的彩色钻石及钻石吊坠项链
估 价：HKD 12,000,000～18,000,000
成交价：RMB 13,760,160
项链长51cm 佳士得 2014.11.25

2096 缅甸翡翠蛋面项链
估 价：HKD 500,000～800,000
成交价：RMB 582,900
项链长42.8cm 佳士得 2014.05.27

2069 缅甸翡翠辣椒吊坠项链
估 价：HKD 3,000,000～5,000,000
成交价：RMB 4,084,320
项链长68cm 佳士得 2014.05.27

2067 缅甸翡翠蛋面吊坠项链
估 价：HKD 2,800,000～3,800,000
成交价：RMB 2,733,600
项链长50cm 佳士得 2014.05.27

1949 缅甸翡翠辣椒吊坠项链
估 价：HKD 1,200,000～1,800,000
成交价：RMB 2,926,560
项链长34.8cm 佳士得 2014.05.27

2621 缅甸翡翠配钻石项链
估 价：HKD 8,800,000～12,800,000
成交价：RMB 8,027,068
项链长45cm 保利香港 2014.10.06

2343 缅甸翡翠珠配红宝石及钻石项链
估 价：HKD 8,800,000～13,800,000
成交价：RMB 7,291,700
项链长68cm 保利香港 2014.04.06

2530 缅甸翡翠珠链
估 价：HKD 2,800,000～3,800,000
成交价：RMB 2,800,140
项链长65cm 保利香港 2014.10.06

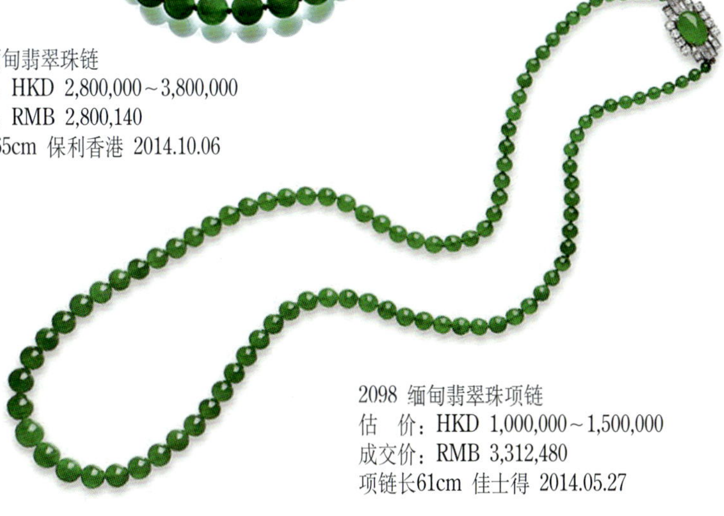

2098 缅甸翡翠珠项链
估 价：HKD 1,000,000～1,500,000
成交价：RMB 3,312,480
项链长61cm 佳士得 2014.05.27

2266 缅甸翡翠配钻石项链
估 价：HKD 7,500,000～12,500,000
成交价：RMB 6,837,450
项链长40cm 保利香港 2014.04.06

2024 缅甸蓝宝石蛋面项链
估 价：HKD 1,600,000～2,500,000
成交价：RMB 2,637,120
项链长36.5cm 佳士得 2014.05.27

2082 缅甸鸽血红红宝石项链及耳坠套装
36颗红宝石约共重65.07克拉
估 价：HKD 32,000,000~50,000,000
成交价：RMB 29,812,320
项链长38cm 佳士得 2014.05.27

1727 浓彩黄色钻石配钻石吊坠项链
估 价：HKD 400,000~550,000
成交价：RMB 444,375
长45cm 香港苏富比 2014.04.07

1253 木那种满绿翡翠项链、耳坠、戒指套装
项链重88.8克，吊坠重13.9克，戒指重17.2克
估 价：RMB 2,800,000~3,800,000
成交价：RMB 3,136,000
北京荣宝 2014.06.15

800 糯冰种浅绿翡翠珠链
估 价：RMB 600,000~700,000
成交价：RMB 2,242,500
北京艺融 2014.06.03

2073 缅甸紫罗兰翡翠蛋面吊坠项链
估 价：HKD 2,800,000~3,800,000
成交价：RMB 2,637,120
项链长78cm 佳士得 2014.05.27

1847 年份约1933 HUTTON.MDIVANI翡翠珠配红宝石及钻石项链，卡地亚（CARTIER）
27颗翡翠珠直径约19.20至15.40毫米
成交价：RMB 169,091,600
长53cm 香港苏富比 2014.04.07

520 帕拉伊巴碧玺配钻石项链
估　价：RMB 650,000～1,000,000
成交价：RMB 747,500
银座国际 2014.06.01

1835 珊瑚项链、耳坠及戒指套装
估　价：HKD 80,000～120,000
成交价：RMB 241,200
项链长85cm 佳士得 2014.05.27

4459 酒红碧玺宝石大项链
估　价：RMB 35,000～50,000
成交价：RMB 40,250
中鸿信 2014.11.23

9768 血珀戒指、耳环、项链、手链（一套）
估　价：RMB 100,000～150,000
成交价：RMB 115,000
项链长45cm 北京保利 2014.06.06

1758 亚历山大变色石配钻石项链及吊耳环套装
估　价：HKD 2,500,000～3,500,000
成交价：RMB 2,306,800
项链长42cm 香港苏富比 2014.04.07

9805 显赫的老坑种满绿足色翡翠珠链
翡翠直径由13.99至11.50毫米
估　价：RMB 12,000,000～18,000,000
成交价：RMB 13,800,000
项链长58.8cm 北京保利 2014.06.06

1881 养殖珍珠配宝石及钻石项链，梵克雅宝（VAN CLEEF & ARPELS）
估　价：HKD 400,000～500,000
成交价：RMB 395,500
项链长58cm 香港苏富比 2014.10.07

243 三色翡翠吊坠项链
估　价：HKD 180,000～250,000
成交价：RMB 139,653
天成国际 2014.12.07

1835 养殖珍珠及彩色钻石项链，David Morris设计；配以养殖珍珠及彩色钻石耳环
估　价：HKD 1,200,000～1,800,000
成交价：RMB 3,061,320
项链长48cm 佳士得 2014.11.25

1601 养殖珍珠配钻石项链
估　价：HKD 60,000～80,000
成交价：RMB 74,156
项链长96cm 香港苏富比 2014.10.07

1794 养殖珍珠配钻石项链
珠直径约17.00至14.98毫米
估　价：HKD 180,000～250,000
成交价：RMB 177,975
项链长46cm 香港苏富比 2014.10.07

1666 养殖珍珠配钻石项链及耳环套装
估　价：HKD 280,000～380,000
成交价：RMB 474,000
项链长44cm 香港苏富比 2014.04.07

2054 有色钻石及钻石项链，Jahan设计
估　价：HKD 7,000,000～10,000,000
成交价：RMB 7,416,600
项链长44cm 佳士得 2014.11.25

1650 养殖珍珠配钻石项链及吊耳环套装
估　价：HKD 180,000～280,000
成交价：RMB 316,400
项链长47cm 香港苏富比 2014.10.07

1832 养殖珍珠配钻石项链及吊耳环套装
估　价：HKD 300,000～400,000
成交价：RMB 474,600
项链长47cm 香港苏富比 2014.10.07

303 珍罕翡翠配钻石吊坠项链及戒指套装
成交价：RMB 72,619,560
项链长45.2cm 天成国际 2014.12.07

2055 约13.89克拉梨形D/IF Type IIa及约5.01克拉枕形D/IF Type IIa 钻石吊坠项链
估　价：HKD 16,000,000～25,000,000
成交价：RMB 15,404,640
项链长40cm 佳士得 2014.05.27

284 珍罕翡翠配钻石吊坠项链及吊耳环套装
估　价：HKD 17,000,000～20,000,000
成交价：RMB 15,827,340
项链长36.2cm 天成国际 2014.12.07

1689 约1940年 钻石项链
估　价：HKD 480,000～580,000
成交价：RMB 474,600
长38cm 香港苏富比 2014.10.07

1975 约9.05克拉梨形淡粉红色IF 钻石吊坠项链
估 价：HKD 3,000,000~5,000,000
成交价：RMB 3,698,400
项链长45.6cm 佳士得 2014.05.27

359 珍罕珍珠配钻石项链
估 价：HKD 8,000,000~12,000,000
成交价：RMB 6,641,040
天成国际 2014.06.08

1929 珍珠配钻石吊坠项链
估 价：HKD 700,000~850,000
成交价：RMB 692,125
项链长41cm 香港苏富比 2014.10.07

2090 珍珠、红宝石13.54克拉及钻石项链
估 价：HKD 16,000,000~25,000,000
成交价：RMB 14,675,400
项链长69.6cm 佳士得 2014.11.25

9799 珍稀的老坑玻璃种帝王绿翡翠项链、戒指、耳环套装
估 价：RMB 11,500,000~16,500,000
成交价：RMB 12,075,000
项链长42.5cm 北京保利 2014.12.04

1704 珍珠配钻石项链
估 价：HKD 1,000,000~1,200,000
成交价：RMB 980,840
项链长103cm 香港苏富比 2014.10.07

083 周大福 老坑满绿翡翠耳环、戒指、项链套装
估 价：RMB 720,000~1,520,000
成交价：RMB 828,000
北京保利 2014.04.29

174 紫翡翠配蓝宝石项链
估 价：HKD 2,300,000~3,300,000
成交价：RMB 2,141,346
项链长51cm 天成国际 2014.12.07

263 紫翡翠配红宝石，粉红色刚玉及钻石吊坠项链，Alessio Boschi设计
估 价：HKD 600,000~800,000
成交价：RMB 558,612
天成国际 2014.12.07

1651 紫翡翠珠配翡翠珠项链
估 价：HKD 200,000~250,000
成交价：RMB 740,625
项链长63cm 香港苏富比 2014.04.07

083 紫翡翠配翡翠及钻石项链
估 价：HKD 6,500,000~8,500,000
成交价：RMB 6,051,630
项链长82.8cm 天成国际 2014.12.07

242 紫罗兰翡翠镶钻项链（三件套）
估 价：RMB 2,200,000~2,400,000
成交价：RMB 2,300,000
北京艺融 2014.12.08

1810 紫色翡翠“平安扣”配翡翠、红宝石及钻石项链
估 价：HKD 550,000～650,000
成交价：RMB 543,813
项链长88cm 香港苏富比 2014.10.07

1604 钻石“豹”项链，卡地亚（CARTIER）
估 价：HKD 160,000～220,000
成交价：RMB 187,863
项链长41cm 香港苏富比 2014.10.07

1906 祖母绿、珍珠及钻石项链
估 价：HKD 1,600,000～2,000,000
成交价：RMB 1,830,480
项链长42.5cm 佳士得 2014.11.25

1867 钻石、祖母绿及黑玛瑙“Panthère”项链、手链及耳坠套装套装，Cartier 设计
估 价：HKD 480,000～650,000
成交价：RMB 1,451,760
项链长49cm 佳士得 2014.11.25

1695 紫水晶配钻石及宝石“十字架”吊坠项链
估 价：HKD 65,000～85,000
成交价：RMB 128,375
香港苏富比 2014.04.07

1895 祖母绿及钻石吊坠项链
估 价：HKD 1,200,000～2,000,000
成交价：RMB 1,167,720
项链长40cm 佳士得 2014.11.25

1915 钻石配粉红色刚玉“拉链”项链，梵克雅宝 (VAN CLEEF & ARPELS)
钻石共重约16.00克拉，粉红色刚玉共重约3.00克拉
估 价：HKD 1,000,000～1,400,000
成交价：RMB 2,970,400
香港苏富比 2014.04.07

2024 5.02至0.50克拉D/IF钻石吊坠项链
估 价：HKD 7,800,000～12,000,000
成交价：RMB 8,174,040
项链长43cm 佳士得 2014.11.25

1712 钻石配粉红色钻石吊坠项链，尚美 (CHAUMET)
梨形钻石重4.06克拉，D色内部无瑕(IF)净度
估 价：HKD 1,400,000～1,700,000
成交价：RMB 1,930,040
香港苏富比 2014.10.07

2065 26.41克拉心形K/SI1及5.02克拉梨形E/VS1钻石吊坠项链，Jahan设计
估 价：HKD 4,800,000～6,500,000
成交价：RMB 5,712,360
项链长47.5cm 佳士得 2014.11.25

2049 10.42克拉圆形F/IF钻石吊坠项链
估 价：HKD 6,500,000～8,500,000
成交价：RMB 6,091,080
项链长45cm 佳士得 2014.11.25

2058 18.89克拉梨形E/VS2 Type IIa钻石吊坠项链
估 价：HKD 6,500,000～9,500,000
成交价：RMB 6,848,520
项链长52cm 佳士得 2014.11.25

1697 钻石共重约17.00克拉项链，宝诗龙（BOUCHERON）
估　价：HKD 480,000～600,000
成交价：RMB 474,600
项链长43cm 香港苏富比 2014.10.07

1829 钻石共重约10.00克拉项链，Buccellati
估　价：HKD 300,000～400,000
成交价：RMB 375,725
项链长40cm 香港苏富比 2014.10.07

1785 钻石配祖母绿及缟玛瑙“豹”项链，卡地亚（CARTIER）
估　价：HKD 160,000～200,000
成交价：RMB 158,200
香港苏富比 2014.10.07

2019 7.21至3.64克拉榄尖形D.F/IF.VVS2 Type IIa钻石项链
估　价：HKD 7,000,000～10,000,000
成交价：RMB 9,073,500
项链长40.2cm 佳士得 2014.11.25

2547 钻石项链
估　价：HKD 2,400,000～3,200,000
成交价：RMB 2,146,774
项链长41cm 保利香港 2014.10.06

1700 钻石项链
钻石珠共重约73.50克拉
估　价：HKD 450,000～550,000
成交价：RMB 613,025
项链长80cm 香港苏富比 2014.10.07

1763 梨形钻石7.72克拉G色VVS2净度配圆钻及榄尖形钻石共14.50克拉项链，蒂芙尼（TIFFANY & CO.）
估　价：HKD 2,200,000～2,800,000
成交价：RMB 2,591,200
项链长40cm 香港苏富比 2014.04.07

1771 钻石项链、手链、耳环、戒指套装，卡地亚（CARTIER）
估　价：HKD 2,800,000～3,500,000
成交价：RMB 3,164,000
项链长17cm 香港苏富比 2014.10.07

1789 钻石项链及蓝宝石配钻石手链
估　价：HKD 60,000～80,000
成交价：RMB 158,200
项链长40.5cm 香港苏富比 2014.10.07

1654 钻石项链 卡地亚（CARTIER）
估　价：HKD 240,000～300,000
成交价：RMB 375,725
项链长38cm 香港苏富比 2014.10.07

1644 钻石项链 蒂芙尼（TIFFANY & CO.）
估　价：HKD 160,000～200,000
成交价：RMB 395,500
项链长40.5cm 香港苏富比 2014.10.07

胸 针

30 14K黄金镶钻石“LA BOMBA”别针，VERDURA
估 价：USD 6,000～8,000
成交价：RMB 192,188
纽约苏富比 2014.11.20

3 18K黄金、铂金镶钻石及红宝石别针
估 价：USD 6,000～8,000
成交价：RMB 192,188
纽约苏富比 2014.11.20

916 18K金翡翠镶钻石、红宝石蝴蝶胸针
估 价：RMB 260,000～360,000
成交价：RMB 437,000
江苏爱涛 2014.07.06

17 18K黄金镶蓝宝石及钻石别针，梵克雅宝（VAN CLEEF & ARPELS）
估 价：USD 25,000～35,000
成交价：RMB 384,375
纽约苏富比 2014.11.20

87 18K黄金镶蓝宝石及红宝石配珐琅别针，佛杜拉（VERDURA）
估 价：USD 1,500～2,000
成交价：RMB 345,938
纽约苏富比 2014.11.20

9723 JUDY CHAO 作品“绮色佳”花型AKA红珊瑚配镶沙弗来石及钻石胸针
估　价：RMB 100,000～160,000
成交价：RMB 115,000
北京保利 2014.06.06

1610 宝石配钻石别针套装，Maubossin，蒂芙尼，梵克雅宝
估　价：HKD 80,000～100,000
成交价：RMB 108,763
香港苏富比 2014.10.07

24 18K黄金及铂金镶宝石配养殖珍珠别针，VERDURA
估　价：USD 6,000～8,000
成交价：RMB 215,250
纽约苏富比 2014.11.20

1767 宝石别针，梵克雅宝（VAN CLEEF & ARPELS）（三枚）
估　价：HKD 40,000～60,000
成交价：RMB 158,000
香港苏富比 2014.04.07

26 铂金镶彩色钻石及仿钻石别针
估　价：USD 15,000～20,000
成交价：RMB 480,469
纽约苏富比 2014.11.20

1848 彩色翡翠配宝石及钻石“熊猫”别针，蔡孟翰
估　价：HKD 170,000～220,000
成交价：RMB 168,088
香港苏富比 2014.10.07

1653 彩色翡翠配彩色刚玉及钻石“猴子”别针，蔡孟翰
估　价：HKD 150,000～180,000
成交价：RMB 641,875
香港苏富比 2014.04.07

1710 橙色海螺珠配黄色刚玉、石榴石及钻石别针
估　价：HKD 400,000～500,000
成交价：RMB 444,938
香港苏富比 2014.10.07

1781 彩棕黄色钻石配钻石及粉红色海螺珠“芭蕾彩蝶”别针，Cindy Chao及Sarah Jessica Parker合作设计
钻石共重97.95克拉，海螺珠共重约10.75克拉
估　价：HKD 6,000,000～7,500,000
成交价：RMB 7,435,400
香港苏富比 2014.10.07

2606 帝王星 150.84克拉缅甸"；皇家蓝”星光蓝宝石配钻石胸针”
估　价：HKD 2,800,000～4,000,000
成交价：RMB 2,426,788
保利香港 2014.10.06

1621 翡翠珠宝别针、戒指、耳环、袖口套装
估 价：HKD 100,000～130,000
成交价：RMB 177,975
香港苏富比 2014.10.07

1672 翡翠配彩色刚玉、红宝石及钻石“孔雀”别针
估 价：HKD 120,000～160,000
成交价：RMB 276,850
香港苏富比 2014.10.07

1661 翡翠配钻石“蝴蝶”别针（两枚）
估 价：HKD 150,000～180,000
成交价：RMB 187,863
香港苏富比 2014.10.07

235 翡翠配钻石“蜻蜓”胸针
估 价：HKD 600,000～800,000
成交价：RMB 512,061
天成国际 2014.12.07

1931 电气石、钻石及祖母绿胸针，Tiffany & Co.设计
估 价：HKD 200,000～300,000
成交价：RMB 295,875
长4.7cm 佳士得 2014.11.25

1658 翡翠配钻石别针
估 价：HKD 320,000～420,000
成交价：RMB 444,375
香港苏富比 2014.04.07

1842 橄榄石配蓝宝石、沙弗来石及钻石“小鸟”别针
估 价：HKD 100,000~130,000
成交价：RMB 128,538
香港苏富比 2014.10.07

1742 粉红色钻石配钻石“花”别针，格拉芙（GRAFF）
估 价：HKD 90,000~120,000
成交价：RMB 237,300
香港苏富比 2014.10.07

1816 黑色珠母贝配钻石“花”别针，梵克雅宝（VAN CLEEF & ARPELS）
估 价：HKD 120,000~160,000
成交价：RMB 138,250
香港苏富比 2014.04.07

1907 翡翠配钻石别针
配钻共重约4.00克拉
估 价：HKD 4,000,000~6,000,000
成交价：RMB 8,753,200
蛋面长2.46cm、长1.76cm×2 香港苏富比 2014.04.07

2066 约10.10克拉枕形缅甸天然鸽血红红宝石胸针，Cartier设计
估 价：HKD 20,000,000~30,000,000
成交价：RMB 51,348,120
长3.5cm 佳士得 2014.11.25

43 黑蛋白石配红宝石及钻石胸针，年份约1935
估 价：HKD 200,000～300,000
成交价：RMB 186,204
天成国际 2014.12.07

29 黄金及铂金镶珊瑚、彩色宝石、钻石配珐琅别针，VERDURA
估 价：USD 40,000～60,000
成交价：RMB 253,688
纽约苏富比 2014.11.20

1807 红宝石配钻石“花束”别针，卡地亚（CARTIER）
估 价：HKD 90,000～120,000
成交价：RMB 187,625
香港苏富比 2014.04.07

1731 红宝石配蓝宝石及钻石“花”别针，Seaman Schepps
估 价：HKD 100,000～120,000
成交价：RMB 93,931
香港苏富比 2014.10.07

1614 火蛋白石配蓝宝石及钻石“鸟”别针
估 价：HKD 65,000～80,000
成交价：RMB 138,250
香港苏富比 2014.04.07

1932 黄水晶、钻石及红宝石“Bird On A Rock”胸针，Jean Schlumberger, Tiffany & Co.设计
估 价：HKD 300,000～500,000
成交价：RMB 345,188
佳士得 2014.11.25

1939 蓝宝石、石榴石及钻石“Morning Glory”胸针，Gimel设计
估　价：HKD 250,000～350,000
成交价：RMB 473,400
佳士得 2014.11.25

1982 缅甸鸽血红红宝石胸针
估　价：HKD 1,200,000～1,800,000
成交价：RMB 1,189,920
长6cm 佳士得 2014.05.27

1899 缅甸蓝宝石43.43克拉配钻石“花”别针
钻石共重约13.00克拉
估　价：HKD 2,200,000～3,000,000
成交价：RMB 2,306,800
香港苏富比 2014.04.07

9731 蓝宝石及钻石胸针 梵克雅宝 VAN CLEEF & ARPELS
估　价：RMB 380,000～460,000
成交价：RMB 483,000
北京保利 2014.12.04

1856 年份约1950 粉红色刚玉配蓝宝石及钻石别针，卡地亚（CARTIER）
估　价：HKD 900,000～1,100,000
成交价：RMB 884,800
香港苏富比 2014.04.07

1795 养殖珍珠配钻石“花”别针及耳环套装，Buccellati
估　价：HKD 160,000～200,000
成交价：RMB 207,638
香港苏富比 2014.10.07

1864 养殖珍珠配钻石及祖母绿“花”别针，卡地亚（CARTIER）
估　价：HKD 380,000～450,000
成交价：RMB 375,250
香港苏富比 2014.04.07

1611 珠母贝配钻石“蝴蝶”别针，梵克雅宝（VAN CLEEF & ARPELS）
估　价：HKD 80,000～110,000
成交价：RMB 79,100
香港苏富比 2014.10.07

215 紫翡翠配翡翠及钻石“富甲天下”别针
估　价：HKD 980,000～1,500,000
成交价：RMB 929,746
天成国际 2014.06.08

1951 约 3.89克拉长方型哥伦比亚祖母绿胸针
估　价：HKD 800,000～1,200,000
成交价：RMB 804,000
佳士得 2014.05.27

1608 钻石“玫瑰”别针，梵克雅宝（VAN CLEEF & ARPELS）
估　价：HKD 350,000～450,000
成交价：RMB 316,000
香港苏富比 2014.04.07

1950 祖母绿及钻石胸针、耳环及戒指套装
估　价：HKD 250,000～350,000
成交价：RMB 241,200
佳士得 2014.05.27

1863 钻石配缟玛瑙及祖母绿“豹”别针，卡地亚（CARTIER）
估　价：HKD 800,000～950,000
成交价：RMB 791,000
香港苏富比 2014.10.07

1637 钻石配法琅彩“花”别针；及钻石“花”别针，宝诗龙（BOUCHERON）
估　价：HKD 45,000～65,000
成交价：RMB 79,100
香港苏富比 2014.10.07

1830 钻石配黄色钻石别针/吊坠，梵克雅宝（VAN CLEEF & ARPELS）
估　价：HKD 600,000～750,000
成交价：RMB 593,250
香港苏富比 2014.10.07

1853 钻石配红宝石“芭蕾女舞者”别针，梵克雅宝（VAN CLEEF & ARPELS）
估　价：HKD 800,000～900,000
成交价：RMB 979,600
香港苏富比 2014.04.07

2061 钻石胸针
估 价：HKD 300,000～500,000
成交价：RMB 402,000
佳士得 2014.05.27

11 18K黄金及铂金镶蓝宝石及钻石耳环一对，蒂芙尼（TIFFANY & CO.）
估 价：USD 40,000～60,000
成交价：RMB 499,688
纽约苏富比 2014.11.20

1703 钻石配红宝石“蝴蝶”别针
估 价：HKD 120,000～160,000
成交价：RMB 148,313
香港苏富比 2014.10.07

25 18K黄金镶祖母绿及钻石耳环一对，梵克雅宝（VAN CLEEF & ARPELS）
估 价：USD 25,000～35,000
成交价：RMB 365,156
纽约苏富比 2014.11.20

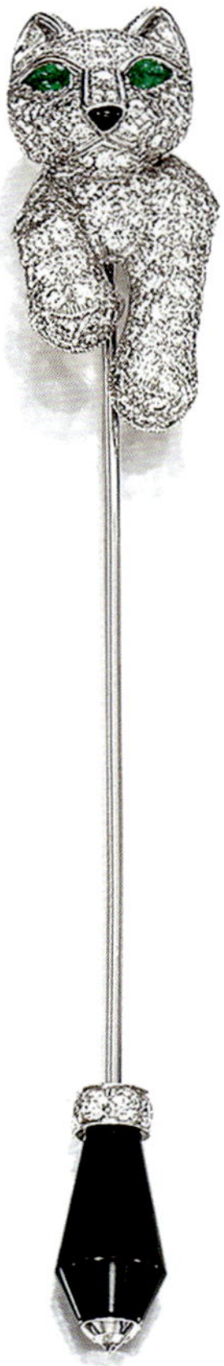

1783 钻石配祖母绿及缟玛瑙“豹”别针，卡地亚（CARTIER）
估 价：HKD 120,000～180,000
成交价：RMB 148,313
香港苏富比 2014.10.07

耳 饰

227 13.67及12.01克拉彩黄色VS1及SI1净度钻石配钻石吊耳环（一对）
估 价：HKD 3,800,000～4,800,000
成交价：RMB 3,605,136
天成国际 2014.06.08

2165 18世纪至19世纪 耳坠（一对）
估　价：RMB 500,000～600,000
成交价：RMB 632,500
长23cm 北京翰海 2014.05.10

1937 19世纪末 缅甸红宝石配钻石耳环（一对）
红宝石分别约重6.80及6.70克拉；20颗古垫形钻石共重约8.00克拉
估　价：HKD 20,000,000～25,000,000
成交价：RMB 18,256,280
香港苏富比 2014.10.07

1902 2.22克拉圆形D/VS2（极优切割）及约2.20克拉圆形D/SI2（极优切割、打磨及比例） 钻石耳环
估　价：HKD 280,000～380,000
成交价：RMB 462,300
佳士得 2014.05.27

108 19.03、17.97、6.85及6.33克拉水滴形“哥伦比亚”祖母绿配钻石吊耳环（一对）
估　价：HKD 1,600,000～1,800,000
成交价：RMB 1,489,632
天成国际 2014.12.07

2108 25.49及25.31克拉梨形D/IF Type IIa钻石耳坠
估 价：HKD 65,000,000～95,000,000
成交价：RMB 60,428,640
耳坠长5.1cm 佳士得 2014.05.27

1987 3.03克拉圆形F/VVS2(极优打磨)及3.00克拉圆形F/VS1(极优切割、打磨及比例)钻石耳环
估 价：HKD 1,000,000～1,500,000
成交价：RMB 1,286,400
佳士得 2014.05.27

9656 27.075克拉及25.985克拉赞比亚祖母绿耳环
估 价：RMB 3,500,000～4,500,000
成交价：RMB 4,025,000
北京保利 2014.12.04

1992 3.02克拉椭圆形D/VS2及3.01克拉椭圆形D/VS2(极优打磨)钻石耳环
估 价：HKD 950,000～1,500,000
成交价：RMB 948,720
佳士得 2014.05.27

1917 3.04及3.04克拉梨形E.F/SI1(极优打磨)钻石耳坠
估 价：HKD 650,000～850,000
成交价：RMB 623,100
佳士得 2014.05.27

2356 8.31及8.31克拉缅甸“鸽血红”红宝石配钻石耳环
估　价：HKD 18,000,000～24,000,000
成交价：RMB 14,741,400
耳环长约6.8cm 保利香港 2014.04.06

9637 5.6克拉及5.6克拉缅甸抹谷鸽血红红宝石耳环 未经加热处理 宝格丽 BVLGARI设计
估　价：RMB 5,000,000～8,000,000
成交价：RMB 5,750,000
北京保利 2014.06.06

9660 8.46克拉及7.77克拉哥伦比亚祖母绿耳环
估　价：RMB 850,000～1,150,000
成交价：RMB 920,000
北京保利 2014.12.04

285 7.06及7.05克拉古垫形浓彩黄色VS1及VVS1净度钻石配黄色钻石及钻石吊耳环（一对）
估　价：HKD 2,500,000～3,500,000
成交价：RMB 2,276,928
天成国际 2014.06.08

1954 巴西亚历山大石耳坠
估　价：HKD 1,600,000～2,500,000
成交价：RMB 1,575,840
佳士得 2014.05.27

34 4.47及4.38克拉古垫形“哥伦比亚”祖母绿配钻石吊耳环 （一对）
估 价：HKD 1,400,000～1,800,000
成交价：RMB 1,328,208
天成国际 2014.06.08

1866 彩黄色钻石配钻石吊耳环（一对）
估 价：HKD 1,500,000～1,800,000
成交价：RMB 1,455,440
香港苏富比 2014.10.07

1671 宝石配钻石吊耳环，宝格丽(BVLGARI)（一对）
估 价：HKD 160,000～200,000
成交价：RMB 474,000
香港苏富比 2014.04.07

1836 彩黄色钻石配钻石耳环（一对）
估 价：HKD 1,800,000～2,200,000
成交价：RMB 1,738,000
香港苏富比 2014.04.07

1798 宝石配钻石耳环套装，蒂芙尼，梵克雅宝，宝诗龙
估 价：HKD 60,000～80,000
成交价：RMB 44,494
香港苏富比 2014.10.07

196 翡翠“风铃”配钻石吊耳环（一对）
估　价：HKD 2,600,000～3,500,000
成交价：RMB 2,466,672
天成国际 2014.06.08

9760 陈世英作品 钻石、水晶、白玉及红宝石耳环
估　价：RMB 1,600,000～2,400,000
成交价：RMB 1,840,000
北京保利 2014.12.04

33 白金镶钻石及彩色钻石耳环一对
估　价：USD 10,000 15,000
成交价：RMB 192,188
纽约苏富比 2014.11.20

1741 淡蓝色钻石配粉红色钻石及钻石吊耳环（一对）
估　价：HKD 660,000～750,000
成交价：RMB 642,688
香港苏富比 2014.10.07

1846 翡翠“怀古”配钻石耳环（一对）
估　价：HKD 2,200,000～3,000,000
成交价：RMB 3,823,600
香港苏富比 2014.04.07

1758 翡翠“葫芦”配钻石吊耳环（一对）
估　价：HKD 120,000～150,000
成交价：RMB 69,213
香港苏富比 2014.10.07

81 翡翠“树叶”配钻石吊耳环（一对）
估　价：HKD 2,500,000～3,500,000
成交价：RMB 2,327,550
天成国际 2014.12.07

1844 翡翠“兰豆”配钻石吊耳环（一对）
估　价：HKD 3,000,000～3,500,000
成交价：RMB 2,401,600
香港苏富比 2014.04.07

1982 翡翠耳环
估　价：HKD 150,000～250,000
成交价：RMB 315,600
佳士得 2014.11.25

1809 翡翠雕“碗豆”配钻石吊耳环（一对）
估　价：HKD 120,000～150,000
成交价：RMB 118,650
香港苏富比 2014.10.07

1925 翡翠雕“碗豆”配钻石吊耳环（一对）
估　价：HKD 5,000,000～6,000,000
成交价：RMB 5,726,840
香港苏富比 2014.10.07

2078 翡翠及钻石耳环
估　价：HKD 28,000,000～38,000,000
成交价：RMB 40,743,960
佳士得 2014.11.25

2036 翡翠及钻石耳环
估　价：HKD 2,800,000～3,800,000
成交价：RMB 2,682,600
佳士得 2014.11.25

2073 翡翠及钻石耳坠
估　价：HKD 500,000～800,000
成交价：RMB 836,340
佳士得 2014.11.25

2039 翡翠耳环
估　价：HKD 1,600,000～2,500,000
成交价：RMB 1,546,440
佳士得 2014.11.25

1631 翡翠配冰种翡翠及钻石吊耳环（一对）
估　价：HKD 100,000～150,000
成交价：RMB 187,863
香港苏富比 2014.10.07

92 翡翠配钻石吊耳环（一对）
估　价：HKD 10,000,000～15,000,000
成交价：RMB 8,348,736
天成国际 2014.06.08

1748 翡翠配红宝石及钻石吊耳环（一对）
估　价：HKD 1,200,000～1,500,000
成交价：RMB 1,738,000
香港苏富比 2014.04.07

211 翡翠配钻石吊耳环（一对）
估　价：HKD 6,000,000～8,000,000
成交价：RMB 5,586,120
天成国际 2014.12.07

1673 翡翠配浓彩黄色钻石及钻石耳环（一对）
估　价：HKD 200,000～250,000
成交价：RMB 257,075
香港苏富比 2014.10.07

171 翡翠配钻石吊耳环（一对）
估　价：HKD 3,900,000～4,800,000
成交价：RMB 3,700,008
天成国际 2014.06.08

1814 翡翠配钻石吊耳环（一对）
估　价：HKD 400,000～480,000
成交价：RMB 494,375
香港苏富比 2014.10.07

266 翡翠配钻石耳环（一对）
估　价：HKD 3,800,000～4,800,000
成交价：RMB 3,605,136
天成国际 2014.06.08

1811 翡翠配钻石耳环（一对）
估　价：HKD 350,000～450,000
成交价：RMB 346,063
香港苏富比 2014.10.07

1918 翡翠配钻石耳环（一对）
估　价：HKD 700,000～900,000
成交价：RMB 692,125
香港苏富比 2014.10.07

1880 翡翠配钻石耳环（一对）
估 价：HKD 1,000,000～1,300,000
成交价：RMB 1,169,200
香港苏富比 2014.04.07

1721 翡翠配钻石耳环（一对）
估 价：HKD 120,000～150,000
成交价：RMB 296,625
香港苏富比 2014.10.07

1680 粉红色碧玺配红宝石及钻石吊耳环，IVY（一对）
估 价：HKD 400,000～480,000
成交价：RMB 395,000
香港苏富比 2014.04.07

283 瑰丽7.12及7.06克拉椭圆形“莫桑比克”无经加热处理“皇家红”红宝石配钻石吊耳环（一对）
估 价：HKD 11,500,000～15,000,000
成交价：RMB 10,706,730
天成国际 2014.12.07

2244 海瑞温斯顿Jacques Timey设计钻石耳环 两颗主石为D色IF净度
估 价：HKD 12,000,000～18,000,000
成交价：RMB 10,471,450
保利香港 2014.04.06

1870 粉红色海螺珠配钻石吊耳环（一对）
估　价：HKD 280,000～330,000
成交价：RMB 296,625
香港苏富比 2014.10.07

1642 红宝石配钻石吊耳环（一对）
估　价：HKD 320,000～400,000
成交价：RMB 197,750
香港苏富比 2014.10.07

2067 约4.25及4.18克拉椭圆形缅甸天然鸽血红红宝石耳坠
估　价：HKD 20,000,000～30,000,000
成交价：RMB 18,651,960
耳坠长3.7cm 佳士得 2014.11.25

1983 红宝石耳环
估　价：HKD 300,000～500,000
成交价：RMB 452,250
佳士得 2014.05.27

510 海水珍珠配钻石及宝石耳钉
估　价：RMB 45,000～60,000
成交价：RMB 51,750
银座国际 2014.06.01

2031 红宝石耳坠
估 价：HKD 800,000～1,200,000
成交价：RMB 804,000
佳士得 2014.05.27

1828 红色尖晶石配钻石吊耳环，IVY（一对）
估 价：HKD 350,000～420,000
成交价：RMB 345,625
香港苏富比 2014.04.07

1834 祖母绿配钻石吊耳环（一对）
估 价：HKD 150,000～200,000
成交价：RMB 148,313
香港苏富比 2014.10.07

2057 红宝石及钻石耳坠，Faidee设计
红宝石约4.06、4.02、2.59及2.45克拉
估 价：HKD 9,000,000～12,000,000
成交价：RMB 8,552,760
耳坠长5.2cm 佳士得 2014.11.25

1909 红宝石配钻石耳环（一对）
估 价：HKD 1,600,000～2,000,000
成交价：RMB 1,550,360
香港苏富比 2014.10.07

9569 黄色钻石耳环
成交价：RMB 34,500
北京保利 2014.06.06

1850 祖母绿配钻石吊耳环，梵克雅宝
(VAN CLEEF & ARPELS) (一对)
估 价：HKD 650,000～750,000
成交价：RMB 1,169,200
香港苏富比 2014.04.07

2047 蓝宝石及钻石耳环，Gérard设计
估 价：HKD 1,600,000～2,500,000
成交价：RMB 2,871,960
佳士得 2014.11.25

1737 蓝宝石配钻石吊耳环 (一对)
估 价：HKD 2,000,000～2,500,000
成交价：RMB 2,496,400
香港苏富比 2014.04.07

1761 克什米尔蓝宝石配钻石吊耳环 (一对)
蓝宝石重9.46及8.55克拉
估 价：HKD 8,000,000～11,000,000
成交价：RMB 7,426,000
香港苏富比 2014.04.07

2044 蓝宝石 "Mystery Set" 耳环，Van Cleef & Arpels设计
估 价：HKD 250,000～350,000
成交价：RMB 374,775
佳士得 2014.11.25

1648 蓝宝石配钻石耳环（一对）
估 价：HKD 200,000~250,000
成交价：RMB 187,863
香港苏富比 2014.10.07

1885 蓝宝石配钻石耳环（一对）
估 价：HKD 40,000~60,000
成交价：RMB 93,931
香港苏富比 2014.10.07

1691 蓝宝石配钻石耳环，梵克雅宝(Van Cleef & Arpels)（一对）
估 价：HKD 240,000~280,000
成交价：RMB 316,400
香港苏富比 2014.10.07

2672 绿碧玺配钻石耳环
估 价：HKD 58,000~88,000
成交价：RMB 70,004
保利香港 2014.10.06

1799 锰铝榴石配变色石榴石及钻石吊耳环，IVY（一对）
估 价：HKD 150,000~180,000
成交价：RMB 167,875
香港苏富比 2014.04.07

1947 猫眼石耳环及戒指套装
估 价：HKD 50,000~80,000
成交价：RMB 69,038
佳士得 2014.11.25

1939 缅甸榄尖形翡翠蛋面耳坠
估　价：HKD 150,000～250,000
成交价：RMB 452,250
佳士得 2014.05.27

1824 蓝宝石配钻石耳环（一对）
估　价：HKD 600,000～700,000
成交价：RMB 642,688
香港苏富比 2014.10.07

1765 浓彩黄色钻石配钻石耳环（一对）
估　价：HKD 800,000～1,000,000
成交价：RMB 979,600
香港苏富比 2014.04.07

2747 缅甸翡翠配钻石“玉豆”耳坠
估　价：HKD 1,250,000～2,000,000
成交价：RMB 1,120,056
保利香港 2014.10.06

1603 年份约1940 红宝石配蓝宝石及钻石耳环，卡地亚(CARTIER)（一对）
估　价：HKD 40,000～55,000
成交价：RMB 59,250
香港苏富比 2014.04.07

2189 缅甸“鸽血红”红宝石配钻石耳环 未经热处理
估　价：HKD 950,000～1,250,000
成交价：RMB 838,980
保利香港 2014.04.06

2636 欧泊配祖母绿耳坠
估　价：HKD 58,000～88,000
成交价：RMB 51,336
保利香港 2014.10.06

1965 钛金属耳坠
估　价：HKD 120,000～180,000
成交价：RMB 120,600
佳士得 2014.05.27

2105 约3.24及3.08克拉圆形D/IF Type IIa
钻石耳坠
估　价：HKD 4,000,000～6,400,000
成交价：RMB 3,891,360
耳环长2.1cm 佳士得 2014.05.27

1946 星光蓝宝石耳环及戒指套装
估　价：HKD 30,000～50,000
成交价：RMB 78,900
耳环长2.3cm 佳士得 2014.11.25

1970 养殖珍珠及钻石耳坠
估　价：HKD 280,000～380,000
成交价：RMB 482,400
耳环长4.4cm 佳士得 2014.05.27

2075 星光红宝石耳环
估　价：HKD 500,000～800,000
成交价：RMB 502,500
耳环长3.1cm 佳士得 2014.05.27

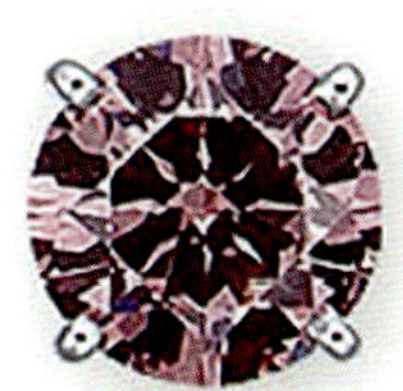

2111 约0.81克拉圆形深彩粉红色钻石及约0.79克拉圆形 深彩粉红色SI2钻石耳环
估　价：HKD 1,200,000～1,800,000
成交价：RMB 2,154,720
佳士得 2014.05.27

1916 珍珠配钻石吊耳环（一对）
估　价：HKD 2,500,000～3,000,000
成交价：RMB 3,065,200
香港苏富比 2014.04.07

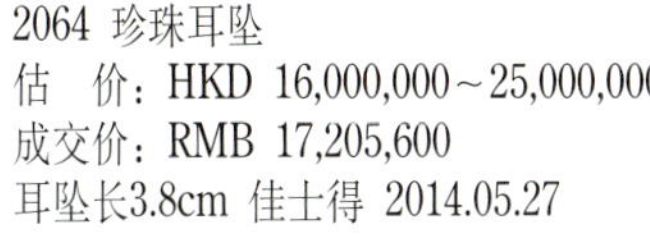

2064 珍珠耳坠
估　价：HKD 16,000,000～25,000,000
成交价：RMB 17,205,600
耳坠长3.8cm 佳士得 2014.05.27

1931 珍珠配钻石吊耳环（一对）
估　价：HKD 2,000,000～2,400,000
成交价：RMB 1,835,120
香港苏富比 2014.10.07

1873 珍珠配粉红色海螺珠及钻石吊耳环（一对）
估　价：HKD 200,000～240,000
成交价：RMB 197,750
香港苏富比 2014.10.07

1971 约3.04克拉长方形G/VVS1(极优打磨及比例)及3.03克拉长方形G/VVS1(极优打磨)钻石耳坠
估 价：HKD 800,000~1,200,000
成交价：RMB 948,720
耳环长2.5cm 佳士得 2014.05.27

2011 约7.95及7.69克拉枕形哥伦比亚天然祖母绿及钻石耳坠
估 价：HKD 6,800,000~8,800,000
成交价：RMB 7,227,240
坠长度4.1cm 佳士得 2014.11.25

1969 祖母绿、粉红色蓝宝石及钻石耳环，BVLGARI设计
估 价：HKD 120,000~180,000
成交价：RMB 138,075
佳士得 2014.11.25

2071 紫罗兰翡翠及钻石耳坠
估 价：HKD 60,000~80,000
成交价：RMB 69,038
佳士得 2014.11.25

1617 钻石共重约13.00克拉吊耳环（一对）
估 价：HKD 130,000~160,000
成交价：RMB 128,538
香港苏富比 2014.10.07

1702 钻石吊耳环（一对）
估 价：HKD 500,000~650,000
成交价：RMB 543,813
香港苏富比 2014.10.07

1902 钻石吊耳环（一对）
估　价：HKD 900,000～1,000,000
成交价：RMB 866,936
香港苏富比 2014.10.07

1646 钻石耳环（一对）
钻石共重约18.00克拉
估　价：HKD 60,000～80,000
成交价：RMB 98,875
香港苏富比 2014.10.07

1651 钻石耳环（一对）
钻石分别重3.12及3.01克拉
估　价：HKD 380,000～450,000
成交价：RMB 415,275
香港苏富比 2014.10.07

1742 钻石吊耳环（一对）
钻石重6.42克拉D色内部无瑕(IF)净度，圆形钻石重6.14克拉，D色无瑕(Flawless)净度
估　价：HKD 12,500,000～14,000,000
成交价：RMB 11,218,000
香港苏富比 2014.04.07

1890 2.16及2.13克拉圆形D/IF(极优切割、打磨及比例)钻石耳环
估　价：HKD 1,200,000～2,000,000
成交价：RMB 1,120,380
佳士得 2014.11.25

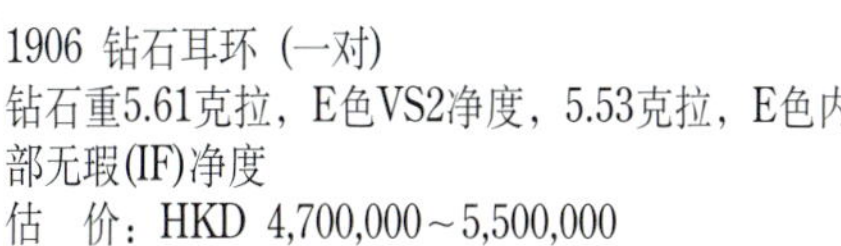

1906 钻石耳环（一对）
钻石重5.61克拉，E色VS2净度，5.53克拉，E色内部无瑕(IF)净度
估　价：HKD 4,700,000～5,500,000
成交价：RMB 4,397,960
香港苏富比 2014.10.07

1714 钻石耳环（一对）
估　价：HKD 1,300,000～1,600,000
成交价：RMB 1,453,600
香港苏富比 2014.04.07

1725 钻石耳环，海瑞温斯顿(HARRY WINSTON)（一对）
估　价：HKD 2,500,000～3,000,000
成交价：RMB 2,401,600
香港苏富比 2014.04.07

1892 约3.15及3.10克拉圆形E/VVS2.VS1钻石耳环，Graff设计
估　价：HKD 1,500,000～2,500,000
成交价：RMB 1,451,760
佳士得 2014.11.25

2048 约5.10及5.07克拉圆形钻石耳坠
估　价：HKD 1,800,000～2,800,000
成交价：RMB 2,303,880
耳坠长5.4cm 佳士得 2014.11.25

2014 3.02至1.03克拉梨形D/IF钻石耳坠
估　价：HKD 2,200,000～2,800,000
成交价：RMB 2,114,520
佳士得 2014.11.25

2007 4.02及3.85克拉长方形F/VS1钻石耳坠
估　价：HKD 1,000,000～1,500,000
成交价：RMB 978,360
耳坠长度2.4cm 佳士得 2014.11.25

2016 约10.46及10.04克拉梨形F/VS2.SI2 钻石耳坠
估　价：HKD 4,300,000～5,600,000
成交价：RMB 4,102,800
耳坠长4.0cm 佳士得 2014.11.25

1772 钻石配黄色钻石“花”耳环（一对）
估　价：HKD 480,000～580,000
成交价：RMB 464,713
香港苏富比 2014.10.07

2051 5及5.44克拉圆形D/IF(极优切割、打磨及比例)Type IIa 钻石耳坠
估　价：HKD 9,500,000～12,000,000
成交价：RMB 8,742,120
耳坠长3.1cm 佳士得 2014.11.25

2084 钻石耳坠，Cartier设计
估　价：HKD 1,150,000～1,450,000
成交价：RMB 1,499,100
佳士得 2014.11.25

袖 扣

1892 清晚期 软玉钮扣套装
估　价：HKD 80,000～120,000
成交价：RMB 177,975
香港苏富比 2014.10.07

1602 袖扣四对，梵克雅宝，百达翡丽，伯爵，尚美
估　价：HKD 40,000～65,000
成交价：RMB 74,156
香港苏富比 2014.10.07

2036 红宝石袖扣
估　价：HKD 160,000～250,000
成交价：RMB 261,300
佳士得 2014.05.27

1607 袖扣，梵克雅宝（Van Cleef & Arpels），Schlumberger for Tiffany & Co.(三对)
估　价：HKD 80,000～100,000
成交价：RMB 118,500
香港苏富比 2014.04.07

1606 袖扣四对，梵克雅宝，卡地亚，蒂芙尼，肖邦
估　价：HKD 40,000～65,000
成交价：RMB 59,325
香港苏富比 2014.10.07

1925 缅甸翡翠方牌和服扣
估　价：HKD 80,000～120,000
成交价：RMB 170,850
佳士得 2014.05.27

1787 钻石配祖母绿“龙”袖扣及领带别针套装，卡地亚(CARTIER)
估 价：HKD 70,000～100,000
成交价：RMB 84,044
香港苏富比 2014.10.07

1745 钻石腕表，卡地亚(CARTIER)
估 价：HKD 480,000～550,000
成交价：RMB 593,250
香港苏富比 2014.10.07

腕 表

1639 钻石腕表及耳环套装，梵克雅宝(Van Cleef & Arpels)
估 价：HKD 160,000～200,000
成交价：RMB 543,125
香港苏富比 2014.04.07

裸 石

2114 11.50克拉椭圆形帕拉伊巴碧玺
估 价：RMB 1,600,000～2,000,000
成交价：RMB 2,070,000
长1.5cm 华艺国际 2014.05.31

9625 5.01克拉梨形足色全美无瑕钻石
估 价：RMB 2,100,000～3,000,000
成交价：RMB 2,415,000
北京保利 2014.12.04

2087 26.08克拉圆形D/FL Type IIa(极优切割、打磨及比例)钻石
估　价：HKD 32,000,000～50,000,000
成交价：RMB 30,712,800
佳士得 2014.05.27

83 8.04克拉圆形钻石
估　价：HKD 865,000～880,000
成交价：RMB 804,402
香港拍得高 2014.06.21

1835 黄钻1.14克拉内部无瑕(IF)裸石
估　价：RMB 50,000～80,000
成交价：RMB 86,250
上海嘉泰 2014.06.18

2088 26.20克拉圆形D/FL Type IIa(极优切割、打磨及比例)钻石
估　价：HKD 32,000,000～50,000,000
成交价：RMB 30,712,800
佳士得 2014.05.27

2089 23.76克拉圆形D/FL Type IIa(极优切割、打磨及比例)钻石
估　价：HKD 30,500,000～50,000,000
成交价：RMB 29,362,080
佳士得 2014.05.27

1907 克什米尔产蓝宝石3.60克拉裸石
估 价：RMB 700,000～1,000,000
成交价：RMB 805,000
上海嘉泰 2014.06.18

1992 翡翠双蛋面
估 价：HKD 10,000,000～15,000,000
成交价：RMB 9,499,560
蛋面长1.83cm 佳士得 2014.11.25

1906 皇家蓝蓝宝石12.33克拉裸石
估 价：RMB 260,000～350,000
成交价：RMB 448,500
上海嘉泰 2014.06.18

1895 金绿猫眼14.07克拉裸石
估 价：RMB 260,000～350,000
成交价：RMB 345,000
上海嘉泰 2014.06.18

1914 沙弗来11.22克拉裸石
估 价：RMB 300,000～500,000
成交价：RMB 563,500
上海嘉泰 2014.06.18

1910 足色全美钻石
重30.57克拉，D色无瑕(Flawless)净度
估　价：HKD 46,000,000～53,000,000
成交价：RMB 40,353,200
香港苏富比 2014.04.07

9838 显赫的28.83克拉枕形艳彩黄色VS1净度钻石 格拉夫 GRAFF
成交价：RMB 19,435,000
北京保利 2014.12.04

1913 猫眼祖母绿4.53克拉裸石
估　价：RMB 180,000～280,000
成交价：RMB 264,500
上海嘉泰 2014.06.18

1759 足色全美钻石（一对）
钻石分别重10.20及10.07克拉，均拥有D色无瑕净度
估　价：HKD 24,000,000～28,000,000
成交价：RMB 20,002,800
香港苏富比 2014.04.07

1897 黄色托帕151.634克拉裸石
估　价：RMB 80,000～150,000
成交价：RMB 97,750
上海嘉泰 2014.06.18

1905 矢车菊蓝宝石5.08克拉裸石
估　价：RMB 300,000～400,000
成交价：RMB 379,500
上海嘉泰 2014.06.18

其他佩玩件

153 翡翠雕“人生如意”把件
估　价：RMB 70,000
成交价：RMB 89,600
翡翠长1.1cm 上海联合 2014.03.29

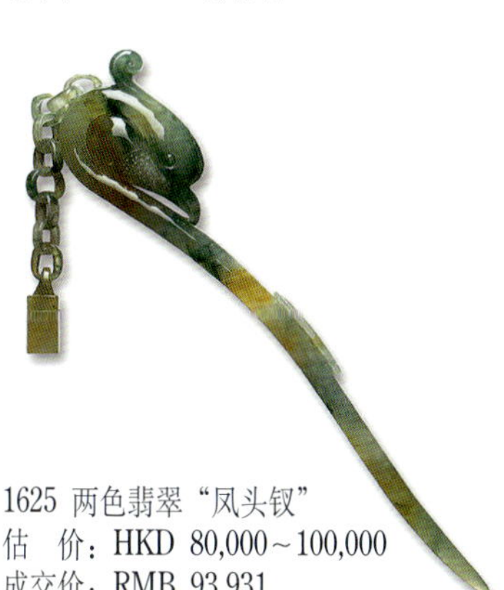

1625 两色翡翠“凤头钗”
估　价：HKD 80,000～100,000
成交价：RMB 93,931
长1.8cm 香港苏富比 2014.10.07

861 翡翠连年有余手把件
估　价：RMB 400,000～420,000
成交价：RMB 1,253,500
长6.8cm 北京艺融 2014.06.03

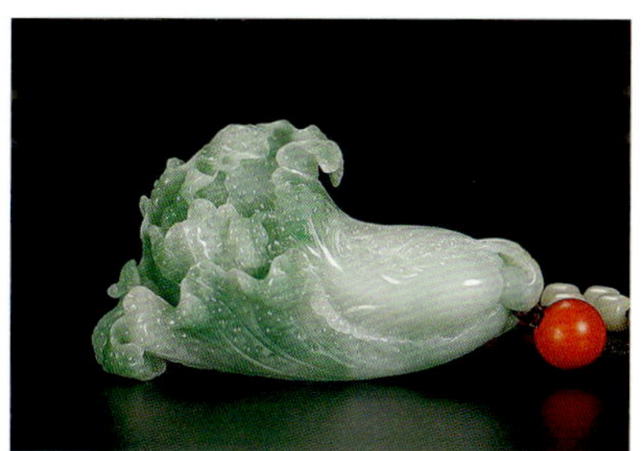

828 赵琦 遇百财 翡翠把件
估　价：RMB 20,000～50,000
成交价：RMB 92,000
长7.8cm 西泠拍卖 2014.05.03

1693 珍珠配钻石皇冠
估　价：HKD 400,000～460,000
成交价：RMB 395,000
珍珠约1.30cm×1.24cm 香港苏富比 2014.04.07

357 20世纪 红碧玺雕柿纹把件
估　价：USD 5,000～7,000
成交价：RMB 92,025
长5.7cm 纽约苏富比 2014.03.18

陈设件

976 清乾隆 翡翠雕持瓶观音像
估　价：RMB 2,600,000～3,500,000
成交价：RMB 2,990,000
高39.5cm 北京保利 2014.04.27

3020 清 翡翠雕富甲天下摆件
估　价：RMB 480,000～800,000
成交价：RMB 747,500
带座高18.5cm 西泠拍卖 2014.12.13

977 清 翡翠观音
估　价：RMB 1,500,000～2,500,000
成交价：RMB 1,840,000
高55cm 北京保利 2014.04.27

2554 清 翡翠雕花篮仕女供
估　价：RMB 600,000～700,000
成交价：RMB 747,500
高14.8cm 上海嘉泰 2014.06.18

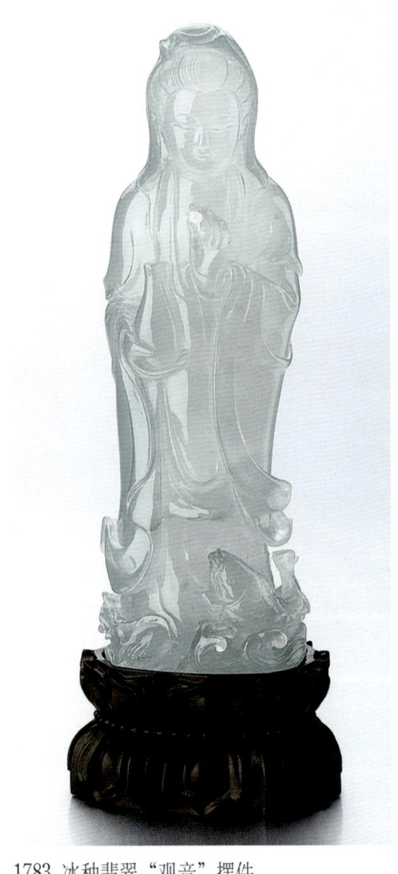

1783 冰种翡翠“观音”摆件
估　价：HKD 300,000～400,000
成交价：RMB 1,453,600
高11.9cm 香港苏富比 2014.04.07

3633 清晚期 翡翠观音像
估 价：HKD 800,000~1,200,000
成交价：RMB 1,479,360
高29.2cm 佳士得 2014.05.28

2563 清中期 紫罗兰翡翠花篮仙女像
估 价：RMB 400,000~600,000
成交价：RMB 517,500
高13.5cm 上海嘉泰 2014.06.18

1130 民国 翡翠太师少师摆件
估 价：RMB 900,000~1,100,000
成交价：RMB 1,150,000
长8.5cm 东拍国际 2014.07.31

333 19世纪 紫罗兰翠玉雕美人立像
估 价：USD 6,000~8,000
成交价：RMB 260,738
高22.9cm 纽约苏富比 2014.03.18

1837 彩色翡翠“骏马”摆件
估 价：HKD 180,000~230,000
成交价：RMB 592,500
高14.9cm 香港苏富比 2014.04.07

1618 彩色翡翠“色色俱全 事事如意”摆件
估 价：HKD 100,000~150,000
成交价：RMB 98,875
宽8.18cm 香港苏富比 2014.10.07

9804 春带彩翡翠摆件《一念》 于丰也作品
估　价：RMB 3,500,000～6,500,000
成交价：RMB 5,520,000
40cm×20cm×15cm 北京保利 2014.06.06

41 黄金镶宝石、白水晶及方钠石犀牛摆件，FULCO DI VERDURA
估　价：USD 15,000～20,000
成交价：RMB 879,450
纽约苏富比 2014.11.20

3944 翡翠 涅槃·离垢地
估　价：RMB 2,200,000～2,500,000
成交价：RMB 3,105,000
佛高8.5cm，花高19.5cm 西泠拍卖 2014.12.14

1850 翡翠雕“观音”配钻石摆件
估　价：HKD 200,000～280,000
成交价：RMB 444,938
观音高4.74cm 香港苏富比 2014.10.07

3631 翡翠骑驴摆件
估　价：HKD 400,000～600,000
成交价：RMB 1,189,920
高19.5cm 佳士得 2014.05.28

3948 翡翠白玉 涅槃·蝶
估　价：RMB 20,000,000～25,000,000
成交价：RMB 28,750,000
蝶高57.4cm×2，佛高15cm
西泠拍卖 2014.12.14

968 高毅进 遇百财 翡翠摆件
估　价：RMB 4,800,000～6,000,000
成交价：RMB 6,210,000
长31.1cm 西泠拍卖 2014.05.03

1663 翡翠配黄翡翠“金玉满堂”摆件
估　价：HKD 80,000～120,000
成交价：RMB 345,625
长24cm 香港苏富比 2014.04.07

135 翡翠执荷观音摆件
估　价：RMB 15,000,000～25,000,000
成交价：RMB 23,230,000
高22cm 上海金艺 2014.07.04

220 翡翠花开富贵摆件
估　价：RMB 1,880,000
成交价：RMB 2,105,600
长13.9cm 上海天赐 2014.06.15

39 黄金镶宝石配珐琅摆件，VERDURA
估　价：USD 10,000～15,000
成交价：RMB 1,359,150
纽约苏富比 2014.11.20

1937 缅甸翡翠观音摆件
估　价：HKD 380,000～580,000
成交价：RMB 1,189,920
高14.5cm 佳士得 2014.05.27

9728 友谊之马 苏芒设计 TTF出品
成交价：RMB 345,000
北京保利 2014.06.06

1843 双色翡翠雕“岁岁长春绿”摆件
估　价：HKD 180,000～250,000
成交价：RMB 257,075
长12.1cm 香港苏富比 2014.10.07

7596 邱启敬 玻璃种翡翠 涅槃·意空
成交价：RMB 20,700,000
佛高12.5cm 北京保利 2014.06.05

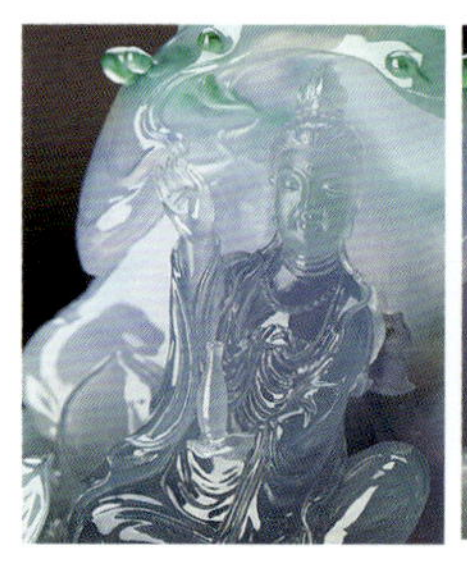

1765 三彩巧色翡翠雕“观音”摆件
估　价：HKD 6,000,000～10,000,000
成交价：RMB 11,422,040
高14.8cm 香港苏富比 2014.10.07

302 珍罕紫翡翠配钻石吊坠摆件
估　价：HKD 10,000,000~15,000,000
成交价：RMB 8,379,180
蛋面长4.35cm 天成国际 2014.12.07

4667 20世纪60年代 冰种翡翠雕礼佛图山子
估　价：RMB 180,000~260,000
成交价：RMB 207,000
高15.8cm 中鸿信 2014.11.23

4666 颜桂明 翡翠雕“菩提佛祖”
成交价：RMB 9,430,000
高20cm 中鸿信 2014.11.23

7603 邱启敬 翡翠清趣·菊
估　价：RMB 280,000~380,000
成交价：RMB 322,000
长9.1cm 北京保利 2014.06.05

1435 仵应汶 翡翠雕自在观音摆件
估　价：RMB 1,500,000~2,800,000
成交价：RMB 1,725,000
高38cm 中贸圣佳 2014.07.06

3364 19世纪 翡翠如意
估 价：HKD 260,000～350,000
成交价：RMB 482,400
长7.2cm 佳士得 2014.05.28

202 红翡如意摆件
估 价：RMB 10,000
成交价：RMB 16,800
翡翠长9.8cm 上海联合 2014.03.29

6271 清中期 翡翠雕兽面铺首三羊开泰罍式盖瓶
估 价：RMB 1,000,000～1,500,000
成交价：RMB 1,495,000
高27cm 北京保利 2014.06.04

生活用品

486 清 翡翠雕兽面纹双环耳瓶（一对）
估 价：RMB 350,000～500,000
成交价：RMB 483,000
高15.6cm 苏州东方 2014.10.30

2354 清中期 翡翠兽耳活环瓶
估 价：RMB 100,000～150,000
成交价：RMB 368,000
高8cm 北京翰海 2014.05.10

3074 清 翠玉雕饕餮纹觚（一对）
估 价：HKD 800,000～1,200,000
成交价：RMB 1,548,400
高29.4cm 香港苏富比 2014.04.08

11306 翡翠对瓶
成交价：RMB 517,500
高16cm 北京博观 2014.07.06

3017 清 翡翠雕双龙戏珠纹爵杯
成交价：RMB 230,000
带座高15cm 西泠拍卖 2014.05.06

1715 翡翠雕“茶壶及茶杯”摆件
估 价：HKD 180,000~230,000
成交价：RMB 257,075
茶壶高17cm 香港苏富比 2014.10.07

620 19世纪 翡翠雕缠枝莲纹提梁壶
估 价：RMB 2,000,000~2,200,000
成交价：RMB 2,300,000
直径21.8cm 北京东正 2014.05.18

4987 清 翡翠雕灵芝云龙纹兽耳衔环盖瓶（两件）
估 价：RMB 1,700,000~2,000,000
成交价：RMB 2,070,000
高31.5cm 北京翰海 2014.10.26

979 清中期 翡翠兽面纹盖炉
估 价：RMB 600,000~800,000
成交价：RMB 747,500
宽17cm 北京保利 2014.04.27

3755 清 翡翠瑞兽衔活环耳三足盖炉
估 价：HKD 60,000~80,000
成交价：RMB 128,538
高10.5cm 香港苏富比 2014.10.08

381 清中期 翡翠福寿纹盖碗
估 价：RMB 400,000~450,000
成交价：RMB 517,500
直径11cm 北京东正 2014.11.20

382 清乾隆 翡翠雕夔龙纹碗
估 价：RMB 250,000~300,000
成交价：RMB 287,500
直径11.3cm 北京东正 2014.11.20

622 清中期 翡翠雕兽耳衔环杯
估 价：RMB 180,000~200,000
成交价：RMB 230,000
直径5.4cm 北京东正 2014.05.18

1609 红宝石配黑漆化妆盒及唇膏盒套装；及祖母绿“花”别针，梵克雅宝(VAN CLEEF & ARPELS)
估 价：HKD 50,000~80,000
成交价：RMB 64,269
长8.7cm 香港苏富比 2014.10.07

1636 钻石晚装手袋及香烟盒，梵克雅宝(VAN CLEEF & ARPELS)
估 价：HKD 120,000~180,000
成交价：RMB 355,950
手袋长17.5cm 香港苏富比 2014.10.07

42 18K三色黄金镶彩色钻石秋叶锦盒，VERDURA
估 价：USD 15,000~20,000
成交价：RMB 768,750
长8.26cm 纽约苏富比 2014.11.20

6272 清 翡翠雕四季花鸟活环盖炉
估 价：RMB 1,000,000～1,500,000
成交价：RMB 1,380,000
高27cm 北京保利 2014.06.04

512 清 翡翠官造狮群戏球三足衔环炉
估 价：RMB 1,000,000～1,400,000
成交价：RMB 2,070,000
高15.5cm 江苏爱涛 2014.07.06

2573 20世纪 冰种翡翠荷花仙露茶具（一组五件）
估 价：RMB 700,000～900,000
成交价：RMB 747,500
壶10.5cm×18.5cm 上海嘉泰 2014.06.18

1381 清 翠雕灵芝花插
估 价：RMB 80,000～150,000
成交价：RMB 101,200
高15cm 北京保利 2014.10.26

3757 清 翡翠雕仿古凤鸟纹活环连盖匜
估 价：HKD 150,000～200,000
成交价：RMB 642,688
长10.7cm 香港苏富比 2014.10.08

文房用品

833 清乾隆 翡翠巧雕荷塘清趣水洗
估 价：RMB 160,000～200,000
成交价：RMB 253,000
高6.2cm 江苏爱涛 2014.07.06

84 清乾隆 翡翠双龙纹水丞
估 价：RMB 150,000～250,000
成交价：RMB 322,000
长5.8cm；高3cm 远方拍卖 2014.06.02

1679 红色碧玺配沙弗来石及钻石“龙龟”纸镇
碧玺蛋面约438.40克拉
估 价：HKD 500,000～700,000
成交价：RMB 791,000
香港苏富比 2014.10.07

6322 清乾隆 翡翠雕喜上眉梢双面臂搁
估 价：RMB 3,500,000～5,500,000
成交价：RMB 5,635,000
长20.2cm 北京保利 2014.06.04

1843 翡翠印章，及黄金掏耳勺（一对）
估 价：HKD 450,000～550,000
成交价：RMB 1,074,400
印章高2.57cm 香港苏富比 2014.04.07

2758 清 红翡雕竹节臂搁
估 价：RMB 380,000～600,000
成交价：RMB 437,000
长15.5cm 西泠拍卖 2014.12.13

3544 清 翡翠雕荷趣飞鸟笔洗
估 价：RMB 320,000～350,000
成交价：RMB 368,000
9.5cm×8.2cm 北京匡时 2014.06.03

2014珠宝翡翠拍卖成交汇总

(成交价RMB：1万元以上)

拍品名称	物品尺寸	成交价RMB	拍卖公司	拍卖日期
佩玩件				
佩				
清中期 红翡巧雕灵猴献寿佩	长6.5cm	69,000	北京保利	2014.06.06
19世纪 翡翠透雕莲花鱼鹤佩	长5cm	296,625	香港苏富比	2014.10.08
清 红碧玺猴桃佩	高5cm	31,360	上海国拍	2014.05.18
清 粉红碧玺封侯佩	3cm×4cm	44,800	上海国拍	2014.05.18
清 翡翠透雕灵芝鹦鹉佩	长5cm	126,500	北京保利	2014.12.05
清 翡翠松鼠佩	长5.2cm	34,500	北京保利	2014.12.05
清 翡翠佩(十件)	尺寸不一	13,800	中国嘉德	2014.06.22
清 翡翠金钱佩(一对)	尺寸不一	51,750	南京经典	2014.08.04
清 翡翠瓜瓞佩	长5.7cm	155,250	北京保利	2014.12.05
清 翡翠雕连年有余佩	长6.5cm	172,500	中宝拍卖	2014.07.06
清 翡翠雕大年佩	长6.5cm	11,500	北京保利	2014.04.27
清 翡翠螭龙纹佩	高4cm	207,000	中国嘉德	2014.11.20
清 翡翠"喜上眉梢"佩	长6cm	138,000	北京保利	2014.12.05
清 翠玉佩(两件)		15,333	纽约苏富比	2014.09.16
清 翠雕子辰佩	长3.8cm	134,400	天津文物	2014.11.15
清 翠雕福寿延年纹佩	高5.7cm	302,400	天津文物	2014.11.15
清 碧玺桃形佩	长3.7cm	13,800	中国嘉德	2014.03.24
清 碧玺雕喜事连连纹佩	长5.5cm	64,960	天津文物	2014.11.15
清 翡翠双欢	长3.5cm	804,000	佳士得	2014.05.28
冰种飘蓝花浮雕五鼠运财佩	长5.6cm	26,880	中晟国际	2014.10.11
翠玉镂雕螭龙竹纹佩	长4cm	42,178	纽约佳士得	2014.03.20
冰种翡翠观音佩	长4.5cm	71,300	中国嘉德	2014.06.22
翠玉透雕螭龙佛手纹佩	直径5cm	46,013	纽约佳士得	2014.03.20
冰糯种紫罗兰圆形佩	长5.7cm	33,600	中晟国际	2014.10.11
翡翠"兰花"花件	高5.6cm	593,250	香港苏富比	2014.10.07
碧玺雕竹节佩	长4.3cm	11,500	西泠拍卖	2014.12.13
翡翠冰种时来运转佩	直径5.5cm	32,200	中鸿信	2014.11.23
18K金镶钻高冰绿地金枝玉叶佩	长4.4cm	10,080	中晟国际	2014.10.11
翡翠春带彩圆环		36,000	冉云轩	2014.08.09
18K金镶钻翡翠叶形佩	长4.3cm	20,700	中国嘉德	2014.03.24
翡翠福之交	长3.6cm	19,040	上海天赐	2014.06.15
18K金镶钻冰糯黄翡玉兰花形佩	长4.6cm	11,200	中晟国际	2014.10.11
翡翠花件(一对)	尺寸不一	148,313	香港苏富比	2014.10.07
翡翠鸡心佩	长2.2cm	10,080	上海天赐	2014.06.15
翡翠鸡油黄龙凤佩(一对)	尺寸不一	17,250	南京经典	2014.08.04
翡翠吉祥福佩	直径5.6cm	517,500	上海金艺	2014.07.04
翡翠吉祥观音佩(一对)	长4.7cm	14,950	南京经典	2014.08.04
翡翠灵芝佩(两件)	长5.2cm	13,800	中国嘉德	2014.03.24
翡翠镂空龙纹佩	长8.3cm	11,960	香港淳浩	2014.07.30
翡翠木纳种"观音"佩	高6.3cm	138,000	中鸿信	2014.11.23
翡翠麒麟葫芦佩	长4.8cm	25,406	香港淳浩	2014.11.27
翡翠如意佩	长2.5cm	69,000	上海金艺	2014.07.04
翡翠如意佩	长2.1cm	32,200	上海金艺	2014.07.04
翡翠如意佩	长3.5cm	632,500	上海金艺	2014.07.04
翡翠双龙佩	高5.2cm	1,955,000	上海金艺	2014.07.04
翡翠叶形花件	长4.3cm	40,250	广州皇玛	2014.09.27
翡翠应龙佩	长5.8cm	11,500	中国嘉德	2014.03.24
翡翠紫色福寿万代佩	长7cm	103,500	上海嘉泰	2014.06.18
粉红色碧玺雕件	高5.3cm	128,375	香港苏富比	2014.04.07
近代 碧玺锁佩	长3cm	17,250	北京翰海	2014.11.22
近代 翡翠雕佛佩	高5.5cm	14,950	北京翰海	2014.04.13
近代 翡翠吉庆有余佩	长5cm	13,800	北京保利	2014.04.27
近代 翡翠云龙纹佩	直径5cm	11,500	北京保利	2014.04.27
糯种阳绿节节高升佩	长3.8cm	20,160	中晟国际	2014.10.11
巧雕翡翠四君子佩	长6.7cm	4,806,907	保利香港	2014.10.07
双色碧玺螭龙灵芝佩	长5.6cm	69,000	中国嘉德	2014.03.24
王朝阳 翡翠 宝相	高5.0cm	1,380,000	银座国际	2014.06.01
王朝阳 翡翠 梵香	高42cm	1,035,000	银座国际	2014.06.01
翎管				
清 翡翠翎管	长7cm	40,250	北京匡时	2014.06.04
清 翡翠马镫面红翡翎管	长6.8cm	23,000	中鸿信	2014.11.22
清 翡翠翎管	长6cm	356,500	北京匡时	2014.12.03
清 翠翎管	长6.8cm	140,000	天津文物	2014.05.16
牌				
18K金镶嵌2.34克拉钻石链牌		36,000	北京保利	2014.02.05
18K金镶钻如意牌	长6 cm	14,560	未来四方	2014.05.23
19世纪 翠玉镂雕双龙戏珠纹牌	长7cm	99,694	纽约苏富比	2014.03.18
阿卡红珊瑚叉福牌		36,800	北京艺融	2014.06.03
冰种翡翠雕荷花纹挂牌	长5.4cm	18,354	中信国际	2014.04.19
冰种翡翠飘花螭龙纹牌	直径6.4cm	63,250	北京艺融	2014.12.08
冰种翡翠平安牌	直径5.7cm	287,500	东拍国际	2014.07.31
冰种黄翡龙牌	长5.2cm	29,120	中晟国际	2014.10.11
冰种满绿翡翠螭龙圆牌	重34.9g	1,012,000	北京艺融	2014.12.08
冰种满绿双面雕荷塘清趣牌	长5.0cm	16,800	中晟国际	2014.10.11
冰种飘花翡翠龙牌	重72.7g	460,000	北京艺融	2014.12.08
翡翠冰种飘紫飘绿花自在观音牌	高7cm	690,000	中鸿信	2014.11.23
翡翠巧雕指日高升牌(一对)	高5.6cm	32,200	中鸿信	2014.11.23
满色龙纹牌	高4.8cm	57,500	中鸿信	2014.11.23
翡翠雕凤鸟纹牌	高5.8cm	78,400	未来四方	2014.07.29
翡翠佛公圆牌	长5.4cm	32,200	上海金艺	2014.12.17
翡翠观音牌	长6cm	11,500	中国嘉德	2014.09.22
翡翠观音牌子	长7.2cm	51,750	太平洋	2014.06.25
翡翠赫赫有名牌	长7.0cm	11,200	未来四方	2014.05.23
翡翠欢天喜地牌	长7.5 cm	11,200	未来四方	2014.05.23
翡翠吉祥牌	长5.3cm	172,500	上海金艺	2014.07.04
翡翠龙牌	直径5.6cm	69,000	上海金艺	2014.07.04
翡翠龙牌	直径5.6cm	69,000	上海金艺	2014.07.04
翡翠龙牌	长6.8cm	299,000	上海金艺	2014.07.04
翡翠龙纹牌	直径5.4cm	44,800	未来四方	2014.05.23
翡翠牌	长5.7cm	23,000	上海金艺	2014.07.04
翡翠平安无事牌	长5.0cm	552,000	上海金艺	2014.07.04
翡翠随行龙牌		28,000	冉云轩	2014.08.09
翡翠椭圆牌	长5.7cm	11,270	远方拍卖	2014.09.21
高冰八宝纹翡翠圆牌(一对)	直径5.2cm	2,737,000	北京艺融	2014.06.03
高冰龙纹18K金镶钻翡翠牌	长3.8cm	28,000	中晟国际	2014.10.11
高冰飘花翡翠财源滚滚圆牌	直径5.0cm	517,500	北京艺融	2014.06.03
高冰飘蓝花双面浮雕虎纹牌	长5.3cm	50,400	中晟国际	2014.10.11
高冰飘绿浮雕月宫灵兔牌	长4.2cm	11,200	中晟国际	2014.10.11
黄翡凤凰牌(一对)	长6.7cm×2	14,560	未来四方	2014.05.23
近代 翡翠龙纹牌	直径5cm	11,500	北京保利	2014.01.11
近代 翡翠梅花牌	直径5.5cm	11,500	北京保利	2014.01.11
近代 翡翠山水人物牌(两件)	尺寸不一	11,500	北京保利	2014.10.26
近代 绿碧玺三羊开泰牌	长5cm	13,800	北京保利	2014.04.27
近代 三色翡翠山水纹牌	长5.5cm	11,500	北京保利	2014.01.11
满色翡翠链牌	重量53.5g	2,016,000	北京荣宝	2014.08.24
墨翠雕灵猴牌	长6.1cm	22,943	中信国际	2014.04.19
墨翠龙牌挂坠	6.9cm×5.2cm	575,000	荣宝斋(上海)	2014.05.09
糯冰种千手观音翡翠牌	直径6.9cm	759,000	北京艺融	2014.06.03
清 翡翠雕"麒麟望日"牌子	高6cm	126,500	远方拍卖	2014.06.02
清 翡翠莲荷牌	长6.5cm	109,250	北京保利	2014.12.05
冰种带绿翡翠雕龙纹牌吊坠	长6.0cm	92,000	广州皇玛	2014.01.02
冰种翡翠龙牌(一对)		27,000	北京保利	2014.02.05
冰种紫绿翡翠方牌配钻石吊坠	长2.8cm	32,200	广州皇玛	2014.01.02
翡翠"福瓜"方牌	长6.6cm	230,000	华艺国际	2014.05.31
翡翠"观音"牌	长6.8cm	230,000	华艺国际	2014.05.31
翡翠雕龙牌挂件	长5.4cm	126,500	广州皇玛	2014.01.02
翡翠雕龙牌挂件	长6.5cm	184,000	广州皇玛	2014.01.02
翡翠雕龙纹牌挂件	长5.4cm	57,500	广州皇玛	2014.01.02
翡翠福禄寿牌	长6cm	402,500	广州皇玛	2014.04.27
翡翠观音挂牌	高7.2cm	25,300	福建东南	2014.05.25
翡翠素面平安无事牌配钻石挂件	高5.8cm	632,500	银座国际	2014.06.01
翡翠云龙如意挂牌	长6.4cm	345,000	福建东南	2014.05.25
黄翡"指日高升"方牌	高7.8cm	345,000	华艺国际	2014.09.28
油青种翡翠龙凤对牌(一对)	尺寸不一	20,700	北京保利	2014.06.06

*查看图片请参照凡例4方法

2014珠宝翡翠拍卖成交汇总

(成交价RMB：1万元以上)

拍品名称	物品尺寸	成交价RMB	拍卖公司	拍卖日期
紫罗兰翡翠“龙”牌	长7.1cm	103,500	华艺国际	2014.09.28
镶金方牌 (两件)	长2.5cm	16,100	八益拍卖	2014.10.24
小无字牌	长2.3cm	13,440	上海天赐	2014.06.15
紫罗兰春带彩翡翠福禄圆牌	直径5.1cm	13,800	北京艺融	2014.06.03
紫罗兰翡翠龙牌	直径4.9cm	1,104,000	北京艺融	2014.06.03
邹小林 佛光普照 翡翠牌	长4.9cm	69,000	西泠拍卖	2014.12.14
扳指				
清白玉、带皮翡翠扳指(各一件)	尺寸不一	10,888	香港淳浩	2014.11.27
清 翡翠扳指	长3cm	72,800	天津文物	2014.05.16
清 翡翠扳指	内径2cm	89,600	武汉中信	2014.10.23
清 翡翠雕扳指	直径3cm	23,000	北京保利	2014.01.11
清 翡翠扳指	高2.6cm	17,250	八益拍卖	2014.10.25
清 翡翠扳指	高2.5cm	23,000	广州皇玛	2014.04.27
清 翡翠扳指	高2.5cm	97,750	西泠拍卖	2014.12.13
清 翡翠雕素扳指	直径3.3cm	92,000	西泠拍卖	2014.12.13
清 翡翠雕西番莲纹扳指	直径3cm	55,200	古天一	2014.06.05
翡翠、玉扳指 (各一件)	尺寸不一	27,600	香港淳浩	2014.07.30
翡翠扳指	高3cm	11,200	未来四方	2014.05.23
翡翠扳指	高2.2cm	89,700	上海金艺	2014.07.04
翡翠扳指	直径3.4cm	25,300	南京经典	2014.08.04
18K金镶翠扳指	直径1cm	34,500	中鸿信	2014.11.23
带钩				
清 翠雕凤首龙勾	长16cm	48,300	北京保利	2014.10.26
清 翠雕龙勾	长10.5cm	29,900	北京保利	2014.10.26
清 翠雕龙勾	长10.5cm	32,200	北京保利	2014.10.26
清 翠雕龙勾	长8.5cm	34,500	北京保利	2014.10.26
清 翠雕龙勾	长8.5cm	40,250	北京保利	2014.10.26
清 翡翠雕龙勾 (两件)	尺寸不一	11,500	北京保利	2014.01.11
清 翡翠雕龙勾 (两件)	尺寸不一	11,500	北京保利	2014.10.26
翡翠挂勾 (一对)	长2.63cm	374,775	佳士得	2014.11.25
翡翠“龙勾”摆件	长9.7cm	16,643	香港拍得高	2014.06.21
清 红翡翠苍龙教子带钩	长8.5cm	36,800	北京保利	2014.08.02
清 翡翠雕苍龙教子带钩	长8.5cm	138,000	西泠拍卖	2014.05.06
清 红翡雕龙纹带钩	长7.5cm	28,750	北京保利	2014.06.06
清 翡翠巧雕螭纹龙首带钩	长9.2cm	89,600	天津文物	2014.11.15
清 翡翠雕苍龙教子带钩	长7.3cm	46,000	西泠拍卖	2014.12.13
19世纪 红翡“苍龙教子”带钩(两件)	长7.3cm	40,522	万昌斯	2014.05.25
翡翠雕苍龙教子带钩 (三件)	尺寸不一	20,160	未来四方	2014.07.29
清 铜鎏金镶红翡双龙带扣	长12cm	46,000	北京保利	2014.08.02
清 翡翠雕龙凤带扣	长9.6cm	103,500	西泠拍卖	2014.05.06
清 翡翠龙纹带扣 (三件)	尺寸不一	161,000	北京保利	2014.10.26
铜鎏金桃型碧茜带扣	直径8cm	20,100	香港拍得高	2014.05.27
清 翡翠龙纹带扣 (一对)	长9cm；长10cm	299,000	北京保利	2014.01.11
珠串				
清 碧玺多宝手串	长13cm	13,800	北京传是	2014.06.05
清 粉碧玺手串(18粒)		86,250	北京翰海	2014.05.10
清 金质累丝烧蓝寿字纹绿松石十八子手串	珠直径1.32cm	92,000	中国嘉德	2014.11.22
清 银质鎏金高浮雕龙纹手串	珠直径1.43cm	28,750	中国嘉德	2014.11.22
清 珍珠十八子手串		74,750	西泠拍卖	2014.05.06
清 东珠十八子持珠		23,000	西泠拍卖	2014.12.13
清 翡翠十八籽念珠	直径11cm	28,750	北京保利	2014.12.05
翡翠十八子珠链	直径1.6cm×18	21,280	中晟国际	2014.10.11
翡翠雕十八罗汉手持		28,750	北京传是	2014.06.05
珍珠手串	长14cm	20,700	中国嘉德	2014.03.24
14K金镶珊瑚手串 珊瑚郁金香吊坠 耳钉 (一串)(一对)	尺寸不一	25,300	中国嘉德	2014.06.22
碧玺手串	长20cm	11,500	中国嘉德	2014.06.22
翡翠罗汉手串 (12颗)		12,650	太平洋	2014.06.25
各色碧玺珠串 (61颗)		161,000	福建东南	2014.05.25
金珀手串		23,000	北京保利	2014.02.05
清 翠玉带珊瑚朝珠	长119cm	759,000	北京保利	2014.06.04
清 东珠朝珠	长75cm	28,750	北京保利	2014.04.27
清 翡翠朝珠	长77cm	138,000	北京保利	2014.12.05
清 金珀朝珠	长66cm	36,800	北京保利	2014.08.02
清 原配全套金珀朝珠(108粒)		92,000	北京翰海	2014.05.10
翡翠108颗佛珠		92,000	北京传是	2014.06.05
翡翠朝珠		43,700	中国嘉德	2014.03.24
高冰种翡翠佛珠108颗	总长58cm	20,000	北京九歌	2014.12.17
鸡油黄蜜蜡佛珠108颗	总长132cm	35,000	北京九歌	2014.12.17
金珀108颗念珠		46,000	北京保利	2014.02.05
金珀108颗念珠		120,750	北京保利	2014.02.05
金珀念珠		43,700	北京保利	2014.02.05
近代 纯金配珊瑚念珠	长34cm	39,100	北京保利	2014.10.26
七彩碧玺正圆提珠	直径0.18cm×28	437,000	浙江世贸	2014.04.13
珊瑚108颗佛珠	珠径约0.7cm	11,500	北京传是	2014.06.05
珍珠朝珠	长73cm	51,750	中国嘉德	2014.03.24
珍珠朝珠	长57cm	11,500	中国嘉德	2014.06.22
吊坠				
清 碧玺螭龙坠	长5cm	20,700	北京保利	2014.10.26
清 碧玺刻福寿纹坠	长3.5cm	22,080	香港淳浩	2014.07.30
清 碧玺巧雕灵芝莲蓬坠	高3cm	10,350	中国嘉德	2014.11.20
清 碧玺瑞兽纹坠	长5.5cm	149,500	远方拍卖	2014.06.02
清 翠雕年年有余坠	长6.5cm	25,300	北京保利	2014.10.26
清 翡翠螭龙招财进宝挂件	高5.5cm	69,000	南京经典	2014.01.06
清 翡翠持莲玉观音 (一对)	高21cm	78,591	大唐国际	2014.05.27
清 翡翠福禄坠	长5.5cm	161,000	北京保利	2014.12.05
清 翡翠猴形挂件	长2.3cm	11,500	南京经典	2014.01.06
清 翡翠刘海戏蟾小挂坠	长3cm	26,313	香港淳浩	2014.11.27
清 翡翠项坠	直径2.2cm	23,000	中鸿信	2014.11.23
清 双色碧玺松鼠蔬果坠	高4cm	34,500	北京翰海	2014.10.26
清中期 粉碧玺福寿坠	高4cm	28,750	北京翰海	2014.10.26
清中期 黄碧玺双欢挂坠	长4.7cm	55,200	北京匡时	2014.06.04
民国 18K金镶钻珊瑚坠	高6cm	20,700	中鸿信	2014.11.23
民国 翡翠年年有余坠	长5.5cm	28,750	北京保利	2014.10.26
民国 老坑三色翡翠年年有余坠	长5.5cm	17,250	北京保利	2014.04.27
民国 玫瑰金镶钻AK红珊瑚水滴形吊坠	长1.8cm	20,700	中鸿信	2014.11.23
0.37克拉黄色钻石吊坠	长2.7cm	11,500	北京保利	2014.06.06
10.25克拉黄色蓝宝石吊坠	长1.1cm	11,500	北京保利	2014.06.06
105.11克拉粉色紫锂辉石吊坠	主石长3.8cm	103,500	北京保利	2014.06.06
105.71克拉紫色锂辉石吊坠		40,250	北京保利	2014.12.04
110克拉海水蓝宝石竹节型吊坠	主石长6.57cm	115,000	北京保利	2014.06.06
14K玫瑰金雕刻新艺术风格人物吊坠约1900年制	长3.1cm	12,650	北京保利	2014.02.05
18K白金伴钻镶嵌翡翠浮雕节节高挂件	长2.5cm	22,000	上海驰翰	2014.02.22
18k白金伴钻镶嵌翡翠节节高挂件	长2.7cm	20,000	上海驰翰	2014.04.18
18k黄金伴钻镶嵌翡翠冰满色随型挂件	重6.2g	35,000	上海驰翰	2014.02.22
18k黄金伴钻镶嵌翡翠满色挂件	重7.0g	12,000	上海驰翰	2014.02.22
18k蓝宝石镶钻吊坠	总重10.1g	115,000	浙江世贸	2014.04.13
18k白金伴钻镶嵌马眼形翡翠吊坠		90,000	上海驰翰	2014.06.26
18K白金冰种翡翠“富贵豆”吊坠		11,558	香港拍得高	2014.06.21
18K白金冰种翡翠“观音”吊坠	长6.5cm	18,170	香港拍得高	2014.03.22
18K白金冰种翡翠“观音”吊坠连18K白金颈链 (两件)	共重0.21克拉	16,353	香港拍得高	2014.03.22
18K白金冰种翡翠“金枝玉叶”吊坠	长3.8cm	20,341	香港拍得高	2014.06.21
18K白金冰种翡翠吊坠及耳环(三件)	长2.2cm	19,987	香港拍得高	2014.03.22
18K白金翡翠“福寿如意”吊坠	长4.5cm	30,512	香港拍得高	2014.06.21
18K白金翡翠“观音”吊坠	翡翠长4.86cm	855,255	香港拍得高	2014.06.21
18K白金翡翠“葫芦”吊坠(两件)	长3.35cm	20,896	香港拍得高	2014.03.22
18K白金翡翠“节节高”吊坠	长4.1cm	27,738	香港拍得高	2014.06.21
18K白金翡翠“年年有余”吊坠	长6.3cm	50,853	香港拍得高	2014.06.21

拍品名称	物品尺寸	成交价RMB	拍卖公司	拍卖日期
18K白金翡翠“笑佛”吊坠	长3.4cm	23,621	香港拍得高	2014.03.22
18K白金翡翠“笑佛”吊坠	长3.1cm	18,492	香港拍得高	2014.06.21
18K白金翡翠“笑佛”吊坠(二个)	长2.6cm	21,266	香港拍得高	2014.06.21
18K白金翡翠“玉叶”吊坠	长3.95cm	47,242	香港拍得高	2014.03.22
18K白金翡翠吊坠	长4.6cm	49,968	香港拍得高	2014.03.22
18K白金翡翠吊坠	长4.0cm	21,804	香港拍得高	2014.03.22
18K白金翡翠吊坠	长3.6cm	29,072	香港拍得高	2014.03.22
18K白金翡翠吊坠	长3.1cm	38,833	香港拍得高	2014.06.21
18K白金翡翠吊坠及耳环(三件)	长3.1cm	15,445	香港拍得高	2014.03.22
18K白金翡翠观音挂件	高4.4cm	69,000	南京经典	2014.01.06
18K白金翡翠葫芦形挂件	长2.3cm	25,300	南京经典	2014.01.06
18K白金翡翠弥勒佛挂件	高3.2cm	20,700	南京经典	2014.01.06
18K白金翡翠弥勒佛挂件	长3cm	23,000	南京经典	2014.08.04
18K白金芙蓉石吊坠	长6.25cm	18,170	香港拍得高	2014.03.22
18K白金红碧玺钻石项坠		35,000	北京九歌	2014.12.17
18K白金黄翡翠“佛公”吊坠	长4.05cm	50,876	香港拍得高	2014.03.22
18K白金配钻4.26克拉碧玺配钻石吊坠	长2.03cm	11,500	北京保利	2014.02.05
18K白金坦桑石吊坠连18K白金颈炼(两件)	坠长3.3cm	24,040	香港拍得高	2014.06.21
18k白金镶翡翠项坠	重3.5g	63,250	中宝拍卖	2014.07.06
18K白金镶红碧玺吊坠	重25g	246,400	盛世嘉宝	2014.11.02
18K白金镶嵌13.97克拉缅甸翡翠吊坠		22,880	北京保利	2014.02.05
18K白金镶嵌冰种佛公(一对)	尺寸不一	80,500	保利厦门	2014.11.02
18K白金镶嵌金色南洋珠配钻石吊坠、耳钉套装		26,000	北京保利	2014.02.05
18K白金镶钻翡翠“年年有鱼”吊坠	高6.2cm	18,400	中鸿信	2014.11.23
18K白金镶钻翡翠辣椒	高4.2cm	115,000	中鸿信	2014.11.23
18K白金镶钻翡翠弥勒吊坠	长1.8cm	17,250	中国嘉德	2014.09.22
18K白金镶钻翡翠弥勒吊坠	高2.8cm	13,800	中鸿信	2014.11.23
18K白金镶钻翡翠平安豆挂坠	高3.9cm	92,000	中鸿信	2014.11.23
18K白金镶钻翡翠如意挂件	重22.3g	57,500	浙江世贸	2014.07.27
18K白金钻石“香囊”吊坠	长5.5cm	18,170	香港拍得高	2014.03.22
18K白金钻石吊坠	长1.5cm	70,863	香港拍得高	2014.03.22
18K白金钻石翡翠吊坠	长5.0cm	18,492	大唐国际	2014.05.27
18K白金钻石翡翠吊坠	长1.9cm	29,587	大唐国际	2014.05.27
18K白金钻石翡翠观音吊坠	长5.7cm	73,968	大唐国际	2014.05.27
18K白金钻石翡翠平安扣吊坠	长1.7cm	12,020	大唐国际	2014.05.27
18K白金钻石翡翠平安扣吊坠	直径4.2cm	60,099	大唐国际	2014.05.27
18K白金钻石翡翠叶型吊坠	长6.0cm	50,853	大唐国际	2014.05.27
18K白金钻石翡翠玉佛吊坠	长2.3cm	48,079	大唐国际	2014.05.27
18K白金钻石葫芦型翡翠吊坠	长2.8cm	87,837	大唐国际	2014.05.27
18K白金钻石叶型翡翠吊坠	长5.5cm	157,182	大唐国际	2014.05.27
18k白金钻石祖母绿项坠		56,000	未来四方	2014.05.23
18k白金钻石祖母绿项坠		179,200	未来四方	2014.05.23
18k白金钻石祖母绿项坠		89,600	未来四方	2014.05.23
18K珐琅彩碧玉吊坠	长3.8cm	33,600	中晟国际	2014.10.11
18k黄金/pt900铂金镶钻海蓝宝石吊坠		172,500	中宝拍卖	2014.07.06
18K黄金镶嵌红珊瑚配钻石吊坠	长3.01	34,500	北京保利	2014.02.05
18K黄金镶嵌金色珍珠配钻石吊坠戒指(一组)	直径1.16cm	51,750	北京保利	2014.02.05
18K黄金镶嵌绿松石吊坠		12,000	北京保利	2014.02.05
18K黄金镶嵌珊瑚葫芦形配钻石吊坠		62,641	北京保利	2014.02.05
18K黄金钻石红宝石冰种翡翠观音项坠	长4.1cm	25,760	上海国拍	2014.11.30
18K黄金钻石红宝石冰种翡翠观音项坠	长4.1cm	25,760	上海国拍	2014.11.30
18K金翡翠吊坠	长2.4cm	51,750	江苏爱涛	2014.07.06
18K金翡翠吊坠	长3.8cm	230,000	江苏爱涛	2014.07.06
18K金翡翠观音镶钻吊坠	5.3cm×3.3cm	2,300,000	江苏爱涛	2014.07.06
18K金翡翠蝴蝶镶钻吊坠	长2.4cm	1,265,000	江苏爱涛	2014.07.06

拍品名称	物品尺寸	成交价RMB	拍卖公司	拍卖日期
18K金翡翠欢天喜地镶钻吊坠	长3.5cm	1,782,500	江苏爱涛	2014.07.06
18K金紫翡翠钻石平安扣吊坠	直径5.4cm	124,300	江苏爱涛	2014.07.06
18k金碧玺水果项坠	主石1.92ct	10,080	未来四方	2014.05.23
18K金碧玺项坠		504,000	北京荣海嘉	2014.01.19
18K金碧玺坠		537,600	北京荣海嘉	2014.01.19
18K金碧玺坠		425,600	北京荣海嘉	2014.01.19
18K金冰种翡翠弥勒佛挂件		40,250	南京经典	2014.01.06
18K金翡翠弥勒挂件	长3.5cm	51,750	中贸圣佳	2014.07.06
18K金翡翠坠(四件)		28,750	北京翰海	2014.08.24
18k金红宝石钻石项坠		20,160	未来四方	2014.05.23
18k金红碧玺蝴蝶项坠		16,800	未来四方	2014.05.23
18k金红碧玺项坠		24,640	未来四方	2014.05.23
18k金红碧玺钻石吊坠		78,400	未来四方	2014.05.23
18K金红翡翠“花开富贵”吊坠		16,643	香港拍得高	2014.06.21
18k金猫眼2.64克拉配钻石项坠		11,200	未来四方	2014.05.23
18K金嵌冰种翡翠观音	高5.5cm	23,000	中鸿信	2014.11.23
18K金嵌翠福在眼前挂件	高2.5cm	23,000	中鸿信	2014.11.23
18K金嵌翠挂件	高2cm	29,900	中鸿信	2014.11.23
18K金嵌翠挂件	高2.2cm	23,000	中鸿信	2014.11.23
18K金嵌翠挂件	高3.5cm	13,800	中鸿信	2014.11.23
18K金嵌翠金枝玉叶挂件	高3.5cm	80,500	中鸿信	2014.11.23
18K金青金石吊坠连18K金颈炼(两件)	坠长5.25cm	13,869	香港拍得高	2014.06.21
18K金沙佛莱石猫项坠	总重2.84g	13,440	未来四方	2014.05.23
18K金烧青“足球”吊坠连18K金颈炼及K金烧青戒指(三件)	港指圈：18	12,020	香港拍得高	2014.06.21
18K金镶1.27克拉祖母绿项坠	主石1.27ct	58,650	北京博观	2014.04.20
18k金镶2.01克拉未加热鸽血红红宝石项坠	主石2.01ct	48,300	北京博观	2014.04.20
18k金镶2.08克拉红宝石项坠	主石2.08ct	66,700	北京博观	2014.04.20
18k金镶2.86克拉沙弗莱石项坠	主石2.86ct	20,700	北京博观	2014.04.20
18k金镶白玉豹喜挂件	长5.5cm	29,900	北京博观	2014.04.20
18k金镶白玉蛋面挂件	高3.5cm	10,080	未来四方	2014.07.29
18K金镶宝石白玉怀古项坠	直径4.3cm	172,500	中贸圣佳	2014.07.06
18K金镶宝石白玉项坠	直径4.3cm	92,000	中贸圣佳	2014.07.06
18K金镶碧玉吊坠	长3.9cm	22,400	中晟国际	2014.10.11
18K金镶碧玉吊坠	长2.5cm	29,120	中晟国际	2014.10.11
18K金镶扁圆型白玉项坠	直径3.7cm	80,500	中贸圣佳	2014.07.06
18K金镶翠冰种如意吊坠	长2.5cm	51,750	中鸿信	2014.11.23
18K金镶翠蛋面形吊坠	高1.5cm	48,300	中鸿信	2014.11.23
18K金镶翡翠高冰飘阳色平安扣	直径2.5cm	207,000	中鸿信	2014.11.23
18K金镶翡翠满绿色弥勒佛吊坠	高1.9cm	7,820,000	中鸿信	2014.11.23
18K金镶翡翠平安扣	高3.5cm	67,200	未来四方	2014.07.29
18K金镶黄翡翠弥勒佛吊坠	高3cm	92,000	中鸿信	2014.11.23
18K金镶满绿如意挂坠	长2.0cm	10,080	中晟国际	2014.10.11
18K金镶南红蛋面吊坠	长2.46cm	17,250	远方拍卖	2014.09.21
18K金镶嵌玻璃种翡翠佛公吊坠	长2.56cm	92,000	保利厦门	2014.11.02
18k金镶嵌满绿玻璃种翡翠坠子	长3.5cm	2,990,000	北京博观	2014.07.06
18K金镶嵌缅甸翡翠“叶件”挂坠	长3.52cm	158,675	保利香港	2014.10.06
18K金镶嵌缅甸翡翠配碧玺及珍珠挂坠	长3.88cm	42,002	保利香港	2014.10.06
18K金镶嵌缅甸翡翠配钻石挂坠及戒指套装	长3.7cm	88,671	保利香港	2014.10.06
18K金镶嵌钻石吊坠		27,000	北京保利	2014.02.05
18K金镶嵌钻石手炼、吊坠套装	手炼长19cm	34,500	北京保利	2014.06.06
18K金镶如意挂件	长3.2cm	61,600	上海联合	2014.10.11
18K金镶坦桑石吊坠	长1.16cm	11,500	远方拍卖	2014.09.21
18K金镶祖母绿钻石吊坠		14,950	中鸿信	2014.11.23
18K金镶钻冰种满绿翡翠弥勒项坠	高2.9cm	450,000	北京九歌	2014.12.17
18K金镶钻翡翠佛	长3.2cm	184,000	中鸿信	2014.11.23
18K金镶钻翡翠福瓜	高3.5cm	74,750	中鸿信	2014.11.23
18K金镶钻翡翠福瓜吊坠	长5.3 cm	11,200	未来四方	2014.05.23
18K金镶钻翡翠挂坠	长2.5cm	246,400	盛世嘉宝	2014.11.02
18K金镶钻翡翠观音	高5.5cm	25,300	中鸿信	2014.11.23

2014珠宝翡翠拍卖成交汇总

(成交价RMB：1万元以上)

拍品名称	物品尺寸	成交价RMB	拍卖公司	拍卖日期
18K金镶钻翡翠观音吊坠	长5.7cm	36,960	未来四方	2014.05.23
18K金镶钻翡翠观音吊坠	长5.7cm	36,960	未来四方	2014.05.23
18K金镶钻翡翠观音吊坠	长4.5cm	39,200	未来四方	2014.05.23
18K金镶钻翡翠金枝玉叶坠		92,000	中鸿信	2014.11.23
18K金镶钻翡翠弥勒吊坠	长2.5cm	12,320	未来四方	2014.05.23
18K金镶钻翡翠如意吊坠	长4.7cm	39,200	未来四方	2014.05.23
18K金镶钻翡翠四季平安豆吊坠	高3cm	78,750	中鸿信	2014.11.23
18K金镶钻翡翠玉兰吊坠		57,500	中鸿信	2014.11.23
18K金镶钻翡翠紫罗兰吊坠	高4.8cm	25,300	中鸿信	2014.11.23
18K金镶钻高冰立佛挂件	长2.7cm	10,080	中晟国际	2014.10.11
18K金镶钻高冰绿底翡翠观音挂件	长7.5cm	672,000	中晟国际	2014.10.11
18K金镶钻红翡弥勒吊坠	长3.2 cm	29,120	未来四方	2014.05.23
18 K 金镶钻石翡翠双龙戏珠挂件	长5.4cm	172,500	中贸圣佳	2014.07.06
18k金祖母绿项坠		13,440	未来四方	2014.05.23
18K金钻红宝石钻石心形项坠	长2.0cm	25,000	北京九歌	2014.12.17
18k金钻石金粉碧玺项坠	总重7.59g	58,240	未来四方	2014.05.23
18k金钻石双色粉碧玺21.69克拉项坠		112,000	未来四方	2014.05.23
18k金钻石祥龙挂坠	长5.0cm	22,400	未来四方	2014.05.23
18K玫瑰金阿卡红珊瑚随形吊坠	高4.5cm	18,000	北京华辰	2014.03.15
18K玫瑰金碧玺吊坠	坠长5.0cm	14,536	香港拍得高	2014.03.22
18K玫瑰金冰种翡翠“佛公”吊坠	坠长4.3cm	16,353	香港拍得高	2014.03.22
18K玫瑰金冰种翡翠吊坠	坠长5.0cm	12,719	香港拍得高	2014.03.22
18K玫瑰金翡翠“多福”吊坠及耳环(三件)	长5.0cm	10,171	香港拍得高	2014.06.21
18K玫瑰金翡翠“英明神武”吊坠	坠长6.5cm	14,082	香港拍得高	2014.03.22
18K玫瑰金翡翠吊坠	坠长5.2cm	10,902	香港拍得高	2014.03.22
18K玫瑰金翡翠吊坠	坠长4.4cm	14,536	香港拍得高	2014.03.22
18K玫瑰金翡翠吊坠	坠长4.7cm	13,869	香港拍得高	2014.06.21
18K玫瑰金绿碧玺吊坠	坠长3.2cm	13,869	香港拍得高	2014.06.21
18K玫瑰金镶嵌23.15克拉葡萄石配钻石吊坠		10,800	北京保利	2014.02.05
2.01卡拉“缅甸”红宝石钻石吊坠镶18K白金	坠长2.5cm	34,742	香港拍得高	2014.09.06
2.02克拉钻石吊坠		100,050	华艺国际	2014.09.28
2.52克拉星光红宝石吊坠		42,560	北京荣宝	2014.06.15
2.60卡拉蓝宝石钻石吊坠镶铂金		10,971	香港拍得高	2014.09.06
220克拉红色碧玺吊坠	坠长6.9cm	264,500	北京保利	2014.12.04
3.76克拉枕垫形蓝宝石配钻石吊坠	坠长2.8cm	66,700	华艺国际	2014.05.31
3.79克拉红宝石吊坠	总重10.5g	28,000	北京荣宝	2014.08.24
32.13克拉黑欧泊配镶钻石吊坠	长2.72cm	172,500	北京保利	2014.02.05
4.54卡拉蓝宝石钻石吊坠镶18K白金		62,169	香港拍得高	2014.09.06
4.85克拉金绿宝石猫眼吊坠	坠长2.56cm	25,300	北京保利	2014.12.04
41.59克拉绿色碧玺吊坠		74,750	北京保利	2014.06.06
5.03克拉浅彩黄色VVS1净度钻石吊坠		782,000	华艺国际	2014.12.09
67.74克拉椭圆形“哥伦比亚”祖母绿配钻石吊坠		189,744	天成国际	2014.06.08
75.35克拉红色碧玺佛公吊坠	2.94cm×2.96cm	92,000	北京保利	2014.06.06
900铂金及18K黄金镶嵌黄水晶配钻石蝴蝶吊坠 900铂金镶嵌粉色碧玺配钻石吊坠18K黄金镶嵌钻石戒指	坠长2.8cm	17,250	北京保利	2014.02.05
JUDY CHAO 作品“初晴”47.69克拉海水蓝宝石吊坠	坠长2.8cm	74,750	北京保利	2014.06.06
K白金双钻翡翠兰豆形坠	坠长4.0cm	19,746	中信国际	2014.03.30
K白金镶翡翠雕观音像坠	坠长5.0cm	106,858	中信国际	2014.03.30
K白金镶碎钻翡翠如意吊坠	坠长4.5cm	215,660	中信国际	2014.04.19
K白金镶钻玻璃种翡翠花瓶坠	坠长6.0cm	37,168	中信国际	2014.03.30
K白金镶钻嵌兰豆形翡翠坠	坠长4.0cm	17,986	中信国际	2014.02.23
K金彩钻挂坠		67,200	盛世嘉宝	2014.11.02
Pt900 双色碧玺吊坠		74,750	上海嘉泰	2014.06.18
QUEEN’S HEART 系列 共0.64克拉钻石吊坠	坠长1.24cm	11,270	北京保利	2014.02.05

拍品名称	物品尺寸	成交价RMB	拍卖公司	拍卖日期
阿卡红珊瑚花形挂坠(胸针)		101,200	北京艺融	2014.06.03
阿卡红珊瑚随形吊坠	总重7.1g	35,840	北京荣宝	2014.08.24
阿卡红珊瑚随形吊坠	总重9.8g	50,400	北京荣宝	2014.08.24
阿曼·皮埃尔·弗南得交响乐吊坠		20,872	首尔香港	2014.05.26
白金镶冰种翡翠满绿福瓜挂件	长4.3cm	179,200	盛世嘉宝	2014.11.02
白金镶红碧玺挂件	长3.96cm	437,000	银座国际	2014.06.01
白金镶钻翡翠大业有成挂件	长3.5cm	504,000	盛世嘉宝	2014.11.02
白金镶钻翡翠风铃吊坠	长1.83cm	74,750	中鸿信	2014.11.23
白金镶钻翡翠弥勒挂件	长2.0cm	156,800	盛世嘉宝	2014.11.02
白金镶钻翡翠如意挂件	长2.5cm	201,600	盛世嘉宝	2014.11.02
白金镶钻孔雀挂坠 金孔雀	长6.7cm	64,960	上海天赐	2014.06.15
白金镶钻满翠吊坠、胸针(两件套)	坠长4.5cm	517,500	中鸿信	2014.11.23
白金镶钻满绿翡翠吊坠、戒指、耳坠(四件套)	观音高6.7cm	32,200,000	中鸿信	2014.11.23
白金镶钻坦桑石挂坠	长1.7cm	44,800	盛世嘉宝	2014.11.02
白欧泊猫形吊坠	吊坠长3.73cm	20,700	北京保利	2014.12.04
白色冰种翡翠挂坠	长4.7cm	35,650	上海嘉泰	2014.06.18
白色珍珠配钻石吊坠	长4.0cm	92,000	华艺国际	2014.05.31
蚌珠配红宝石及钻石吊坠	长1.71cm	98,750	香港苏富比	2014.04.07
碧玺吊坠、耳坠套装	尺寸不一	40,250	北京保利	2014.06.06
碧玺挂件	重15.7g	13,800	中鸿信	2014.11.23
碧玺剑吊坠(两件)		34,500	上海嘉泰	2014.06.18
碧玺龙凤呈祥挂件	长5.7cm	40,320	中晟国际	2014.10.11
碧玺年年有余挂件	长5.2cm	35,840	中晟国际	2014.10.11
碧玺镶钻水滴形挂坠	长2.4cm	69,000	中贸圣佳	2014.06.01
冰黄翡“酒仙”挂件	长6.0cm	345,000	华艺国际	2014.05.31
冰糯翡翠观音挂坠	长5.8cm	20,700	远方拍卖	2014.09.21
冰糯种翡翠观音吊坠	长6.0cm	11,500	北京保利	2014.12.04
冰糯种飘绿翡翠平安扣	长5.6cm	29,120	中晟国际	2014.10.11
冰种春色弥勒佛	高3.3cm	101,250	中鸿信	2014.11.23
冰种带绿翡翠雕“福寿”挂件	长5.5cm	28,750	广州皇玛	2014.01.02
冰种带绿翡翠雕“欢心如意”挂件(一对)	长4.0cm	51,750	广州皇玛	2014.01.02
冰种带绿翡翠雕佛手挂件	长4.4cm	25,300	广州皇玛	2014.01.02
冰种带绿翡翠雕观音挂件	长5.9cm	195,500	广州皇玛	2014.01.02
冰种带绿翡翠雕龙纹挂件	长6.2cm	195,500	广州皇玛	2014.01.02
冰种带绿翡翠雕弥勒佛挂件	长3.8cm	34,500	广州皇玛	2014.01.02
冰种带绿翡翠雕瑞兽挂件	长4.0cm	34,500	广州皇玛	2014.01.02
冰种带绿翡翠雕双龙福鼠挂件	长5cm	28,750	广州皇玛	2014.01.02
冰种翡翠“扁豆”钻石项坠	长4.0cm	25,300	中国嘉德	2014.05.19
冰种翡翠“豆荚”吊坠	长7.7cm	2,979,264	天成国际	2014.12.07
冰种翡翠“豆荚”配翡翠吊坠	长5.57cm	80,641	天成国际	2014.06.08
冰种翡翠“佛公”配钻石吊坠(两件)	尺寸不一	74,482	天成国际	2014.12.07
冰种翡翠“福豆”配钻石吊坠	长3.46cm	24,667	天成国际	2014.06.08
冰种翡翠“福瓜”吊坠	长4.0cm	17,250	上海嘉泰	2014.06.18
冰种翡翠“福瓜”吊坠	长7.72cm	3,165,468	天成国际	2014.12.07
冰种翡翠“观音”吊坠(一对)	尺寸不一	1,897,440	天成国际	2014.06.08
冰种翡翠“观音”吊坠镶18K玫瑰金及翡翠“鳌鱼”吊坠镶18K玫瑰金(两件)	尺寸不一	10,971	香港拍得高	2014.09.06
冰种翡翠“观音”挂件	长6.8cm	345,000	华艺国际	2014.12.09
冰种翡翠“观音”配翡翠吊坠	长5.4cm	332,052	天成国际	2014.06.08
冰种翡翠“观音”配粉红色碧玺吊坠	长5.5cm	189,744	天成国际	2014.06.08
冰种翡翠“观音”配红宝石及钻石吊坠	观音长7.01cm	247,188	香港苏富比	2014.10.07
冰种翡翠“观音”配钻石吊坠	长6.2cm	325,857	天成国际	2014.12.07
冰种翡翠“葫芦”配翡翠及钻石吊坠 及冰种翡翠“竹节”吊坠	长2.5cm	36,051	天成国际	2014.06.08
冰种翡翠“金蟾”配钻石吊坠	长4.9cm	744,816	天成国际	2014.12.07
冰种翡翠“弥勒佛”吊坠	长5.3cm	186,204	天成国际	2014.12.07
冰种翡翠弥勒佛配翡翠及钻石吊坠	弥勒佛高3.71cm	345,625	香港苏富比	2014.04.07

拍品名称	物品尺寸	成交价RMB	拍卖公司	拍卖日期
冰种翡翠“弥勒佛”配翡翠及钻石吊坠；及黄色翡翠“观音”配钻石吊坠	尺寸不一	74,063	香港苏富比	2014.04.07
冰种翡翠“弥勒佛”配钻石吊坠	长3.04cm	69,827	天成国际	2014.12.07
冰种翡翠“弥勒佛”配钻石吊坠	长3.82cm	372,408	天成国际	2014.12.07
冰种翡翠“千手观音”吊坠	长5.25cm	94,872	天成国际	2014.06.08
冰种翡翠“如意”吊坠	长5.9cm	1,517,952	天成国际	2014.06.08
冰种翡翠“如意”挂件	长5.9cm	207,000	华艺国际	2014.12.09
冰种翡翠“树叶”配翡翠及钻石吊坠	长4.01cm	71,154	天成国际	2014.06.08
冰种翡翠“树叶”配钻石吊坠	长3.53cm	139,653	天成国际	2014.12.07
冰种翡翠“送子观音”吊坠	长7.76cm	1,707,696	天成国际	2014.06.08
冰种翡翠“童子拜观音”吊坠	长8.01cm	1,517,952	天成国际	2014.06.08
冰种翡翠“喜上眉梢”吊坠	长4.57cm	25,300	北京保利	2014.06.06
冰种翡翠“叶子”配钻石吊坠	长5.0cm	138,000	华艺国际	2014.05.31
冰种翡翠“竹节”吊坠	长5.0cm	22,713	香港拍得高	2014.03.22
冰种翡翠螭纹挂坠	长4.5cm	40,250	北京艺融	2014.06.03
冰种翡翠春带彩观音挂件	长7.0cm	168,000	盛世嘉宝	2014.11.02
冰种翡翠春带彩观音挂件	长6.5cm	123,200	盛世嘉宝	2014.11.02
冰种翡翠蛋面配钻石吊坠	长4.7cm	97,750	华艺国际	2014.09.28
冰种翡翠雕“多子多福”配钻石吊坠	>翡翠长6.67cm	237,300	香港苏富比	2014.10.07
冰种翡翠雕“金枝玉叶”钻石吊坠镶18K玫瑰金	长5.0cm	14,171	香港拍得高	2014.09.06
冰种翡翠雕“双欢守业”吊坠	长5.5cm	34,500	广州皇玛	2014.01.02
冰种翡翠雕“五福临门”配钻石挂件	长5.0cm	36,800	广州皇玛	2014.01.02
冰种翡翠雕“笑佛”吊坠(两件)	长3.4cm	10,971	香港拍得高	2014.09.06
冰种翡翠雕福豆吊坠	长4.2cm	195,500	广州皇玛	2014.01.02
冰种翡翠雕福瓜配钻石吊坠	长3.0cm	13,800	广州皇玛	2014.01.02
冰种翡翠雕福鼠配钻石挂件	长6.5cm	11,500	广州皇玛	2014.01.02
冰种翡翠雕瓜瓞绵绵坠	长5.0cm	58,733	中信国际	2014.04.19
冰种翡翠雕观音头挂件	长2cm	115,000	广州皇玛	2014.01.02
冰种翡翠雕件 一鸣惊人	高4.1cm	92,000	中鸿信	2014.11.23
冰种翡翠雕弥勒佛挂件	长5.5cm	36,800	广州皇玛	2014.01.02
冰种翡翠雕秋叶配钻石吊坠	长4.6cm	71,300	广州皇玛	2014.01.02
冰种翡翠雕笑佛挂件	高4.0cm	61,600	盛世嘉宝	2014.11.02
冰种翡翠吊坠、耳环套装	长4.36cm	34,500	北京保利	2014.12.04
冰种翡翠仿古平安扣	长4.0cm	392,000	中晟国际	2014.10.11
冰种翡翠佛公	长5.13cm	82,800	保利厦门	2014.11.02
冰种翡翠佛公吊坠	长3.55cm	32,200	北京保利	2014.12.04
冰种翡翠佛公吊坠 (一组)	尺寸不一	103,500	北京保利	2014.06.06
冰种翡翠福豆吊坠、耳环套装	长3.86cm	18,400	北京保利	2014.12.04
冰种翡翠挂坠	长1.0cm	25,300	福建东南	2014.10.26
冰种翡翠观音	高7cm	17,250	中鸿信	2014.11.23
冰种翡翠观音吊坠	长5.07cm	48,300	北京保利	2014.06.06
冰种翡翠观音吊坠	长5.36cm	34,500	北京保利	2014.12.04
冰种翡翠观音吊坠	长6.0cm	51,750	北京保利	2014.12.04
冰种翡翠观音挂件	长7.0cm	179,200	盛世嘉宝	2014.11.02
冰种翡翠观音挂件	重71.1g	1,495,000	北京艺融	2014.12.08
冰种翡翠观音挂坠	长4.0cm	36,800	上海嘉泰	2014.06.18
冰种翡翠观音项链	项链长42.5cm	483,000	北京保利	2014.06.06
冰种翡翠葫芦挂坠	长2.7cm	17,920	中晟国际	2014.10.11
冰种翡翠花环坠	直径3cm	11,012	中信国际	2014.04.19
冰种翡翠节节高升挂件	长4.4cm	11,200	中晟国际	2014.10.11
冰种翡翠龙纹挂坠	长5cm	28,750	北京艺融	2014.06.03
冰种翡翠弥勒佛挂坠	长4.6cm	483,000	北京艺融	2014.06.03
冰种翡翠弥勒挂坠	主石长20cm	13,800	福建东南	2014.10.26
冰种翡翠配翡翠及黄翡翠“算盘”养殖珍珠及钻石吊坠 黄翡翠配翡翠及钻石戒指		104,359	天成国际	2014.06.08
冰种翡翠配粉红色碧玺吊坠	翡翠长4.34cm	217,250	香港苏富比	2014.04.07
冰种翡翠配沙弗莱石榴石及钻石吊坠	蛋面尺寸1.56cm	44,689	天成国际	2014.12.07
冰种翡翠配钻石“葫芦”吊坠	翡翠长3.7cm	253,000	华艺国际	2014.12.09
冰种翡翠配钻石“金枝玉叶”吊坠	吊坠长5.9cm	103,500	华艺国际	2014.12.09
冰种翡翠配钻石“十字架”吊坠		37,241	天成国际	2014.12.07
冰种翡翠配钻石吊坠	翡翠长4.82cm	569,232	天成国际	2014.06.08
冰种翡翠苹果绿观音	高6.7cm	56,750	中拍国际	2014.06.04
冰种翡翠巧色雕挂件	重38.4g	678,500	北京艺融	2014.12.08
冰种翡翠如意吊坠	长5.57cm	20,700	北京保利	2014.06.06
冰种翡翠如意挂件	长4.7cm	61,600	中晟国际	2014.10.11
冰种翡翠水滴形挂坠	总重量为5.1克	25,300	福建东南	2014.10.26
冰种翡翠镶嵌挂坠	长1.1cm	23,000	福建东南	2014.10.26
冰种翡翠镶钻凤凰挂坠	长5.2cm	21,850	北京艺融	2014.06.03
冰种翡翠镶钻观音挂坠	长6.2cm	32,200	北京艺融	2014.12.08
冰种翡翠镶钻花形坠		89,700	北京艺融	2014.06.03
冰种翡翠镶钻叶坠	长3.5cm	11,500	北京艺融	2014.06.03
冰种翡翠笑佛吊坠	长4.66cm	36,800	北京保利	2014.06.06
冰种翡翠笑佛挂件	长4cm	67,200	盛世嘉宝	2014.11.02
冰种翡翠叶型吊坠	长4.45cm	115,000	北京保利	2014.06.06
冰种翡翠叶子吊坠	长4.02cm	23,000	北京保利	2014.06.06
冰种翡翠钻石吊坠镶18K白金	长1.32cm	13,714	香港拍得高	2014.09.06
冰种福豆挂坠		22,000	北京保利	2014.02.05
冰种福瓜翡翠挂件	重107.2g	2,530,000	北京艺融	2014.12.08
冰种黄翡翠“佛手瓜”配红色碧玺吊坠	佛手瓜长5.71cm	651,714	天成国际	2014.12.07
冰种黄翡翠“观音”吊坠	观音长8.24cm	27,931	天成国际	2014.12.07
冰种黄翡雕龙头挂件	长6.6cm	218,500	广州皇玛	2014.01.02
冰种黄翡雕弥勒佛配钻石吊坠	长3cm	46,000	广州皇玛	2014.01.02
冰种黄翡雕弥勒佛配钻石吊坠	长2cm	23,000	广州皇玛	2014.01.02
冰种黄翡观音挂件	长6.1cm	64,400	华艺国际	2014.09.28
冰种黄翡欢喜如意挂件	长3.9cm	22,400	中晟国际	2014.10.11
冰种黄翡紫春观音挂件	长6cm	201,600	中晟国际	2014.10.11
冰种绿地翡翠观音挂件	长5.5cm	10,080	中晟国际	2014.10.11
冰种满绿“树叶”翡翠挂件		448,500	上海嘉泰	2014.06.18
冰种满绿雕观音配钻石吊坠	长7cm	345,000	广州皇玛	2014.01.02
冰种满绿翡翠“葫芦”吊坠、戒指套装	吊坠长3.46cm	46,000	北京保利	2014.12.04
冰种满绿翡翠“平安无事”挂件	长4.7cm	345,000	广州皇玛	2014.01.02
冰种满绿翡翠雕“荷叶呱呱叫”吊坠	长3.3cm	34,500	广州皇玛	2014.01.02
冰种满绿翡翠雕“童子贺寿”挂件	长5.5cm	368,000	广州皇玛	2014.01.02
冰种满绿翡翠雕观音配钻石吊坠	长3.5cm	46,000	广州皇玛	2014.01.02
冰种满绿翡翠雕弥勒佛配钻石吊坠	长2.7cm	69,000	广州皇玛	2014.01.02
冰种满绿翡翠雕如意配钻石吊坠	长2.1cm	12,650	广州皇玛	2014.01.02
冰种满绿翡翠雕双葫芦配钻石吊坠	长1.8cm	18,400	广州皇玛	2014.01.02
冰种满绿翡翠吊坠、戒指(二件套)	坠长1.27cm	460,000	北京艺融	2014.12.08
冰种满绿翡翠挂件	重约22g	104,000	荣盛国际	2014.07.26
冰种满绿翡翠观音吊坠	翡翠长5.26cm	1,472,000	北京保利	2014.12.04
冰种满绿翡翠观音挂坠	长5.2cm	920,000	北京艺融	2014.06.03
冰种满绿翡翠平安扣	长4cm	64,960	中晟国际	2014.10.11
冰种满绿翡翠镶钻佛坠	长4.2cm	862,500	北京艺融	2014.06.03
冰种满绿翡翠镶钻挂坠	5.4cm×2.4cm	1,012,000	北京艺融	2014.06.03
冰种满绿心形翡翠吊坠	长1.57cm	172,500	北京保利	2014.06.06
冰种飘花翡翠佛坠	长3.5cm	46,000	北京艺融	2014.06.03
冰种飘花翡翠观音吊坠	翡翠长7.77cm	897,000	北京保利	2014.04.29
冰种飘绿怀古“夔龙拱璧”翡翠挂件	长3.8cm	396,750	上海嘉泰	2014.06.18
冰种全绿翡翠雕弥勒佛配钻石吊坠	长1.9cm	25,300	广州皇玛	2014.01.02
冰种全绿翡翠雕弥勒佛配钻石吊坠	长3cm	11,500	广州皇玛	2014.01.02
冰种寿桃翡翠挂件	重89.2g	2,990,000	北京艺融	2014.12.08
冰种树叶吊坠 (四件)		21,850	八益拍卖	2014.10.24
冰种玉雕观音像	长5cm	20,907	中信国际	2014.03.30

2014珠宝翡翠拍卖成交汇总

(成交价RMB：1万元以上)

拍品名称	物品尺寸	成交价RMB	拍卖公司	拍卖日期
冰种紫罗兰翡翠福寿挂件	重44.1g	3,220,000	北京艺融	2014.12.08
玻璃种翡翠"佛公"配钻石吊坠	长3.9cm	51,750	华艺国际	2014.09.28
玻璃种翡翠"树叶"挂件	长4.7cm	112,700	华艺国际	2014.09.28
玻璃种翡翠"叶子"挂件	吊坠长6.8cm	368,000	华艺国际	2014.12.09
玻璃种翡翠蛋面配钻石吊坠	吊坠长5.4cm	172,500	华艺国际	2014.05.31
玻璃种翡翠雕福瓜配钻石吊坠	长3cm	25,300	广州皇玛	2014.01.02
玻璃种翡翠佛公吊坠	长4.75cm	667,000	北京保利	2014.06.06
玻璃种翡翠佛公挂坠	长1.8cm	35,840	中晟国际	2014.10.11
玻璃种翡翠福瓜吊坠	长2.35cm	17,250	北京保利	2014.02.05
玻璃种翡翠观音项坠		200,000	北京九歌	2014.12.17
玻璃种翡翠弥勒项坠	长2cm	130,000	北京九歌	2014.12.17
玻璃种翡翠四季豆项坠	吊坠长5.3cm	35,000	北京九歌	2014.12.17
玻璃种翡翠自在观音吊坠	总重量18.5克	448,000	北京荣宝	2014.11.30
玻璃种飘花翡翠"观音"吊坠	吊坠长8.8cm	1,495,000	华艺国际	2014.05.31
玻璃种飘花翡翠如意大观音吊坠	重95.3g	3,360,000	北京荣宝	2014.11.30
铂金包翠玉观音挂件		1,735,800	中国艺海	2014.11.15
铂金闪山云吊坠	吊坠长3.8cm	10,902	香港拍得高	2014.03.22
铂金镶翡翠及钻石吊坠, 蒂芙尼(TIFFANY & CO.	翡翠长4.2cm	65,344	纽约苏富比	11/20/2014
铂金镶嵌翡翠吊坠、戒指(一组)		22,880	北京保利	2014.02.05
铂金镶钻翠玉挂件		399,234	中国艺海	2014.11.15
彩蓝色钻石吊坠	重9.15克拉	18,234,750	纽约苏富比	11/20/2014
彩色钻石项坠链	项链长39cm	354,764	中国嘉德	2014.10.07
陈世英设计 缅甸翡翠配钻石吊坠耳环	长2.8cm	2,022,400	保利香港	2014.04.06
春带彩翡翠"路路通"吊坠	长3.02cm	11,500	北京保利	2014.06.06
大溪地黑珍珠吊坠	总重量16.1克	28,000	北京荣宝	2014.11.30
帝王绿翡翠心形挂坠	长3.2cm	425,600	中晟国际	2014.10.11
董春玉雕翡翠观音挂件	长8cm	161,000	北京艺融	2014.06.03
董永梅翡翠雕"甜甜蜜蜜"挂件	长2.7cm	28,000	上海联合	2014.10.11
翡翠、红宝石及钻石吊坠	长3.19cm	276,150	佳士得	2014.11.25
翡翠"禅音"挂件	高9.5cm	517,500	南京经典	2014.04.27
翡翠"佛公"吊坠	长5cm	63,250	上海嘉泰	2014.06.18
翡翠"佛公"吊坠	长6.46cm	41,896	天成国际	2014.12.07
翡翠"佛手瓜"吊坠	长4.61	39,103	天成国际	2014.12.07
翡翠"福瓜"挂件	长6.2cm	253,000	华艺国际	2014.12.09
翡翠"福瓜"配钻石吊坠	福瓜长6.8cm	3,351,672	天成国际	2014.12.07
翡翠"福寿如意"挂件	长5.5cm	690,000	华艺国际	2014.05.31
翡翠"福在眼前"吊坠	长2.24cm	26,450	北京保利	2014.12.04
翡翠"富贵豆"配钻石吊坠镶18K白金	长5.22cm	27,428	香港拍得高	2014.09.06
翡翠"观音"挂件		230,000	华艺国际	2014.05.31
翡翠"观音"挂件	翡翠长6.7cm	276,000	华艺国际	2014.12.09
翡翠"观音"配钻石吊坠	观音长5.1cm	1,170,680	香港苏富比	2014.10.07
翡翠"观音"配钻石吊坠/胸针	长3.42cm	69,827	天成国际	2014.12.07
翡翠"观音"配钻石吊坠；及翡翠"弥勒佛"配钻石吊坠	尺寸不一	83,792	天成国际	2014.12.07
翡翠"观音"钻石吊坠镶18K白金	翡翠长5.67cm	31,999	香港拍得高	2014.09.06
翡翠"观音"钻石吊坠镶18K白金	翡翠长4.24cm	45,713	香港拍得高	2014.09.06
翡翠"观音"钻石吊坠镶18K白金	翡翠长2.78cm	24,685	香港拍得高	2014.09.06
翡翠"观音"钻石吊坠镶18K白金	翡翠长6.37cm	11,885	香港拍得高	2014.09.06
翡翠"葫芦"配钻石吊坠 及红色碧玺"福瓜"吊坠	尺寸不一	42,692	天成国际	2014.06.08
翡翠"怀古"配红宝石及钻石"他与她"吊坠(一对)	尺寸不一	2,656,416	天成国际	2014.06.08
翡翠"怀古"配钻石吊坠	翡翠长2.3cm	103,500	华艺国际	2014.05.31
翡翠"怀古"配钻石吊坠	长1.54cm	46,551	天成国际	2014.12.07
翡翠"怀古"配钻石吊坠；及翡翠配钻石戒指	长1.77cm	102,412	天成国际	2014.12.07
翡翠"吉祥"配钻石吊坠	翡翠长4.46cm	10,435,920	天成国际	2014.06.08
翡翠"金枝玉叶"配钻石吊坠	长3.37cm	1,707,696	天成国际	2014.06.08
翡翠"路路通"吊坠(7)	尺寸不一	37,909	香港拍得高	2014.06.21
翡翠"弥勒佛"吊坠	长4.58cm	66,410	天成国际	2014.06.08

拍品名称	物品尺寸	成交价RMB	拍卖公司	拍卖日期
翡翠"弥勒佛"挂件	翡翠长5.2cm	782,000	华艺国际	2014.12.09
翡翠弥勒佛配钻石吊坠	弥勒长3.03cm	641,875	香港苏富比	2014.04.07
翡翠"猕猴献寿"吊坠	翡翠长3.59cm	346,063	香港苏富比	2014.10.07
翡翠"平安扣"吊坠	翡翠长3.14cm	20,341	香港拍得高	2014.06.21
翡翠"如意"挂件	翡翠长4.1cm	517,500	华艺国际	2014.12.09
翡翠"如意"挂件	翡翠长5.9cm	230,000	华艺国际	2014.12.09
翡翠"如意"配钻石吊坠	长3.09cm	167,584	天成国际	2014.12.07
翡翠"如意"配钻石吊坠	如意长3.32cm	493,750	香港苏富比	2014.04.07
翡翠"如意"钻石吊坠镶18K白金	翡翠长1.48cm	22,856	香港拍得高	2014.09.06
翡翠"神犬"配钻石吊坠	长3.23cm	208,718	天成国际	2014.06.08
翡翠"寿桃"吊坠	翡翠长4.7cm	15,445	香港拍得高	2014.03.22
翡翠"树叶"吊坠	长5.93cm	25,300	北京保利	2014.02.05
翡翠"岁寒三友"挂件	翡翠长7.1cm	575,000	华艺国际	2014.12.09
翡翠"心"配钻石吊坠	心长2.1cm	543,813	香港苏富比	2014.10.07
翡翠"叶子"配钻吊坠	长2.77cm	316,000	香港苏富比	2014.04.07
翡翠"竹报平安"吊坠	翡翠长5cm	37,249	香港拍得高	2014.03.22
翡翠"竹报平安"吊坠	长5.02cm	23,718	天成国际	2014.06.08
翡翠"竹报平安"配钻石吊坠	长4.16cm	2,846,160	天成国际	2014.06.08
翡翠"竹报平安"配钻石吊坠	竹节长4.36cm	3,605,136	天成国际	2014.06.08
翡翠18k白金镶钻吊坠	长3.9cm	43,700	南京经典	2014.04.27
翡翠18k白金镶钻吊坠、戒指(一组)		20,700	南京经典	2014.04.27
翡翠18K金吊坠	重5.5克	13,440	北京荣宝	2014.08.24
翡翠冰种观音配钻石挂件	长6.2cm	575,000	银座国际	2014.06.01
翡翠冰种满绿水滴配钻石挂件	长3.2cm	34,500	银座国际	2014.06.01
翡翠冰种满绿竹节配钻石挂件	长4.2cm	1,012,000	银座国际	2014.06.01
翡翠冰种飘花福豆挂件	长4.6cm	322,000	银座国际	2014.06.01
翡翠冰种飘阳绿弥勒佛挂件(一对)	左长3.4cm、右长3.1cm	47,150	银座国际	2014.06.01
翡翠冰种平安扣挂件	直径4.1cm	322,000	银座国际	2014.06.01
翡翠冰种寿桃挂件	长5.5cm	57,500	银座国际	2014.06.01
翡翠冰种素面观音挂件	长6.9cm	207,000	银座国际	2014.06.01
翡翠玻璃种"大观音"挂件	高9.2cm	2,070,000	中鸿信	2014.11.23
翡翠玻璃种观音挂件	高5cm	92,000	中鸿信	2014.11.23
翡翠玻璃种葫芦配钻石挂件	长3.9cm	172,500	银座国际	2014.06.01
翡翠玻璃种金鱼挂件	高3cm	23,000	中鸿信	2014.11.23
翡翠春带彩佛手挂件	长4.6cm	20,700	南京经典	2014.08.04
翡翠蛋面吊坠	长1.02cm	246,400	上海联合	2014.03.29
翡翠蛋面吊坠	长1cm	66,700	上海金艺	2014.07.04
翡翠蛋面吊坠	长2cm	184,000	上海金艺	2014.07.04
翡翠蛋面吊坠	长3.14cm	63,250	北京保利	2014.12.04
翡翠蛋面配钻石吊坠	长4cm	23,000	广州皇玛	2014.01.02
翡翠蛋面配钻石吊坠	翡翠长2.2cm	103,500	华艺国际	2014.09.28
翡翠底绿冰种弥勒佛吊坠	高2.6cm	92,000	中鸿信	2014.11.23
翡翠雕"得心应手"配钻石吊坠	长3.2cm	287,500	广州皇玛	2014.01.02
翡翠雕"佛手"吊坠	佛手长4.77cm	177,975	香港苏富比	2014.10.07
翡翠雕"佛手"吊坠	佛手长4.49cm	494,375	香港苏富比	2014.10.07
翡翠雕"福在眼前"吊坠	长4.6cm	46,000	广州皇玛	2014.01.02
翡翠雕"观音"钻石吊坠镶18K白金	翡翠长5.09cm	10,971	香港拍得高	2014.09.06
翡翠雕"观音"钻石吊坠镶18K白金	翡翠长3.86cm	13,714	香港拍得高	2014.09.06
翡翠雕"欢心如意"挂件	长5cm	195,500	广州皇玛	2014.01.02
翡翠雕"界"挂件(一对)	翡翠长5.9cm	42,560	上海联合	2014.03.29
翡翠雕"龙凤呈祥"吊坠	长4.5cm	25,300	广州皇玛	2014.01.02
翡翠雕"龙腾如意"挂件	长4.2cm	78,200	广州皇玛	2014.01.02
翡翠雕弥勒佛配钻石吊坠	弥勒高2.38cm	237,300	香港苏富比	2014.10.07
翡翠雕弥勒佛配钻石吊坠	弥勒高2.92cm	4,777,640	香港苏富比	2014.10.07
翡翠雕弥勒佛配钻石吊坠；红翡雕弥勒佛配钻石吊坠	弥勒高2.48cm	118,650	香港苏富比	2014.10.07
翡翠雕"年年有余"配钻石吊坠	长2.6cm	11,500	广州皇玛	2014.01.02
翡翠雕"蟠桃"吊坠	蟠桃长2.87cm	217,525	香港苏富比	2014.10.07
翡翠雕"如意"配钻石吊坠/别针	如意长2.85cm	613,025	香港苏富比	2014.10.07

拍品名称	物品尺寸	成交价RMB	拍卖公司	拍卖日期
翡翠雕“如意”钻石吊坠镶18K白金	翡翠长4.27cm	34,742	香港拍得高	2014.09.06
翡翠雕“狮子寿桃”配粉红色璧玺吊坠	吊坠约4.0cm	108,763	香港苏富比	2014.10.07
翡翠雕“碗豆”配钻石吊坠	碗豆长3.12cm	257,075	香港苏富比	2014.10.07
翡翠雕“鱼跃”挂件	长5cm	51,750	广州皇玛	2014.01.02
翡翠雕“运财童子”吊坠	长6.05cm	44,494	香港苏富比	2014.10.07
翡翠雕“招财进宝”配钻石吊坠	辣椒长3.89cm	128,538	香港苏富比	2014.10.07
翡翠雕凤凰挂件	长6.3cm	207,000	广州皇玛	2014.01.02
翡翠雕凤鸟纹挂件	高6.5cm	11,200	未来四方	2014.07.29
翡翠雕福豆配钻石吊坠	长4.5cm	28,750	广州皇玛	2014.01.02
翡翠雕福瓜吊坠	长4.2cm	101,200	广州皇玛	2014.01.02
翡翠雕福瓜配钻石吊坠	长3cm	28,750	广州皇玛	2014.01.02
翡翠雕福寿如意挂件	高5.0cm	76,160	未来四方	2014.07.29
翡翠雕福鼠配钻石吊坠	长5.5cm	28,750	广州皇玛	2014.01.02
翡翠雕福鼠配钻石吊坠、红翡配翡翠钻石吊坠(两件)	尺寸不一	13,800	广州皇玛	2014.01.02
翡翠雕观音吊坠	长5cm	32,200	广州皇玛	2014.01.02
翡翠雕观音挂件	高6.3cm	11,200	未来四方	2014.07.29
翡翠雕观音挂件	高5.5cm	61,600	盛世嘉宝	2014.11.02
翡翠雕观音挂件	高6.5cm	78,400	盛世嘉宝	2014.11.02
翡翠雕荷花配钻石吊坠	长4.5cm	17,250	广州皇玛	2014.01.02
翡翠雕荷叶挂件	长6.5cm	34,500	广州皇玛	2014.01.02
翡翠雕荷叶鲤鱼挂件	长4.8cm	34,500	南京经典	2014.04.27
翡翠雕荷叶配钻石吊坠	长2.6cm	92,000	广州皇玛	2014.01.02
翡翠雕荷叶如意配钻石吊坠	长3.5cm	368,000	广州皇玛	2014.01.02
翡翠雕葫芦配钻石吊坠	长2.5cm	43,700	广州皇玛	2014.01.02
翡翠雕欢心如意配钻石吊坠	长2.6cm	36,800	广州皇玛	2014.01.02
翡翠雕净瓶观音挂件	翡翠长5cm	14,560	上海联合	2014.10.11
翡翠雕兰豆配钻石吊坠	长3cm	139,150	广州皇玛	2014.01.02
翡翠雕连年有余挂件	长5.2cm	32,200	中贸圣佳	2014.07.06
翡翠雕连中三元挂件	高5.0cm	62,720	未来四方	2014.07.29
翡翠雕龙纹挂件	长3.2cm	126,500	广州皇玛	2014.01.02
翡翠雕弥勒佛	长2cm	34,500	南京经典	2014.04.27
翡翠雕弥勒佛吊坠	长4.5cm	21,850	广州皇玛	2014.01.02
翡翠雕弥勒佛配钻石吊坠	长2cm	25,300	广州皇玛	2014.01.02
翡翠雕秋叶配钻石吊坠	长2.9cm	28,750	广州皇玛	2014.01.02
翡翠雕如意配钻石吊坠	长2.7cm	25,300	广州皇玛	2014.01.02
翡翠雕如意配钻石吊坠	长3.2cm	55,200	广州皇玛	2014.01.02
翡翠雕如意配钻石吊坠	长1.8cm	101,200	广州皇玛	2014.01.02
翡翠雕如意云纹挂件	长4.5cm	17,250	苏州东方	2014.10.30
翡翠雕寿桃吊坠	长3.7cm	195,500	广州皇玛	2014.01.02
翡翠雕寿桃配钻石吊坠	长2.5cm	36,800	广州皇玛	2014.01.02
翡翠雕树叶配钻石吊坠	长4cm	13,800	广州皇玛	2014.01.02
翡翠雕双龙吊坠	长4cm	36,800	广州皇玛	2014.01.02
翡翠雕双龙福鼠配钻石挂件	长6.5cm	57,500	广州皇玛	2014.01.02
翡翠雕松鼠瓜果配钻石吊坠	长4cm	138,000	广州皇玛	2014.01.02
翡翠雕五福吊坠	长6.5cm	253,000	广州皇玛	2014.01.02
翡翠雕鱼龙观音挂牌	长7cm	34,500	北京传是	2014.06.05
翡翠吊坠	翡翠长2.5cm	92,000	上海金艺	2014.07.04
翡翠吊坠	高3.5cm	64,400	南京经典	2014.08.04
翡翠吊坠	长2.3cm	40,250	广州皇玛	2014.09.27
翡翠吊坠	长7.3cm	17,250	广州皇玛	2014.01.02
翡翠吊坠	长5.5cm	19,550	广州皇玛	2014.01.02
翡翠吊坠	重6克	57,500	福建东南	2014.05.25
翡翠吊坠	重13克	55,200	福建东南	2014.05.25
翡翠吊坠、耳环套组	尺寸不一	90,128	天成国际	2014.06.08
翡翠吊坠、戒指套装	尺寸不一	22,400	上海联合	2014.06.29
翡翠豆荚吊坠及耳坠套装	豆荚长4.25cm	3,818,760	佳士得	2014.11.25
翡翠豆荚镶钻吊坠	长5cm	17,250	上海嘉泰	2014.06.18
翡翠豆角吊坠	翡翠长4.27cm	109,250	北京保利	2014.06.06
翡翠仿古“螭龙”挂件	翡翠长6.7cm	943,000	华艺国际	2014.12.09
翡翠仿古云纹吊坠	翡翠长3.3cm	28,000	上海联合	2014.03.29
翡翠佛吊坠	长2cm	43,700	广州皇玛	2014.09.27

拍品名称	物品尺寸	成交价RMB	拍卖公司	拍卖日期
翡翠佛吊坠	长2cm	32,200	广州皇玛	2014.09.27
翡翠佛公吊坠	翡翠长1.5cm	63,250	上海金艺	2014.07.04
翡翠佛公吊坠	长3.45cm	32,200	北京保利	2014.06.06
翡翠佛手挂件	翡翠长2.8cm	20,160	上海联合	2014.10.11
翡翠佛祖挂件	翡翠长8.4cm	1,610,000	华艺国际	2014.05.31
翡翠福豆挂件	长4.4cm	10,350	深圳市拍	2014.01.05
翡翠福豆挂件	长3.9cm	11,500	深圳市拍	2014.01.05
翡翠福豆镶嵌挂坠	重7g	23,000	福建东南	2014.05.25
翡翠福瓜吊坠	翡翠长4.5cm	287,500	上海金艺	2014.07.04
翡翠福瓜吊坠	翡翠长2cm	13,800	北京保利	2014.12.04
翡翠福瓜吊坠(一对)	长5cm 长6cm	26,450	南京经典	2014.08.04
翡翠福瓜挂件	长5.6cm	1,380,000	上海金艺	2014.07.04
翡翠福瓜挂坠	长3.65cm	57,500	远方拍卖	2014.09.21
翡翠福瓜挂坠	长5.4cm	184,000	福建东南	2014.10.26
翡翠福寿挂件	高5.0cm	76,160	未来四方	2014.07.29
翡翠福寿如意吊坠	长5.4cm；宽3.7cm	280,000	成都金沙	2014.11.16
翡翠福在眼前挂件	长4.6cm	147,200	南京经典	2014.08.04
翡翠福在眼前挂件	尺寸不一	42,560	上海联合	2014.10.11
翡翠高冰家大业大挂件	长5.8cm	43,700	南京经典	2014.08.04
翡翠高冰满阳色葫芦挂件	高4.2cm	575,000	中鸿信	2014.11.23
翡翠高冰飘花袈裟扣		40,000	冉云轩	2014.08.09
翡翠古元钱坠	重6.25g	12,020	中信国际	2014.06.22
翡翠瓜果坠	高6.5cm；重46.6g	55,200	中宝拍卖	2014.07.06
翡翠瓜形挂件		16,000	北京九歌	2014.12.17
翡翠挂件	翡翠长5.1cm	517,500	华艺国际	2014.05.31
翡翠挂件	翡翠长7.4cm	345,000	华艺国际	2014.05.31
翡翠挂件		364,518	中国艺海	2014.11.15
翡翠挂件(二件)	尺寸不一	23,000	苏州东方	2014.05.30
翡翠挂坠	长1.87cm	23,000	远方拍卖	2014.09.21
翡翠挂坠	长4.5cm	31,360	上海天赐	2014.06.15
翡翠观音	长5cm	12,272	帝图艺术	2014.06.22
翡翠观音	长3.7cm	11,500	上海金艺	2014.07.04
翡翠观音	长3.4cm	11,500	上海金艺	2014.07.04
翡翠观音	长3.7cm	11,500	上海金艺	2014.07.04
翡翠观音	长3.8cm	13,800	上海金艺	2014.07.04
翡翠观音	长3.7cm	16,100	上海金艺	2014.07.04
翡翠观音	长6cm	92,000	广州皇玛	2014.09.27
翡翠观音、弥勒挂件(一组)		25,300	南京经典	2014.08.04
翡翠观音吊坠	高7.8cm	220,000	北京中孚	2014.05.25
翡翠观音挂件	长5.5cm	34,500	南京经典	2014.08.04
翡翠观音配钻石吊坠	长7.5cm	115,000	广州皇玛	2014.01.02
翡翠观音菩萨吊坠	翡翠长2.2cm	14,560	上海联合	2014.03.29
翡翠观音菩萨挂件	翡翠长5.4cm	15,680	上海联合	2014.06.29
翡翠观音菩萨挂件	翡翠长6.8cm	231,000	上海联合	2014.06.29
翡翠观音坠	高6.5cm	109,250	翰风国际	2014.04.30
翡翠观音钻石项坠	重24.55g	379,500	中宝拍卖	2014.07.06
翡翠荷叶吊坠	翡翠长2.7cm	80,500	上海金艺	2014.07.04
翡翠葫芦吊坠	直径1.2cm和1.8cm	40,250	上海金艺	2014.12.17
翡翠葫芦吊坠	重20g	862,500	福建东南	2014.05.25
翡翠葫芦吊坠	长3.05cm	48,300	北京保利	2014.06.06
翡翠葫芦套组8件(八件)	重4.5克	115,000	上海金艺	2014.07.04
翡翠花卉挂件	重7g	11,500	上海嘉泰	2014.06.18
翡翠怀古吊坠、马眼型男戒(一套)	长2.27cm	20,700	北京保利	2014.06.06
翡翠怀古环挂件	直径3.5cm	23,000	中贸圣佳	2014.07.06
翡翠及钻石吊坠	翡翠长4.82cm	750,000	佳士得(上海)	2014.10.24
翡翠及钻石吊坠两件	长4.73cm	69,038	佳士得	2014.11.25
翡翠及钻石和服扣	长2.16cm	54,244	佳士得	2014.11.25
翡翠吉祥如意龙挂坠	长6.8cm	322,000	福建东南	2014.10.26
翡翠金枝玉叶吊坠	长2.4cm	33,600	上海联合	2014.03.29
翡翠金枝玉叶挂件	长5cm	195,500	中贸圣佳	2014.07.06
翡翠连中三元挂件	长3.9cm	184,000	上海金艺	2014.07.04
翡翠六字箴言挂件(一对)	直径4.3cm	48,300	南京经典	2014.08.04
翡翠龙凤如意挂件	长4.9cm	46,000	南京经典	2014.08.04

2014珠宝翡翠拍卖成交汇总

(成交价RMB：1万元以上)

拍品名称	物品尺寸	成交价RMB	拍卖公司	拍卖日期
翡翠龙纹平安扣	直径3.7cm，厚0.7cm	56,000	上海联合	2014.10.11
翡翠龙牙挂件	长7.2cm	43,700	南京经典	2014.04.27
翡翠镂雕圆牌配钻石、祖母绿	直径4.3cm，厚0.69cm	40,250	银座国际	2014.06.01
翡翠绿叶形挂坠	长6.3cm	103,500	福建东南	2014.10.26
翡翠马眼形挂件	长3.4cm	115,000	上海金艺	2014.07.04
翡翠满绿布袋佛挂件	高4cm	36,800	中鸿信	2014.11.23
翡翠满绿佛 18K镶钻	高3.8cm；重39.25g	224,000	长春金鼎	2014.05.17
翡翠满绿叶子挂坠	长3.3cm	57,500	远方拍卖	2014.09.21
翡翠弥勒吊坠	长4.9cm	28,750	上海金艺	2014.07.04
翡翠弥勒吊坠	重24g	207,000	福建东南	2014.05.25
翡翠弥勒吊坠	长5.2cm	59,800	福建东南	2014.10.26
翡翠弥勒佛	高3.5cm	13,620	中拍国际	2014.06.04
翡翠弥勒佛	长4.7cm	12,272	帝图艺术	2014.06.22
翡翠弥勒佛挂件	长3cm	10,350	深圳市拍	2014.01.05
翡翠弥勒佛挂件	高3.5cm	92,000	南京经典	2014.01.06
翡翠弥勒佛挂件	长2.6cm	43,700	南京经典	2014.08.04
翡翠弥勒佛挂件	长3.3cm	138,000	华艺国际	2014.09.28
翡翠弥勒挂件	长1.5cm	16,800	上海联合	2014.06.29
翡翠弥勒挂件	长2.02cm	31,360	上海联合	2014.10.11
翡翠弥勒挂件	长3.6cm	112,000	上海联合	2014.10.11
翡翠弥勒挂坠		11,270	远方拍卖	2014.09.21
翡翠年年有余挂件	长5.2cm	42,560	上海联合	2014.06.29
翡翠糯冰种观音挂件	高6cm	138,000	中鸿信	2014.11.23
翡翠糯冰种美人鱼挂件	高5cm	126,500	中鸿信	2014.11.23
翡翠糯冰种飘花自在观音挂件	高5.5cm	101,200	中鸿信	2014.11.23
翡翠糯种福禄寿挂件	高4.6cm	20,160	中联环球	2014.01.12
翡翠配黑色钻石及钻石"熊猫"吊坠	长2.53cm	80,641	天成国际	2014.06.08
翡翠配镶钻石观音挂件	长1.84cm	78,200	北京保利	2014.04.29
翡翠配钻石"事业有成"吊坠	翡翠长4.9cm	155,250	华艺国际	2014.09.28
翡翠配钻石吊坠	翡翠长2.9cm	161,000	华艺国际	2014.05.31
翡翠配钻石吊坠	翡翠长2.5cm	172,500	华艺国际	2014.05.31
翡翠配钻石吊坠	翡翠长3.55cm	47,436	天成国际	2014.06.08
翡翠配钻石吊坠	翡翠长3.53cm	929,746	天成国际	2014.06.08
翡翠配钻石吊坠	翡翠长3.3cm	230,000	华艺国际	2014.09.28
翡翠配钻石吊坠	翡翠长2.8cm	195,500	华艺国际	2014.09.28
翡翠配钻石吊坠	翡翠长3.35cm	217,525	香港苏富比	2014.10.07
翡翠配钻石吊坠	翡翠长2.6cm	296,625	香港苏富比	2014.10.07
翡翠配钻石吊坠	蛋面长约2.34cm	247,188	香港苏富比	2014.10.07
翡翠配钻石吊坠		791,000	香港苏富比	2014.10.07
翡翠配钻石吊坠	蛋面长2.28cm	8,099,840	香港苏富比	2014.10.07
翡翠配钻石吊坠	长4.95cm	46,551	天成国际	2014.12.07
翡翠配钻石吊坠	翡翠长3.07cm	256,750	香港苏富比	2014.04.07
翡翠配钻石吊坠、戒指、耳环套装	尺寸不一	17,076,960	天成国际	2014.06.08
翡翠配钻石吊坠镶18K白金(两件)	翡翠长3.61cm	37,484	香港拍得高	2014.09.06
翡翠配钻石挂坠	重6.5g	18,400	福建东南	2014.10.26
翡翠平安挂件		20,700	深圳市拍	2014.01.05
翡翠平安扣		56,000	中联环球	2014.01.12
翡翠平安扣	长3.3cm	27,600	上海嘉泰	2014.06.18
翡翠平安扣	直径4.2cm，高0.5cm，重量23克	632,500	上海金艺	2014.07.04
翡翠平安扣		36,000	北京保利	2014.02.05
翡翠平安扣		347,160	中国艺海	2014.11.15
翡翠平安扣(一对)	直径1.4cm，高0.3cm；直径1.3cm，高0.3cm，重量3.3克	13,800	上海金艺	2014.07.04
翡翠平安扣吊坠	翡翠直径1.2cm	20,700	上海金艺	2014.07.04
翡翠平安扣挂件	直径4.8cm	17,250	南京经典	2014.08.04
翡翠平安扣挂件	翡翠直径2.2cm，重量4.8克	17,250	上海金艺	2014.12.17
翡翠平安扣挂件	长3.8cm	92,000	上海金艺	2014.12.17
翡翠平安扣挂坠	直径3.1cm	34,500	福建东南	2014.05.25
翡翠平安扣配钻石吊坠	直径3.9cm	46,000	广州皇玛	2014.01.02

拍品名称	物品尺寸	成交价RMB	拍卖公司	拍卖日期
翡翠巧雕"龙"吊坠	长6.56cm	22,190	香港拍得高	2014.06.21
翡翠巧雕福寿纹挂件	长3.7cm	20,700	苏州东方	2014.10.30
翡翠如意吊坠	长1.9cm	17,472	上海联合	2014.03.29
翡翠如意吊坠	长2.6cm	618,000	台湾世家	2014.04.13
翡翠如意吊坠(一对)	吊坠长1.73cm	112,700	北京保利	2014.12.04
翡翠如意挂件	重9.99g	32,200	上海嘉泰	2014.06.18
翡翠如意挂件	长6.4cm	1,035,000	上海金艺	2014.07.04
翡翠如意挂件	长5cm	517,500	上海金艺	2014.07.04
翡翠如意挂件	长3.5cm	32,200	南京经典	2014.08.04
翡翠如意挂坠	长3.32cm	20,700	远方拍卖	2014.09.21
翡翠如意挂坠	长2.5cm	51,750	远方拍卖	2014.09.21
翡翠如意挂坠	长2.3cm	862,500	福建东南	2014.10.26
翡翠如意灵猴挂件	长3.9cm	1,092,500	上海金艺	2014.07.04
翡翠如意灵芝挂件	长5cm	230,000	南京经典	2014.04.27
翡翠如意形挂件	长5.2cm	123,200	盛世嘉宝	2014.11.02
翡翠如意之交	长2.8cm	11,200	上海天赐	2014.06.15
翡翠三彩福寿灵猴挂件	长5.2cm	287,500	上海金艺	2014.07.04
翡翠三彩昭君出塞挂件	高6.5cm	207,000	南京经典	2014.08.04
翡翠十字架吊坠	长3cm	61,600	上海联合	2014.03.29
翡翠寿桃吊坠	长2.55cm	46,000	北京保利	2014.06.06
翡翠寿桃挂件	长4.5cm	1,897,500	上海金艺	2014.07.04
翡翠寿桃挂件	长4cm	138,000	华艺国际	2014.09.28
翡翠双葫芦吊坠	长1.5cm	32,200	上海金艺	2014.12.17
翡翠双鲤挂件	长5cm	448,500	银座国际	2014.06.01
翡翠双面雕如意葫芦挂件	长6.3cm	115,000	广州皇玛	2014.01.02
翡翠双色弥勒佛 一组		40,250	南京经典	2014.08.04
翡翠四季豆平安挂件	长4cm	20,700	南京经典	2014.08.04
翡翠四季平安挂件	长2.8cm	32,200	南京经典	2014.08.04
翡翠随形吊坠	长5cm	69,000	南京经典	2014.08.04
翡翠桃形挂坠	长5cm	264,500	福建东南	2014.05.25
翡翠豌豆挂坠	长4.2cm	1,725,000	福建东南	2014.10.26
翡翠镶钻石吊坠		287,500	上海嘉泰	2014.06.18
翡翠小狗吊坠	长3cm	25,760	上海联合	2014.03.29
翡翠小猫吊坠	长1.2cm	10,640	上海联合	2014.03.29
翡翠笑佛吊坠	重11.9g	291,200	北京荣宝	2014.11.30
翡翠心形吊坠	重25g	747,500	福建东南	2014.05.25
翡翠洋洋得意吊坠	直径4.2cm	483,000	江苏爱涛	2014.07.06
翡翠叶形镶嵌挂饰	重40g	103,500	福建东南	2014.05.25
翡翠叶子挂坠	重21.4g	149,500	荣宝斋(上海)	2014.05.09
翡翠叶子挂坠	长4cm	29,900	上海嘉泰	2014.06.18
翡翠叶子配钻石挂件	长7.5cm	1,265,000	银座国际	2014.06.01
翡翠鱼形挂件	长7.5cm	10,640	上海联合	2014.10.11
翡翠玉雕鹦鹉挂件	长5.6cm	25,300	广州皇玛	2014.01.02
翡翠玉兰坠	长2.6cm	15,680	上海天赐	2014.06.15
翡翠招财挂件(一对)	长3.4cm	66,700	南京经典	2014.08.04
翡翠竹报平安挂件	长5cm	632,500	上海金艺	2014.07.04
翡翠竹节吊坠	长3cm	57,500	上海金艺	2014.07.04
翡翠竹节吊坠	长4.1cm	69,000	广州皇玛	2014.09.27
翡翠竹节吊坠	长4.1cm	57,500	广州皇玛	2014.09.27
翡翠竹林观音挂件	长5.2cm	17,250	南京经典	2014.08.04
翡翠紫罗兰色高冰福禄寿挂件	高6cm	920,000	中鸿信	2014.11.23
翡翠自在观音挂件(一对)		552,000	南京经典	2014.08.04
翡翠钻石吊坠		53,627	香港富得	2014.05.24
翡翠钻石吊坠	长2.76cm	55,476	香港富得	2014.05.24
翡翠钻石吊坠镶18K白金	长2.06cm	14,628	香港拍得高	2014.09.06
翡翠钻石吊坠镶18K白金	长3.55cm	13,714	香港拍得高	2014.09.06
翡翠钻石福寿项坠	直径2cm	13,328	上海国拍	2014.05.18
翡翠钻石项坠	长2.4cm	73,416	中国嘉德	2014.04.09
翡翠钻石项坠		143,750	中国嘉德	2014.05.19
翡翠钻石项坠	外径3.9cm	80,500	中国嘉德	2014.05.19
翡翠钻石项坠	外径2.1cm	138,000	中国嘉德	2014.05.19
翡翠钻石项坠	长1.4cm	51,750	中国嘉德	2014.11.23
粉碧玺挂坠	长1.4cm	13,440	盛世嘉宝	2014.11.02

拍品名称	物品尺寸	成交价RMB	拍卖公司	拍卖日期
清晚期 粉红色璧玺吊坠两件	蟠桃高4.12cm	148,313	香港苏富比	2014.10.07
清晚期 粉红色璧玺挂件	璧玺约长4.91cm	108,763	香港苏富比	2014.10.07
福禄寿弥勒翡翠挂件	重约50.7g	380,000	荣盛国际	2014.07.26
福寿三多翡翠挂件	重84.8g	517,500	北京艺融	2014.12.08
高冰翡翠福豆挂件	长3.3cm	16,800	中晟国际	2014.10.11
高冰翡翠葫芦挂坠	长2.5cm	11,200	中晟国际	2014.10.11
高冰翡翠站佛挂坠	长4.2cm	10,640	中晟国际	2014.10.11
高冰黄翡挂件	长2.9cm	179,200	中晟国际	2014.10.11
高冰种翡翠佛公吊坠	长3cm	172,500	上海金艺	2014.12.17
高冰种翡翠佛公吊坠	长2.88cm	34,500	北京保利	2014.12.04
高冰种翡翠福豆项坠	长2cm	110,000	北京九歌	2014.12.17
高冰种翡翠福豆项坠	长4cm	160,000	北京九歌	2014.12.17
高冰种翡翠观音项坠	高6.6cm	550,000	北京九歌	2014.12.17
高冰种翡翠弥勒项坠	长4.5cm	160,000	北京九歌	2014.12.17
高冰种翡翠如意项坠	长2.5cm	72,000	北京九歌	2014.12.17
瑰丽翡翠“竹报平安”配钻石吊坠		18,620,400	天成国际	2014.12.07
瑰丽罕有鲜彩蓝色钻石吊坠		200,766,750	纽约苏富比	11/20/2014
海蓝宝雕瑞兽钮挂饰	长42cm	32,200	北京华辰	2014.05.17
海螺珠17.40克拉配钻石“十字架”吊坠		296,250	香港苏富比	2014.04.07
和田玉吊坠(兼胸针)、耳饰、戒指套装–“风华无双”	重54.8g	100,800	北京荣宝	2014.08.24
和田玉吊坠、耳饰、戒指套装–“凤舞蹁跹”	重26.7g	31,360	北京荣宝	2014.08.24
荷塘月色-冰种翡翠挂件	长5.92cm	5,175,000	北京艺融	2014.12.08
黑翡翠配钻石吊坠	长4cm	28,750	广州皇玛	2014.01.02
黑欧泊配镶辉石孔雀型吊坠	长2.41cm	23,000	北京保利	2014.02.05
红宝石、粉红色蓝宝石及钻石吊坠，Van Cleef & Arpels设计	长6.1cm	197,250	佳士得	2014.11.25
红宝石天鹅吊坠		13,000	北京保利	2014.02.05
红宝石项坠		11,500	中国嘉德	2014.11.23
红宝钻石挂坠	长8.4cm	36,800	远方拍卖	2014.09.21
红碧玺吊坠		103,500	上海嘉泰	2014.06.18
红碧玺龙凤纹挂坠	重37g	253,000	北京艺融	2014.06.03
红翡“观音”配钻石吊坠	长5.4cm	172,500	华艺国际	2014.11.09
红翡蝉挂坠		34,500	北京艺融	2014.06.03
红翡翠“怀古”配翡翠及钻石吊坠	翡翠长2.76cm	75,898	天成国际	2014.06.08
红翡翠“弥勒佛”配翡翠及钻石吊坠 及墨翠“观音”配翡翠及钻石吊坠	尺寸不一	75,898	天成国际	2014.06.08
红翡翠“如意”配翡翠及钻石吊坠	尺寸不一	37,241	天成国际	2014.12.07
红翡翠“如意”配粉红色刚玉，黄色钻石及钻石吊坠	长4.14cm	102,412	天成国际	2014.12.07
红翡翠“如意”配黄色钻石及钻石吊坠	长3.14cm	36,051	天成国际	2014.06.08
红翡翠“寿桃”配翡翠及紫翡翠吊坠	长4.62cm	61,667	天成国际	2014.06.08
红翡翠“树叶”配翡翠及钻石吊坠 (两件)	尺寸不一	33,205	天成国际	2014.06.08
红翡翠吊坠	翡翠长5.78cm	14,628	香港拍得高	2014.09.06
红翡翠巧雕自在佛挂件	长6cm	20,700	南京经典	2014.04.27
红翡雕佛手挂件	翡翠长5cm	10,640	上海联合	2014.03.29
红翡雕观音配钻石挂件	长4cm	23,000	广州皇玛	2014.01.02
红翡雕叶子配钻石吊坠	长3.5cm	13,800	广州皇玛	2014.01.02
红翡吊坠/耳饰套装	尺寸不一	11,500	广州皇玛	2014.01.02
红翡关公挂件		100,000	冉云轩	2014.08.09
红翡金鱼挂件	高3cm	13,800	中鸿信	2014.11.23
红翡净瓶观音挂件	长5.3cm	13,800	南京经典	2014.08.04
红翡如意吊坠		47,040	中联环球	2014.01.12
红翡如意挂件	翡翠长2.7cm	13,440	上海联合	2014.10.11
红黄碧玺配钻石吊坠		23,000	广州皇玛	2014.01.02
红色翡翠“人生如意”吊坠	长6.42cm	40,250	北京保利	2014.12.04
红色翡翠雕“如意”吊坠	如意长2.44cm	98,875	香港苏富比	2014.10.07

拍品名称	物品尺寸	成交价RMB	拍卖公司	拍卖日期
红珊瑚钻石吊坠(兼胸花)	重16.2g	50,400	北京荣宝	2014.03.23
厚桩翡翠寿桃挂件	长5cm	11,200	盛世嘉宝	2014.11.02
弧形挂坠	长3.9cm	67,200	上海天赐	2014.06.15
琥珀雕龙戏珠挂坠	牌38.5g；链17g	11,200	盛世嘉宝	2014.11.02
怀古螭龙翡翠挂坠	长4.75cm	13,800	北京保利	2014.12.04
黄翡“齐天大圣”挂件	长5.9cm	101,200	华艺国际	2014.12.09
黄翡“生意兴隆”挂件	高5.9cm	103,500	中鸿信	2014.11.23
黄翡翠“蝙蝠和佛手”钻石吊坠镶18K白金	长2.71cm	10,057	香港拍得高	2014.09.06
黄翡翠“佛公”配彩色翡翠吊坠；及黄翡翠配钻石戒指	尺寸不一	121,033	天成国际	2014.12.07
黄翡翠“佛手”吊坠	长5.43cm	14,231	天成国际	2014.06.08
黄翡翠“如意”配钻石吊坠及耳环套装	尺寸不一	108,625	香港苏富比	2014.04.07
黄翡大鹏展翅挂件		45,000	冉云轩	2014.08.09
黄翡雕如意配钻石吊坠	长1.9cm	23,000	广州皇玛	2014.01.02
黄翡吊坠	长1.78cm	20,700	北京保利	2014.12.04
黄翡飞龙挂坠		35,000	北京保利	2014.02.05
黄翡凤凰挂件	长6.9cm	253,000	华艺国际	2014.09.28
黄翡福豆吊坠	长4.53cm	20,700	北京保利	2014.12.04
黄翡观音挂件	高5.3cm	10,350	中鸿信	2014.11.23
黄翡观音挂件		37,801	北京保利	2014.02.05
黄翡观音挂件	长6.7cm	322,000	华艺国际	2014.09.28
黄翡葫芦挂坠	重9g	11,500	福建东南	2014.05.25
黄翡镂空巧雕龙纹钟形挂件	长8cm	47,040	盛世嘉宝	2014.11.02
黄翡鱼龙坠	长2.7cm	13,800	中鸿信	2014.11.23
黄加绿“净瓶观音”翡翠挂件	长6cm	34,500	上海嘉泰	2014.06.18
黄色钻石吊坠	长4.74cm	17,250	北京保利	2014.06.06
黄水晶配橄榄石及钻石吊坠		14,231	天成国际	2014.06.08
黄钻项坠		200,000	北京九歌	2014.12.17
火蛋白石21.47克拉配祖母绿及钻石吊坠		187,863	香港苏富比	2014.10.07
金黄色养殖珍珠项坠	直径1.35cm	16,675	中国嘉德	2014.11.23
金绿翡翠雕福鼠配钻石吊坠	长3.5cm	11,500	广州皇玛	2014.01.02
金绿猫眼镶钻挂坠		195,500	北京艺融	2014.12.08
金丝翡翠花型吊坠	吊坠重12.1g	67,200	北京荣宝	2014.06.15
金丝种老坑翡翠吊坠 (一对)	总重15.4克	168,000	北京荣宝	2014.06.15
金镶玉双面红皮籽料挂坠		33,600	未来四方	2014.05.23
金镶钻豆坠	长4.5cm；宽1.5cm	172,500	八益拍卖	2014.10.24
金镶钻翡翠雕弥勒挂件	高2.2cm	10,080	盛世嘉宝	2014.11.02
金镶钻水滴	长5cm	276,000	八益拍卖	2014.10.24
金枝玉叶-冰种满绿翡翠挂件	重38.3g	2,530,000	北京艺融	2014.12.08
近代 冰种翡翠观音	长4.5cm	43,700	北京保利	2014.10.26
近代 翠雕瓜蝶挂坠	长3cm	20,700	北京保利	2014.10.26
近代 翡翠福禄寿观音	高7cm	13,800	北京保利	2014.04.27
近代 翡翠福在眼前坠	长5.5cm	11,500	北京保利	2014.04.27
近代 翡翠高冰佛	长3.5cm	14,950	北京保利	2014.10.26
近代 翡翠龙纹坠	长5.9cm	17,250	北京保利	2014.04.27
近代 翡翠弥勒坠	长2.5cm	21,850	北京保利	2014.08.02
近代 翡翠弥勒坠	长3.5cm	11,500	北京保利	2014.10.26
近代 翡翠平安扣 (两件)	直径2.5cm	23,000	北京保利	2014.10.26
近代 翡翠叶形坠	长3.5cm	23,000	北京保利	2014.10.26
近代 翡翠叶形坠 (一对)	长2.5cm	17,250	北京保利	2014.01.11
祖母绿15.50克拉配钻石吊坠		316,000	香港苏富比	2014.04.07
祖母绿配钻石吊坠		227,125	香港苏富比	2014.04.07
蓝宝挂坠	重5.3g	40,250	远方拍卖	2014.09.21
蓝宝石、粉红色蓝宝石及钻石吊坠/胸针	项链长41.9cm	190,950	佳士得	2014.05.27
蓝宝石、钻石及祖母绿花束型吊坠	吊坠长5.5cm	13,800	北京保利	2014.12.04
蓝宝石吊坠		168,000	中晟国际	2014.10.11
蓝宝石吊坠		16,800	中晟国际	2014.10.11
蓝宝石吊坠		33,600	中晟国际	2014.10.11
蓝宝石吊坠		22,400	中晟国际	2014.10.11

2014珠宝翡翠拍卖成交汇总

(成交价RMB：1万元以上)

拍品名称	物品尺寸	成交价RMB	拍卖公司	拍卖日期
蓝宝石吊坠		10,080	中晟国际	2014.10.11
蓝宝石吊坠		24,640	中晟国际	2014.10.11
蓝宝石吊坠		78,400	中晟国际	2014.10.11
蓝宝石吊坠		39,200	中晟国际	2014.10.11
蓝宝石吊坠		16,800	中晟国际	2014.10.11
蓝宝石吊坠		15,680	中晟国际	2014.10.11
蓝宝石吊坠		190,400	中晟国际	2014.10.11
蓝宝石吊坠		17,920	中晟国际	2014.10.11
蓝宝石吊坠		38,080	中晟国际	2014.10.11
蓝宝石吊坠		20,160	中晟国际	2014.10.11
蓝宝石吊坠、手镯套组	长4.25cm	13,800	远方拍卖	2014.09.21
蓝宝石嵌钻石“花朵”吊坠	长6cm	69,000	上海嘉泰	2014.06.18
蓝宝石镶钻方型挂坠		46,000	北京艺融	2014.12.08
蓝宝石镶钻方型挂坠		218,500	北京艺融	2014.12.08
蓝宝石镶钻双挂坠		103,500	北京艺融	2014.06.03
蓝宝钻石吊坠(兼胸针)		56,000	北京荣宝	2014.06.15
蓝色碧玺吊坠	长1.45cm	28,750	北京保利	2014.06.06
老坑冰种满绿18K金镶钻节节高升挂坠		72,000	中联环球	2014.01.12
老坑玻璃种帝王绿翡翠“发财”吊坠	长2.91cm	920,000	北京保利	2014.12.04
老坑玻璃种翡翠配钻石吊坠	长5cm	230,000	福建东南	2014.10.26
老坑帝王绿翡翠弥勒挂坠	长2.78cm	3,680,000	福建东南	2014.10.26
老坑翡翠配钻石观音挂件	观音长5.6cm	2,415,000	福建东南	2014.10.26
老坑翡翠如意吊坠		97,750	福建东南	2014.10.26
老坑翡翠水滴形配钻石吊坠	长2.3cm	517,500	福建东南	2014.10.26
老坑翡翠水滴长形配钻石吊坠	长5cm	207,000	福建东南	2014.10.26
满绿翡翠“螭龙”挂件	长5.3cm	2,645,000	华艺国际	2014.12.09
满绿翡翠“葫芦”吊坠		40,250	上海嘉泰	2014.06.18
满绿翡翠“葫芦”蝴蝶吊坠		34,500	上海嘉泰	2014.06.18
满绿翡翠“怀古”配钻石吊坠	长2.45cm	172,500	华艺国际	2014.09.28
满绿翡翠“如意”配钻石吊坠		1,035,000	华艺国际	2014.12.09
满绿翡翠大平安扣	直径5.4cm	1,725,000	福建东南	2014.10.26
满绿翡翠吊坠	长3.05cm	264,500	北京保利	2014.06.06
满绿翡翠佛公吊坠	长3.63cm	552,000	保利厦门	2014.11.02
满绿翡翠佛公吊坠	长2.38cm	63,250	北京保利	2014.12.04
满绿翡翠福寿如意项坠	高4.5cm	420,000	北京九歌	2014.12.17
满绿翡翠福在眼前挂件	长5.8cm	425,600	中晟国际	2014.10.11
满绿翡翠挂坠 (一对)	尺寸不一	402,500	华艺国际	2014.12.09
满绿翡翠观音吊坠	长4.41cm	2,875,000	北京保利	2014.06.06
满绿翡翠观音吊坠	长6.22cm	805,000	北京保利	2014.06.06
满绿翡翠配钻石“葫芦”吊坠	长2.4cm	437,000	华艺国际	2014.05.31
满绿翡翠配钻石吊坠	长3.4cm	1,437,500	华艺国际	2014.05.31
满绿翡翠配钻石吊坠	长3.1cm	92,000	华艺国际	2014.09.28
满绿翡翠配钻石吊坠	长3.4cm	1,150,000	华艺国际	2014.12.09
满绿翡翠配钻石吊坠	长4.7cm	4,600,000	华艺国际	2014.12.09
满绿翡翠如意挂件	长4.8cm	89,600	中晟国际	2014.10.11
满绿翡翠如意挂件	长3.37cm	253,000	北京保利	2014.06.06
满绿翡翠如意挂坠	长4cm	230,000	荣宝斋(上海)	2014.05.09
满绿翡翠如意挂坠	长4.2cm	287,500	荣宝斋(上海)	2014.05.09
满绿翡翠水滴形挂坠	长5.5cm	246,400	中晟国际	2014.10.11
满绿翡翠镶钻蛋面挂坠	长2.8cm	977,500	北京艺融	2014.06.03
满绿翡翠镶钻观音挂坠	长5.1cm	667,000	北京艺融	2014.06.03
满绿翡翠镶钻观音挂坠	长5cm	109,250	北京艺融	2014.12.08
满绿翡翠镶钻葫芦水滴坠	长2.35cm	1,598,500	北京艺融	2014.06.03
满绿翡翠镶钻马眼挂坠	长2.5cm	207,000	北京艺融	2014.12.08
满绿翡翠镶钻如意挂坠		1,840,000	北京艺融	2014.12.08
满绿翡翠镶钻心形坠	长1.6cm	28,750	北京艺融	2014.12.08
满绿翡翠镶钻叶坠	长3.5cm	1,702,000	北京艺融	2014.06.03
满绿翡翠叶形挂件	长4.37cm	1,035,000	北京保利	2014.06.06
满绿翡翠叶型吊坠	长5.889cm	253,000	北京保利	2014.12.04
满绿翡翠叶坠	长4.6cm	1,920,500	北京艺融	2014.06.03
满绿翡翠竹节吊坠	长2.363cm	287,500	北京保利	2014.12.04

拍品名称	物品尺寸	成交价RMB	拍卖公司	拍卖日期
满绿老坑种翡翠配钻石“如意”吊坠	长4.3cm	3,220,000	华艺国际	2014.05.31
满绿竹节冰糯坠	长2.8cm	17,250	上海嘉泰	2014.06.18
玫瑰金镶钻翡翠平安吊坠	高3cm	47,040	未来四方	2014.05.23
缅甸冰种翡翠“佛公”挂坠	长2.662cm	46,669	保利香港	2014.10.06
缅甸冰种翡翠“观音”挂坠	长5.27cm	60,670	保利香港	2014.10.06
缅甸冰种翡翠〔观音〕吊坠	长6.42cm	93,220	保利香港	2014.04.06
缅甸翡翠“聚宝盆”吊坠	盆长4.01cm	8,773,772	保利香港	2014.10.06
缅甸翡翠〔辣椒〕吊坠	辣椒长3.31cm	1,023,050	保利香港	2014.04.06
缅甸翡翠〔树叶〕吊坠	长4.25cm	4,202,800	保利香港	2014.04.06
缅甸翡翠蛋面吊坠	长2.17cm	231,150	佳士得	2014.05.27
缅甸翡翠雕龙挂坠配翡翠珊瑚珠链	长5.52cm	37,335	保利香港	2014.10.06
缅甸翡翠吊坠		55,932	保利香港	2014.04.06
缅甸翡翠吊坠		102,542	保利香港	2014.04.06
缅甸翡翠吊坠	长3.34cm	452,250	佳士得	2014.05.27
缅甸翡翠吊坠	长5.22cm	241,200	佳士得	2014.05.27
缅甸翡翠吊坠	长3.6cm	361,800	佳士得	2014.05.27
缅甸翡翠吊坠	长6.26cm	75,375	佳士得	2014.05.27
缅甸翡翠吊坠“刘海戏金蟾”	长5.13cm	190,950	佳士得	2014.05.27
缅甸翡翠福瓜吊坠	长4.29cm	180,900	佳士得	2014.05.27
缅甸翡翠和服扣	长4.87cm	180,900	佳士得	2014.05.27
缅甸翡翠辣椒吊坠	长4.24cm	180,900	佳士得	2014.05.27
缅甸翡翠弥勒佛吊坠	长3.63cm	502,500	佳士得	2014.05.27
缅甸翡翠配钻石“福瓜”挂坠	长3.47cm	63,470	保利香港	2014.10.06
缅甸翡翠配钻石吊坠		139,830	保利香港	2014.04.06
缅甸翡翠配钻石挂坠	长1.61cm	51,336	保利香港	2014.10.06
缅甸翡翠配钻石挂坠	拱方长2.41cm	233,345	保利香港	2014.10.06
缅甸翡翠配钻石挂坠	长5.36cm	93,338	保利香港	2014.10.06
缅甸翡翠圈扣吊坠及耳环套装		41,949	保利香港	2014.04.06
缅甸翡翠玉玲配钻石吊坠耳环	长1.73cm	167,796	保利香港	2014.04.06
缅甸红宝石钻石吊坠镶18K白金	长3.6cm	80,454	香港拍得高	2014.09.06
缅甸梨形翡翠蛋面吊坠	长1.68cm	281,400	佳士得	2014.05.27
缅甸紫罗兰蛋面吊坠	长2.43cm	205,084	保利香港	2014.04.06
缅甸紫罗兰翡翠“玉竹”挂坠	长5.77cm	51,336	保利香港	2014.10.06
缅甸紫罗兰翡翠配红宝石及钻石挂坠	蛋面长4.52cm	2,800,140	保利香港	2014.10.06
墨翠“观音”吊坠	长6.4cm	14,082	香港拍得高	2014.03.22
墨翠“观音”吊坠	长6.2cm	56,923	天成国际	2014.06.08
墨翠“观音”挂件	长6.8cm	78,200	华艺国际	2014.05.31
墨翠“四面玲珑”吊坠	主石长3.72cm	86,250	北京保利	2014.06.06
墨翠“松鹤延年，鲤鱼吐喜”吊坠	长8.25cm	11,095	香港拍得高	2014.06.21
墨翠吊坠	长4.5cm	13,800	北京保利	2014.12.04
墨翠关公吊坠	长6.36cm	11,500	北京保利	2014.12.04
墨翠观音挂件	长6.5cm	69,000	南京经典	2014.08.04
墨翠红宝石钻石项坠	长4cm	92,000	中国嘉德	2014.05.19
墨翠怀古形坠	直径2.9cm	42,560	上海联合	2014.03.29
墨翠配翡翠“如意”红宝石及钻石吊坠及吊耳环套装		284,616	天成国际	2014.06.08
墨翠如意挂件	长3.5cm	78,200	南京经典	2014.08.04
墨翠水月观音挂坠	长9cm	632,500	荣宝斋(上海)	2014.05.09
墨翠站佛吊坠		10,800	北京保利	2014.02.05
墨翠钻石项坠	长5cm	264,500	中国嘉德	2014.05.19
墨翡翠“观音”吊坠及墨翡翠“佛公”吊坠(两件)		26,513	香港拍得高	2014.09.06
木纳种翡翠观音挂件	高8.1cm	92,000	中鸿信	2014.11.23
南洋金色珍珠挂坠		92,000	北京艺融	2014.06.03
糯冰种翡翠观音挂坠	长5.8cm	20,700	北京艺融	2014.06.03
糯冰种翡翠平安扣		13,800	北京保利	2014.12.04
糯冰种阳绿翡翠花开富贵挂坠	长5.1cm	36,800	北京艺融	2014.12.08
糯种翡翠平安扣 (两件)		92,000	上海嘉泰	2014.06.18
欧泊彩宝吊坠(兼胸针)	欧泊13.56克拉	31,360	北京荣宝	2014.11.30
欧泊配钻石吊坠	长1.3cm	17,250	广州皇玛	2014.01.02

拍品名称	物品尺寸	成交价RMB	拍卖公司	拍卖日期
青松翠竹－满绿翡翠镶钻方形挂坠	长5cm	1,610,000	北京艺融	2014.12.08
秋色翡翠挂件		200,000	荣盛国际	2014.07.26
三彩翡翠雕“灵猴献寿”挂件	长6cm	28,750	广州皇玛	2014.01.02
三彩翡翠雕仕女挂件	长7cm	172,500	广州皇玛	2014.01.02
三彩翡翠雕珍珠鱼挂件	长6.5cm	112,700	广州皇玛	2014.01.02
三彩翡翠吊坠	长5.8cm	15,899	香港拍得高	2014.03.22
三彩翡翠观音如意挂件	长8cm	28,750	上海金艺	2014.12.17
三色翡翠“佛公”吊坠	长5.1cm	13,282	天成国际	2014.06.08
三色翡配钻石吊坠	长4cm	18,400	广州皇玛	2014.01.02
沙弗莱石镶嵌钻石项坠		22,000	北京保利	2014.02.05
山水墨翡翠吊坠	主石长4.05cm	46,000	北京保利	2014.06.06
山水墨翡翠吊坠	长5.5cm	13,800	北京保利	2014.12.04
珊瑚翡翠平安扣挂件		12,000	冉云轩	2014.08.09
珊瑚挂坠		20,700	福建东南	2014.10.26
珊瑚配钻石、翡翠挂件	长7.67cm	161,000	银座国际	2014.06.01
珊瑚17.79克配钻石、祖母绿挂件		184,000	银座国际	2014.06.01
珊瑚镶嵌挂件		43,700	福建东南	2014.05.25
珊瑚项坠、戒指套组	长1.75cm	20,700	远方拍卖	2014.09.21
珊瑚圆珠吊坠	长1.4cm	64,400	福建东南	2014.05.25
珊瑚自然形镶嵌挂坠	长1.7cm	32,200	福建东南	2014.10.26
珊瑚钻石吊坠(兼胸针)—“和合二仙”		39,200	北京荣宝	2014.06.15
手工微雕巧色玛瑙吊坠(兼胸针)—“母与子”		13,440	北京荣宝	2014.03.23
手工微雕巧色玉髓吊坠(兼胸针)	总重15.8克	16,800	北京荣宝	2014.03.23
绿红双色碧玺雕“五福献寿坠	长5.8cm	63,797	香港富得	2014.05.24
双色碧玺欢天喜地挂坠	长3cm	16,800	未来四方	2014.05.23
双色碧玺瑞兽坠	长3.3cm	13,800	中国嘉德	2014.06.22
双色冰种翡翠“金蟾献寿”吊坠	长5.17cm	3,910,284	天成国际	2014.12.07
双色翡翠“爱神丘比特”配红宝石及钻石吊坠	长5.04cm	55,861	天成国际	2014.12.07
双色翡翠“观音”吊坠	观音长7.59cm	931,020	天成国际	2014.12.07
双色翡翠“龙”及“鱼”吊坠	长4.93cm	55,026	天成国际	2014.06.08
双色翡翠雕“佳偶成双”吊坠(一对)	尺寸不一	108,763	香港苏富比	2014.10.07
双色翡翠貔貅挂件		35,000	北京保利	2014.02.05
双桃红碧玺福寿挂坠	长2.8cm	20,160	未来四方	2014.05.23
坦桑挂坠		103,500	上海嘉泰	2014.06.18
坦桑石嵌钻石花形吊坠		69,000	上海嘉泰	2014.06.18
桃红色碧玺配钻石吊坠		230,000	华艺国际	2014.12.09
王国清 冰种翡翠雕“踏雪寻梅”挂件	长7.6cm	138,000	广州皇玛	2014.01.02
王国清 翡翠雕观音挂件	长7.4cm	161,000	广州皇玛	2014.01.02
王国清 翡翠雕仕女挂件	长8cm	207,000	广州皇玛	2014.01.02
王国清 墨翠雪夜出寨挂件	长6.5cm	575,000	浙江世贸	2014.04.13
心形翡翠吊坠	长40cm	224,000	北京荣宝	2014.08.24
养殖珍珠配祖母绿及钻石吊坠	长1.4cm	30,359	天成国际	2014.06.08
叶公好龙－冰种翡翠挂坠	长8.15cm	40,250	北京艺融	2014.12.08
叶子挂坠	长2.9cm	26,880	上海天赐	2014.06.15
约1950年英国制 钻石吊坠	长3.92cm	23,000	北京保利	2014.12.04
张知忠翡翠心如止水挂件	长5.7cm	20,700	中鸿信	2014.11.23
招财进宝－冰种翡翠挂件	重79.2g	1,495,000	北京艺融	2014.12.08
珍罕翡翠弥勒佛配钻石吊坠	弥勒长9.7cm	17,551,320	天成国际	2014.06.08
珍珠配钻石“十字”吊坠		13,983	保利香港	2014.04.06
紫翡翠“观音”吊坠	长5.6cm	16,353	香港拍得高	2014.03.22
紫翡翠“怀古”配翡翠及钻石吊坠	长2.96cm	66,410	天成国际	2014.06.08
紫翡翠“佳偶天成”配钻石吊坠	长5.9cm	93,102	天成国际	2014.12.07
紫翡翠“弥勒佛”配翡翠及钻石吊坠 及冰种翡翠“弥勒佛”配钻石吊坠	长3.26cm	180,257	天成国际	2014.06.08
紫翡翠“平安扣”配钻石吊坠	长2.66cm	142,308	天成国际	2014.06.08
紫翡翠“寿桃”吊坠	长4.7cm	16,643	香港拍得高	2014.06.21
紫翡翠“游龙戏凤”吊坠	长6.93cm	25,889	香港拍得高	2014.06.21

拍品名称	物品尺寸	成交价RMB	拍卖公司	拍卖日期
紫翡翠“竹报平安”吊坠	长5.8cm	41,791	香港拍得高	2014.03.22
紫翡翠碧玺钻石吊坠镶18K玫瑰金(两件)		16,457	香港拍得高	2014.09.06
紫翡翠配翡翠及钻石吊坠	长3.22cm	32,586	天成国际	2014.12.07
紫翡翠配粉红色刚玉及钻石吊坠；及冰种翡翠“弥勒佛”配钻石吊坠	长1.99cm	111,722	天成国际	2014.12.07
紫翡佛公挂件	长5.3cm	632,500	上海金艺	2014.07.04
紫翡福寿如意挂件	长9cm	1,955,000	上海金艺	2014.07.04
紫罗兰翡翠“观音”挂件	长6.36cm	89,700	华艺国际	2014.05.31
紫罗兰翡翠蛋面吊坠	长6.72cm	17,250	北京保利	2014.12.04
紫罗兰翡翠蛋面吊坠、耳环及戒指套装	吊坠长6.7cm	641,063	佳士得	2014.11.25
紫罗兰翡翠蛋面配钻石吊坠/手镯(两用)		253,000	华艺国际	2014.12.09
紫罗兰翡翠雕“紫气东来”配钻石吊坠	长3.5cm	34,500	广州皇玛	2014.01.02
紫罗兰翡翠雕瓜形挂件	长3.5cm	101,200	广州皇玛	2014.01.02
紫罗兰翡翠雕兰花配钻石吊坠	长3.5cm	18,400	广州皇玛	2014.01.02
紫罗兰翡翠吊坠	长2.11cm	17,250	北京保利	2014.06.06
紫罗兰翡翠弥勒吊坠	长4.64cm	32,200	北京保利	2014.06.06
紫罗兰翡翠配钻石吊坠	翡翠长4.4cm	517,500	华艺国际	2014.12.09
紫罗兰翡翠平安扣	长4.3cm	92,000	北京保利	2014.12.04
紫罗兰翡翠如意挂件	长4.1cm	55,200	南京经典	2014.08.04
紫罗兰翡翠钻石项坠	长1.8cm	115,000	中国嘉德	2014.05.19
紫罗兰平安扣	长4cm	17,250	北京传是	2014.06.05
紫色翡翠平安扣	长3.3cm	28,750	上海嘉泰	2014.06.18
祖母绿吊坠、耳环套装		78,591	香港富得	2014.05.24
祖母绿及钻石吊坠	吊坠长4.0cm	789,000	佳士得	2014.11.25
钻石、绿松石及蓝宝石吊坠		90,450	佳士得	2014.05.27
梨形钻石9.14克拉，F色,净度内部无瑕(IF)吊坠		3,160,000	香港苏富比	2014.04.07
钻石佛手型翡翠吊坠	长5.5cm	101,706	大唐国际	2014.05.27
钻石及蓝宝石吊坠/胸针	胸针长5.0cm	140,700	佳士得	2014.05.27
钻石及珍珠吊坠/胸针	项链长51.0cm	170,850	佳士得	2014.05.27
钻石配宝石“小丑”吊坠，肖邦(CHOPARD)		54,313	香港苏富比	2014.04.07
钻石配玛瑙及祖母绿“豹”吊坠及耳环套装，卡地亚(Cartier)		346,063	香港苏富比	2014.10.07
钻石项坠链	长41cm	64,239	中国嘉德	2014.04.09
钻石项坠链	长39cm	154,641	中国嘉德	2014.10.07
钻石珠宝吊坠、项链、别针套装，卡地亚(Cartier)		98,875	香港苏富比	2014.10.07
戒指				
清 翠马镫戒指	长2.2cm	89,600	天津文物	2014.11.15
清 翡翠、绿松石、玛瑙戒指、耳坠、胸针等首饰等(一组二十四件)		28,750	北京保利	2014.08.02
清 金镶翠戒指	长2cm	47,040	天津文物	2014.11.15
清 金镶红宝石戒指等	长1.1cm	24,640	天津文物	2014.11.15
清光绪 阳绿戒指		57,500	中鸿信	2014.11.22
“Panth è re”戒指两枚，Cartier设计	长0.7cm	69,038	佳士得	2014.11.25
“Panth è re”戒指三枚，Cartier设计	长0.5cm	157,800	佳士得	2014.11.25
“鸽血红”红宝石及钻石戒指	长0.65cm	61,024	香港富得	2014.05.24
“鸽血红”红宝石镶钻戒指	12.02克拉	690,000	北京艺融	2014.06.03
“金字塔”型切割祖母绿嵌钻男式戒指		89,700	上海嘉泰	2014.06.18
“老坑”翡翠“蛋面”配钻石戒指	长1.51cm	494,460	万昌斯	2014.05.25
“梦醉克什米尔”极为罕有的6.56克拉克什米尔无瑕蓝宝石戒指 未经加热处理	主石长1.10cm	6,670,000	北京保利	2014.12.04
“青蛙王子”戒指		13,800	上海嘉泰	2014.06.18
“小兔”钻石戒指		47,436	天成国际	2014.06.08

2014珠宝翡翠拍卖成交汇总

(成交价RMB：1万元以上)

拍品名称	物品尺寸	成交价RMB	拍卖公司	拍卖日期
0.23克拉浓彩紫粉色钻石戒指	长1.1cm	49,450	北京保利	2014.02.05
0.3克拉黄色钻石戒指	长1.8cm	11,500	北京保利	2014.06.06
0.40克拉浓彩紫粉红色钻石及0.40克拉彩紫粉红色钻石配粉红色钻石及钻石戒指及耳环套装	戒指尺寸6 1/4	139,653	天成国际	2014.12.07
0.41克拉椭圆形艳彩VS2净度橙色钻石戒指	戒指圈口为13＃/53＃	74,750	华艺国际	2014.09.28
0.61克拉黄色钻石戒指	指环大小14	11,500	北京保利	2014.06.06
0.75克拉艳彩橙黄色钻石配钻石戒指	戒指尺寸7 1/2	85,385	天成国际	2014.06.08
0.8克拉黄色钻石配戒指	指环大小14	20,700	北京保利	2014.06.06
1.001克拉钻石戒指		16,800	北京荣宝	2014.08.24
1.002克拉钻石戒指		21,280	北京荣宝	2014.08.24
1.006克拉钻石戒指 (一组)	指环大小14	46,000	北京保利	2014.06.06
1.00克拉彩黄色钻石戒指	指环大小13	48,300	北京保利	2014.06.06
1.013克拉钻石戒指	指环大小13	34,500	北京保利	2014.06.06
1.01克拉F色内部无瑕净度钻石戒指	戒指尺寸6	61,667	天成国际	2014.06.08
1.01克拉彩黄色钻石戒指		39,200	北京荣宝	2014.03.23
1.01克拉榄尖形彩黄色VVS2净度钻石配1.04克拉榄尖形D色VVS1净度钻石及钻石戒指		121,033	天成国际	2014.12.07
1.02克拉钻石戒指		23,520	北京荣宝	2014.08.24
1.03克拉彩黄色钻石戒指		43,700	北京保利	2014.06.06
1.03克拉彩棕紫粉色钻石戒指		70,004	保利香港	2014.10.06
1.03克拉公主方香槟色钻石戒指		14,560	北京荣宝	2014.08.24
1.03克拉皇家蓝色蓝宝石戒指		22,400	北京荣宝	2014.03.23
1.03克拉未加热红宝石戒指		24,640	北京荣宝	2014.03.23
1.05卡拉梨形钻石戒指镶18K黄金		32,913	香港拍得高	2014.09.06
1.06克拉枕形鲜彩绿蓝色SI2(极优打磨)钻石戒指	戒指5 1/2	2,733,600	佳士得	2014.05.27
1.088克拉未加热红宝石戒指		24,640	北京荣宝	2014.06.15
1.08克拉鸽血红红宝石戒指 未经热处理		34,500	北京保利	2014.06.06
1.09克拉未加热红宝石戒指		24,640	北京荣宝	2014.08.24
1.12克拉方形F色VS1净度钻石戒指		41,896	天成国际	2014.12.07
1.13克拉黄钻戒指		43,700	北京保利	2014.06.06
1.142克拉钻石戒指		28,000	北京荣宝	2014.08.24
1.15克拉水滴形黄色钻石戒指		43,700	福建东南	2014.10.26
1.16克拉祖母绿切割H色SI1净度钻石戒指	指环6 1/2	79,337	保利香港	2014.10.06
1.19克拉淡彩棕粉色钻石配钻石戒指	指环6	139,830	保利香港	2014.04.06
1.20卡拉圆形钻石戒指镶18K黄金	港指圈：12	37,484	香港拍得高	2014.09.06
1.20克拉圆形G色VVS1净度钻石戒指	戒指圈口为12#/52#	103,500	华艺国际	2014.09.28
1.21克拉红宝石男士戒指		12,000	北京保利	2014.02.05
1.22克拉哥伦比亚祖母绿戒指		28,000	北京荣宝	2014.06.15
1.23克拉克什米尔蓝宝石配钻石戒指	指环6	149,341	保利香港	2014.10.06
1.25克拉未加热红宝石戒指		20,160	北京荣宝	2014.03.23
1.309克拉未加热鸽血红宝石戒指	长0.48cm	39,200	北京荣宝	2014.08.24
1.33克拉长方形D色VVS1净度钻石配钻石戒指	戒指尺寸5 3/4	79,137	天成国际	2014.12.07
1.34克拉梨形彩黄色SI2净度钻石戒指	指环大小15	78,200	北京保利	2014.12.04
1.37克拉祖母绿戒指		10,560	北京保利	2014.02.05
1.3克拉未加热心形红宝石戒指	长093cm	44,800	北京荣宝	2014.08.24
1.47克拉枕垫型浓彩VS1净度橙黄色钻石戒指		632,500	华艺国际	2014.09.28
1.50克拉D色VVS2净度Triple Excellent (极优切割，打磨及比例) 钻石戒指	戒指尺寸6 3/4	139,653	天成国际	2014.12.07
1.50克拉圆形D色VS2净度钻石戒指	戒指尺寸5 1/2	130,343	天成国际	2014.12.07
1.51卡拉圆形钻石戒指镶18K白金	港指圈：13	65,826	香港拍得高	2014.09.06
1.51克拉彩黄色钻石戒指		47,040	北京荣宝	2014.03.23
1.51克拉椭圆形足色无瑕钻石戒指		189,750	北京保利	2014.06.06
1.52克拉枕形足色无瑕钻石戒指	指环大小13	155,250	北京保利	2014.12.04
1.55克拉心形J色VS2净度钻石戒指	戒指尺寸3 1/2	41,896	天成国际	2014.12.07
1.56克拉彩棕黄色钻石配钻石戒指	指环尺寸6	51,271	保利香港	2014.04.06
1.57克拉椭圆形浓彩黄色VVS2净度钻石配钻石戒指	戒指尺寸5 1/2	90,128	天成国际	2014.06.08
1.58克拉黄绿色VS2净度钻石戒指		201,600	北京荣宝	2014.08.24
1.58克拉梨形浓彩VS2净度黄钻戒指	戒指圈口为12#/52#	207,000	华艺国际	2014.09.28
1.67克拉哥伦比亚祖母绿配镶钻石戒指	指环大小17	11,500	北京保利	2014.06.06
1.71克拉未加热蓝宝石戒指		29,120	北京荣宝	2014.11.30
1.72克拉蓝宝石戒指		22,400	北京荣宝	2014.11.30
1.76克拉缅甸鸽血红宝石戒指		28,000	北京荣宝	2014.11.30
1.79克拉哥伦比亚祖母绿戒指		39,200	北京荣宝	2014.11.30
1.82克拉彩黄色钻石配钻石戒指		93,338	保利香港	2014.10.06
1.83克拉椭圆形红宝石配黄色钻石戒指		88,447	天成国际	2014.12.07
1.84克拉蓝宝石戒指		22,400	北京荣宝	2014.08.24
1.93克拉蓝宝石戒指		34,720	北京荣宝	2014.06.15
1.98克拉蓝宝石戒指	长0.7cm	34,500	保利厦门	2014.11.02
1.99克拉鸽血红色红宝石戒指	长0.69cm	76,160	北京荣宝	2014.03.23
10.02克拉心形D/IF 钻石戒指		7,750,560	佳士得	2014.05.27
10.02克拉梨形淡彩棕绿黄色SI1净度钻石配钻石戒指		1,070,673	天成国际	2014.12.07
10.04克拉心形W–X/VS1钻石戒指		582,900	佳士得	2014.05.27
10.10克拉长方形淡彩黄色VS2净度钻石配钻石戒指	戒指5 3/4	1,138,464	天成国际	2014.06.08
10.13克拉缅甸艳红色尖晶石戒指 未经加热处理	长1.41cm	350,750	北京保利	2014.12.04
10.19克拉“马达加斯加”蓝宝石配钻石戒指		299,000	华艺国际	2014.12.09
10.43克拉梨形彩棕绿黄色VS2净度钻石配钻石戒指		1,117,224	天成国际	2014.12.07
10.49克拉缅甸蓝宝石配钻石戒指	指环6	1,213,394	保利香港	2014.10.06
10.53克拉圆形彩黄棕色VS1净度钻石配彩色钻石及钻石戒指		1,138,464	天成国际	2014.06.08
10.63克拉 钻石 铂金戒指	长1.45cm	664,104	日本伊斯特	2014.06.01
10.74克拉圆形D/IF Type IIa(极优切割、打磨及比例)钻石戒指	戒指6	12,092,160	佳士得	2014.05.27
10.83克拉蓝宝石配钻石戒指 未经热处理	指环6 1/2	251,694	保利香港	2014.04.06
10.85克拉阶梯式切割“哥伦比亚”无经处理祖母绿配钻石戒指	戒指6	3,320,520	天成国际	2014.06.08
10.88克拉G色VS2净度古垫形“克什米尔”无经加热处理“矢车菊”蓝宝石配钻石戒指	戒指6	9,310,200	天成国际	2014.12.07
10.88克拉坦桑石戒指		33,350	北京保利	2014.12.04
10.89克拉钻石戒指		728,036	保利香港	2014.10.06
10克拉红色碧玺戒指		45,000	北京保利	2014.02.05
11.08克拉椭圆形“斯里兰卡”紫红色星光蓝宝石配钻石戒指	戒指6	113,846	天成国际	2014.06.08
11.13克拉星光红宝石戒指		31,360	北京荣宝	2014.03.23
11.24克拉“斯里兰卡”无经处理金绿猫眼石配钻石戒指，Catherine Sauvage出品		88,447	天成国际	2014.12.07

拍品名称	物品尺寸	成交价RMB	拍卖公司	拍卖日期
11.54克拉圆形G/IF(极优打磨)钻石戒指	戒指5 1/2	6,303,360	佳士得	2014.05.27
11.67克拉祖母绿配钻石戒指		149,500	华艺国际	2014.05.31
11.78克拉心形艳彩黄色内部无瑕钻石配钻石戒指	戒指5 3/4	6,424,038	天成国际	2014.12.07
11.97克拉SI2净度鲜彩黄色钻石戒指		3,680,000	保利厦门	2014.11.02
12.03克拉哥伦比亚祖母绿戒指		437,000	北京保利	2014.06.06
12.12克拉紫水晶配钻石戒指	指环6	41,949	保利香港	2014.04.06
12.17克拉火欧泊戒指	指环5	65,337	保利香港	2014.10.06
12.1克拉星光红宝石戒指		42,560	北京荣宝	2014.06.15
12.25克拉红色碧玺戒指		54,001	北京保利	2014.02.05
12.42克拉IF净度彩黄色无瑕钻石戒指	主石长1.34cm	2,070,000	北京保利	2014.06.06
12.47克拉星光红宝石戒指		33,600	北京荣宝	2014.03.23
12.56克拉椭圆形“斯里兰卡”无经加热处理蓝宝石配钻石戒指		151,795	天成国际	2014.06.08
12.87克拉椭圆形“斯里兰卡”无经加热处理蓝宝石配钻石戒指		265,642	天成国际	2014.06.08
12.88克拉艳彩黄色钻石戒指	主石长1.3cm	4,312,500	北京保利	2014.06.06
12.93克拉长方形彩橙粉红色VS2(极优打磨)钻石戒指		22,608,480	佳士得	2014.05.27
13.03克拉椭圆形“斯里兰卡”无经加热处理蓝宝石配钻石戒指	戒指4 3/4	465,510	天成国际	2014.12.07
13.10克拉赞比亚艳绿色祖母绿戒指	主石长1.85cm	483,000	北京保利	2014.12.04
13.31克拉祖母绿配钻石戒指		326,270	保利香港	2014.04.06
13.41克拉火欧泊蛋面戒指	长1.96cm	55,200	北京保利	2014.06.06
13.6克拉西瓜碧玺戒指	长1.79cm	17,250	北京保利	2014.06.06
13.92克拉红碧玺戒指		31,360	北京荣宝	2014.11.30
13.97克拉斯里兰卡星光蓝宝石戒指	主石长1.55cm	368,000	保利厦门	2014.11.02
14.07克拉火蛋白石戒指	戒指6	110,550	佳士得	2014.05.27
14.13克拉珊瑚戒指		28,000	北京荣宝	2014.03.23
14.57克拉斯里兰卡变色蓝宝石戒指 未经热处理	指环16	230,000	北京保利	2014.06.06
14.68克拉碧玺戒指 御木本 MIKIMOTO	长1.45cm	36,800	北京保利	2014.12.04
14.78克拉星光红宝石配镶钻石戒指		115,000	北京保利	2014.02.05
14.83克拉阶梯形切割“哥伦比亚”祖母绿配钻石戒指		1,707,696	天成国际	2014.06.08
14K白金绿宝石戒指		26,347	香港拍得高	2014.03.22
14K白金镶嵌2.07克拉马眼型蓝宝石戒指		19,360	北京保利	2014.02.05
14K黄金欧泊嵌沙弗莱戒指		13,800	上海嘉泰	2014.06.18
14K金镶翡翠戒指	长3.1cm	23,000	中贸圣佳	2014.07.06
14克拉红色碧玺戒指	长3.1cm	45,000	北京保利	2014.02.05
15.08克拉无经处理蛋白石配钻石戒指	戒拍尺寸5	85,385	天成国际	2014.06.08
15.16克拉斯里兰卡“矢车菊蓝”蓝宝石配钻石戒指 未经热处理	指环6	1,341,025	保利香港	2014.04.06
15.47克拉古垫形“缅甸”无经处理深红色尖晶石配钻石戒指		151,795	天成国际	2014.06.08
15.55克拉枕形艳彩黄色VS2净度钻石戒指	指环13	7,762,500	北京保利	2014.12.04
15.75克拉缅甸皇家蓝蓝宝石戒指 未经加热处理	主石长1.4cm	3,105,000	北京保利	2014.12.04
15.76克拉哥伦比亚祖母绿配钻石戒指	指环尺寸6 1/2	252,013	保利香港	2014.10.06

拍品名称	物品尺寸	成交价RMB	拍卖公司	拍卖日期
16.02克拉哥伦比亚祖母绿配钻石戒指 未经注油	指环6 1/2	3,566,850	保利香港	2014.04.06
16.10克拉椭圆形“莫桑比克”红宝石配钻石戒指		144,308	天成国际	2014.12.07
16.93克拉锥形缅甸蓝宝石戒指	指环6	2,540,640	佳士得	2014.05.27
17.212克拉石榴石戒指	长1.88cm	23,000	北京保利	2014.12.04
18.126克拉缅甸皇家蓝蓝宝石戒指 未经热处理	主石长1.61cm	4,140,000	北京保利	2014.06.06
18.34克拉哥伦比亚祖母绿戒指 未经注油处理	主石长1.83cm	5,060,000	北京保利	2014.12.04
18.57克拉无经处理黑色蛋白石配钻石“海洋”戒指	戒指尺寸7	170,770	天成国际	2014.06.08
18.76克拉缅甸红宝石配钻石戒指		2,053,436	保利香港	2014.10.06
18K 白金红宝石戒指	14号戒圈	13,800	上海嘉泰	2014.06.18
18k黄金“Panth è re”戒指(三枚)	戒指尺寸5、5 3/4及6	35,175	佳士得	2014.05.27
18k黄金伴钻戒指		12,000	上海驰翰	2014.04.18
18K黄金金珠嵌钻石戒指	14号戒圈	10,350	上海嘉泰	2014.06.18
18K黄金祖母绿嵌钻石戒指	16.5号戒圈	46,000	上海嘉泰	2014.06.18
18k千年至纯满朱砂达洛天珠戒指	长1.7cm	345,000	浙江世贸	2014.04.13
18K白金 翡翠戒指	长2.02cm	1,127,000	江苏爱涛	2014.07.06
18K白金变色蓝宝石戒指(无处理)	港指圈：13	54,510	香港拍得高	2014.03.22
18K白金变色紫蓝宝石戒指(无处理)	港指圈：13.5	45,305	香港拍得高	2014.06.21
18K白金橙粉红色刚玉戒指	港指圈：11.5	43,608	香港拍得高	2014.03.22
18K白金蛋形黄钻石戒指	港指圈：14	21,804	香港拍得高	2014.03.22
18k白金翡翠蛋面戒指		57,500	中宝拍卖	2014.07.06
18K白金翡翠戒指	港指圈：16	34,523	香港拍得高	2014.03.22
18K白金翡翠戒指	港指圈：13	25,438	香港拍得高	2014.03.22
18K白金翡翠戒指	港指圈：14.5	43,608	香港拍得高	2014.03.22
18K白金翡翠戒指	港指圈：14.5	41,607	大唐国际	2014.05.27
18K白金翡翠戒指	港指圈：15	23,115	香港拍得高	2014.06.21
18K白金翡翠戒指	港指圈：13	29,587	香港拍得高	2014.06.21
18K白金翡翠戒指	港指圈：13	44,381	香港拍得高	2014.06.21
18K白金翡翠戒指，18K白金翡翠耳环及18K金翡翠耳环(5)	港指圈：13.5	12,944	香港拍得高	2014.06.21
18K白金翡翠戒指及翡翠手镯(两件)	长1.77cm	10,902	香港拍得高	2014.03.22
18K白金翡翠钻石戒指	长1.8cm	160,000	北京九歌	2014.12.17
18K白金古垫形钻石戒指	港指圈：13	76,742	香港拍得高	2014.06.21
18K白金红宝石戒指	港指圈：13	181,700	香港拍得高	2014.03.22
18K白金红宝石戒指	港指圈：13	34,523	香港拍得高	2014.03.22
18K白金红宝石戒指	港指圈：15	83,214	香港拍得高	2014.06.21
18K白金红宝石戒指及18K白金蓝宝石戒指(两件)	港指圈：13	21,266	香港拍得高	2014.06.21
18K白金金绿猫眼石戒指(无处理)	港指圈：14	82,289	香港拍得高	2014.06.21
18K白金金珍珠戒指	港指圈：12.5	14,794	香港拍得高	2014.06.21
18K白金蓝宝石戒指(无处理)	港指圈：13.5	65,412	香港拍得高	2014.03.22
18K白金蓝宝石戒指(无处理)	港指圈：13.5	443,808	香港拍得高	2014.06.21
18K白金绿碧玺戒指	港指圈：15.5	34,210	香港拍得高	2014.06.21
18K白金帕拉依巴碧玺戒指	港指圈：13	62,873	香港拍得高	2014.06.21
18K白金配蓝宝石镶嵌钻石戒指		77,001	北京保利	2014.02.05
18K白金配镶钻石花朵型戒指		18,500	北京保利	2014.02.05
18K白金群镶翡翠配钻石戒指	指环大小：16	14,950	北京保利	2014.02.05
18K白金沙弗来石戒指(无处理)	港指圈：13.5	36,059	香港拍得高	2014.06.21
18k白金镶翡翠戒指	重6.4g	109,250	中宝拍卖	2014.07.06
18K白金镶红宝石戒指		13,800	中鸿信	2014.11.23
18K白金镶嵌“福禄如意”翡翠戒指耳环套装	长1.71cm	138,000	保利厦门	2014.11.02
18K白金镶嵌0.5克拉黄色钻配钻石戒指	指环大小：14	11,500	北京保利	2014.02.05
18K白金镶嵌1.018克拉钻石戒指	指环大小11	17,250	北京保利	2014.02.05
18K白金镶嵌1.026克拉钻石戒指	指环大小11	17,250	北京保利	2014.02.05
18K白金镶嵌1.80克拉黑欧泊配钻石戒指	指环大小：13	13,800	北京保利	2014.02.05

2014珠宝翡翠拍卖成交汇总

(成交价RMB：1万元以上)

拍品名称	物品尺寸	成交价RMB	拍卖公司	拍卖日期
18K白金镶嵌3.03克拉红色碧玺配钻石戒指及900铂金镶嵌3.18克拉绿色碧玺配钻石戒指(一组)	指环大小均为15	13,800	北京保利	2014.02.05
18K白金镶嵌6.506克拉红宝石配共2.94克拉钻石戒指	指环大小：13	57,500	北京保利	2014.02.05
18K白金镶嵌白珍珠戒指 耳环(一套)	指环大小14	11,500	北京保利	2014.02.05
18K白金镶嵌黑珍珠配钻石戒指		19,139	北京保利	2014.02.05
18K白金镶嵌红色碧玺配钻石戒指	指环大小：13	13,800	北京保利	2014.02.05
18K白金镶嵌老坑玻璃种单随形翡翠戒指		40,000	北京保利	2014.02.05
18K白金镶嵌老坑玻璃种帝王绿翡翠戒指		243,600	北京保利	2014.02.05
18K白金镶嵌祖母绿配钻石戒指		26,100	北京保利	2014.02.05
18K白金镶嵌钻石花朵型两用指中戒	长1.3cm	40,250	保利厦门	2014.11.02
18K白金镶钻翡翠冰糯种心形戒指	直径1.3cm	23,000	中鸿信	2014.11.23
18K白金镶钻翡翠玻璃种帝王色戒指	直径1.2cm	92,000	中鸿信	2014.11.23
18K白金镶钻翡翠戒指吊坠两用	翡翠长1.3cm	48,300	中国嘉德	2014.09.22
18K白金镶钻红碧玺戒指		103,500	中宝拍卖	2014.07.06
18K白金镶钻戒指	长1cm	34,500	中鸿信	2014.11.23
18K白金镶钻紫罗兰戒指	长1.6cm	36,800	中国嘉德	2014.09.22
18K白金心形红宝石戒指	港指圈：13	120,198	香港拍得高	2014.06.21
18K白金心形黄钻石戒指	港指圈：13.5	16,807	香港拍得高	2014.03.22
18K白金长方形钻石戒指	港指圈：12	353,197	香港拍得高	2014.06.21
18K白金钻石翡翠戒指	指圈 12号	16,643	大唐国际	2014.05.27
18K白金钻石戒指	港指圈：17.5	23,621	香港拍得高	2014.03.22
18K白金钻石戒指	港指圈：19	28,164	香港拍得高	2014.03.22
18K白金钻石戒指	港指圈：12	19,079	香港拍得高	2014.03.22
18K白金钻石戒指	港指圈：12	48,151	香港拍得高	2014.03.22
18K白金钻石戒指	港指圈：14	132,641	香港拍得高	2014.03.22
18K白金钻石戒指	港指圈：12.5	13,628	香港拍得高	2014.03.22
18K白金钻石戒指	港指圈：12.5	11,095	香港拍得高	2014.06.21
18K白金钻石戒指	港指圈：13	11,095	香港拍得高	2014.06.21
18K白金钻石戒指	港指圈：14.5	29,587	香港拍得高	2014.06.21
18K白金钻石戒指	港指圈：17.5	21,266	香港拍得高	2014.06.21
18K白金钻石戒指	港指圈：14	44,381	香港拍得高	2014.06.21
18K白金钻石戒指及18K金红宝石耳环(3)	长2.2cm	13,628	香港拍得高	2014.03.22
18K白金钻石戒指及吊坠(两件)	长2.3cm	14,082	香港拍得高	2014.03.22
18K白金钻石星光蓝宝戒指		16,643	大唐国际	2014.05.27
18K白金钻石祖母绿戒指		145,600	未来四方	2014.05.23
18k白金钻石祖母绿戒指		123,200	未来四方	2014.05.23
18k白金钻石祖母绿戒指		98,560	未来四方	2014.05.23
18K翡翠钻戒		287,500	上海泛华	2014.06.29
18K翡翠钻戒	戒圈 14＃	97,750	上海泛华	2014.10.29
18K黄金镶翡翠蛋面戒指	长0.8cm	11,500	中鸿信	2014.11.23
18K黄金镶红宝石戒指		11,500	中鸿信	2014.11.23
18K黄金镶红宝石戒指	长0.52cm	13,800	中鸿信	2014.11.23
18K黄金镶嵌0.5克拉黄钻配2.63克拉钻石戒指	指环大小：17	17,250	北京保利	2014.02.05
18K黄金镶嵌3.95克拉帕拉依巴碧玺配钻石戒指	指环大小：15	69,000	北京保利	2014.02.05
18K黄金镶嵌红珊瑚配钻石戒指	指环大小：14	46,000	北京保利	2014.02.05
18K黄金镶嵌蓝宝石马头戒指		18,999	北京保利	2014.02.05
18K黄金镶嵌珍珠戒指		18,050	北京保利	2014.02.05
18K黄金镶钻石、彩色钻石及彩色宝石戒指, 卡地亚(CARTIER)	指环5	230,625	纽约苏富比	11/20/2014
18K金 翡翠戒指	港指圈 16号	89,700	江苏爱涛	2014.07.06
18K金 翡翠戒指	港指圈 13号	96,600	江苏爱涛	2014.07.06
18K金 翡翠戒指	港指圈 13号	69,000	江苏爱涛	2014.07.06

拍品名称	物品尺寸	成交价RMB	拍卖公司	拍卖日期
18K金 翡翠戒指	港指圈 15号	126,500	江苏爱涛	2014.07.06
18K金 翡翠镶钻戒指、耳环		517,500	江苏爱涛	2014.07.06
18k金碧玺戒指		20,160	未来四方	2014.05.23
18K金碧玺戒指，耳环及吊坠(4)	长2.55cm	10,902	香港拍得高	2014.03.22
18k金碧玺钻石戒指		31,360	未来四方	2014.05.23
18k金彩色钻石戒指		22,400	未来四方	2014.05.23
18k金橙色蓝宝石戒指		20,160	未来四方	2014.05.23
18K金翡翠戒指	长1.45cm	14,536	香港拍得高	2014.03.22
18k金粉红色蓝宝石戒指		56,000	未来四方	2014.05.23
18k金粉红色蓝宝石钻石戒指		11,200	未来四方	2014.05.23
18k金海蓝宝石戒指		24,640	未来四方	2014.05.23
18k金海蓝宝石戒指		39,200	未来四方	2014.05.23
18k金蓝宝石钻石戒指		336,000	未来四方	2014.05.23
18k金蓝碧玺戒指		13,440	未来四方	2014.05.23
18K金绿碧玺戒指		44,517	香港拍得高	2014.03.22
18K金嵌和田白玉籽料佛首戒指	长1.2cm	40,320	中晟国际	2014.10.11
18k金镶1.03克拉红宝石戒指		17,250	北京博观	2014.04.20
18k金镶1.16克拉祖母绿戒指		64,400	北京博观	2014.04.20
18k金镶1.26克拉缅甸未加热红宝石戒指		28,750	北京博观	2014.04.20
18k金镶11.96克拉葡萄石戒指		12,650	北京博观	2014.04.20
18k金镶3.09克拉碧玺戒指		16,100	北京博观	2014.04.20
18K金镶白玉戒指	长1.3cm	14,336	中晟国际	2014.10.11
18K金镶白玉戒指	长1.3cm	17,920	中晟国际	2014.10.11
18K金镶碧玉戒指	长1.3cm	17,920	中晟国际	2014.10.11
18K金镶碧玉戒指	长1.3cm	13,440	中晟国际	2014.10.11
18K金镶碧玉戒指	长1.3cm	20,160	中晟国际	2014.10.11
18K金镶碧玉戒指	长1.3cm	22,400	中晟国际	2014.10.11
18K金镶翠马鞍戒	长1.5cm	10,350	中鸿信	2014.11.23
18K金镶蛋面形翡翠戒	长1.6cm	14,794	中信国际	2014.06.22
18K金镶方型黄色钻石戒指	长2.6cm	207,000	中贸圣佳	2014.07.06
18K金镶方型蓝宝石戒指	长2.4cm	97,750	中贸圣佳	2014.07.06
18K金镶翡翠葫芦戒指		22,400	未来四方	2014.05.23
18K金镶翡翠戒指	长3cm	11,500	中国嘉德	2014.06.22
18K金镶红宝石戒指		53,760	盛世嘉宝	2014.11.02
18K金镶红宝石嵌玻璃种翡翠戒指	内径1.8cm	134,400	中晟国际	2014.10.11
18K金镶红宝石嵌玻璃种翡翠戒指	内径1.3cm	22,400	中晟国际	2014.10.11
18K金镶满钻鸽血红宝石大戒	主石3.35克拉	149,500	中鸿信	2014.11.23
18K金镶嵌1.719克拉祖母绿戒指		10,560	北京保利	2014.02.05
18K金镶星光蓝宝石戒	直径1.8cm	20,234	中信国际	2014.05.18
18K金镶祖母绿戒指耳钉(一套三件)		138,000	中贸圣佳	2014.07.06
18K金镶钻冰种翡翠戒指	内径1.3cm	14,560	中晟国际	2014.10.11
18K金镶钻冰种翡翠戒指	内径1.4cm	25,760	中晟国际	2014.10.11
18K金镶钻冰种黄翡戒指	内径1.4cm	20,160	中晟国际	2014.10.11
18K金镶钻冰种满绿翡翠马鞍戒指	内径1.3cm	50,400	中晟国际	2014.10.11
18K金镶钻翡翠戒指		16,800	未来四方	2014.05.23
18K金镶钻翡翠满绿古典戒指		20,000	冉云轩	2014.08.09
18K金镶钻翡翠飘绿双福戒指		20,000	冉云轩	2014.08.09
18K金镶钻嵌玻璃种翡翠戒指	内径1.9cm	134,400	中晟国际	2014.10.11
18K金镶钻珊瑚戒指一件 耳坠一对		34,500	中国嘉德	2014.06.22
18K金镶钻石方型蓝宝石戒指耳钉(一套三件)		34,500	中贸圣佳	2014.07.06
18K金镶钻石翡翠戒指	长2.5cm	483,000	中贸圣佳	2014.07.06
18K金镶钻石翡翠戒指	长2.3cm	345,000	中贸圣佳	2014.07.06
18K金镶钻石鸽血红宝石戒指	长2.6cm	862,500	中贸圣佳	2014.07.06
18K金镶钻石金字塔型红宝石戒指	长2.9cm	92,000	中贸圣佳	2014.07.06
18K金镶钻石蓝宝石戒指		1,792,000	北京荣海嘉	2014.01.19
18K金镶钻石绿色碧玺戒指	长3cm	57,500	中贸圣佳	2014.07.06
18K金镶钻石喷沙异型戒指	长3.6cm	172,500	中贸圣佳	2014.07.06

拍品名称	物品尺寸	成交价RMB	拍卖公司	拍卖日期
18K金镶钻石紫色碧玺戒指	长2.9cm	92,000	中贸圣佳	2014.07.06
18K金珍珠钻石戒指	指圈号18#	20,160	未来四方	2014.05.23
18k金钻石贝壳戒指		10,304	未来四方	2014.05.23
18K金钻石翡翠戒指	指圈 6号	25,889	大唐国际	2014.05.27
18K金钻石戒指	港指圈：17	21,259	香港拍得高	2014.03.22
18k金钻石蓝宝石戒指		61,600	未来四方	2014.05.23
18k金钻石蓝宝石戒指		112,000	未来四方	2014.05.23
18k金钻石绿碧玺戒指		50,400	未来四方	2014.05.23
18k金钻石绿碧玺戒指		156,800	未来四方	2014.05.23
18K玫瑰金红宝石戒指	港指圈：14	268,134	香港拍得高	2014.06.21
18K玫瑰金红碧玺戒指	港指圈：15.5	49,059	香港拍得高	2014.03.22
18K玫瑰金绿碧玺戒指	港指圈：16	22,713	香港拍得高	2014.03.22
18K玫瑰金镶碧玺戒指		17,250	远方拍卖	2014.09.21
18K玫瑰金镶嵌冰种黄翡马鞍戒指	内径1.7cm	560,000	中晟国际	2014.10.11
18K玫瑰金镶嵌黑钻石戒指		22,500	北京保利	2014.02.05
18K玫瑰金镶嵌黑钻石马型戒指		24,701	北京保利	2014.02.05
18K玫瑰金镶钻嵌满绿翡翠戒指	内径1.5cm	11,200	中晟国际	2014.10.11
18K玫瑰金镶钻嵌满绿翡翠戒指	内径1.6cm	10,080	中晟国际	2014.10.11
18K玫瑰金紫翡翠戒指及吊坠(两件)		11,095	香港拍得高	2014.06.21
18K玫瑰金紫翡翠戒指及紫翡翠“平安扣”吊坠(两件)		14,794	香港拍得高	2014.06.21
19.9mm 珊瑚 钻石 黄金戒指	长0.16cm	188,669	日本伊斯特	2014.10.25
1克拉彩黄色钻石戒指	长0.55cm	36,800	保利厦门	2014.11.02
1克拉垫形彩黄色VS1净度钻石戒指	长0.51cm	66,700	北京保利	2014.12.04
1克拉钻石戒指		24,640	北京荣宝	2014.08.24
2.00克拉榄尖形F/VVS1钻石戒指		201,000	佳士得	2014.05.27
2.005克拉钻石戒指		230,000	广州皇玛	2014.01.02
2.015克拉未加热红宝石戒指	长1.66cm	162,400	北京荣宝	2014.06.15
2.01卡拉黄钻石配钻石戒指镶18K白金	长1.3cm	50,284	香港拍得高	2014.09.06
2.01克拉D色VVS1净度钻石配钻石戒指		204,824	天成国际	2014.12.07
2.01克拉鸽血红红宝石戒指 未经加热处理	长1.4cm	41,400	北京保利	2014.12.04
2.01克拉红宝石戒指		64,960	北京荣宝	2014.06.15
2.01克拉梨形H色VS1净度钻石配黑色钻石 红宝石及钻石“灵蛇”戒指		246,667	天成国际	2014.06.08
2.01克拉缅甸鸽血红宝石戒指	长1.84cm	70,000	上海驰翰	2014.06.26
2.01克拉钻石戒指		115,000	华艺国际	2014.05.31
2.021克拉钻石戒指		230,000	广州皇玛	2014.01.02
2.02克拉椭圆形I色VS2净度钻石戒指	戒指尺寸3 1/2	83,792	天成国际	2014.12.07
2.05克拉缅甸鸽血红红宝石配镶钻石戒指 未经热处理	指环大小13	276,000	北京保利	2014.06.06
2.06克拉梨形彩紫粉红色SI1净度钻石配钻石戒指	戒指5 3/4	2,699,958	天成国际	2014.12.07
2.06克拉缅甸鸽血红红宝石戒指 未经加热处理	指环大小14	241,500	北京保利	2014.12.04
2.08克拉D色内部无瑕钻石配钻石戒指	戒指尺寸6 1/2	260,686	天成国际	2014.12.07
2.13克拉鸽血红红宝石戒指 未经加热处理	长1.5cm	63,250	北京保利	2014.06.06
2.15克拉长方形J色VS1净度钻石戒指	戒指尺寸6 1/2	74,482	天成国际	2014.12.07
2.16卡拉圆形钻石戒指镶18K白金	港指圈：13	148,109	香港拍得高	2014.09.06
2.274克拉黄色蓝宝石戒指		16,800	北京荣宝	2014.08.24
2.27克拉克什米尔蓝宝石戒指 未经加热处理		356,500	北京保利	2014.12.04
2.31克拉彩黄色钻石戒指		161,000	北京保利	2014.06.06
2.41克拉未加热蓝宝石戒指		67,200	北京荣宝	2014.08.24
2.44克拉祖母绿配镶钻石戒指	长0.95cm	36,800	北京保利	2014.02.05
2.452克拉未加热星光红宝石戒指		44,800	北京荣宝	2014.06.15
2.46克拉未加热红宝石戒指		42,560	北京荣宝	2014.08.24
2.51克拉G色VS2净度钻石戒指		142,308	天成国际	2014.06.08
2.52克拉红宝石戒指 未经加热处理	长0.8cm	74,750	北京保利	2014.12.04
2.53克拉未加热蓝宝石戒指		67,200	北京荣宝	2014.08.24
2.54克拉SI1净度彩绿色钻石戒指	指环5 1/2	1,586,746	保利香港	2014.10.06
2.55克拉枕形彩黄绿色VS1净度钻石戒指		402,500	北京保利	2014.12.04
2.58克拉椭圆形彩黄色VS2净度钻石配钻石戒指		158,273	天成国际	2014.12.07
2.5克拉哥伦比亚祖母绿戒指		61,600	北京荣宝	2014.03.23
2.62克拉方形艳彩黄色无瑕钻石戒指	长0.75cm	575,000	北京保利	2014.12.04
2.66克拉淡蓝色钻石配镶粉色钻石戒指	指环12	575,000	北京保利	2014.06.06
2.66克拉黄色钻石配镶钻石戒指		161,000	北京保利	2014.06.06
2.90克拉椭圆形“缅甸”无经加热处理红宝石配钻石戒指		161,282	天成国际	2014.06.08
2.92克拉椭圆形“缅甸”无经加热处理蓝宝石配钻石戒指		69,827	天成国际	2014.12.07
2.94克拉“斯里兰卡”蓝宝石配钻石戒指		80,500	华艺国际	2014.12.09
2.96克拉祖母绿戒指	长2.37cm	22,400	北京荣宝	2014.08.24
2.98克拉长方形F/SI1 钻石戒指	戒指4 1/4	653,250	佳士得	2014.05.27
2.98克拉蓝宝石戒指	长0.83cm	42,560	北京荣宝	2014.03.23
2.99克拉方形淡彩黄色钻石戒指	长1.4cm	112,700	北京保利	2014.02.05
2.9克拉坦桑石戒指		16,800	北京荣宝	2014.03.23
20.50克拉缅甸“皇家蓝”蓝宝石配钻石戒指	指环5 1/2	1,213,394	保利香港	2014.10.06
20.75克拉黄色蓝宝石配钻石戒指 未经热处理		177,118	保利香港	2014.04.06
22.35克拉金绿猫眼配钻石戒指	长1.15cm	402,500	华艺国际	2014.05.31
23.02克拉古垫形无经加热处理深橙红色尖晶石配粉红色钻石及钻石戒指		275,129	天成国际	2014.06.08
24.21卡拉摩根宝石钻石戒指镶18K玫瑰金(无处理)	长1.55cm	52,112	香港拍得高	2014.09.06
24.32克拉坦桑石戒指		149,500	北京保利	2014.06.06
24.88克拉坦桑石戒指	长1.77cm	80,500	北京保利	2014.12.04
25.11克拉长方形深彩棕黄色VS1净度钻石配钻石戒指	戒指5 1/2	2,846,160	天成国际	2014.06.08
25.31克拉缅甸“皇家蓝”蓝宝石配钻石戒指 未经热处理	指环5 1/2	6,837,450	保利香港	2014.04.06
25.43克拉赞比亚祖母绿戒指	长1.95cm	667,000	北京保利	2014.12.04
25.49克拉椭圆形“缅甸”(抹谷)无经加热处理星光红宝石配红宝石及钻石戒指		2,087,184	天成国际	2014.06.08
28.86克拉坦桑石戒指		115,000	北京保利	2014.06.06
28.88克拉枕形哥伦比亚祖母绿戒指	戒指5 3/4	25,760,160	佳士得	2014.05.27
2克拉蓝宝石戒指	长1.29cm	33,600	北京荣宝	2014.08.24
2克拉缅甸红宝石戒指 未经加热处理	长0.77cm	230,000	北京保利	2014.12.04
3.00克拉“缅甸”鸽血红红宝石配钻石戒指		379,500	华艺国际	2014.12.09
3.01克拉缅甸红宝石配钻石戒指		205,344	保利香港	2014.10.06
3.01克拉圆形钻石戒指		161,000	北京保利	2014.06.06
3.01克拉枕形浓彩黄色VS1净度钻石戒指	长0.81cm	345,000	北京保利	2014.12.04
3.03克拉梨形D/IF 钻石戒指	戒指5 1/2	804,000	佳士得	2014.05.27
3.03克拉变色蓝宝石戒指		89,600	北京荣宝	2014.08.24

2014珠宝翡翠拍卖成交汇总

(成交价RMB：1万元以上)

拍品名称	物品尺寸	成交价RMB	拍卖公司	拍卖日期
3.03克拉淡彩黄色SI2净度钻石戒指	主石长1.25cm	115,000	北京保利	2014.12.04
3.03克拉古垫形“莫桑比克”无经加热处理红宝石配钻石戒指		113,846	天成国际	2014.06.08
3.04克拉椭圆形“泰国”红宝石配钻石戒指及耳环套装		93,102	天成国际	2014.12.07
3.05克拉梨形D色VS1净度钻石戒指	长1.4cm	414,000	北京保利	2014.12.04
3.05克拉祖母绿戒指	长0.84cm	43,700	保利厦门	2014.11.02
3.06克拉红宝石戒指		100,800	北京荣宝	2014.06.15
3.06克拉红宝石戒指 未经加热处理	长1.02cm	69,000	北京保利	2014.12.04
3.07克拉浓彩黄VS2净度钻石戒指		616,000	北京荣宝	2014.06.15
3.07克拉椭圆形彩棕黄橘色无瑕钻石戒指	长1.03cm	483,000	北京保利	2014.12.04
3.07克拉圆形K-L色VVS净度钻石戒指	长0.96cm	166,750	北京保利	2014.12.04
3.09克拉斯里兰卡皇家蓝蓝宝石戒指	长0.83cm	40,250	北京保利	2014.12.04
3.12克拉蓝宝石戒指	长1.48cm	72,800	北京荣宝	2014.03.23
3.12克拉蓝宝石戒指		35,840	北京荣宝	2014.08.24
3.16克拉祖母绿戒指	长0.98cm	51,750	保利厦门	2014.11.02
3.17克拉方形淡彩黄色VS2净度钻石戒指	长0.8cm	166,750	北京保利	2014.12.04
3.17克拉哥伦比亚祖母绿配钻石戒指		532,027	保利香港	2014.10.06
3.17克拉蓝宝石戒指	长1.4cm	11,500	保利厦门	2014.11.02
3.17克拉缅甸皇家蓝蓝宝石戒指未经热处理	长1.3cm	57,500	北京保利	2014.06.06
3.17克拉椭圆形“缅甸”无经加热处理红宝石配钻石戒指		104,359	天成国际	2014.06.08
3.22克拉欧泊戒指	长1.13cm	28,750	北京保利	2014.12.04
3.27克拉红宝石戒指	长1.66cm	109,760	北京荣宝	2014.03.23
3.299克拉祖母绿配钻石戒指		149,500	华艺国际	2014.12.09
3.29克拉蓝宝石戒指	长2.15cm	72,800	北京荣宝	2014.08.24
3.31克拉 缅甸抹谷非加热“鸽血红”红宝石戒指		644,000	上海嘉泰	2014.06.18
3.35克拉缅甸鸽血红宝石戒指		392,000	北京荣宝	2014.11.30
3.40克拉哥伦比亚木佐矿艳绿色祖母绿戒指	长0.92cm	103,500	北京保利	2014.12.04
3.49克拉古垫形“缅甸”无经加热处理红宝石戒指		521,796	天成国际	2014.06.08
3.4克拉绿碧玺戒指		11,200	北京荣宝	2014.08.24
3.50克拉缅甸“鸽血红”红宝石配钻石戒指，未经热处理		512,710	保利香港	2014.04.06
3.59克拉古垫形“马达加斯加”粉红色刚玉配祖母绿及钻石戒指		42,692	天成国际	2014.06.08
3.71克拉斯里兰卡皇家蓝蓝宝石戒指	指环大小14	63,250	北京保利	2014.06.06
3.72克拉椭圆形无经加热处理蓝宝石配钻石戒指 及钻石戒指	戒指尺寸分别6及5 1/2	39,846	天成国际	2014.06.08
3.74克拉未加热红碧玺戒指		28,000	北京荣宝	2014.06.15
3.80克拉蓝宝石男戒		50,400	北京荣宝	2014.11.30
3.80克拉赞比亚祖母绿戒指及总重6.37克拉赞比亚祖母绿耳环		345,000	北京保利	2014.12.04
3.81克拉VIVID GREEN祖母绿戒指 未经注油	长0.93cm	115,000	北京保利	2014.06.06
3.93克拉缅甸红宝石配珍珠母戒指	指环尺寸6	317,349	保利香港	2014.10.06
30.91克拉古垫形“缅甸”无经加热处理蓝宝石配钻石戒指		6,641,040	天成国际	2014.06.08
31.01克拉鲜彩黄色VVS2净度钻石戒指	指环6 1/2	15,867,460	保利香港	2014.10.06
32.17克拉坦桑石戒指		168,000	北京荣宝	2014.06.15
34.78克拉缅甸橄榄石戒指 未经热处理	主石长2.02cm	115,000	北京保利	2014.06.06
36.08克拉斯里兰卡变色星光蓝宝石戒指 未经热处理	主石长1.83cm	759,000	北京保利	2014.06.06

拍品名称	物品尺寸	成交价RMB	拍卖公司	拍卖日期
37.50克拉心形无经处理锰铝榴石配钻石戒指		237,180	天成国际	2014.06.08
37.72克拉古垫形红色碧玺配钻石戒指		75,898	天成国际	2014.06.08
3克拉淡彩黄色VS1净度钻石戒指		179,200	北京荣宝	2014.08.24
3克拉斯里兰卡皇家蓝蓝宝石戒指		40,250	北京保利	2014.06.06
3克拉心形E色无瑕钻石戒指	长1.09cm	621,000	北京保利	2014.12.04
4.013克拉未加热蓝宝石戒指		168,000	北京荣宝	2014.08.24
4.02克拉缅甸鸽血红红宝石戒指	指环大小14	345,000	北京保利	2014.12.04
4.03克拉古垫形“泰国”红宝石配钻石戒指	香港尺寸1.44，台湾尺寸17.3	74,482	天成国际	2014.12.07
4.06克拉未加热绿碧玺戒指		28,000	北京荣宝	2014.06.15
4.06克拉祖母绿戒指		100,800	北京荣宝	2014.06.15
4.089克拉缅甸鸽血红红宝石戒指 未经加热处理	主石长1.13cm	2,070,000	北京保利	2014.12.04
4.08克拉斯里兰卡皇家蓝蓝宝石戒指 未经加热处理	长0.98cm	69,000	北京保利	2014.12.04
4.08克拉圆形G色VVS1净度钻石戒指		1,035,000	华艺国际	2014.12.09
4.09克拉古垫形“克什米尔”无经加热处理浓彩“矢车菊”色蓝宝石及钻石戒指		1,802,568	天成国际	2014.06.08
4.11克拉欧泊戒指及1.91克拉黄色蓝宝石戒指		51,750	北京保利	2014.12.04
4.12克拉缅甸艳红色尖晶石戒指未经加热处理	长1.1cm	166,750	北京保利	2014.12.04
4.13 克拉枕形非洲红宝石戒指		261,300	佳士得	2014.05.27
4.13克拉哥伦比亚祖母绿配镶钻石戒指	长1.3cm	57,500	北京保利	2014.02.05
4.14克拉缅甸祖母绿配钻石戒指 未经注油	指环6	540,676	保利香港	2014.04.06
4.18克拉缅甸皇家蓝蓝宝石戒指 未经加热处理	长1.08cm	218,500	北京保利	2014.12.04
4.30克拉缅甸红宝石配钻石戒指		429,355	保利香港	2014.10.06
4.32克拉圆形D/IF(极优切割)钻石戒指	戒指6 1/2	2,154,720	佳士得	2014.05.27
4.33克拉缅甸艳红色尖晶石戒指未经加热处理	长0.95cm	103,500	北京保利	2014.12.04
4.36克拉祖母绿配钻石戒指		253,000	华艺国际	2014.09.28
4.52 克拉榄尖形E/VVS2 钻石戒指		1,189,920	佳士得	2014.05.27
4.57卡拉古垫形“斯里兰卡”蓝宝石钻石戒指镶18K白金〈无处理〉	长1.1cm	148,109	香港拍得高	2014.09.06
4.57克拉缅甸"鸽血红”红宝石配钻石戒指	指环6 1/2	2,613,464	保利香港	2014.10.06
4.58 克拉椭圆形D/VVS1(极优打磨及比例) 钻石戒指		1,672,320	佳士得	2014.05.27
4.71克拉海螺珠配钻石戒指		168,008	保利香港	2014.10.06
4.71克拉斯里兰卡皇家蓝蓝宝石戒指	长1.42cm	51,750	北京保利	2014.12.04
4.72卡拉“哥伦比亚”祖母绿钻石戒指镶18K白金(无处理)		234,962	香港拍得高	2014.09.06
4.77克拉克什米尔蓝宝石配钻石戒指		1,120,056	保利香港	2014.10.06
43.17克拉古垫形“缅甸”无经加热处理“皇家蓝”色蓝宝石配钻石戒指		2,229,492	天成国际	2014.06.08
46.49克拉斯里兰卡紫色星光蓝宝配钻石戒指		46,669	保利香港	2014.10.06
4克拉彩黄色黄钻戒指	长0.87cm	287,500	保利厦门	2014.11.02
5.01克拉彩黄棕色钻石戒指		130,673	保利香港	2014.10.06
5.01克拉椭圆形“泰国”无经加热处理红宝石配钻石戒指		1,675,836	天成国际	2014.12.07
5.01克拉圆形钻石戒指		379,500	北京保利	2014.06.06

拍品名称	物品尺寸	成交价RMB	拍卖公司	拍卖日期
5.02克拉斯里兰卡皇家蓝蓝宝石戒指		97,750	北京保利	2014.06.06
5.02克拉枕形彩黄色VS2净度钻石戒指	长1.01cm	483,000	北京保利	2014.12.04
5.04克拉八卦形黄色钻石戒指	指环13	437,000	北京保利	2014.06.06
5.07克拉蜜糖色金绿宝石猫眼戒指 未经加热处理	长1.02cm	126,500	北京保利	2014.12.04
5.07克拉椭圆形黄钻配钻石戒指		782,000	华艺国际	2014.05.31
5.07克拉圆形钻石戒指		575,000	北京保利	2014.06.06
5.08克拉彩黄色钻石配钻石戒指	指环尺寸6	428,812	保利香港	2014.04.06
5.0克拉钻石戒指	指环尺寸5 ½	391,524	保利香港	2014.04.06
5.17克拉粉色蓝宝石戒指 未经加热处理	指环大小15	25,300	北京保利	2014.12.04
5.2克拉哥伦比亚祖母绿戒指		257,600	北京荣宝	2014.11.30
5.31克拉椭圆形"马达加斯加"紫粉红色刚玉配钻石戒指		93,102	天成国际	2014.12.07
5.32克拉哥伦比亚祖母绿戒指	长1.21cm	264,500	北京保利	2014.06.06
5.34克拉椭圆形钻石配粉钻戒指		1,725,000	华艺国际	2014.05.31
5.39克拉彩黄色钻石戒指		425,600	北京荣宝	2014.08.24
5.40克拉阶梯式切割E色VVS2净度钻石戒指		1,897,440	天成国际	2014.06.08
5.41克拉 钻石 黄金戒指		265,642	日本伊斯特	2014.06.01
5.597克拉未加热蓝宝石戒指		358,400	北京荣宝	2014.06.15
5.59克拉鲜彩黄色钻石配钻石戒指	指环5 ¾	1,186,580	保利香港	2014.04.06
5.61卡拉变色蓝宝石钻石戒指镶18K白金	港指圈：13	43,884	香港拍得高	2014.09.06
5.70克拉矩形浓彩黄色无瑕钻石戒指	长1.09cm	828,000	北京保利	2014.12.04
5.70克拉梨形"克什米尔"无经加热处理蓝宝石配4.72克拉梨形D色VS2净度TYPE IIa钻石及钻石戒指		5,027,508	天成国际	2014.12.07
50.40克拉圆珠形"斯里兰卡"无经处理金绿猫眼石配钻石"金球"戒指	戒指5 ¾	2,793,060	天成国际	2014.12.07
52.50克拉斯里兰卡蓝宝石配钻石戒指 未经热处理	指环4	2,567,500	保利香港	2014.04.06
6.03克拉方形彩黄色VS1净度钻石戒指	指环大小14	759,000	北京保利	2014.12.04
6.04克拉蓝宝石戒指	长3.26cm	156,800	北京荣宝	2014.08.24
6.07克拉哥伦比亚祖母绿戒指	主石长1.28cm	460,000	北京保利	2014.06.06
6.08克拉棕黄色VS2净度钻石戒指		805,000	华艺国际	2014.12.09
6.13克拉枕形浓彩绿色VS2(极优打磨)钻石戒指	戒指6	22,608,480	佳士得	2014.05.27
6.15克拉圆形G色VS1净度钻石戒指	指环大小14	885,500	北京保利	2014.12.04
6.16克拉皇家蓝蓝宝石戒指 未经热处理	指环大小11	241,500	北京保利	2014.06.06
6.17克拉斯里兰卡蜜糖色金绿宝石猫眼戒指 未经热处理	戒指尺寸约12	172,500	北京保利	2014.06.06
6.6克拉黑欧泊戒指	长1.75cm	89,600	北京荣宝	2014.06.15
6.83克拉斯里兰卡矢车菊蓝宝石戒指 未经加热处理	长1.24cm	276,000	北京保利	2014.12.04
7.01克拉浓彩黄钻配钻石戒指	戒指尺寸约12	805,000	华艺国际	2014.05.31
7.02克拉斯里兰卡蓝宝石戒指 未经加热处理	长1.27cm	201,250	北京保利	2014.12.04
7.05克拉K色VS2净度钻石戒指	戒指圈口为14#54#	690,000	华艺国际	2014.09.28
7.06克拉斯里兰卡蜜糖色金绿宝石猫眼戒指 未经热处理	指环大小13	161,000	北京保利	2014.06.06
7.10克拉枕形黄色钻石戒指	主石长1.14cm	1,058,000	北京保利	2014.02.05
7.15克拉方形彩黄色VS2净度钻石配钻石戒指	戒指尺寸5 ¾	837,918	天成国际	2014.12.07
7.20克拉"缅甸"无经加热处理星光红宝石配红宝石及钻石"花"戒指	戒指尺寸6 ½	391,028	天成国际	2014.12.07
7.21克拉枕垫形黄钻配钻石戒指	戒指尺寸约13	2,070,000	华艺国际	2014.05.31
7.33克拉D色内部无瑕Triple Excellent (极优切割，打磨及比例) 钻石戒指	戒指6	7,634,364	天成国际	2014.12.07
7.57克拉圆形J/VS1 钻石戒指	戒指5 ½	996,960	佳士得	2014.05.27
7.62克拉彩黄色钻石配钻石戒指 IF净度	指环尺寸6	792,370	保利香港	2014.04.06
7.70克拉圆形彩黄色VVS2净度钻石配粉红色钻石及钻石戒指	戒指尺寸5 ¾	1,328,208	天成国际	2014.06.08
7.80克拉喀什米尔蓝宝石配钻石戒指 未经热处理	指环6	4,111,950	保利香港	2014.04.06
77.01克拉"斯里兰卡"无经处理金绿猫眼石"双龙"戒指	戒指10	5,123,088	天成国际	2014.06.08
8.02克拉金绿宝石戒指 未经热处理	指环大小12	74,750	北京保利	2014.06.06
8.03克拉长方形W–X/VS1 钻石戒指	戒指尺寸6	482,400	佳士得	2014.05.27
8.08克拉缅甸星光鸽血红红宝石戒指 未经热处理	主石长1.2cm	2,162,000	北京保利	2014.06.06
8.21克拉斯里兰卡黄色蓝宝石戒指	指环大小14	20,700	北京保利	2014.06.06
8.33克拉浓彩黄色VVS1钻石戒指	指环5 ½	1,493,408	保利香港	2014.10.06
8.36克拉古垫形"缅甸"无经加热处理粉红色尖晶石配钻石戒指	戒指尺寸6 ½	142,308	天成国际	2014.06.08
8.50克拉古垫形"缅甸"无经加热处理"皇家蓝"色蓝宝石配钻石戒指	戒指尺寸6 ½	1,138,464	天成国际	2014.06.08
8.51克拉哥伦比亚祖母绿配镶钻石戒指	长1.31cm	989,000	北京保利	2014.02.05
8.55克拉哥伦比亚祖母绿配钻石戒指 未经注油	指环尺寸5 1/2	1,386,450	保利香港	2014.04.06
8.72克拉缅甸星光蓝宝石戒指		24,640	北京荣宝	2014.11.30
9.00克拉缅甸"皇家蓝"蓝宝石配钻石戒指 未经热处理	指环尺寸6 1/2	1,004,880	保利香港	2014.04.06
9.16克拉莫桑比克鸽血红红宝石戒指 未经加热处理	主石长1.45cm	2,760,000	北京保利	2014.06.06
9.49克拉长方形浓彩黄色内部无瑕净度钻石配钻石戒指	戒指尺寸7	1,897,440	天成国际	2014.06.08
9.54克拉椭圆形"缅甸"无经处理橙红色尖晶石配钻石戒指	戒指尺寸6 ¼	279,306	天成国际	2014.12.07
9.55克拉古垫形"缅甸"无经加热处理"皇家蓝"色蓝宝石配钻石戒指	戒指尺寸 5 ¼	1,802,568	天成国际	2014.06.08
9.61克拉方形"斯里兰卡"黄橙色刚玉配钻石戒指及胸针套装	戒指尺寸5	65,171	天成国际	2014.12.07
9.66克拉哥伦比亚祖母绿配钻石戒指 未经注油	指环尺寸6	605,930	保利香港	2014.04.06
9.9克拉祖母绿戒指		67,200	北京荣宝	2014.08.24
900铂金镶嵌5.13克拉金绿宝石猫眼配钻石戒指	指环大小：13	17,250	北京保利	2014.02.05
900铂金镶嵌7.38克拉欧泊配以钻石戒指	指环大小：13	13,800	北京保利	2014.02.05
900铂金镶嵌翡翠配钻石戒指(一组)	指环大小12 指环大小13	17,250	北京保利	2014.02.05
925银镀玫瑰金南红戒指		13,440	未来四方	2014.05.23
AKA赤血红红珊瑚戒指 约18.09mm	长1.8cm	126,500	北京保利	2014.06.06
AKA红珊瑚蛋面戒指	长1.96cm	32,200	北京保利	2014.06.06
AKA红珊瑚戒指、吊坠一套 约18.23mm及14.20mm		189,750	北京保利	2014.06.06
AKA红珊瑚镶嵌黄色钻石戒指		34,500	北京保利	2014.06.06

拍品名称	物品尺寸	成交价RMB	拍卖公司	拍卖日期
AKA随形红珊瑚戒指	长1.93cm	36,800	北京保利	2014.06.06
ARTDECO风格钻石戒指 (一组)		92,000	北京保利	2014.06.06
Cartier 钻石配祖母绿及黑玛瑙“猎豹”戒指	指环尺寸$4\frac{1}{2}$	205,344	保利香港	2014.10.06
FAIRCHILD 25克拉未加热红碧玺戒指		179,200	北京荣宝	2014.03.23
Graff 10.06克拉钻石戒指	指环7	8,680,434	保利香港	2014.10.06
Harry Winston3.49克拉深彩黄色钻石戒指	指环尺寸$4\frac{1}{2}$	784,039	保利香港	2014.10.06
J.M. Currens设计 2.18克拉喀什米尔蓝宝石配粉色蓝宝石戒指　未经热处理	指环尺寸6	400,846	保利香港	2014.04.06
JUDY CHAO 作品“花解语”冰种翡翠配镶钻石指中戒		63,250	北京保利	2014.06.06
K白金猫眼石戒指(无处理)		127,190	香港拍得高	2014.03.22
K白金镶碎钻嵌蓝宝石刚玉戒	长1.6cm	45,885	中信国际	2014.04.19
K白金镶钻嵌翠玉莲蓬戒	长2.7cm	12,020	中信国际	2014.06.22
K白金长方形钻石戒指	港指圈：9.5	58,250	香港拍得高	2014.06.21
K黄金镶碎钻嵌黄宝石戒	长1.7cm	25,696	中信国际	2014.04.19
K黄金镶碎钻嵌星光蓝宝蛋面男戒	长1.6cm	23,860	中信国际	2014.04.19
K金镶钻石戒指 耳环及吊坠套装		18,974	天成国际	2014.06.08
Manuel Bovier设计5.01克拉钻石戒指	指环尺寸$6\frac{1}{2}$	793,373	保利香港	2014.10.06
Margherita Burgener设计6.06克拉坦桑石配钻石“花型”戒指	指环尺寸5	32,668	保利香港	2014.10.06
Oscar Heyman 钻石配祖母绿戒指	指环尺寸5	74,670	保利香港	2014.10.06
pt+18k金蓝宝石钻石戒指		16,800	未来四方	2014.05.23
Pt900 铂金5克拉钻戒		287,500	上海嘉泰	2014.06.18
Pt900 铂金红珊瑚镶钻戒指		51,750	浙江世贸	2014.04.13
Pt900 翡翠戒指	13.5号戒圈	34,500	上海嘉泰	2014.06.18
Pt900 红宝石戒指	13.5号戒圈	28,750	上海嘉泰	2014.06.18
Pt900 红宝石戒指	15号戒圈	43,700	上海嘉泰	2014.06.18
Pt900 红宝石嵌钻戒指	15.5号戒圈	41,400	上海嘉泰	2014.06.18
PT900 红宝石嵌钻石戒指	13号戒圈	69,000	上海嘉泰	2014.06.18
PT900 红宝石嵌钻石戒指	14号戒圈	48,300	上海嘉泰	2014.06.18
Pt900 蓝宝石戒指	12.5号戒圈	138,000	上海嘉泰	2014.06.18
Pt900 蓝宝石戒指	14号戒圈	13,800	上海嘉泰	2014.06.18
Pt900 坦桑石嵌钻戒指	16号戒圈	97,750	上海嘉泰	2014.06.18
Pt900 星光红宝石钻石戒指	14号戒圈	23,000	上海嘉泰	2014.06.18
Pt900 星光蓝宝石戒指		126,500	上海嘉泰	2014.06.18
Pt900 祖母绿嵌钻戒指	22号戒圈	120,750	上海嘉泰	2014.06.18
Pt900 祖母绿嵌钻石戒指	14号戒圈	40,250	上海嘉泰	2014.06.18
Pt900 祖母绿嵌钻石戒指	12号戒圈	20,700	上海嘉泰	2014.06.18
Pt900 祖母绿嵌钻石戒指	12号戒圈	32,200	上海嘉泰	2014.06.18
Pt900 祖母绿钻石戒指	13.5号戒圈	253,000	上海嘉泰	2014.06.18
pt900/18k镶钻红宝石戒指		138,000	中宝拍卖	2014.07.06
pt900铂金蓝宝石戒指		368,000	中宝拍卖	2014.07.06
pt900铂金镶钻红碧玺戒指		92,000	中宝拍卖	2014.07.06
pt900铂金镶钻金绿猫眼戒指		115,000	中宝拍卖	2014.07.06
pt900铂金镶钻绿锚眼戒指		172,500	中宝拍卖	2014.07.06
pt900铂金镶钻帕拉依巴碧玺戒指		460,000	中宝拍卖	2014.07.06
pt900铂金镶钻星光蓝宝石戒指		172,500	中宝拍卖	2014.07.06
pt900铂金镶钻祖母绿戒指		690,000	中宝拍卖	2014.07.06
pt900铂金祖母绿戒指		460,000	中宝拍卖	2014.07.06
PT900钻石金绿宝石猫眼戒指		168,000	未来四方	2014.05.23
pt碧玺猫眼戒指		13,440	未来四方	2014.05.23
pt红宝石钻石戒指		39,200	未来四方	2014.05.23
Tiffany & Co.5.85克拉斯里兰卡紫色蓝宝石配钻石戒指		54,136	保利香港	2014.10.06
TIFFANY 1.02克拉彩黄色VVS2净度钻石戒指		44,800	北京荣宝	2014.06.15

拍品名称	物品尺寸	成交价RMB	拍卖公司	拍卖日期
Van Cleef & Arpels 23.49克拉缅甸“皇家蓝”蓝宝石配钻石戒指	指环7	5,133,590	保利香港	2014.10.06
阿卡红珊瑚18k玫瑰金戒指		19,550	北京艺融	2014.12.08
阿卡红珊瑚18k玫瑰金戒指		17,250	北京艺融	2014.12.08
阿卡红珊瑚戒指		28,750	北京艺融	2014.06.03
阿卡红珊瑚戒指		31,360	北京荣宝	2014.06.15
阿卡红珊瑚戒指		42,560	北京荣宝	2014.08.24
阿卡红珊瑚戒指		42,560	北京荣宝	2014.08.24
阿卡红珊瑚戒指、耳钉套装		39,200	北京荣宝	2014.06.15
阿卡红珊瑚满镶钻戒指	长1.8cm	57,500	北京艺融	2014.12.08
阿卡红珊瑚镶钻翡翠戒指(挂坠)		43,700	北京艺融	2014.06.03
阿卡红珊瑚镶钻戒指		51,750	北京艺融	2014.06.03
阿卡红珊瑚镶钻水滴戒指		25,300	北京艺融	2014.06.03
阿卡红珊瑚镶钻圆珠戒指		40,250	北京艺融	2014.06.03
白金翡翠戒指		694,320	中国艺海	2014.11.15
白金镶翡翠蛋面戎指	港指圈17号	47,182	香港淳浩	2014.11.27
白金镶蓝宝石钻石戒指	长0.76cm	11,500	中鸿信	2014.11.23
白金镶斯里兰卡蓝宝石戒指		34,500	中鸿信	2014.11.23
白金镶钻冰种翡翠戒指	长1.7cm	728,000	盛世嘉宝	2014.11.02
白金镶钻翡翠戒指	长13cm	57,500	中鸿信	2014.11.23
白金镶钻满绿翡翠戒指	长2cm	123,200	盛世嘉宝	2014.11.02
白金镶钻嵌翡翠女戒	长1.5cm	21,425	中信国际	2014.05.18
白金镶钻嵌蓝宝石戒	长2cm	17,986	中信国际	2014.02.23
白金镶钻嵌蓝宝石戒	长2cm	26,186	中信国际	2014.05.18
白色南洋珍珠戒指	珍珠直径1.73cm	48,300	北京保利	2014.02.05
白色南洋珍珠戒指　约17.5mm	长17.5cm	20,700	北京保利	2014.12.04
白色南洋珍珠戒指　约16mm	长1.6cm	37,950	北京保利	2014.06.06
白色南洋珍珠配镶粉色蓝宝石花朵型珍珠戒指　约14mm	长1.4cm	23,000	北京保利	2014.06.06
白色欧泊戒指		13,800	北京保利	2014.06.06
白色异形珍珠配钻石戒指	长2cm	52,900	华艺国际	2014.12.09
宝格丽 海罗珠配钻石戒指	指环$4\frac{1}{2}$	288,982	保利香港	2014.04.06
碧玺配钻石戒指及耳环一组两件	指环尺寸$5\frac{1}{2}$	14,001	保利香港	2014.10.06
碧玺镶钻石花朵型戒指	指环大小15	28,750	北京保利	2014.12.04
扁圆形珊瑚配钻石戒指	戒指尺寸7	186,204	天成国际	2014.12.07
约12.45克拉椭圆形斯里兰卡天然变色蓝宝石戒指	戒指$6\frac{3}{4}$	345,188	佳士得	2014.11.25
「斯里兰卡」变色蓝宝石重9.91克拉配钻石戒指		177,975	香港苏富比	2014.10.07
变色石榴石重10.81克拉配钻石戒指		79,100	香港苏富比	2014.10.07
变色石榴石共重约15.97克拉18K白色黄金配钻石戒指		276,500	香港苏富比	2014.04.07
冰种蛋面戒指		17,500	北京保利	2014.02.05
冰种蛋面镶钻戒指		18,400	北京艺融	2014.06.03
冰种翡翠“葫芦”钻石戒指镶18K白金	港指圈：16	14,628	香港拍得高	2014.09.06
冰种翡翠蛋面戒指	指环大小13	92,000	保利厦门	2014.11.02
冰种翡翠蛋面戒指	指环大小18	92,000	北京保利	2014.12.04
冰种翡翠蛋面戒指 (一对)	指环大小均为14	34,500	北京保利	2014.12.04
冰种翡翠蛋面戒指、吊坠 (一套)	指环大小14	92,000	北京保利	2014.06.06
冰种翡翠戒指		42,000	北京九歌	2014.12.17
冰种翡翠戒指	指环大小15	28,750	北京保利	2014.12.04
冰种翡翠戒指耳环 (三件)	14号戒圈	17,250	上海嘉泰	2014.06.18
冰种翡翠配彩色宝石及钻石戒指，Alessio Boschi设计	戒指尺寸$6\frac{3}{4}$	93,102	天成国际	2014.12.07
冰种翡翠配翡翠及钻石戒指	戒指尺寸$7\frac{3}{4}$	74,482	天成国际	2014.12.07
冰种翡翠配翡翠及钻石戒指；及冰种翡翠配钻石戒指	戒指尺寸分别$6\frac{1}{2}$及$6\frac{3}{4}$	88,447	天成国际	2014.12.07
冰种翡翠配蓝宝石 黄色钻石及钻石戒指	长1.93cm	237,180	天成国际	2014.06.08
冰种翡翠配钻石戒指	长1.93cm	11,500	广州皇玛	2014.01.02

拍品名称	物品尺寸	成交价RMB	拍卖公司	拍卖日期
冰种翡翠配钻石戒指	长0.64cm	42,692	天成国际	2014.06.08
冰种翡翠配钻石戒指	长1.84cm	80,641	天成国际	2014.06.08
冰种翡翠配钻石戒指	长1.18cm	27,931	天成国际	2014.12.07
冰种翡翠配钻石戒指及吊耳环套装		197,750	香港苏富比	2014.10.07
冰种翡翠镶钻方形戒指		21,850	北京艺融	2014.12.08
冰种翡翠钻石戒指	长1.55cm	13,225	中国嘉德	2014.05.19
冰种绿翡翠环戒	长1.8cm	40,250	北京艺融	2014.12.08
冰种绿色翡翠蛋面戒指	长2.03cm	48,300	北京保利	2014.12.04
冰种绿色翡翠戒指	长1.86cm	20,700	北京保利	2014.12.04
冰种满绿蛋面嵌钻石翡翠戒指		379,500	上海嘉泰	2014.06.18
冰种满绿翡翠方型戒指	主石长1.62cm	2,070,000	北京保利	2014.12.04
冰种满绿翡翠葫芦戒指		103,500	北京保利	2014.06.06
冰种满绿翡翠戒面带铜托	长1.1cm	195,500	上海嘉泰	2014.06.18
冰种满绿翡翠戒指	长2.25cm	713,000	北京保利	2014.12.04
冰种满绿翡翠戒指	长1.35cm	32,200	北京保利	2014.12.04
冰种满绿翡翠戒指	长1.59cm	40,250	北京保利	2014.12.04
冰种满绿翡翠戒指、耳环套装		460,000	保利厦门	2014.11.02
冰种满绿翡翠戒指、耳环套装		1,840,000	北京保利	2014.12.04
冰种满绿翡翠马鞍戒指		1,092,500	北京艺融	2014.12.08
冰种满绿翡翠配镶钻石戒指(一组)		207,000	北京保利	2014.06.06
冰种满绿翡翠双叶戒指		402,500	北京保利	2014.06.06
冰种满绿翡翠镶钻戒指		483,000	北京艺融	2014.06.03
冰种满绿翡翠镶钻戒指	长1.7cm	943,000	北京艺融	2014.06.03
冰种满绿镶钻翡翠戒指		23,000	北京艺融	2014.06.03
冰种阳绿马眼翡翠戒指		28,750	北京艺融	2014.12.08
玻璃种翡翠戒指、耳环套装		34,500	北京保利	2014.12.04
玻璃种满绿翡翠镶钻蛋面戒指	重7.7g	1,150,000	北京艺融	2014.12.08
玻璃种满绿翡翠钻石戒指	长1.4cm	140,000	北京九歌	2014.12.17
铂900祖母绿戒指		207,000	江苏爱涛	2014.07.06
铂金碧玺戒指	港指圈：15	14,331	香港拍得高	2014.06.21
铂金翡翠戒指	港指圈：13	54,510	香港拍得高	2014.03.22
铂金翡翠戒指	港指圈：13	40,883	香港拍得高	2014.03.22
铂金翡翠戒指	港指圈：13	26,813	香港拍得高	2014.06.21
铂金橄榄石戒指	港指圈：16	11,095	香港拍得高	2014.06.21
铂金海蓝宝戒指	港指圈：13.5	13,173	香港拍得高	2014.03.22
铂金蓝宝石戒指	港指圈：20	16,643	香港拍得高	2014.06.21
铂金榄尖形粉红钻石戒指		45,425	香港拍得高	2014.03.22
铂金闪山云戒指	港指圈：14	10,171	香港拍得高	2014.06.21
铂金镶嵌1.25克拉红宝石戒指		12,650	北京保利	2014.02.05
铂金镶嵌翡翠戒指		32,200	北京保利	2014.06.06
铂金镶嵌翡翠戒指		36,800	北京保利	2014.06.06
铂金镶嵌黑色珍珠戒指 约15.51mm	长1.55cm	17,250	北京保利	2014.06.06
铂金镶嵌红珊瑚戒指、吊坠(一组)		20,000	北京保利	2014.02.05
铂金镶钻翡翠戒指	指環尺寸：6	16,800	未来四方	2014.05.23
铂金镶钻翡翠戒指		28,750	中鸿信	2014.11.23
铂金镶钻石戒指, MARCUS & CO.	指環尺寸：6	84,563	纽约苏富比	11/20/2014
铂金珍珠戒指	指圈号11#	11,200	未来四方	2014.05.23
铂金珍珠钻石戒指	指圈号12#	20,160	未来四方	2014.05.23
铂金珍珠钻石戒指	指圈号13.5#	39,200	未来四方	2014.05.23
铂金珍珠钻石戒指	指圈号20#	20,160	未来四方	2014.05.23
铂金紫翡翠戒指	港指圈：12.5	10,171	香港拍得高	2014.06.21
彩橙粉红色钻石2.96克拉VS1净度配钻石戒指	指环4 3/4	961,856	香港苏富比	2014.10.07
彩黄绿色钻石配钻石戒指	指环尺寸：6	493,750	香港苏富比	2014.04.07
彩黄色钻石戒指	长1.7cm	110,124	中国嘉德	2014.04.09
彩黄色钻石配粉红色钻石戒指	指环尺寸：6 1/2	118,500	香港苏富比	2014.04.07
彩黄色钻石配钻石戒指	指环尺寸：8 1/4	1,643,200	香港苏富比	2014.04.07
彩黄色钻石21.04克拉，VS1净度配钻石戒指	指环5 1/2	2,306,800	香港苏富比	2014.04.07

拍品名称	物品尺寸	成交价RMB	拍卖公司	拍卖日期
彩灰黄绿色钻石10.04克拉SI2净度配黄色钻石及钻石戒指	指环5 3/4	1,360,520	香港苏富比	2014.10.07
彩蓝色钻石7.02克拉SI2净度配粉红色钻石戒指	指环5 1/2	15,598,520	香港苏富比	2014.10.07
彩色宝石戒指、耳环及哥伦比亚祖母绿吊坠、戒指套装		57,500	北京保利	2014.12.04
彩色宝石配钻石戒指(三件套)	指环尺寸6	20,508	保利香港	2014.04.06
彩色碧玺配钻石戒指	指环尺寸6 1/2	23,305	保利香港	2014.04.06
约5.04克拉圆形鲜彩黄色VVS2钻石戒指		2,871,960	佳士得	2014.11.25
彩色钻石及钻石戒指	戒指尺寸6	591,750	佳士得	2014.11.25
彩色钻石及钻石戒指	戒指尺寸5 3/4	690,375	佳士得	2014.11.25
约3.75克拉长方形浓彩黄绿色VS1(极优打磨)钻石戒指		2,493,240	佳士得	2014.11.25
约5.42克拉梨形彩粉红色IF Type IIa 钻石戒指		10,919,760	佳士得	2014.11.25
彩色钻石及钻石戒指(两枚)		1,925,160	佳士得	2014.11.25
约2.09克拉心形彩红色SI2 钻石戒指，Moussaieff 设计	戒指5 1/2	31,023,480	佳士得	2014.11.25
彩色钻石戒指		54,579	中国嘉德	2014.10.07
彩色钻石戒指	戒指尺寸8 1/4	1,167,720	佳士得	2014.11.25
2.01克拉长方形浓彩蓝绿色SI1钻石戒指		2,871,960	佳士得	2014.11.25
彩色钻石戒指，Alder 设计	戒指尺寸8 3/4	978,360	佳士得	2014.11.25
约3.39克拉椭圆形鲜蓝色IF钻石戒指，Moussaieff 设计	戒指5 1/4	35,441,880	佳士得	2014.11.25
彩色钻石戒指镶18K玫瑰金及白金	港指圈：12.5	29,256	香港拍得高	2014.09.06
彩色钻石配祖母绿及钻石戒指，陈世英（Wallace Chan）		741,563	香港苏富比	2014.10.07
彩棕粉色鑽石配钻石戒指	指环尺寸6 1/2	69,915	保利香港	2014.04.06
彩棕黄色钻石49.31克拉VVS1净度戒指	指环5 3/4	10,649,200	香港苏富比	2014.04.07
陈世英设计缅甸翡翠配钻石及水晶戒指	蛋面长2.36cm	5,600,280	保利香港	2014.10.06
斯里兰卡橙粉红色刚玉重20.29克拉配钻石戒指	指环6 3/4	464,713	香港苏富比	2014.10.07
纯银橄榄石 戒指、颈圈、耳坠(三件套)		12,000	冉云轩	2014.08.09
翠榴石戒指	指环大小1.1cm	13,800	远方拍卖	2014.09.21
翠榴石配钻石戒指	指环尺寸：5 3/4	543,125	香港苏富比	2014.04.07
大溪地黑珍珠戒指		32,200	北京艺融	2014.12.08
大溪地黑珍珠戒指	指环大小13	17,250	保利厦门	2014.11.02
戴妃款满钻金镶斯里兰卡蓝宝石大戒		101,200	中鸿信	2014.11.23
淡彩粉红色钻石重3.65克拉SI1净度配钻石戒指	指环6	1,455,440	香港苏富比	2014.10.07
淡彩粉红棕色钻石配钻石戒指	指环尺寸：6 1/2	3,634,000	香港苏富比	2014.04.07
淡彩紫粉红色钻石重4.16克拉D色内部无瑕(IF)净度配钻石戒指	指环5 1/2	3,638,600	香港苏富比	2014.10.07
淡彩紫粉红色钻石配钻石戒指	指环尺寸：5 1/2	2,401,600	香港苏富比	2014.04.07
淡粉红色钻石2.02克拉VVS1净度配钻石戒指	指环5 3/4	933,380	香港苏富比	2014.10.07
淡粉红色钻石4.02克拉VVS1净度配钻石戒指	指环4 1/4	1,169,200	香港苏富比	2014.04.07
淡粉红色钻石6.27克拉内部无瑕(IF)净度配钻石戒指	指环6	5,340,400	香港苏富比	2014.04.07
淡粉红色钻石配钻石戒指	指环尺寸：5 1/2	1,358,800	香港苏富比	2014.04.07
淡黄色钻石13.43克拉W至X色VVS1净度配钻石戒指	指环6 1/4	1,075,760	香港苏富比	2014.10.07
淡黄色钻石11.00克拉配钻石戒指	指环5 1/2	514,150	香港苏富比	2014.10.07
淡黄色钻石8.05克拉W至X色内部无瑕(IF)净度配钻石戒指	指环6	494,375	香港苏富比	2014.10.07

2014珠宝翡翠拍卖成交汇总

(成交价RMB：1万元以上)

拍品名称	物品尺寸	成交价RMB	拍卖公司	拍卖日期
淡黄色钻石3.40克拉配钻石戒指	指环5	108,763	香港苏富比	2014.10.07
淡黄色钻石配钻石戒指	指环尺寸：6$^1/_4$	197,500	香港苏富比	2014.04.07
淡黄色钻石配钻石戒指	指环尺寸：6	1,169,200	香港苏富比	2014.04.07
淡紫色蓝宝石戒指		20,160	北京荣宝	2014.08.24
蛋白石配蓝宝石及钻石“青蛙”戒指	戒指尺寸6 $^3/_4$	18,974	天成国际	2014.06.08
蛋白石配棕色钻石“青蛙”戒指	戒指尺寸8 1/2	56,923	天成国际	2014.06.08
蛋白石配钻石“海龟”戒指，Ice出品	戒指尺寸6 $^1/_2$	83,792	天成国际	2014.12.07
蛋白石配钻石戒指及吊耳环(一对)	戒指尺寸6$^1/_4$	75,898	天成国际	2014.06.08
蒂芙尼 9.86克拉缅甸星光红宝石配钻石戒指　未经热处理	指环尺寸5 $^3/_4$	242,372	保利香港	2014.04.06
蒂芙尼 钻石 铂金戒指		87,596	日本伊斯特	2014.10.25
动物珠宝系列蓝宝石、钻石豹形戒指		20,700	上海嘉泰	2014.06.18
梵克雅宝 彩色钻石配钻石戒指	指环尺寸7 $^3/_4$	35,424	保利香港	2014.04.06
梵克雅宝 小花 钻石黄金戒指		50,536	日本伊斯特	2014.10.25
方形尖晶石配钻石戒指	戒指尺寸7	167,584	天成国际	2014.12.07
方形满绿翡翠配钻石戒指		391,000	华艺国际	2014.09.28
非加热黄色蓝宝石嵌钻石戒指		55,200	上海嘉泰	2014.06.18
非加热蓝宝石戒指		32,200	上海嘉泰	2014.06.18
翡翠 钻石 铂金戒指		74,246	日本伊斯特	2014.01.19
翡翠、珊瑚、珍珠及钻石戒指	戒指尺寸7	118,350	佳士得	2014.11.25
翡翠“浑身马鞍”戒指		90,850	香港拍得高	2014.03.22
翡翠“马鞍”戒指		33,286	香港拍得高	2014.06.21
翡翠“青蛙”配钻石戒指	长1.77cm	170,770	天成国际	2014.06.08
翡翠“树叶”配钻石戒指	长2.59cm	47,436	天成国际	2014.06.08
翡翠“算盘”戒指(三件)		80,641	天成国际	2014.06.08
翡翠蛋面戒指	长1.1cm	11,200	上海联合	2014.03.29
翡翠蛋面戒指	长0.9cm	16,500	上海联合	2014.03.29
翡翠蛋面戒指	长1.8cm	100,800	上海联合	2014.03.29
翡翠蛋面戒指	长0.9cm	12,320	上海联合	2014.03.29
翡翠蛋面戒指	长1.1cm	28,000	上海联合	2014.06.29
翡翠蛋面戒指	长1.3cm	61,600	上海联合	2014.10.11
翡翠蛋面戒指	长0.93cm	28,000	上海联合	2014.10.11
翡翠蛋面戒指	长1.32cm	168,000	上海联合	2014.10.11
翡翠蛋面戒指		264,500	北京保利	2014.06.06
翡翠蛋面戒指	长1.1cm	97,750	福建东南	2014.10.26
翡翠蛋面戒指	长1.38cm	690,000	北京保利	2014.12.04
翡翠蛋面戒指、耳钉	长0.8cm	10,976	上海联合	2014.06.29
翡翠蛋面戒指、耳钉(一套)	长0.72cm	13,440	上海联合	2014.03.29
翡翠蛋面戒指、挂件(一套)	长0.7cm	10,976	上海联合	2014.10.11
翡翠蛋面戒指、挂件(一套)	长1.4cm	21,280	上海联合	2014.10.11
翡翠蛋面戒指及耳环套装	长2.04cm	394,500	佳士得	2014.11.25
翡翠蛋面男戒	长1.7cm	30,947	中信国际	2014.05.18
翡翠蛋面男士戒指		115,000	北京保利	2014.06.06
翡翠蛋面配钻石戒指	长1.5cm	23,000	广州皇玛	2014.01.02
翡翠蛋面配钻石戒指	长1cm	92,000	广州皇玛	2014.01.02
翡翠蛋面配钻石戒指	长1.4cm	138,000	广州皇玛	2014.01.02
翡翠蛋面配钻石戒指	长1.4cm	34,500	广州皇玛	2014.01.02
翡翠蛋面配钻石戒指	长1.6cm	103,500	华艺国际	2014.09.28
翡翠蛋面镶嵌戒指		17,250	福建东南	2014.05.25
翡翠蛋面镶嵌戒指	长1.5cm	253,000	福建东南	2014.10.26
翡翠蛋面镶钻石戒指		46,000	南京经典	2014.08.04
翡翠雕“金蟾”配钻石共重约1.50克拉戒指	金蟾长3.34cm	177,975	香港苏富比	2014.10.07
翡翠雕貔貅马鞍戒	长2.76cm	168,000	上海联合	2014.10.11
翡翠葫芦戒指		13,800	深圳市拍	2014.01.05
翡翠葫芦戒指	长0.85cm	10,976	上海联合	2014.10.11
翡翠花戒指、吊坠(两用)	长0.4cm	16,240	上海联合	2014.06.29
翡翠花开富贵戒指		66,700	南京经典	2014.08.04

拍品名称	物品尺寸	成交价RMB	拍卖公司	拍卖日期
翡翠浑身圈戒指(两件)	港指圈：13	11,885	香港拍得高	2014.09.06
翡翠浑身圈戒指(7)		50,853	香港拍得高	2014.06.21
翡翠浑身圈戒指一对及墨翠吊坠(3)	长1.99cm	12,020	香港拍得高	2014.06.21
翡翠及钻石戒指	戒指尺寸6 $^1/_4$	167,663	佳士得	2014.11.25
翡翠及钻石戒指	戒指尺寸5 $^3/_4$	246,563	佳士得	2014.11.25
翡翠及钻石戒指	戒指尺寸6	315,600	佳士得	2014.11.25
翡翠及钻石戒指	戒指尺寸5 $^1/_4$	542,438	佳士得	2014.11.25
翡翠及钻石戒指	戒指尺寸4 $^3/_4$	167,663	佳士得	2014.11.25
翡翠及钻石戒指	戒指尺寸4 $^3/_4$	49,313	佳士得	2014.11.25
翡翠及钻石戒指	戒指尺寸6	59,175	佳士得	2014.11.25
翡翠及钻石戒指	戒指尺寸5 $^1/_2$	236,700	佳士得	2014.11.25
翡翠及钻石戒指	戒指尺寸6 $^1/_4$	256,425	佳士得	2014.11.25
翡翠及钻石戒指	蛋面长1.8cm	1,925,160	佳士得	2014.11.25
翡翠及钻石戒指	戒指尺寸6	739,688	佳士得	2014.11.25
翡翠戒面	长1.9cm	862,500	上海金艺	2014.07.04
翡翠戒指		20,700	深圳市拍	2014.01.05
翡翠戒指	长1cm	39,200	上海联合	2014.03.29
翡翠戒指	直径2cm	11,500	北京保利	2014.04.27
翡翠戒指	直径：1.2cm	109,250	上海金艺	2014.07.04
翡翠戒指	长0.9cm	13,800	上海金艺	2014.07.04
翡翠戒指		16,800	北京荣宝	2014.08.24
翡翠戒指	直径1.605cm	22,400	北京荣宝	2014.11.30
翡翠戒指	直径1.21cm	89,600	北京荣宝	2014.11.30
翡翠戒指		59,175	佳士得	2014.11.25
翡翠戒指	长1.98cm	167,663	佳士得	2014.11.25
翡翠戒指		10,560	北京保利	2014.02.05
翡翠戒指		10,560	北京保利	2014.02.05
翡翠戒指		10,560	北京保利	2014.02.05
翡翠戒指	长2.33cm	2,846,160	天成国际	2014.06.08
翡翠戒指	翡翠长2.33cm	741,563	香港苏富比	2014.10.07
翡翠戒指	蛋面长1.78cm	197,750	香港苏富比	2014.10.07
翡翠戒指		32,200	福建东南	2014.10.26
翡翠戒指		54,050	北京传是	2014.06.05
翡翠戒指(一对)	长1.28cm	80,500	北京保利	2014.12.04
翡翠戒指、耳坠及项链套件(三件)		138,000	广东省拍	2014.12.07
翡翠榄尖配钻石戒指	长1.5cm	80,500	广州皇玛	2014.01.02
翡翠榄尖配钻石戒指	长1.7cm	69,000	广州皇玛	2014.01.02
翡翠柳叶形戒指		55,200	北京翰海	2014.08.24
翡翠马鞍戒	长2.8cm	11,200	上海联合	2014.03.29
翡翠马鞍戒	内径2cm	31,360	上海联合	2014.06.29
翡翠马鞍戒	长2.1cm	33,600	上海联合	2014.06.29
翡翠马鞍戒面	长2.7cm	184,000	上海金艺	2014.07.04
翡翠马鞍戒指	内径：1.7cm	172,500	上海金艺	2014.07.04
翡翠马鞍戒指	长2.4cm	78,900	佳士得	2014.11.25
翡翠马鞍戒指	长2.46cm	85,063	香港富得	2014.05.24
翡翠马鞍戒指	马鞍长2.34cm	197,750	香港苏富比	2014.10.07
翡翠马鞍戒指	长2.51cm	592,500	香港苏富比	2014.04.07
翡翠马鞍戒指(一对)		375,250	香港苏富比	2014.04.07
翡翠马鞍面戒指	长2.2cm	59,426	香港拍得高	2014.09.06
翡翠马眼形戒指		268,800	北京荣宝	2014.08.24
翡翠配贝母及钻石戒指	蛋面长2.12cm	11,384,640	天成国际	2014.06.08
翡翠配黑色钻石及钻石戒指	长1.69cm	56,923	天成国际	2014.06.08
翡翠配红宝石及钻石戒指	蛋面长1.37cm	98,875	香港苏富比	2014.10.07
翡翠配红宝石及钻石戒指	长1.91cm	325,857	天成国际	2014.12.07
翡翠配红宝石及钻石戒指		558,612	天成国际	2014.12.07
翡翠配红宝石及钻石戒指及吊耳环套装		167,584	天成国际	2014.12.07
翡翠配黄色钻石及钻石戒指		80,641	天成国际	2014.06.08
翡翠配黄色钻石及钻石戒指	长1.63cm	121,033	天成国际	2014.12.07
翡翠配镶钻石戒指	长1.73cm	23,000	北京保利	2014.06.06
翡翠配镶钻石戒指		13,800	北京保利	2014.06.06
翡翠配紫翡翠及钻石戒指		325,857	天成国际	2014.12.07

拍品名称	物品尺寸	成交价RMB	拍卖公司	拍卖日期
翡翠配钻石“蝴蝶”戒指		360,514	天成国际	2014.06.08
翡翠配钻石“蝴蝶”戒指	长2.4cm	47,436	天成国际	2014.06.08
翡翠配钻石“算盘”戒指及吊坠套装		75,898	天成国际	2014.06.08
翡翠配钻石及红宝石戒指	指环尺寸：6	276,500	香港苏富比	2014.04.07
翡翠配钻石戒指	长1.78cm	23,000	广州皇玛	2014.01.02
翡翠配钻石戒指		37,050	北京保利	2014.02.05
翡翠配钻石戒指	长1.5cm	126,500	华艺国际	2014.05.31
翡翠配钻石戒指	长1.5cm	115,000	华艺国际	2014.05.31
翡翠配钻石戒指	长1.49cm	227,693	天成国际	2014.06.08
翡翠配钻石戒指	长1.79cm	2,182,056	天成国际	2014.06.08
翡翠配钻石戒指	长1.68cm	30,359	天成国际	2014.06.08
翡翠配钻石戒指	长2.78cm	2,846,160	天成国际	2014.06.08
翡翠配钻石戒指	长2.43cm	521,796	天成国际	2014.06.08
翡翠配钻石戒指	长1.54cm	265,642	天成国际	2014.06.08
翡翠配钻石戒指	长1.65cm	616,668	天成国际	2014.06.08
翡翠配钻石戒指	长1.75cm	360,514	天成国际	2014.06.08
翡翠配钻石戒指	长2.06cm	1,850,004	天成国际	2014.06.08
翡翠配钻石戒指	长1.48cm	42,692	天成国际	2014.06.08
翡翠配钻石戒指	长1.48cm	71,154	天成国际	2014.06.08
翡翠配钻石戒指	长1.59cm	142,308	天成国际	2014.06.08
翡翠配钻石戒指	蛋面长2.49cm	17,551,320	天成国际	2014.06.08
翡翠配钻石戒指	长1.71cm	66,410	天成国际	2014.06.08
翡翠配钻石戒指	蛋面长1.17cm	415,275	香港苏富比	2014.10.07
翡翠配钻石戒指	蛋面长1.57cm	93,931	香港苏富比	2014.10.07
翡翠配钻石戒指	蛋面长1.78cm	88,988	香港苏富比	2014.10.07
翡翠配钻石戒指	翡翠长3.68cm	316,400	香港苏富比	2014.10.07
翡翠配钻石戒指	翡翠长1.01cm	316,400	香港苏富比	2014.10.07
翡翠配钻石戒指	蛋面长2.0cm	276,850	香港苏富比	2014.10.07
翡翠配钻石戒指	翡翠长2.01cm	980,840	香港苏富比	2014.10.07
翡翠配钻石戒指	翡翠长1.81cm	247,188	香港苏富比	2014.10.07
翡翠配钻石戒指	翡翠长1.43cm	276,850	香港苏富比	2014.10.07
翡翠配钻石戒指	翡翠长2.16cm	1,075,760	香港苏富比	2014.10.07
翡翠配钻石戒指		514,150	香港苏富比	2014.10.07
翡翠配钻石戒指	蛋面长1.77cm	4,777,640	香港苏富比	2014.10.07
翡翠配钻石戒指	长1.23cm	44,689	天成国际	2014.12.07
翡翠配钻石戒指	长1.52cm	51,206	天成国际	2014.12.07
翡翠配钻石戒指	长1.62cm	69,827	天成国际	2014.12.07
翡翠配钻石戒指	长1.88cm	74,482	天成国际	2014.12.07
翡翠配钻石戒指	长2.45cm	1,210,326	天成国际	2014.12.07
翡翠配钻石戒指	长2.13cm	2,141,346	天成国际	2014.12.07
翡翠配钻石戒指	长2.03cm	726,196	天成国际	2014.12.07
翡翠配钻石戒指	长1.18cm	37,241	天成国际	2014.12.07
翡翠配钻石戒指	长1.39cm	144,308	天成国际	2014.12.07
翡翠配钻石戒指	长1.4cm	79,137	天成国际	2014.12.07
翡翠配钻石戒指	长1.99cm	2,327,550	天成国际	2014.12.07
翡翠配钻石戒指	长1.67cm	296,250	香港苏富比	2014.04.07
翡翠配钻石戒指	长1.67cm	108,625	香港苏富比	2014.04.07
翡翠配钻石戒指	长2.25cm	414,750	香港苏富比	2014.04.07
翡翠配钻石戒指	长1.79cm	691,250	香港苏富比	2014.04.07
翡翠配钻石戒指	长1.03cm	296,250	香港苏富比	2014.04.07
翡翠配钻石戒指	长1.78cm	790,000	香港苏富比	2014.04.07
翡翠配钻石戒指	翡翠长1.72cm	3,823,600	香港苏富比	2014.04.07
翡翠配钻石戒指	长1.28cm	158,000	香港苏富比	2014.04.07
翡翠配钻石戒指	长1.7cm	543,125	香港苏富比	2014.04.07
翡翠配钻石戒指	长1.42cm	474,000	香港苏富比	2014.04.07
翡翠配钻石戒指	长2.31cm	375,250	香港苏富比	2014.04.07
翡翠配钻石戒指	长1.78cm	167,875	香港苏富比	2014.04.07
翡翠配钻石戒指	长1.99cm	345,625	香港苏富比	2014.04.07
翡翠配钻石戒指、耳环组合	分别5 3/4及5 1/2	132,821	天成国际	2014.06.08
翡翠配钻石戒指/吊坠	长1.65cm	316,000	香港苏富比	2014.04.07
翡翠配钻石戒指；及翡翠马鞍戒指	翡翠长1.14cm	197,750	香港苏富比	2014.10.07

拍品名称	物品尺寸	成交价RMB	拍卖公司	拍卖日期
翡翠配钻石戒指；及翡翠配钻石别针		118,500	香港苏富比	2014.04.07
翡翠配钻石戒指；及紫翡翠雕“锦鲤”配翡翠及钻石吊耳环(一对)		187,863	香港苏富比	2014.10.07
翡翠配钻石戒指及耳环套装		66,410	天成国际	2014.06.08
翡翠配钻石戒指及耳环套装	戒指尺寸 8 1/2	2,371,800	天成国际	2014.06.08
翡翠配钻石戒指及耳环套装	戒指尺寸7	2,656,416	天成国际	2014.06.08
翡翠配钻石戒指及耳环套装	戒指蛋面长1.18cm	346,063	香港苏富比	2014.10.07
翡翠配钻石戒指及耳环套装	戒指尺寸6	605,163	天成国际	2014.12.07
翡翠配钻石戒指及耳环套装		979,600	香港苏富比	2014.04.07
翡翠配钻石马鞍戒指	长1.94cm	237,341	万昌斯	2014.05.25
翡翠配钻石算盘戒指	长2.2cm	167,875	香港苏富比	2014.04.07
翡翠寿桃、戒指(一组)		29,900	南京经典	2014.08.04
翡翠水滴形戒指	长1.35cm	13,440	上海联合	2014.03.29
翡翠算盘戒指；及翡翠马鞍戒指		217,525	香港苏富比	2014.10.07
翡翠随形戒面(一对)		115,000	上海金艺	2014.07.04
翡翠椭圆形蛋面镶嵌戒指	长2.3cm	55,200	福建东南	2014.05.25
翡翠镶嵌戒指	长2.3cm	14,950	广州皇玛	2014.09.27
翡翠镶嵌戒指	长1.5cm	138,000	广州皇玛	2014.09.27
翡翠镶嵌戒指	长1.1cm	69,000	广州皇玛	2014.09.27
翡翠镶嵌戒指	长1.2cm	13,800	广州皇玛	2014.09.27
翡翠镶嵌戒指		32,200	福建东南	2014.05.25
翡翠镶嵌戒指		667,000	福建东南	2014.05.25
翡翠镶嵌戒指	长1.6cm	161,000	福建东南	2014.10.26
翡翠镶嵌钻石葫芦两用戒指		11,440	北京保利	2014.02.05
翡翠镶钻戒指		23,000	北京艺融	2014.06.03
翡翠镶钻石戒指		166,750	江苏爱涛	2014.07.06
翡翠镶钻石戒指		20,700	南京经典	2014.08.04
翡翠圆形蛋面镶嵌戒指		103,500	福建东南	2014.05.25
翡翠自然形镶嵌戒指		86,250	福建东南	2014.05.25
翡翠自在佛、蛋面戒指(一组)		21,850	南京经典	2014.08.04
翡翠钻戒	长1.05cm	20,700	远方拍卖	2014.09.21
翡翠钻戒	长1.04cm	48,300	远方拍卖	2014.09.21
翡翠钻石戒指	直径1.7cm	23,382	中信国际	2014.02.23
翡翠钻石戒指	长1.85cm	580,000	北京九歌	2014.12.17
翡翠钻石戒指	长1.4cm	36,386	中国嘉德	2014.10.07
翡翠钻石戒指	长2.9cm	517,500	中国嘉德	2014.11.23
翡翠钻石戒指镶18K白金	港指圈：13.5	210,278	香港拍得高	2014.09.06
翡翠钻石戒指镶18K白金	港指圈：12	118,853	香港拍得高	2014.09.06
粉红色刚玉5.04克拉配钻石及黄色钻石共重约3.20克拉戒指	指环6	148,125	香港苏富比	2014.04.07
粉红色刚玉配钻石戒指		1,927,600	香港苏富比	2014.04.07
粉红色刚玉配钻石戒指，耳环及吊坠套装	戒指尺寸7	37,241	天成国际	2014.12.07
粉红色海螺珠配钻石戒指	指环5 1/2	217,525	香港苏富比	2014.10.07
粉红色尖晶石6.11克拉配钻石戒指，IVY		543,813	香港苏富比	2014.10.07
粉红色蓝宝石19.47克拉及钻石戒指，Forms 设计	戒指5 3/4	4,670,880	佳士得	2014.11.25
粉钻配黄钻戒指	戒指尺寸约12.5	94,300	华艺国际	2014.05.31
复古造型钻石戒指	指环大小15	13,800	北京保利	2014.06.06
橄榄石配钻石戒指	指环尺寸：61/2	167,875	香港苏富比	2014.04.07
橄榄石钻石戒指镶铂金	港指圈：14.5	21,942	香港拍得高	2014.09.06
缟玛瑙配钻石“兰花”戒指，卡地亚(Cartier)		93,931	香港苏富比	2014.10.07
哥伦比亚祖母绿配钻石戒指	长1.04cm	368,000	银座国际	2014.06.01
共1.590克拉橘黄色钻石戒指		69,600	北京保利	2014.02.05
共11.79克拉海螺珠及钻石戒指		149,500	北京保利	2014.12.04
共19.09克拉欧泊花型戒指	长1.78cm	115,000	北京保利	2014.12.04
海蓝宝石钻石戒指 耳坠(一套)		10,000	北京九歌	2014.12.17
海豚钻戒		17,250	上海嘉泰	2014.06.18

2014珠宝翡翠拍卖成交汇总

(成交价RMB：1万元以上)

拍品名称	物品尺寸	成交价RMB	拍卖公司	拍卖日期
罕见的30.24克拉哥伦比亚祖母绿戒指 未经注油处理	主石长1.98cm	10,580,000	北京保利	2014.12.04
黑蛋白石及钻石戒指	指环6	355,050	佳士得	2014.11.25
黑蛋白石18.83克拉配钻石戒指	指环5 3/4	148,313	香港苏富比	2014.10.07
黑欧泊戒指		43,700	上海嘉泰	2014.06.18
黑欧泊戒指	主石长1.41cm	40,250	北京保利	2014.12.04
黑色南洋珍珠配镶红宝石戒指 约15mm	直径1.5cm	17,250	北京保利	2014.06.06
黑珍珠戒指	珠径1.42cm	13,800	上海嘉泰	2014.06.18
红宝石 钻石 铂金戒指	直径2.55cm	114,227	日本伊斯特	2014.01.19
红宝石 钻石 铂金戒指(鸽子血·泰国产)		66,410	日本伊斯特	2014.06.01
红宝石 钻石 铂金戒指(非加热)		257,010	日本伊斯特	2014.01.19
红宝石 "Mystery Set" 戒指		160,800	佳士得	2014.05.27
红宝石白金戒指		14,950	北京艺融	2014.06.03
红宝石及钻石戒指	戒指尺寸：美度6.25，港度12.5	61,024	香港富得	2014.05.24
红宝石2.01克拉及钻石戒指	戒指5 1/2	864,744	佳士得	2014.11.25
红宝石及钻石戒指	指环大小13	46,000	北京保利	2014.12.04
红宝石13.85克拉及钻石戒指，BVLGARI 设计		7,321,920	佳士得	2014.11.25
红宝石及钻石戒指，Cartier 设计	戒指尺寸6	931,020	佳士得	2014.11.25
红宝石戒指		28,750	北京艺融	2014.06.03
红宝石戒指	戒指尺寸：美度6.25，港度 12.5	82,289	香港富得	2014.05.24
红宝石戒指	14号戒圈	13,800	上海嘉泰	2014.06.18
红宝石戒指	13号戒圈	13,800	上海嘉泰	2014.06.18
红宝石戒指	14号戒圈	13,800	上海嘉泰	2014.06.18
红宝石戒指	12号戒圈	13,800	上海嘉泰	2014.06.18
红宝石戒指		23,000	上海嘉泰	2014.06.18
红宝石戒指	戒指 5 1/2	50,250	佳士得	2014.05.27
红宝石戒指、耳钉(一套)		13,800	北京保利	2014.06.06
红宝石戒指吊坠(两件套)		28,750	上海嘉泰	2014.06.18
红宝石4.06克拉配黄色钻石及钻石戒指	指环5 3/4	1,738,000	香港苏富比	2014.04.07
红宝石3.05克拉配祖母绿及钻石戒指	指环5 1/4	415,275	香港苏富比	2014.10.07
红宝石6.37克拉配钻石戒指	指环5 1/2	2,404,640	香港苏富比	2014.10.07
红宝石4.57卡配钻石戒指	指环5 3/4	444,375	香港苏富比	2014.04.07
红宝石配钻石戒指	指环尺寸：6	414,750	香港苏富比	2014.04.07
红宝石配钻石戒指	长0.7cm	17,250	广州皇玛	2014.01.02
红宝石配钻石戒指	指环大小为12	16,100	福建东南	2014.10.26
红宝石配钻石戒指 沙弗莱石榴石配钻石戒指 及3.25克拉椭圆形 "缅甸" 无经加热处理艳彩橙红色尖晶石配钻石戒指	戒指尺寸分别5 1/2，6 1/2及6 1/2	56,923	天成国际	2014.06.08
红宝石3.23克拉配钻石戒指，蒂芙尼(Tiffany & Co.)	指环5 1/2	692,125	香港苏富比	2014.10.07
红宝石29.62克拉配钻石戒指，由卡地亚镶嵌	指环5 1/4	45,219,600	香港苏富比	2014.04.07
红宝石配钻石戒指及耳环套装		365,375	香港苏富比	2014.04.07
红宝石钻石戒指		11,500	上海嘉泰	2014.06.18
红宝石钻石戒指		16,100	中国嘉德	2014.11.23
红宝石钻石戒指及红宝石钻石耳环镶18K白金(3)	港指圈：11.5	56,684	香港拍得高	2014.09.06
红宝石钻石戒指镶18K白金	港指圈：13	34,742	香港拍得高	2014.09.06
红碧玺戒指		46,000	上海嘉泰	2014.06.18
红翡翠 "蜜蜂" 配翡翠及钻石戒指		29,668	万昌斯	2014.05.25
红色碧玺戒指	长1.49cm	32,200	北京保利	2014.06.06
红色石榴石配钻石戒指 及绿色碧玺配钻石吊坠项链	戒指尺寸 6	80,641	天成国际	2014.06.08
红珊瑚戒指		11,400	北京保利	2014.02.05
红珊瑚戒指吊坠套装		32,200	北京保利	2014.06.06

拍品名称	物品尺寸	成交价RMB	拍卖公司	拍卖日期
黄碧玺配钻石戒指	长1cm	13,800	广州皇玛	2014.01.02
黄边黑珍珠戒指		12,650	上海嘉泰	2014.06.18
黄翡翠配黑色钻石及钻石戒指及吊耳环套装		42,692	天成国际	2014.06.08
黄翡戒指	长1.1cm	109,250	上海金艺	2014.07.04
黄金镶白珍珠戒	长2.1cm	15,473	中信国际	2014.05.18
黄金镶嵌蓝宝石配镶钻石戒指	指环大小17	17,250	北京保利	2014.06.06
黄色刚玉27.52克拉配钻石戒指	指环6 1/2	177,975	香港苏富比	2014.10.07
黄色刚玉14.16克拉配钻石戒指	指环6 1/4	118,500	香港苏富比	2014.04.07
黄色钻石戒指	美度6.5，港度13	157,182	香港富得	2014.05.24
黄色钻石配1.01及0.92克拉椭圆形D色及E色SI2净度钻石戒指	戒指尺寸6	172,239	天成国际	2014.12.07
黄钻方形戒指		40,250	北京艺融	2014.06.03
黄钻方形戒指		322,000	北京艺融	2014.12.08
黄钻戒指		720,000	北京九歌	2014.12.17
黄钻戒指	长0.75cm	132,250	上海嘉泰	2014.06.18
黄钻戒指	长0.56cm	126,500	上海嘉泰	2014.06.18
黄钻戒指	长0.55cm	126,500	上海嘉泰	2014.06.18
黄钻戒指	长0.69cm	126,500	上海嘉泰	2014.06.18
黄钻戒指	长0.72cm	109,250	上海嘉泰	2014.06.18
黄钻戒指		115,000	上海金艺	2014.12.17
黄钻女戒	口径1.6cm	65,000	北京九歌	2014.12.17
黄钻女戒	口径1.7cm	240,000	北京九歌	2014.12.17
黄钻女戒	口径1.6cm	105,000	北京九歌	2014.12.17
黄钻女戒	口径1.9cm	180,000	北京九歌	2014.12.17
黄钻女戒	口径1.7cm	100,000	北京九歌	2014.12.17
黄钻石戒指	戒指尺寸：美度5.75，港度11	59,174	香港富得	2014.05.24
火蛋白石8.85克拉配钻石戒指	指环6 1/4	34,606	香港苏富比	2014.10.07
火蛋白石配钻石戒指	戒指尺寸5 1/2	51,206	天成国际	2014.12.07
火欧泊镶钻戒指	直径1.02cm	43,700	北京艺融	2014.12.08
尖晶石11.09克拉及钻石戒指	>戒指5 1/4	345,188	佳士得	2014.11.25
尖晶石配钻石戒指	戒指尺寸5 1/4	46,551	天成国际	2014.12.07
尖晶石镶嵌钻石戒指		10,560	北京保利	2014.02.05
江诗丹顿 艺术装饰风格钻石戒指	指环尺寸5 3/4	18,644	保利香港	2014.04.06
金绿宝石猫眼 钻石 铂金戒指(蜂蜜颜色·无加工)	直径1.11cm	61,667	日本伊斯特	2014.06.01
金绿猫眼镶钻戒指		17,250	北京艺融	2014.06.03
金绿猫眼镶钻戒指		402,500	北京艺融	2014.06.03
金色海水珍珠戒指		34,500	北京艺融	2014.12.08
金色蓝宝石 钻石 铂金戒指		227,693	日本伊斯特	2014.06.01
祖母绿配钻石 "花" 戒指，宝格丽(BVLGARI)	指环6 3/4	790,000	香港苏富比	2014.04.07
祖母绿配钻石戒指		395,500	香港苏富比	2014.10.07
祖母绿6.07克拉配钻石戒指	指环6 1/2	980,840	香港苏富比	2014.10.07
祖母绿35.43克拉配钻石戒指	指环5	296,625	香港苏富比	2014.10.07
祖母绿8.36克拉配钻石戒指	指环6 1/4	4,303,040	香港苏富比	2014.10.07
祖母绿35.72克拉配钻石戒指	指环6	26,672,520	香港苏富比	2014.10.07
祖母绿3.76克拉配钻石戒指	指环6	395,000	香港苏富比	2014.04.07
祖母绿4.93克拉配钻石戒指	指环6	1,027,000	香港苏富比	2014.04.07
祖母绿8.79克拉配钻石戒指		1,927,600	香港苏富比	2014.04.07
祖母绿12.63克拉配钻石戒指	指环6 1/4	7,141,600	香港苏富比	2014.04.07
祖母绿3.58克拉配钻石戒指，卡地亚(Cartier)		3,638,600	香港苏富比	2014.10.07
卡地亚 CARTIER 黄金镶嵌祖母绿 "豹头" 戒指	指环19	66,700	北京保利	2014.06.06
卡地亚 假发系列 钻石 白金戒指		85,670	日本伊斯特	2014.01.19
卡地亚蓝色蓝宝石钻石黄金戒指		94,334	日本伊斯特	2014.10.25
卡地亚 36.31克拉缅甸星光蓝宝石配钻石戒指 未经热处理	指环5	307,626	保利香港	2014.04.06
卡地亚钻石戒指镶18K黄金及18K黄金戒指连盒(两件)	港指圈：11，12	10,971	香港拍得高	2014.09.06

拍品名称	物品尺寸	成交价RMB	拍卖公司	拍卖日期
蓝宝石、红宝石及钻石戒指，BVLGARI 设计	戒指尺寸$6\frac{1}{2}$	108,488	佳士得	2014.11.25
蓝宝石“Panth è re”戒指	戒指尺寸$5\frac{1}{2}$	90,450	佳士得	2014.05.27
蓝宝石及钻石“Mystery Set”戒指，Van Cleef & Arpels设计	戒指尺寸$5\frac{1}{2}$	177,525	佳士得	2014.11.25
蓝宝石25.24克拉及钻石戒指	戒指6	7,605,960	佳士得	2014.11.25
蓝宝石11.64克拉及钻石戒指	戒指$5\frac{1}{4}$	12,245,280	佳士得	2014.11.25
缅甸蓝宝石17.10克拉及钻石戒指，Gimel 设计	戒指$5\frac{3}{4}$	5,712,360	佳士得	2014.11.25
克什米尔蓝宝石10.50克拉及钻石戒指，G ü belin 设计	戒指$5\frac{1}{2}$	4,576,200	佳士得	2014.11.25
蓝宝石及钻石戒指，Harry Winston设计	戒指尺寸5	374,775	佳士得	2014.11.25
缅甸蓝宝石15.12克拉及钻石戒指，Mikimoto设计	戒指6	2,209,200	佳士得	2014.11.25
蓝宝石戒	直径1.6cm	14,794	中信国际	2014.06.22
蓝宝石戒指		13,440	中晟国际	2014.10.11
蓝宝石戒指		17,920	中晟国际	2014.10.11
蓝宝石戒指		264,500	福建东南	2014.05.25
蓝宝石戒指		42,560	北京荣宝	2014.08.24
蓝宝石戒指		103,500	北京艺融	2014.12.08
蓝宝石戒指 未经加热处理	长0.85cm	34,500	北京保利	2014.12.04
蓝宝石戒指、祖母绿、黑玛瑙或钻石，Cartier 设计	戒指尺寸6	118,350	佳士得	2014.11.25
克什米尔蓝宝石配祖母绿及钻石戒指，卡地亚(Cartier)	指环$5\frac{3}{4}$	14,269,640	香港苏富比	2014.10.07
蓝宝石3.20克拉配沙弗来石及钻石“花”戒指，梵克雅宝(Van Cleef & Arpels)	指环$5\frac{1}{4}$	148,313	香港苏富比	2014.10.07
蓝宝石配镶钻石花朵型戒指	指环大小14	13,800	北京保利	2014.06.06
斯里兰卡蓝宝石8.02克拉配钻石戒指	指环6	158,200	香港苏富比	2014.10.07
斯里兰卡蓝宝石43.65克拉配钻石戒指	指环7	692,125	香港苏富比	2014.10.07
斯里兰卡蓝宝石35.16克拉配钻石戒指	指环$6\frac{1}{2}$	444,938	香港苏富比	2014.10.07
蓝宝石50.85克拉配钻石戒指	指环$5\frac{1}{2}$	3,353,840	香港苏富比	2014.10.07
缅甸蓝宝石6.56克拉配钻石戒指	指环$5\frac{3}{4}$	632,800	香港苏富比	2014.10.07
斯里兰卡蓝宝石29.54克拉配钻石戒指		514,150	香港苏富比	2014.10.07
克什米尔蓝宝石17.16克拉配钻石戒指	指环$5\frac{3}{4}$	24,900,680	香港苏富比	2014.10.07
蓝宝石配钻石戒指	指环尺寸：5	177,750	香港苏富比	2014.04.07
蓝宝石配钻石戒指		979,600	香港苏富比	2014.04.07
克什米尔蓝宝石20.04克拉配钻石戒指	指环$4\frac{3}{4}$	16,021,200	香港苏富比	2014.04.07
缅甸蓝宝石25.69克拉配钻石戒指	指环$6\frac{3}{4}$	3,349,600	香港苏富比	2014.04.07
蓝宝石配钻石戒指，尚美(Chaumet)	指环尺寸：7	158,000	香港苏富比	2014.04.07
蓝宝石16.89克拉配钻石戒指及耳环 (一对)	指环8	866,936	香港苏富比	2014.10.07
蓝宝石嵌钻石戒指	14号戒圈	34,500	上海嘉泰	2014.06.18
蓝宝石镶钻戒指	长1.01cm	28,750	北京艺融	2014.06.03
蓝宝石镶钻戒指		701,500	北京艺融	2014.06.03
蓝宝石镶钻戒指		483,000	北京艺融	2014.06.03
蓝宝石镶钻戒指		115,000	北京艺融	2014.06.03
蓝宝石心形配钻石戒指	长0.9cm	40,250	广州皇玛	2014.01.02
蓝宝石钻石戒指		10,350	上海嘉泰	2014.06.18
蓝宝石钻石戒指	内径：1.68cm	19,040	上海国拍	2014.05.18
蓝宝石钻石戒指镶18K白金及蓝宝石钻石吊坠连18K白金颈炼(3)	长4.6cm	16,457	香港拍得高	2014.09.06
蓝宝钻戒	长1.08cm	11,270	远方拍卖	2014.09.21

拍品名称	物品尺寸	成交价RMB	拍卖公司	拍卖日期
蓝宝钻戒	长1.05cm	43,700	远方拍卖	2014.09.21
蓝宝钻石戒指		22,400	北京荣宝	2014.03.23
蓝色蓝宝石 钻石 铂金戒指(马达加斯加产)		189,744	日本伊斯特	2014.06.01
蓝色绿松石、珊瑚、粉色蓝宝石戒指(可拆卸为吊坠)	长78cm	48,300	北京保利	2014.06.06
蓝色托帕石戒指	长1.37cm	14,950	北京保利	2014.06.06
老坑玻璃种帝王绿翡翠戒指	长1.04cm	92,000	北京保利	2014.12.04
老坑玻璃种满绿翡翠戒指耳环套装	指环14	3,450,000	保利厦门	2014.11.02
老坑翡翠椭圆形蛋面镶嵌戒指		46,000	福建东南	2014.05.25
老坑种满绿翡翠蛋面戒指	主石长2.5cm	4,887,500	北京保利	2014.06.06
梨形红色碧玺配钻石戒指		88,447	天成国际	2014.12.07
丽贝欧泊镶钻石、沙弗莱石戒指		25,500	北京保利	2014.02.05
两粒戒指		53,760	上海天赐	2014.06.15
绿色碧玺戒指	长1.61cm	32,200	北京保利	2014.06.06
绿松石及紫水晶戒指及耳环套装		75,375	佳士得	2014.05.27
绿松石嵌钻石、蓝宝石戒指		11,500	上海嘉泰	2014.06.18
绿玉髓“Panth è re”戒指	戒指6	75,375	佳士得	2014.05.27
马瑞设计碧玺配白玉，碧玉戒指	长1.52cm	44,802	保利香港	2014.10.06
满绿翡翠蛋面戒指	长1.49cm	74,750	北京保利	2014.12.04
满绿翡翠蛋面配钻石戒指	长1.7cm	575,000	华艺国际	2014.12.09
满绿翡翠蛋面配钻石戒指	长1.7cm	322,000	华艺国际	2014.12.09
满绿翡翠蛋面配钻石戒指	长1.9cm	322,000	华艺国际	2014.12.09
满绿翡翠戒指	长2.51cm	23,000	上海嘉泰	2014.06.18
满绿翡翠戒指	长1.2cm	57,500	北京保利	2014.06.06
满绿翡翠戒指	长1.33cm	28,750	北京保利	2014.12.04
满绿翡翠戒指	长1.58cm	46,000	北京保利	2014.12.04
满绿翡翠戒指 (一组)		20,700	北京保利	2014.12.04
满绿翡翠戒指(可拆卸为吊坠)		1,552,500	北京保利	2014.06.06
满绿翡翠马鞍戒		18,400	上海嘉泰	2014.06.18
满绿翡翠马鞍戒指	长2cm	51,750	北京艺融	2014.06.03
满绿翡翠马鞍戒指	长1.86cm	264,500	北京艺融	2014.12.08
满绿翡翠马鞍型戒指 (一对)		92,000	北京保利	2014.12.04
满绿翡翠马眼型戒指	长1.98cm	80,500	北京保利	2014.06.06
满绿翡翠配镶钻石戒指	主石长1.91cm	1,610,000	北京保利	2014.06.06
满绿翡翠配镶钻石戒指	长1.46cm	78,200	北京保利	2014.06.06
满绿翡翠镶钻蛋面戒指		690,000	北京艺融	2014.06.03
满绿翡翠镶钻蛋面戒指		552,000	北京艺融	2014.12.08
满绿翡翠镶钻蛋面戒指		782,000	北京艺融	2014.12.08
满绿翡翠镶钻蛋面戒指	长1.3cm	115,000	北京艺融	2014.12.08
满绿翡翠镶钻马眼戒指		782,000	北京艺融	2014.12.08
满绿翡翠钻石戒指	口径1.25cm	200,000	北京九歌	2014.12.17
满绿随型翡翠配钻石戒指	长1.7cm	92,000	华艺国际	2014.12.09
满镶黄钻方形戒指		598,000	北京艺融	2014.12.08
锰铝榴石10.23克拉配钻石戒指	指环$6\frac{3}{4}$	98,750	香港苏富比	2014.04.07
锰铝榴石配钻石戒指		98,750	香港苏富比	2014.04.07
缅甸冰种翡翠配钻石戒指	指环尺寸7	214,677	保利香港	2014.10.06
缅甸翡翠“葫芦”配钻石戒指	指环尺寸	35,424	保利香港	2014.04.06
缅甸翡翠蛋面戒指	指环尺寸7	60,593	保利香港	2014.04.06
缅甸翡翠蛋面戒指	指环尺寸7	51,271	保利香港	2014.04.06
缅甸翡翠蛋面戒指	指环尺寸7	177,118	保利香港	2014.04.06
缅甸翡翠蛋面戒指	指环尺寸7	205,084	保利香港	2014.04.06
缅甸翡翠蛋面戒指	戒指尺寸$5\frac{1}{2}$	100,500	佳士得	2014.05.27
缅甸翡翠蛋面戒指	戒指尺寸$6\frac{1}{4}$	160,800	佳士得	2014.05.27
缅甸翡翠蛋面戒指	戒指尺寸6	120,600	佳士得	2014.05.27
缅甸翡翠蛋面戒指	戒指尺寸$6\frac{1}{4}$	804,000	佳士得	2014.05.27
缅甸翡翠蛋面戒指	蛋面长2.44cm	4,856,160	佳士得	2014.05.27
缅甸翡翠蛋面戒指	蛋面长1.53cm	2,444,160	佳士得	2014.05.27
缅甸翡翠蛋面戒指	蛋面长2.25cm	5,531,520	佳士得	2014.05.27
缅甸翡翠蛋面戒指	戒指尺寸5	1,961,760	佳士得	2014.05.27
缅甸翡翠蛋面戒指，吊坠	指环尺寸$9\frac{1}{2}$	745,760	保利香港	2014.04.06

2014珠宝翡翠拍卖成交汇总

(成交价RMB：1万元以上)

拍品名称	物品尺寸	成交价RMB	拍卖公司	拍卖日期
缅甸翡翠蛋面戒指及吊坠套装	戒指尺寸7	703,500	佳士得	2014.05.27
缅甸翡翠蛋面戒指及吊坠项链套装	戒指尺寸6	422,100	佳士得	2014.05.27
缅甸翡翠蛋面戒指及耳环套装	戒指尺寸6	603,000	佳士得	2014.05.27
缅甸翡翠蛋面戒指及耳环套装	戒指尺寸4 3/4	1,189,920	佳士得	2014.05.27
缅甸翡翠蛋面戒指及耳环套装	蛋面长1.60cm	6,303,360	佳士得	2014.05.27
缅甸翡翠蛋面戒指及耳环套装	戒指尺寸5 1/2	201,000	佳士得	2014.05.27
缅甸翡翠蛋面戒指及耳坠套装	戒指尺寸7 1/4	130,650	佳士得	2014.05.27
缅甸翡翠蛋面戒指及耳坠套装	戒指尺寸6	301,500	佳士得	2014.05.27
缅甸翡翠戒指及挂坠套装	指环尺寸9	70,004	保利香港	2014.10.06
缅甸翡翠戒指及钻石戒指套装	指环尺寸7	60,593	保利香港	2014.04.06
缅甸翡翠马鞍戒指	戒指尺寸7 3/4	100,500	佳士得	2014.05.27
缅甸翡翠马鞍戒指	戒指尺寸9	180,900	佳士得	2014.05.27
缅甸翡翠马鞍戒指	马鞍长2.17cm	241,200	佳士得	2014.05.27
缅甸翡翠马鞍戒指(一对)	戒指尺寸5 3/4及5	180,900	佳士得	2014.05.27
缅甸翡翠配钻石戒指	指环尺寸6 1/2	102,542	保利香港	2014.04.06
缅甸翡翠配钻石戒指	指环尺寸7	186,676	保利香港	2014.10.06
缅甸翡翠配钻石戒指	指环尺寸8 1/2	728,036	保利香港	2014.10.06
缅甸翡翠配钻石戒指及耳环套装	长1.51cm	112,006	保利香港	2014.10.06
缅甸翡翠配钻石戒指及耳环套装	蛋面长1.64cm	1,493,408	保利香港	2014.10.06
缅甸翡翠配钻石马鞍戒指	指环尺寸8 1/2	74,670	保利香港	2014.10.06
缅甸翡翠方牌戒指	方牌长3.06cm	351,750	佳士得	2014.05.27
缅甸翡翠长方牌戒指	指环尺寸8 1/2	372,880	保利香港	2014.04.06
缅甸榄尖形翡翠蛋面戒指	戒指尺寸5	65,325	佳士得	2014.05.27
缅甸紫罗兰翡翠戒指及耳环套装	蛋面长1.45cm	402,000	佳士得	2014.05.27
缅甸紫罗兰翡翠如意戒指	戒指尺寸6 3/4	241,200	佳士得	2014.05.27
民国 翠戒指	长2cm	13,800	北京保利	2014.08.02
民国红珊瑚AK戒指吊坠(一套)	长2cm	51,750	中鸿信	2014.11.23
民国 戒指八只 耳环三对	尺寸不一	17,250	中国嘉德	2014.03.24
民国 金戒指七只 耳环两对		23,000	中国嘉德	2014.03.24
摩根石22.33克拉配海水蓝宝戒指，Dior（迪奥）		79,000	香港苏富比	2014.04.07
莫桑比克红宝石3.45克拉钻戒	长0.90cm	230,000	上海嘉泰	2014.06.18
墨翠戒指	内径1.2cm	134,400	中晟国际	2014.10.11
墨翠戒指		55,200	北京保利	2014.06.06
南红戒指(一对)		11,500	南京经典	2014.08.04
南洋异形珍珠戒指	长1.8cm	29,900	银座国际	2014.06.01
南洋珍珠戒指	珠径1.67cm	32,200	北京艺融	2014.12.08
南洋珍珠戒指 约17mm	指环大小12	51,750	北京保利	2014.12.04
浓彩黄色钻石8.09克拉配粉红色钻石戒指	指环5 1/2	980,840	香港苏富比	2014.10.07
浓彩黄色钻石5.02克拉内部无瑕(IF)净度配钻石戒指		1,548,400	香港苏富比	2014.04.07
浓彩黄色钻石配钻石戒指，格拉芙(GRAFF)	指环尺寸：5 1/4	790,000	香港苏富比	2014.04.07
欧泊戒指	长1.68cm	28,750	远方拍卖	2014.09.21
欧泊戒指	长1.8cm	10,925	上海嘉泰	2014.06.18
欧泊戒指	长3.42cm	149,500	北京保利	2014.12.04
欧泊配彩宝及钻石戒指		52,900	华艺国际	2014.05.31
欧泊配镶彩色宝石戒指	长1.51cm	57,500	北京保利	2014.12.04
帕德玛刚玉 钻石 铂金戒指		50,536	日本伊斯特	2014.10.25
帕德玛刚玉及钻石戒指	戒指8 3/4	3,440,040	佳士得	2014.11.25
帕德玛刚玉及钻石戒指	戒指尺寸6	374,775	佳士得	2014.11.25
帕拉伊巴碧玺配海螺珠 养殖珍珠 黄色钻石及宝石“海洋”戒指		474,360	天成国际	2014.06.08
帕拉伊巴碧玺配钻石戒指	长1.02cm	34,500	银座国际	2014.06.01
帕拉伊巴碧玺配钻石戒指	长1.46cm	71,300	银座国际	2014.06.01
平安扣戒指		31,360	上海天赐	2014.06.15
嵌天方钻戒指		25,300	上海嘉泰	2014.06.18
轻淡粉红色钻石配钻石7.76克拉内部无瑕(IF)净度戒指	指环5 3/4	1,785,400	香港苏富比	2014.04.07
轻淡蓝色钻石及淡彩紫粉红色钻石配钻石戒指	指环6	444,375	香港苏富比	2014.04.07

拍品名称	物品尺寸	成交价RMB	拍卖公司	拍卖日期
轻淡蓝色钻石1.33克拉VS1净度配粉红色钻石及钻石戒指	指环6	493,750	香港苏富比	2014.04.07
三件钻石配宝石戒指 及钻石吊坠		23,718	天成国际	2014.06.08
三色彩宝戒指		42,560	北京荣宝	2014.08.24
东非沙弗来石10.98克拉配钻石戒指	指环6 3/4	454,250	香港苏富比	2014.04.07
沙弗莱“青蛙”配月光石戒指		13,800	上海嘉泰	2014.06.18
珊瑚花型戒指		22,400	北京荣宝	2014.03.23
珊瑚戒指	直径1.43cm	35,840	北京荣宝	2014.08.24
珊瑚戒指		17,250	北京传是	2014.06.05
珊瑚配红宝石及钻石戒指	珊瑚2.06cm	265,642	天成国际	2014.06.08
珊瑚配镶钻石戒指		26,100	北京保利	2014.02.05
珊瑚圆珠戒指	指环大小17	26,450	福建东南	2014.10.26
珊瑚钻石戒指		39,200	北京荣宝	2014.11.30
珊瑚钻石戒指		33,600	北京荣宝	2014.11.30
深彩黄色钻石7.25克拉VVS2净度配钻石戒指	指环6	979,600	香港苏富比	2014.04.07
双花戒指 翁狄森设计	指环大小12	103,500	北京保利	2014.06.06
斯里兰卡蓝宝石钻石 pt戒指		28,000	上海驰翰	2014.04.18
斯里兰卡猫眼石戒指	戒指7	402,000	佳士得	2014.05.27
素面红宝黄金钻戒		34,500	上海嘉泰	2014.06.18
坦桑石戒指	长1.1cm	11,200	盛世嘉宝	2014.11.02
坦桑石配绿色石榴石、蓝宝石及钻石“猎豹”戒指		51,750	华艺国际	2014.05.31
坦桑石13.76克拉配钻石戒指	指环6	74,670	保利香港	2014.10.06
坦桑石钻石戒指	内径1.7cm	45,483	中国嘉德	2014.10.07
托帕石钻石戒指及吊坠镶18K白金(两件)	港指圈：14	14,628	香港拍得高	2014.09.06
椭圆形斯里兰卡蓝宝石戒指	戒指5 1/2	331,650	佳士得	2014.05.27
维多利亚时期 钻石戒指		28,750	北京保利	2014.12.04
翁狄森设计窗花戒指	外直径2.07cm	34,500	银座国际	2014.06.01
翁狄森设计剪纸系列戒指	长3.6cm	86,250	银座国际	2014.06.01
无烧黄色蓝宝石镶嵌钻石戒指		17,600	北京保利	2014.02.05
鲜彩黄色心形钻石配钻石戒指镶18K白金		29,256	香港拍得高	2014.09.06
鲜彩黄色钻石配钻石戒指	指环尺寸5 1/2	60,593	保利香港	2014.04.06
鲜彩黄色钻石2.07克拉VVS1净度配钻石戒指	指环6	641,875	香港苏富比	2014.04.07
鲜彩黄色钻石6.05克拉VS2净度配钻石戒指，宝格丽(BVLGARI)	指环5	1,645,280	香港苏富比	2014.10.07
鲜彩蓝色钻石3.32克拉内部无瑕(IF)净度配钻石戒指	指环6	32,873,960	香港苏富比	2014.10.07
鲜彩紫粉红色钻石配钻石戒指，由Sotheby's Diamonds镶嵌	指环5 1/2	109,063,080	香港苏富比	2014.10.07
显赫的总重14.89克拉缅甸鸽血红红宝石戒指(主石6.17克拉)未经加热处理	指环13	12,190,000	北京保利	2014.06.06
镶18k 黄金，戒指	戒指尺寸5 1/4	402,000	佳士得	2014.05.27
镶钻翡翠戒指	长2.5cm	13,800	中国嘉德	2014.03.24
镶钻珊瑚戒指	长1.2cm	11,500	中国嘉德	2014.03.24
心形钻石戒指及耳环套装	指环尺寸6 1/2	88,559	保利香港	2014.04.06
星光红宝石镶钻戒指		92,000	北京艺融	2014.06.03
斯里兰卡星光蓝宝石蛋面51.08克拉及钻石戒指	戒指6 1/2	374,775	佳士得	2014.11.25
星光蓝宝石及钻石戒指	戒指尺寸6 1/2	118,350	佳士得	2014.11.25
星光蓝宝石戒指		138,000	北京艺融	2014.06.03
星光蓝宝石配钻石戒指	指环大小为12	43,700	福建东南	2014.10.26
斯里兰卡星光蓝宝石55.12克拉配钻石戒指	指环6 1/4	474,600	香港苏富比	2014.10.07
斯里兰卡星光蓝宝石17.38克拉配钻石戒指	指环6 1/4	493,750	香港苏富比	2014.04.07
星光蓝宝石镶钻戒指	长1.12cm	34,500	北京艺融	2014.06.03
星光蓝宝石钻石戒指	美度6.25，港度12.5	82,289	香港富得	2014.05.24

拍品名称	物品尺寸	成交价RMB	拍卖公司	拍卖日期
巴西亚历山大变色石1.83克拉配钻石戒指	指环6	246,875	香港苏富比	2014.04.07
巴西亚历山大变色石2.20克拉配钻石戒指及吊耳环套装	指环6 1/4	474,600	香港苏富比	2014.10.07
亚历山大猫眼变色石6.12克拉配钻石戒指	指环6	543,125	香港苏富比	2014.04.07
养殖珍珠“Panth è re”戒指	戒指尺寸5 1/4	40,200	佳士得	2014.05.27
养殖珍珠配绿松石戒指，Cartier出品	长2.12cm	102,412	天成国际	2014.12.07
养殖珍珠配钻石戒指	指环5 1/4	98,875	香港苏富比	2014.10.07
养殖珍珠配钻石戒指及耳环一对套装	戒指尺寸5 3/4	37,241	天成国际	2014.12.07
养殖珍珠配钻石首饰套组；及1.01克拉L色SI1净度钻石戒指	戒指尺寸5 1/2及6	88,447	天成国际	2014.12.07
养殖珍珠钻石戒指/项坠套装	长1.55cm	11,500	中国嘉德	2014.11.23
伊卡洛斯–冰种蓝花翡翠镶钻蛋面戒指、耳坠（三件套）	主石长3.3cm	2,530,000	北京艺融	2014.12.08
意大利18K金紫水晶镶钻戒指		13,440	北京荣宝	2014.11.30
圆形钻石戒指	戒指尺寸3 1/2	120,600	佳士得	2014.05.27
圆形钻石戒指	戒指尺寸6 3/4	70,350	佳士得	2014.05.27
圆形钻石戒指镶14K白金，钻石戒指镶K黄金及钻石戒指镶18K黄金及白金(3)	港指圈：14–15.5	16,914	香港拍得高	2014.09.06
约1.08 克拉正方形深彩黄绿色SI1 钻石戒指	戒指尺寸5 1/4	852,240	佳士得	2014.05.27
约1.09 克拉梨形浓彩紫粉红色SI1 钻石及约1.29 克拉梨形D/IF钻石戒指	戒指尺寸3 1/4	1,093,440	佳士得	2014.05.27
约1.57克拉梨形D/VVS2钻石戒指	戒指尺寸4 1/4	241,200	佳士得	2014.05.27
约1.8克拉红宝石戒指	指环大小12	23,000	保利厦门	2014.11.02
约10.02克拉榄尖形鲜彩黄色VS2 钻石戒指	戒指6	6,785,760	佳士得	2014.05.27
约10.24 克拉缅甸红宝石戒指	戒指尺寸6	1,720,560	佳士得	2014.05.27
约12.59 克拉黑蛋白石戒指	戒指尺寸6	140,700	佳士得	2014.05.27
约14.35 克拉斯里兰卡猫眼石戒指	戒指尺寸6	351,750	佳士得	2014.05.27
约15.87 克拉枕形缅甸蓝宝石戒指	戒指尺寸5 1/2	1,961,760	佳士得	2014.05.27
约17.24 克拉椭圆形缅甸蓝宝石戒指	戒指尺寸5 1/2	2,154,720	佳士得	2014.05.27
约1960年法国制 钻石及珊瑚树型戒指	指环大小17	13,800	北京保利	2014.12.04
约1960年英国制 钻石树型戒指	指环大小14	20,700	北京保利	2014.12.04
约1960年制 约2克拉蓝宝石戒指 未经加热处理 蒂芙尼 TIFFANY	指环大小13	57,500	北京保利	2014.12.04
约1970年制 2.11克拉枕形G色无瑕钻石戒指 梵克雅宝 VAN CLEEF & ARPELS	指环大小15	253,000	北京保利	2014.12.04
约1970年制 2.29克拉红宝石戒指 HEYMEN BROTHERS	长0.89cm	63,250	北京保利	2014.12.04
约1970年制 蓝宝石及钻石戒指、耳环套装	指环大小14	92,000	北京保利	2014.12.04
约2.20 克拉圆形F/VS1 钻石戒指	戒指尺寸6	371,850	佳士得	2014.05.27
约2.55 克拉椭圆形缅甸鸽血红红宝石戒指	戒指尺寸6 1/2	804,000	佳士得	2014.05.27
约22.50克拉枕形缅甸蓝宝石戒指	戒指5 1/2	3,408,960	佳士得	2014.05.27
约24.97克拉枕形肯亚红宝石戒指	戒指4 1/2	2,540,640	佳士得	2014.05.27
约3.56 克拉榄尖形浓彩黄色VS2 钻石戒指	戒指尺寸5 3/4	422,100	佳士得	2014.05.27
约3克拉ARTDECO风格钻石戒指	长0.87cm	86,250	北京保利	2014.06.06

拍品名称	物品尺寸	成交价RMB	拍卖公司	拍卖日期
约5.08克拉梨形D/FL(极优打磨及比例)钻石戒指	戒指3 1/4	4,373,760	佳士得	2014.05.27
约5.43克拉圆型哥伦比亚祖母绿及 约4.75克拉圆形E/VS1(极优切割、打磨及比例)钻石戒指	戒指6	3,891,360	佳士得	2014.05.27
约5.75克拉枕形缅甸红宝石戒指	戒指5 1/2	4,759,680	佳士得	2014.05.27
约6.75 克拉圆形L/SI1(极优打磨)钻石戒指	戒指尺寸6	422,100	佳士得	2014.05.27
约7.50 克拉枕形缅甸蓝宝石戒指	戒指尺寸5	653,250	佳士得	2014.05.27
约72.68克拉星光蓝宝石戒指	主石长2.25cm	1,265,000	北京保利	2014.12.04
约8.15克拉枕形D/VVS1 钻石戒指	戒指5 1/4	4,856,160	佳士得	2014.05.27
约8.20克拉圆形D/IF Type IIa (极优切割、打磨及比例) 钻石戒指	戒指5 3/4	9,487,200	佳士得	2014.05.27
约8.33 克拉长方型哥伦比亚祖母绿戒指	戒指尺寸5 1/2	1,093,440	佳士得	2014.05.27
约9.38克拉梨形浓彩粉红色钻石戒指	戒指7	37,016,160	佳士得	2014.05.27
月亮石配蓝宝石及钻石戒指	戒指尺寸6	28,462	天成国际	2014.06.08
珍罕15.07克拉椭圆形缅甸抹谷无经加热处理红宝石配钻石戒指	戒指5 1/2	10,435,920	天成国际	2014.06.08
珍罕55.01克拉方形缅甸抹谷无经加热处理“皇家蓝”色蓝宝石配钻石戒指	戒指6	26,534,070	天成国际	2014.12.07
珍罕的5.01克拉缅甸抹谷鸽血红红宝石戒指 未经加热处理	主石长1.36cm	8,855,000	北京保利	2014.12.04
珍罕紫翡翠配翡翠及钻石戒指	蛋面长2.31cm	2,327,550	天成国际	2014.12.07
珍珠及钻石戒指，Forms 设计	戒指尺寸6	443,813	佳士得	2014.11.25
珍珠戒指	戒指尺寸6 1/2	170,850	佳士得	2014.05.27
珍珠配钻石戒指	指环尺寸5 1/2	140,007	保利香港	2014.10.06
珍珠配钻石戒指	指环尺寸：7 1/2	237,000	香港苏富比	2014.04.07
珍珠配钻石戒指及耳环套装	指环4 3/4	276,850	香港苏富比	2014.10.07
珍珠钻石戒指镶18K白金及黑金	港指圈：16	20,114	香港拍得高	2014.09.06
枕形缅甸尖晶石戒指		351,750	佳士得	2014.05.27
枕形斯里兰卡蓝宝石戒指	戒指尺寸4 1/4	321,600	佳士得	2014.05.27
锥形缅甸红宝石戒指及耳坠套装	戒指6	2,444,160	佳士得	2014.05.27
紫翡翠配翡翠 彩色宝石及钻石戒指	长2.15cm	265,642	天成国际	2014.06.08
紫翡翠配棕色钻石及钻石戒指	长2.42cm	418,959	天成国际	2014.12.07
紫翡翠配钻石戒指	指环7 1/2	741,563	香港苏富比	2014.10.07
紫翡翠配钻石戒指	长1.2cm	79,000	香港苏富比	2014.04.07
紫翡翠配钻石戒指	指环5 1/2	711,000	香港苏富比	2014.04.07
紫翡翠配钻石戒指及耳环套装	指环5 1/2	444,938	香港苏富比	2014.10.07
紫翡蛋面戒指	长1.1cm	22,400	上海联合	2014.06.29
紫罗兰蛋面戒指		19,000	北京保利	2014.02.05
紫罗兰翡翠蛋面戒指	主石长3.21cm	3,105,000	北京保利	2014.12.04
紫罗兰翡翠及钻石戒指	戒指尺寸6 1/2	167,663	佳士得	2014.11.25
紫罗兰翡翠戒指	直径1.4cm	11,500	北京保利	2014.12.04
紫罗兰翡翠镶钻花型戒指		448,500	北京艺融	2014.12.08
紫罗兰翡翠钻石戒指	长1.6cm	163,737	中国嘉德	2014.10.07
紫罗兰戒指、挂坠套装	长1.6cm	207,000	北京传是	2014.06.05
紫罗兰色翡翠钻石戒指	翡翠1.5cm	34,500	中国嘉德	2014.05.19
紫罗兰色钻石戒指	长1.4cm	34,500	中国嘉德	2014.11.23
紫水晶10.30克拉配石榴石11.00克拉戒指	指环7	54,313	香港苏富比	2014.04.07
紫水晶配钻石戒指、吊坠、胸针、耳坠套组	戒指尺寸7 1/2	46,551	天成国际	2014.12.07
总重7.75克拉缅甸鸽血红红宝石戒指、耳环套装 未经加热处理 迪奥 DIOR		2,242,500	北京保利	2014.12.04
祖母绿 钻石 铂金戒指		85,670	日本伊斯特	2014.01.19
祖母绿白金镶钻戒指		46,000	中鸿信	2014.11.23

2014珠宝翡翠拍卖成交汇总

(成交价RMB：1万元以上)

拍品名称	物品尺寸	成交价RMB	拍卖公司	拍卖日期
祖母绿5.13克拉及钻石戒指		2,019,840	佳士得	2014.11.25
1856克拉八角形哥伦比亚祖母绿戒指	戒指5 1/2	1,735,800	佳士得	2014.11.25
祖母绿及钻石戒指，Cartier 设计	戒指尺寸5 1/2	78,900	佳士得	2014.11.25
约20.69克拉八角形哥伦比亚天然祖母绿戒指，Gimel设计	戒指6 1/4	11,866,560	佳士得	2014.11.25
祖母绿戒指	指环大小12	23,000	北京保利	2014.12.04
祖母绿戒指		40,250	上海嘉泰	2014.06.18
祖母绿猫眼配钻石戒指		345,000	华艺国际	2014.12.09
祖母绿配红宝石及钻石戒指及耳环套装	戒指尺寸5 3/4	46,551	天成国际	2014.12.07
祖母绿配钻石戒指及耳环套装	戒指尺寸5	83,792	天成国际	2014.12.07
祖母绿嵌钻石戒指		80,500	上海嘉泰	2014.06.18
祖母绿钻石戒指	戒指尺寸：美度6，港度12	97,083	香港富得	2014.05.24
祖母绿钻石戒指	内径1.7cm	36,800	中国嘉德	2014.11.23
钻石 黄金戒指	长1.47cm	142,308	日本伊斯特	2014.06.01
钻石、祖母绿及黑玛瑙“Panth è re”戒指，Cartier 设计	戒指尺寸6	276,150	佳士得	2014.11.25
钻石、祖母绿及黑玛瑙“Panth è re”戒指，Cartier设计	戒指尺寸6 3/4	83,831	佳士得	2014.11.25
钻石、祖母绿及珊瑚戒指，Van Cleef & Arpels设计	长4.7cm	69,038	佳士得	2014.11.25
钻石“Panth è re”戒指	戒指尺寸5 1/4	65,325	佳士得	2014.05.27
钻石“Panth è re”戒指	戒指尺寸5 1/2	130,650	佳士得	2014.05.27
钻石“莲花”戒指，梵克雅宝(Van Cleef & Arpels)	指环7	148,313	香港苏富比	2014.10.07
钻石及黑玛瑙戒指	戒指尺寸7	221,100	佳士得	2014.05.27
钻石及红宝石“Mystery Set”戒指	戒指尺寸3 3/4	201,000	佳士得	2014.05.27
钻石及黄色蓝宝石戒指	戒指尺寸3 1/2	160,800	佳士得	2014.05.27
钻石戒指		92,000	上海嘉泰	2014.06.18
钻石戒指		40,250	上海嘉泰	2014.06.18
钻石戒指	直径1.85cm	100,062	中国嘉德	2014.10.07
钻石4.01克拉K色VS1净度极优打磨戒指	指环5 1/2	375,725	香港苏富比	2014.10.07
钻石7.10克拉戒指	指环4 1/2	415,275	香港苏富比	2014.10.07
钻石5.03克拉D色VVS1净度戒指	指环5 1/2	2,879,240	香港苏富比	2014.10.07
钻石5.03克拉D色内部无瑕(IF)净度戒指	指环5 1/2	2,499,560	香港苏富比	2014.10.07
钻石12.22克拉，F色VS2净度戒指	指环5 1/2	5,347,160	香港苏富比	2014.10.07
钻石戒指	戒指尺寸6 3/4	88,763	佳士得	2014.11.25
钻石戒指	戒指尺寸4 3/4	345,188	佳士得	2014.11.25
钻石戒指	戒指尺寸5 3/4	931,020	佳士得	2014.11.25
钻石戒指	戒指尺寸5 1/2	1,167,720	佳士得	2014.11.25
钻石戒指	戒指尺寸6 1/2	2,351,220	佳士得	2014.11.25
钻石戒指	戒指尺寸3 1/2	473,400	佳士得	2014.11.25
5.79克拉椭圆形D/IF(极优打磨及比例)钻石戒指	戒指6 3/4	2,682,600	佳士得	2014.11.25
钻石戒指	戒指尺寸6 1/2	5,049,600	佳士得	2014.11.25
钻石戒指	戒指尺寸6 1/2	2,966,640	佳士得	2014.11.25
钻石戒指	戒指尺寸7	1,073,040	佳士得	2014.11.25
8.65克拉梨形D/IF Type IIa戈尔康达钻石戒指	戒指5 1/2	8,742,120	佳士得	2014.11.25
钻石戒指	戒指尺寸6 1/2	55,275	佳士得	2014.05.27
钻石戒指	戒指尺寸7 3/4	110,550	佳士得	2014.05.27
钻石戒指	戒指尺寸6	402,000	佳士得	2014.05.27
钻石戒指	戒指尺寸7 1/4	603,000	佳士得	2014.05.27
27.94克拉心形D/VS1(极优打磨)Type IIA 钻石戒指	戒指9 1/2	20,419,320	佳士得	2014.11.25
钻石戒指	指环尺寸：5 3/4	837,400	香港苏富比	2014.04.07
钻石戒指		837,400	香港苏富比	2014.04.07
钻石戒指	指环尺寸：7 1/4	2,401,600	香港苏富比	2014.04.07
方形钻石5.91克拉，D色内部无瑕(IF)净度戒指	指环5 3/4	3,065,200	香港苏富比	2014.04.07

拍品名称	物品尺寸	成交价RMB	拍卖公司	拍卖日期
椭圆形钻石重10.00克拉，D色内部无瑕(IF)净度戒指	指环5 3/4	6,857,200	香港苏富比	2014.04.07
圆形钻石重16.08克拉，E色内部无瑕(IF)净度戒指	指环6	11,881,600	香港苏富比	2014.04.07
钻石戒指	指环尺寸：5 3/4	641,875	香港苏富比	2014.04.07
钻石戒指	指环尺寸：5 1/4	979,600	香港苏富比	2014.04.07
钻石戒指	指环尺寸：5	691,250	香港苏富比	2014.04.07
钻石戒指	指环尺寸：7	276,500	香港苏富比	2014.04.07
钻石戒指	指环尺寸：6	543,125	香港苏富比	2014.04.07
钻石戒指	指环尺寸：7 1/4	513,500	香港苏富比	2014.04.07
钻石戒指	指环尺寸：5	884,800	香港苏富比	2014.04.07
钻石戒指 (三只)		17,371	香港拍得高	2014.09.06
钻石戒指 Tiffany & CO.设计	戒指尺寸6	2,190,000	佳士得(上海)	2014.10.24
钻石戒指，Cartier 设计		690,375	佳士得	2014.11.25
钻石戒指，Cartier 设计	戒指尺寸6	108,488	佳士得	2014.11.25
9.91克拉长方形D/IF(极优打磨及比例)Type IIa 钻石戒指，Cartier设计	戒指4	8,363,400	佳士得	2014.11.25
6.90克拉圆形E/VVS2(极优切割、打磨及比例)钻石戒指，Harry Winston设计	戒指4 3/4	3,345,360	佳士得	2014.11.25
方形钻石25.40克拉H色VVS1净度戒指，海瑞温斯顿(Harry Winston)	指环6 3/4	12,371,240	香港苏富比	2014.10.07
钻石戒指及钻石耳环镶14K黄金(3)	长0.1cm	13,714	香港拍得高	2014.09.06
钻石戒指两只		42,692	天成国际	2014.06.08
钻石戒指三枚，Cartier 设计	戒指尺寸4 3/4	108,488	佳士得	2014.11.25
钻石戒指三枚，Louis Vuitton、Cartier 或 Harry Winston 设计	戒指尺寸4 1/2	147,938	佳士得	2014.11.25
钻石女戒	口径1.9cm	410,000	北京九歌	2014.12.17
钻石女戒	口径1.7cm	220,000	北京九歌	2014.12.17
钻石配彩色宝石“蝴蝶”戒指及耳环套装	戒指尺寸5 3/4	134,998	天成国际	2014.12.07
钻石配粉红色钻石戒指		61,667	天成国际	2014.06.08
钻石配祖母绿“豹”戒指，卡地亚(CARTIER)		108,625	香港苏富比	2014.04.07
钻石配珍珠戒指耳环套装	指环尺寸7	14,001	保利香港	2014.10.06
钻饰包括戒指8只及耳环3对(14)		14,628	香港拍得高	2014.09.06
手镯				
清 冰种福禄寿三彩翡翠手镯	直径6.5cm	736,320	帝图艺术	2014.06.22
清 翡翠绞丝手镯	内径6.1cm	28,000	武汉中信	2014.10.23
清 翡翠手镯	内径5.6cm	33,600	天津文物	2014.11.15
清 翡翠手镯	内径5.5cm	403,200	天津文物	2014.11.15
清 翡翠手镯	内径5.4cm	336,000	武汉中信	2014.10.23
清 翡翠手镯	内径5.9cm	56,000	武汉中信	2014.10.23
清 翡翠手镯	内径6.1cm	69,440	武汉中信	2014.10.23
清 翡翠手镯	内径6.0cm	50,400	武汉中信	2014.10.23
清 翡翠手镯	内径5.5cm	33,600	武汉中信	2014.10.23
清 翡翠手镯 (一对)	内径6.4cm	560,000	武汉中信	2014.10.23
清 翡翠春带彩手镯	直径5.5cm	57,500	深圳市拍	2014.01.05
清 翡翠龙凤呈祥手镯	内径5.7cm	172,500	北京翰海	2014.05.11
清 翡翠手镯	内径5.3cm	23,000	深圳市拍	2014.01.05
清 翡翠手镯	内径6.1cm	13,800	深圳市拍	2014.01.05
清 翡翠镯	直径7.3cm	345,000	北京保利	2014.06.06
清 红翡手镯	内径5.5cm	56,000	武汉中信	2014.10.23
清 金镶翠镯花	长15.5cm	22,400	天津文物	2014.05.16
清 金质冰梅纹嵌珊瑚 螺钿手镯(一对)		115,000	中国嘉德	2014.11.22
清 银质鎏金博古纹手镯	内圈6.5cm	17,250	中国嘉德	2014.11.22
清 紫罗兰手镯	直径6cm	71,300	深圳市拍	2014.01.05
清 足金二龙争珠手镯 (一对)		1,090,200	香港拍得高	2014.03.30
17.99克拉“斯里兰卡”紫色星光蓝宝石配钻石手镯	内径5.7cm	287,500	华艺国际	2014.05.31

拍品名称	物品尺寸	成交价RMB	拍卖公司	拍卖日期
18K白金翡翠手镯	内圈6.5cm	41,607	大唐国际	2014.05.27
18k白金及黄金手镯	内周长17.5cm	281,400	佳士得	2014.05.27
18K白金钻石手镯	内直径5.05cm	22,713	香港拍得高	2014.03.22
18K白金钻石手镯	内直径5.7cm	51,778	香港拍得高	2014.06.21
18K黑金钻石手镯	内直径5.9cm	54,510	香港拍得高	2014.03.22
18K黄金镶红宝石及钻石手镯	长19.05cm	161,438	纽约苏富比	11/20/2014
18K金软玉手镯、耳环、戒指(一套)		66,700	江苏爱涛	2014.07.06
18K金翡翠手镯	内直径5.3cm	40,883	香港拍得高	2014.03.22
18k金镶17.75克拉葡萄石手镯		20,700	北京博观	2014.04.20
18K金镶嵌阳绿翡翠手镯	内径5.7cm	44,800	中晟国际	2014.10.11
18K金钻石手镯	内直径6.1cm	19,624	香港拍得高	2014.03.22
18K玫瑰白金钻石手镯	内直径5.7cm	11,095	香港拍得高	2014.06.21
20.52克拉月光石配钻石手镯		44,746	保利香港	2014.04.06
4.66至1.64克拉枕形哥伦比亚祖母绿手镯	内周长14.4cm	2,444,160	佳士得	2014.05.27
925银编麻花状镶宝石手镯耳钉(一套三件)	尺寸不一	34,500	中贸圣佳	2014.07.06
CARTIER 18K金钻石手镯		53,760	北京荣宝	2014.11.30
Roberto Coin 黑钻配白钻金手镯		89,700	江苏爱涛	2014.07.06
阿卡红珊瑚龙凤纹手镯		19,550	北京艺融	2014.06.03
阿卡红珊瑚镶钻花形手镯		97,750	北京艺融	2014.06.03
宝格丽 钻石 黄金手镯		74,246	日本伊斯特	2014.01.19
豹形手镯		13,440	北京荣宝	2014.11.30
豹子款手镯		51,750	上海嘉泰	2014.06.18
冰糯种翡翠手镯	内径5.6cm	22,400	中晟国际	2014.10.11
冰糯种翡翠手镯		960,000	荣盛国际	2014.07.26
冰糯种翡翠手镯	内直径5.82cm	78,200	北京保利	2014.06.06
冰油青满绿手镯	内径5.9cm	24,640	中晟国际	2014.10.11
冰种翠色翡翠手镯	直径5.8cm	3,910,000	北京艺融	2014.06.03
冰种翠色翡翠手镯	直径5.5cm	2,875,000	北京艺融	2014.06.03
冰种翠手镯	直径5.6cm	14,400	中联环球	2014.01.12
冰种翠玉镯	内直径5.3cm	80,170	景薰楼	2014.06.15
冰种翡翠“飘兰花”手镯	内直径5.5cm	93,254	香港拍得高	2014.09.06
冰种翡翠春带彩手镯	直径5.8cm	280,000	盛世嘉宝	2014.11.02
冰种翡翠淡色手镯	内径5.5cm	123,200	中晟国际	2014.10.11
冰种翡翠贵妃手镯	内径5.5cm	29,120	中晟国际	2014.10.11
冰种翡翠飘蓝花手镯	内径5.5cm	230,000	东拍国际	2014.07.31
冰种翡翠飘绿手镯	内径5.5cm	56,000	中晟国际	2014.10.11
冰种翡翠三彩满色手镯	直径6.7cm	1,186,560	台湾世家	2014.04.13
冰种翡翠手镯	直径7.3cm	36,708	中信国际	2014.04.19
冰种翡翠手镯	内径5.4cm	123,200	中晟国际	2014.10.11
冰种翡翠手镯	内径5.4cm	16,800	中晟国际	2014.10.11
冰种翡翠手镯	内径5.4cm	28,000	盛世嘉宝	2014.11.02
冰种翡翠手镯	直径52.5mm	48,300	北京艺融	2014.12.08
冰种翡翠手镯	口径5.6cm	85,000	北京九歌	2014.12.17
冰种翡翠手镯	口径5.8cm	130,000	北京九歌	2014.12.17
冰种翡翠手镯	内直径5.54cm	29,072	香港拍得高	2014.03.22
冰种翡翠手镯	直径5.8cm	20,700	中鸿信	2014.11.23
冰种翡翠手镯	直径5.8cm	63,250	广州皇玛	2014.01.02
冰种翡翠手镯	长7.29	251,375	天成国际	2014.12.07
冰种翡翠手镯	内径5.67cm	448,500	北京保利	2014.12.04
冰种翡翠手镯	直径5.58cm	57,500	北京保利	2014.12.04
冰种翡翠手镯		345,625	香港苏富比	2014.04.07
冰种翡翠手镯	内围直径5.8cm	49,440	台湾世家	2014.04.13
冰种翡翠手镯	内围直径5.7cm	49,440	台湾世家	2014.04.13
冰种翡翠手镯	内围直径5.7cm	49,440	台湾世家	2014.04.13
冰种翡翠手镯(一对)	直径5.9cm	5,175,000	北京艺融	2014.12.08
冰种翡翠手镯(一对)		207,000	北京保利	2014.12.04
冰种翡翠手镯及冰种翡翠牌套装		322,565	天成国际	2014.06.08
冰种翡翠圆条手镯		16,149	北京保利	2014.02.05
冰种黄翡手镯		39,200	中晟国际	2014.10.11
冰种满绿翡翠手镯	内圈直径5.53cm	575,000	北京保利	2014.12.04
冰种飘花翡翠贵妃镯	直径5.5cm	1,265,000	北京艺融	2014.06.03

拍品名称	物品尺寸	成交价RMB	拍卖公司	拍卖日期
冰种飘花翡翠手镯	直径5.6cm	161,000	北京艺融	2014.06.03
冰种飘花翡翠手镯	直径5.6cm	1,955,000	北京艺融	2014.06.03
冰种飘花翡翠手镯	直径5.6cm	1,265,000	北京艺融	2014.12.08
冰种飘绿翡翠手镯	内径6.1cm	11,200	中晟国际	2014.10.11
冰种飘绿翡翠圆条手镯	内径5.37cm	1,725,000	保利厦门	2014.11.02
冰种飘绿花翡翠手镯	长7.6cm	74,750	上海嘉泰	2014.06.18
冰种葡萄绿翡翠手镯	直径5.6cm	138,000	北京艺融	2014.12.08
冰种三彩翡翠雕松鹤纹手镯	长1.5cm	38,088	中信国际	2014.05.18
冰种杨绿翡翠手镯	直径5.3cm	287,500	东拍国际	2014.07.31
冰种紫翡翠及翡翠手镯	内径5.7cm	138,425	香港苏富比	2014.10.07
冰种紫翡翠手镯	直径7.75cm	3,320,520	天成国际	2014.06.08
冰种紫翡翠手镯		569,232	天成国际	2014.06.08
玻璃种翡翠扁条手镯	内径5.75cm	747,500	北京保利	2014.06.06
玻璃种翡翠手镯	口径4.3cm	320,000	北京九歌	2014.12.17
玻璃种翡翠镶钻石蓝宝石手镯	口径6.1cm	260,000	北京九歌	2014.12.17
彩色宝石配钻石手镯及戒指		56,923	天成国际	2014.06.08
彩色钻石及钻石手镯，Graff设计	内周长16.0cm	789,000	佳士得	2014.11.25
春带彩翡翠手镯	直径5.7cm	184,000	北京艺融	2014.06.03
春带彩翡翠手镯	直径5.7cm	92,000	北京保利	2014.06.06
春带彩翡翠手镯	内圈直径5.6cm	218,500	北京保利	2014.06.06
春带彩紫罗兰翡翠手镯	内围直径5.8cm	37,080	台湾世家	2014.04.13
翠玉双龙戏珠镯	直径7.6cm	168,713	纽约佳士得	2014.03.20
蛋形冰种翡翠手镯		14,794	香港拍得高	2014.06.21
蛋形翡翠手镯		64,722	香港拍得高	2014.06.21
翡翠“皇家绿”平安镯	直径5.2cm	8,970,000	中鸿信	2014.11.23
翡翠“如意”配钻石、翡翠手镯		161,000	华艺国际	2014.05.31
翡翠冰豆圆条手镯	直径5.6cm	858,000	北京中孚	2014.05.25
翡翠冰油种手镯	直径5.6cm	176,000	北京中孚	2014.05.25
翡翠冰种翡色手镯	内径6cm	90,965	中国嘉德	2014.10.07
翡翠冰种手镯	直径7cm	347,160	中国艺海	2014.11.15
翡翠卜竹手镯	内径 5.7cm	25,889	大唐国际	2014.05.27
翡翠春带彩手镯		54,001	北京保利	2014.02.05
翡翠椿带彩手镯	内径：5.3cm	172,500	上海金艺	2014.07.04
翡翠方手镯		29,440	香港淳浩	2014.07.30
翡翠贵妃手镯		460,000	福建东南	2014.05.25
翡翠贵妃镯		126,500	北京保利	2014.06.06
翡翠绞丝纹手镯		11,040	香港淳浩	2014.07.30
翡翠满绿手镯	直径5.90cm	134,400	长春金鼎	2014.05.17
翡翠满绿手镯		300,000	冉云轩	2014.08.09
翡翠满绿圆条手镯	长5.8cm	78,400	盛世嘉宝	2014.11.02
翡翠糯底飘色手镯	直径5.8cm	33,600	一得阁	2014.10.20
翡翠糯种飘花手镯	直径5.9cm	286,000	北京中孚	2014.05.25
翡翠糯种飘绿手镯A	直径5.9cm	16,100	太和国际	2014.06.22
翡翠糯种圆条手镯	直径5.9cm	110,000	北京中孚	2014.05.25
翡翠飘花手镯		18,000	冉云轩	2014.08.09
翡翠飘绿手镯		287,500	银座国际	2014.06.01
翡翠手镯	直径5.7 cm	47,040	未来四方	2014.05.23
翡翠手镯	直径7cm	17,567	中信国际	2014.06.22
翡翠手镯	直径7cm	44,800	未来四方	2014.07.29
翡翠手镯		11,200	未来四方	2014.07.29
翡翠手镯		22,400	未来四方	2014.07.29
翡翠手镯		53,760	未来四方	2014.07.29
翡翠手镯		17,920	未来四方	2014.07.29
翡翠手镯		33,600	未来四方	2014.07.29
翡翠手镯		29,120	未来四方	2014.07.29
翡翠手镯	内径5.9cm	414,000	尚品润博	2014.08.03
翡翠手镯		10,120	远方拍卖	2014.09.21
翡翠手镯		20,700	远方拍卖	2014.09.21
翡翠手镯	直径8.5cm	520,740	中国艺海	2014.11.15
翡翠手镯		29,981	香港拍得高	2014.03.22
翡翠手镯		436,080	香港拍得高	2014.03.22
翡翠手镯	内径 5.5cm	60,099	大唐国际	2014.05.27

2014珠宝翡翠拍卖成交汇总

(成交价RMB：1万元以上)

拍品名称	物品尺寸	成交价RMB	拍卖公司	拍卖日期
翡翠手镯	内径 5.5cm	110,952	大唐国际	2014.05.27
翡翠手镯		25,760	上海天赐	2014.06.15
翡翠手镯	内直径5.4cm	367,991	香港拍得高	2014.06.21
翡翠手镯	内直径5.45cm	166,428	香港拍得高	2014.06.21
翡翠手镯	内直径5.28cm	19,417	香港拍得高	2014.06.21
翡翠手镯		24,040	香港拍得高	2014.06.21
翡翠手镯	内直径5.59cm	24,502	香港拍得高	2014.06.21
翡翠手镯	内直径5.78cm	37,909	香港拍得高	2014.06.21
翡翠手镯	内径5.9cm	32,200	上海金艺	2014.07.04
翡翠手镯	内径6cm	32,200	上海金艺	2014.07.04
翡翠手镯	内径5.2cm	1,495,000	上海金艺	2014.07.04
翡翠手镯	长5.4cm	1,840,000	上海金艺	2014.07.04
翡翠手镯	长5.5cm	862,500	上海金艺	2014.07.04
翡翠手镯	内径5.9cm	517,500	上海金艺	2014.07.04
翡翠手镯	内径5.8cm	517,500	上海金艺	2014.07.04
翡翠手镯	内径5.6cm	632,500	上海金艺	2014.07.04
翡翠手镯	内径5.6cm	632,500	上海金艺	2014.07.04
翡翠手镯	直径6.5cm	86,250	中贸圣佳	2014.07.06
翡翠手镯	直径7.2cm	86,250	中贸圣佳	2014.07.06
翡翠手镯	直径6.5cm	63,250	中贸圣佳	2014.07.06
翡翠手镯	直径8.3cm	782,000	中贸圣佳	2014.07.06
翡翠手镯	直径8.3cm	172,500	中贸圣佳	2014.07.06
翡翠手镯	直径6.2cm	69,000	中贸圣佳	2014.07.06
翡翠手镯	直径6.7cm	51,750	中贸圣佳	2014.07.06
翡翠手镯	内径5.8cm	17,920	上海联合	2014.06.29
翡翠手镯	内径5.7cm	16,800	上海联合	2014.06.29
翡翠手镯		977,500	江苏爱涛	2014.07.06
翡翠手镯		1,495,000	江苏爱涛	2014.07.06
翡翠手镯	直径7.1cm	12,650,000	江苏爱涛	2014.07.06
翡翠手镯		32,200	香港淳浩	2014.07.30
翡翠手镯		13,800	香港淳浩	2014.07.30
翡翠手镯	直径7.4cm	17,250	广州皇玛	2014.09.27
翡翠手镯	直径7.6cm	17,250	广州皇玛	2014.09.27
翡翠手镯	直径7.2cm	20,700	广州皇玛	2014.09.27
翡翠手镯	直径7.5cm	43,700	广州皇玛	2014.09.27
翡翠手镯	直径7.4cm	42,550	广州皇玛	2014.09.27
翡翠手镯	直径7.5cm	92,000	广州皇玛	2014.09.27
翡翠手镯	直径7cm	69,000	广州皇玛	2014.09.27
翡翠手镯	内径5.5cm	56,000	上海联合	2014.10.11
翡翠手镯	内径5.8cm	6,720,000	上海联合	2014.10.11
翡翠手镯		250,000	佳士得(上海)	2014.10.24
翡翠手镯		325,000	佳士得(上海)	2014.10.24
翡翠手镯	内径5.4cm	161,000	中国嘉德	2014.11.23
翡翠手镯	直径5.9cm	53,760	北京荣宝	2014.11.30
翡翠手镯	内径5.54cm	836,340	佳士得	2014.11.25
翡翠手镯	内径5.71cm	591,750	佳士得	2014.11.25
翡翠手镯	内径5.28cm	118,350	佳士得	2014.11.25
翡翠手镯	直径8.3cm	170,850	佳士得	2014.05.28
翡翠手镯	圈口直径5.78cm	11,500	北京保利	2014.02.05
翡翠手镯	直径6.8cm	11,500	广州皇玛	2014.01.02
翡翠手镯	直径6.8cm	172,500	广州皇玛	2014.01.02
翡翠手镯	直径6.8cm	18,400	广州皇玛	2014.01.02
翡翠手镯	直径6.8cm	36,800	广州皇玛	2014.01.02
翡翠手镯	直径6.8cm	253,000	广州皇玛	2014.01.02
翡翠手镯	直径6.8cm	82,800	广州皇玛	2014.01.02
翡翠手镯	直径6.8cm	17,250	广州皇玛	2014.01.02
翡翠手镯	直径6.8cm	13,800	广州皇玛	2014.01.02
翡翠手镯	直径6.8cm	36,800	广州皇玛	2014.01.02
翡翠手镯	直径6.8cm	34,500	广州皇玛	2014.01.02
翡翠手镯	内径6cm	13,440	上海联合	2014.03.29
翡翠手镯	内径6.02cm	13,440	上海联合	2014.03.29
翡翠手镯	长5.6cm	55,476	香港富得	2014.05.24
翡翠手镯	长7.79cm	123,334	天成国际	2014.06.08

拍品名称	物品尺寸	成交价RMB	拍卖公司	拍卖日期
翡翠手镯	长7.02cm	664,104	天成国际	2014.06.08
翡翠手镯	内直径5.1cm	180,107	香港拍得高	2014.09.06
翡翠手镯	长5.5cm	57,500	华艺国际	2014.09.28
翡翠手镯	长5.6cm	57,500	华艺国际	2014.09.28
翡翠手镯	内径5.18cm	4,303,040	香港苏富比	2014.10.07
翡翠手镯	内径5.50cm	1,550,360	香港苏富比	2014.10.07
翡翠手镯	内径6cm	55,200	福建东南	2014.10.26
翡翠手镯		92,000	福建东南	2014.10.26
翡翠手镯		517,500	福建东南	2014.10.26
翡翠手镯		63,250	福建东南	2014.10.26
翡翠手镯		575,000	福建东南	2014.10.26
翡翠手镯	长7cm	93,102	天成国际	2014.12.07
翡翠手镯	长7.23cm	1,396,530	天成国际	2014.12.07
翡翠手镯	内径5.37cm	32,513,760	佳士得	2014.05.27
翡翠手镯	内径5.30cm	10,459,600	香港苏富比	2014.04.07
翡翠手镯	长5.89cm	316,000	香港苏富比	2014.04.07
翡翠手镯	内径5.55cm	34,602,000	香港苏富比	2014.04.07
翡翠手镯	内直径5.8cm	32,136	台湾世家	2014.04.13
翡翠手镯	内径5.8cm	13,800	北京传是	2014.06.05
翡翠手镯(两只)	长7.6cm	130,326	邦瀚斯	2014.09.15
翡翠手镯(两只)		148,125	香港苏富比	2014.04.07
翡翠手镯(五只)		37,949	天成国际	2014.06.08
翡翠手镯(一对)		81,662	香港淳浩	2014.11.27
翡翠手镯(一对)	内径5.63cm	641,063	佳士得	2014.11.25
翡翠手镯(一对)	内径5.42cm	2,846,160	天成国际	2014.06.08
翡翠手镯(一对)		284,616	天成国际	2014.06.08
翡翠手镯(贵妃)	直径6.5cm	22,400	一得阁	2014.10.20
翡翠双龙手镯	直径6.9cm	207,000	广州皇玛	2014.09.27
翡翠镶K金镯		20,700	上海嘉泰	2014.06.19
翡翠镶金玉镯		33,600	成都金沙	2014.11.16
翡翠阳绿手镯	内径6cm	172,500	中鸿信	2014.11.23
翡翠油清手镯		18,000	冉云轩	2014.08.09
翡翠玉镯	直径7.5cm	25,553	中信国际	2014.03.30
翡翠玉镯	内径 5.3cm	323,610	大唐国际	2014.05.27
翡翠圆环手镯		161,000	福建东南	2014.05.25
翡翠圆条手镯	内径：5.5cm	184,000	上海金艺	2014.07.04
翡翠镯	直径7cm	28,750	中国嘉德	2014.03.24
翡翠镯	外径11cm	1,301,850	中国艺海	2014.11.15
翡翠镯子	直径7cm	364,518	中国艺海	2014.11.15
翡翠钻石手镯	内径：5×6cm	51,520	上海国拍	2014.05.18
粉红色蓝宝石及钻石手镯，Forms 设计	内周长15.0cm	1,451,760	佳士得	2014.11.25
福禄寿翡翠对镯		299,000	北京保利	2014.06.06
高冰翡翠手镯	长5.8cm	448,000	盛世嘉宝	2014.11.02
高冰种翡翠手镯	直径5.3cm	943,000	北京艺融	2014.06.03
高冰种翡翠手镯	口径5.2cm	500,000	北京九歌	2014.12.17
古董钻石手镯 约1900年		97,750	北京保利	2014.06.06
黑色法琅彩配祖母绿及缟玛瑙手镯，卡地亚(Cartier)	内径5.58cm	316,000	香港苏富比	2014.04.07
红宝石配钻石及小珍珠手镯	长度约16cm	444,938	香港苏富比	2014.10.07
红宝石手镯、耳环及戒指套装		177,525	佳士得	2014.11.25
红翡翠手镯及“马鞍”戒指(两件)		24,502	香港拍得高	2014.06.21
黄翡对镯		43,700	北京保利	2014.06.06
黄翡三色巧雕双凤手镯	直径5.7cm	1,955,000	北京艺融	2014.06.03
黄翡手镯	直径5.5cm	161,000	北京艺融	2014.06.03
黄翡手镯	内圈直径5.11cm	34,500	北京保利	2014.12.04
黄翡手镯	内圈直径6.76cm	55,200	北京保利	2014.12.04
黄金镶红蓝宝石龙首镯		25,300	中鸿信	2014.11.23
黄金镶钻石配珐琅手镯	内圆周15.24cm	115,313	纽约苏富比	11/20/2014
黄色钻石配钻石手镯，格拉芙(GRAFF)(三只)	尺寸不一	641,875	香港苏富比	2014.04.07
黄钻配钻石手镯	长5.7cm	193,200	华艺国际	2014.05.31
近代 段家坑冰种翡翠手镯	内直径5.2cm	210,120	台湾世家	2014.04.13

拍品名称	物品尺寸	成交价RMB	拍卖公司	拍卖日期
近代 翡翠雕手镯	直径：6cm	11,500	北京翰海	2014.04.13
卡地亚 CARTIER 18K黄金手镯	长5.72cm	23,000	保利厦门	2014.11.02
蓝宝石手镯、耳环及戒指套装	戒指尺寸5 1/4	160,800	佳士得	2014.05.27
老坑种满绿翡翠雕花手镯	内径5.95cm	43,700,000	北京艺融	2014.12.08
满绿翡翠手镯	直径5.6cm	782,000	中鸿信	2014.11.23
满绿翡翠手镯	内径5.40cm	1,800,000	北京九歌	2014.12.17
满绿翡翠手镯	口径5.7cm	720,000	北京九歌	2014.12.17
满绿翡翠手镯	内径5.38cm	1,035,000	保利厦门	2014.11.02
缅甸翡翠手镯	长4.48cm	111,864	保利香港	2014.04.06
缅甸翡翠手镯	内径5.75cm	1,795,275	保利香港	2014.04.06
缅甸翡翠手镯	内径5.43cm	541,360	保利香港	2014.10.06
缅甸翡翠手镯	内径5.2cm	317,349	保利香港	2014.10.06
缅甸翡翠手镯	内径5.43cm	606,697	保利香港	2014.10.06
缅甸翡翠手镯	内径5.44cm	8,400,420	保利香港	2014.10.06
缅甸翡翠手镯	尺码6.73cm	84,004	保利香港	2014.10.06
缅甸翡翠手镯	内径5.4cm	261,300	佳士得	2014.05.27
缅甸翡翠手镯	内径5.64cm	402,000	佳士得	2014.05.27
缅甸翡翠手镯	内径5.95cm	502,500	佳士得	2014.05.27
缅甸翡翠手镯	内径5.48cm	422,100	佳士得	2014.05.27
缅甸翡翠手镯	内径5.54cm	402,000	佳士得	2014.05.27
缅甸翡翠手镯	内径5.45cm	603,000	佳士得	2014.05.27
缅甸翡翠手镯 (一对)	尺寸不一	1,093,440	佳士得	2014.05.27
缅甸翡翠手镯 (一对)	内径5.86cm及5.74cm	804,000	佳士得	2014.05.27
缅甸墨翠手镯	长7.14cm	195,762	保利香港	2014.04.06
缅甸墨翠手镯	内径5.35cm	14,001	保利香港	2014.10.06
缅甸紫罗兰翡翠手镯	内径5.8cm	653,250	佳士得	2014.05.27
缅甸紫罗兰翡翠手镯 (一组两只)	内径5.93cm及5.92cm	168,008	保利香港	2014.10.06
缅甸紫罗兰翡翠手镯及戒指组	内径5.63cm	121,186	保利香港	2014.04.06
糯冰春带彩翡翠手镯	直径5.6cm	2,300,000	北京艺融	2014.06.03
糯冰带绿翡翠手镯	直径5.6cm	80,500	北京艺融	2014.06.03
糯冰满绿翡翠手镯	直径5.4cm	2,530,000	北京艺融	2014.06.03
糯冰满绿翡翠手镯	直径5.4cm	678,500	北京艺融	2014.06.03
糯冰种春带彩手镯	直径5.5cm	207,000	北京艺融	2014.06.03
糯冰种翠色翡翠手镯	直径5.8cm	7,452,000	北京艺融	2014.06.03
糯冰种带绿翡翠手镯	直径5.4cm	253,000	北京艺融	2014.06.03
糯冰种带绿翡翠手镯	直径5.5cm	931,500	北京艺融	2014.06.03
糯冰种带绿翡翠手镯 (一对)	直径5.6cm	368,000	北京艺融	2014.06.03
糯冰种带绿翡翠手镯 (一对)	直径5.5cm	4,370,000	北京艺融	2014.12.08
糯冰种翡翠雕花贵妃镯	直径5.6cm	138,000	北京艺融	2014.06.03
糯冰种翡翠手镯		368,000	北京艺融	2014.06.03
糯冰种花式翡翠贵妃镯	直径6.1cm	28,750	北京艺融	2014.06.03
糯冰种满绿翡翠手镯	直径5.7cm	4,025,000	北京艺融	2014.06.03
糯冰种飘绿翡翠手镯	直径5.6cm	1,150,000	北京艺融	2014.12.08
糯冰种浅绿翡翠手镯	直径5.7cm	1,288,000	北京艺融	2014.06.03
糯冰种浅绿翡翠手镯 (一对)	直径5.7cm	1,725,000	北京艺融	2014.06.03
糯冰种紫罗兰翡翠手镯	直径5.8cm	10,350	北京艺融	2014.06.03
糯冰种紫罗兰翡翠手镯	直径5.7cm	552,000	北京艺融	2014.06.03
糯冰种紫罗兰翡翠手镯	直径5.7cm	575,000	北京艺融	2014.06.03
糯冰种紫罗兰翡翠手镯(一对)	直径5.7cm 直径5.9cm	747,500	北京艺融	2014.12.08
糯种满绿翡翠手镯	直径5.5cm	747,500	北京艺融	2014.06.03
糯种阳绿翡翠手镯	内径5.7cm	41,440	中晟国际	2014.10.11
三彩翡翠雕双龙纹手镯	长1.4cm	59,651	中信国际	2014.04.19
三彩翡翠手镯	直径5.7cm	598,000	北京艺融	2014.06.03
三彩翡翠手镯	直径7cm	322,000	广州皇玛	2014.01.02
三彩翡翠手镯	直径6.8cm	36,800	广州皇玛	2014.01.02
三彩翡翠手镯	直径5.46cm	395,500	香港苏富比	2014.10.07
三彩翡翠圆形手镯	内径5.5cm	21,850	福建东南	2014.05.25
三色翡翠手镯	长7.19cm	65,171	天成国际	2014.12.07
三色翡翠手镯	长7.06cm	48,413	天成国际	2014.12.07
三色翡翠手镯 (一对)	直径5.41cm	1,074,400	香港苏富比	2014.04.07
石榴石配钻石手镯，Michele della Valle		64,188	香港苏富比	2014.04.07
水晶手镯及吊坠套装	内径16.1cm	40,200	佳士得	2014.05.27
四喜翡翠手镯	直径5.5cm	172,500	北京艺融	2014.06.03

拍品名称	物品尺寸	成交价RMB	拍卖公司	拍卖日期
天珠冰种翡翠手镯 (一对)		46,000	保利厦门	2014.11.02
晚清-民国 银质鎏金镂空夔龙纹卡扣手镯	内圈6.8cm	32,200	中国嘉德	2014.11.22
阳绿翡翠手镯 (一对)	直径5.9cm×2	4,830,000	华艺国际	2014.05.31
意大利 手工打造14K黄金手镯、戒指 (一套)	直径5.6cm	18,400	保利厦门	2014.11.02
约42.65克拉哥伦比亚猫眼祖母绿手镯	内周长14.8 cm	1,961,760	佳士得	2014.05.27
竹节纹翡翠手镯		193,200	香港淳浩	2014.07.30
紫翡翠“佳藕天成”手镯		28,462	天成国际	2014.06.08
紫翡翠手镯	内径5.37cm	1,453,600	香港苏富比	2014.04.07
紫翡翠手镯		136,275	香港拍得高	2014.03.22
紫翡翠手镯		11,095	香港拍得高	2014.06.21
紫翡翠手镯		38,833	香港拍得高	2014.06.21
紫翡翠手镯	内直径5.57cm	20,341	香港拍得高	2014.06.21
紫翡翠手镯 (一对)	直径8.21cm	7,448,160	天成国际	2014.12.07
紫翡翠手镯，黄翡翠手镯及翡翠手镯(3)		19,417	香港拍得高	2014.06.21
紫翡手镯		56,000	上海天赐	2014.06.15
紫罗兰春带彩翡翠手镯 (一对)	内径5.80cm	1,610,000	北京艺融	2014.06.03
紫罗兰翡翠手镯	直径7.3cm	23,000	广州皇玛	2014.01.02
紫罗兰翡翠手镯	直径5.8cm	34,500	中鸿信	2014.11.23
紫罗兰翡翠手镯	口径5.8cm	100,000	北京九歌	2014.12.17
紫罗兰翡翠手镯		54,001	北京保利	2014.02.05
紫罗兰翡翠手镯	内径5.37cm	978,360	佳士得	2014.11.25
紫罗兰翡翠手镯	内径5.18cm	2,682,600	佳士得	2014.11.25
紫罗兰翡翠手镯	内径62cm	17,250	上海金艺	2014.12.17
祖母绿及钻石手镯及耳坠套装		381,900	佳士得	2014.05.27
钻石、珊瑚或黑玛瑙手镯五只及戒指两枚	戒指尺寸5 1/4	88,763	佳士得	2014.11.25
钻石、祖母绿、红宝石或蓝宝石手镯五只	内周长16cm	130,650	佳士得	2014.05.27
钻石“竹子”手镯及戒指套装，卡地亚(Cartier)	内圆周15cm	158,000	香港苏富比	2014.04.07
钻石手镯	内直径16cm	142,308	天成国际	2014.06.08
钻石手镯	内圆周16.5cm	39,846	天成国际	2014.06.08
钻石手镯		415,275	香港苏富比	2014.10.07
钻石手镯	内周长16.6cm	281,400	佳士得	2014.05.27
钻石手镯	内周长15.7cm	261,300	佳士得	2014.05.27
钻石手镯 (一对)	内周长16.0及16.5cm	35,175	佳士得	2014.05.27
钻石手镯 (一组两只)	内周长16cm	224,011	保利香港	2014.10.06
钻石手镯 卡地亚CARTIER	内圈直径5.54cm	48,300	北京保利	2014.12.04
钻石手镯 卡地亚CARTIER	内圈直径5.69cm	166,750	北京保利	2014.12.04
钻石手镯；及彩色钻石配钻石戒指	内圆周16cm	32,586	天成国际	2014.12.07
钻石手镯及戒指套装	内周长16cm	331,650	佳士得	2014.05.27
钻石手镯三只，Van Cleef & Arpels设计	内周长17.3cm及18cm	118,350	佳士得	2014.11.25
钻石手镯镶18K白金	内直径6cm	41,141	香港拍得高	2014.09.06
手链				
11.7克拉彩色碧玺手链	长19cm	16,800	北京荣宝	2014.11.30
12.3克拉粉色蓝宝钻石手链	长18cm	50,400	北京荣宝	2014.11.30
13.52克拉彩色碧玺手链	长18cm	31,360	北京荣宝	2014.11.30
18K白金翡翠手链	长18cm	19,417	香港拍得高	2014.06.21
18K白金翡翠珠手链		109,020	香港拍得高	2014.03.22
18K白金钻石旦型翡翠手链	长16cm	50,853	大唐国际	2014.05.27
18k白金钻石手链		69,440	未来四方	2014.05.23
18K黄金、铂金镶黄水晶及钻石手链,卡地亚(CARTIER)	长16.51cm	842,550	纽约苏富比	11/20/2014
18K黄金及铂金镶彩黄色钻石及钻石手链,BLACKSTARR&FROST	长17.78cm	916,350	纽约苏富比	11/20/2014
18K黄金镶白水晶配珐琅造型手链	长17.78cm	230,625	纽约苏富比	11/20/2014
18K黄金镶彩色宝石及钻石手链,梵克雅宝(VAN CLEEF & ARPELS)	内周长17.78cm	634,988	纽约苏富比	11/20/2014

拍品名称	物品尺寸	成交价RMB	拍卖公司	拍卖日期
18K黄金镶红宝石手链,卡地亚(CARTIER)		99,938	纽约苏富比	11/20/2014
18K黄金镶钻石手链,梵克雅宝(VAN CLEEF & ARPELS),法国	长19.05cm	419,738	纽约苏富比	11/20/2014
18k金蓝宝石钻石手链		16,800	未来四方	2014.05.23
18K金镶红宝石嵌玻璃种翡翠手链	长18cm	201,600	中晟国际	2014.10.11
18K金镶钻翡翠满绿手链		13,000	冉云轩	2014.08.09
18K金镶钻嵌玻璃种翡翠手链一对	内径5.6cm	32,480	中晟国际	2014.10.11
18K玫瑰金碧玺手链及吊坠(两件)	长17cm	10,448	香港拍得高	2014.03.22
18K玫瑰金翡翠手链	长19cm	18,170	香港拍得高	2014.03.22
18K玫瑰金镶嵌共1.76克拉钻石手链	长18.2cm	23,000	北京保利	2014.02.05
19世纪 意大利制银鬎丝镶珊瑚手链	长16cm	11,500	中国嘉德	2014.09.22
3.01克拉蓝宝钻石手链	长17.5cm	16,800	北京荣宝	2014.08.24
6K金镶祖母绿手链	长18.5cm	24,640	未来四方	2014.05.23
7.47克拉红碧玺手链	长18cm	33,600	北京荣宝	2014.11.30
Art Deco钻石配红宝石手链，卡地亚(Cartier)	长18cm	158,200	香港苏富比	2014.10.07
白色珐琅彩“Jackie”手链，Schlumberger 蒂芙尼(Schlumberger for Tiffany & Co.)	长17.5cm	128,538	香港苏富比	2014.10.07
碧玺122颗长串手链	全重38g	10,000	上海驰翰	2014.04.18
碧玺手链	长19cm	39,200	北京荣宝	2014.08.24
冰种翡翠蛋面配钻石手链	长19cm	17,250	广州皇玛	2014.01.02
冰种翡翠蛋面配钻石手链	长19cm	11,500	广州皇玛	2014.01.02
冰种翡翠蛋面配钻石手链	长19cm	13,800	广州皇玛	2014.01.02
冰种翡翠配翡翠、玛瑙、红宝石及钻石手链	长18cm	177,975	香港苏富比	2014.10.07
冰种翡翠手链镶18K白金	手炼长19cm	10,971	香港拍得高	2014.09.06
铂金镶红宝石及钻石手链,法国	长16.51cm	916,350	纽约苏富比	11/20/2014
彩色碧玺手链 约86.72克	直径1.51cm	92,000	北京保利	2014.12.04
彩色蓝宝石手链	手链长18cm	28,000	北京荣宝	2014.08.24
彩色蓝宝石手链	手链长19cm	42,560	北京荣宝	2014.08.24
彩钻手链	长18cm	80,500	华艺国际	2014.05.31
丹泉石手链	手炼长20cm	281,400	佳士得	2014.05.27
蒂芙尼系列手链、手镯、戒指等珠宝(一组六件)		74,576	保利香港	2014.04.06
珐琅彩配钻石“Jackie”手链，Schlumberger 蒂芙尼(Schlumberger for Tiffany & Co.)	长17.0cm	217,525	香港苏富比	2014.10.07
方形钻石手链		189,750	华艺国际	2014.09.28
翡翠玻璃种手链、戒指	直径0.8–0.9cm	92,000	银座国际	2014.06.01
翡翠蛋面配钻石手链	长16cm	57,500	广州皇玛	2014.01.02
翡翠蛋面配钻石手链	长18.8cm	172,500	广州皇玛	2014.01.02
翡翠蛋面手链	长17cm	14,560	上海联合	2014.06.29
翡翠蛋面手链	长19.5cm	46,000	广州皇玛	2014.01.02
翡翠及钻石手链	长17cm	197,250	佳士得	2014.11.25
翡翠配珍珠手链	长16cm	51,336	保利香港	2014.10.06
翡翠配钻石手链	长16cm	28,750	广州皇玛	2014.01.02
翡翠配钻石手链	长17.6cm	25,300	广州皇玛	2014.01.02
翡翠配钻石手链		113,846	天成国际	2014.06.08
翡翠群镶手链	长16cm	28,750	北京保利	2014.02.05
翡翠手链	长0.85cm	22,400	上海联合	2014.03.29
翡翠手链	长17.5cm	336,000	上海联合	2014.03.29
翡翠手链	长25.5cm	187,388	佳士得	2014.11.25
翡翠镶嵌手链	长15cm	28,750	广州皇玛	2014.09.27
翡翠镶嵌手链	长16cm	32,200	广州皇玛	2014.09.27
翡翠珠链 手链一套		89,700	远方拍卖	2014.09.21
翡翠珠配红宝石、钻石及绿色石榴石手链	长19.5cm	345,625	香港苏富比	2014.04.07
翡翠珠手链	长17.5cm	166,428	大唐国际	2014.05.27
翡翠钻石手链镶18K白金	长18cm	14,628	香港拍得高	2014.09.06
翡翠钻石手链镶18K白金	长16.5cm	12,342	香港拍得高	2014.09.06

拍品名称	物品尺寸	成交价RMB	拍卖公司	拍卖日期
粉红色钻石配钻石手链	长17.0cm	809,984	香港苏富比	2014.10.07
共29克拉蓝宝石手链	长19cm	25,300	北京保利	2014.06.06
共36克拉红宝石手链未经加热处理	长17.3cm	80,500	北京保利	2014.06.06
古垫形“缅甸”无经加热处理“皇家蓝”蓝宝石配钻石手链	长17.7cm	1,349,979	天成国际	2014.12.07
红宝石及钻石手链	长18.2cm	256,425	佳士得	2014.11.25
红宝石及钻石手链	长17.6cm	591,750	佳士得	2014.11.25
红宝石配蓝宝石及钻石手链	长18cm	316,000	香港苏富比	2014.04.07
红宝石配钻石手链，Bhagat	长17.5cm	1,550,360	香港苏富比	2014.10.07
红宝石手链	长18cm	37,949	天成国际	2014.06.08
红宝石钻石手链	长18.5cm	28,000	北京九歌	2014.12.17
红碧玺钻石手链镶18K玫瑰金	长19cm	13,714	香港拍得高	2014.09.06
黄金配红宝石装饰艺术风格手链	长18cm	17,250	上海嘉泰	2014.06.18
黄金嵌钻手链		13,800	上海嘉泰	2014.06.18
黄金手链/手表，积家	长18cm	69,213	香港苏富比	2014.10.07
黄金镶彩色宝石、钻石配珐琅手链, CARLO GIULIANO	长20.32cm	211,406	纽约苏富比	11/20/2014
黄金镶蓝宝石、红宝石及钻石手链,梵克雅宝(VAN CLEEF & ARPELS)		169,125	纽约苏富比	11/20/2014
黄金镶蓝宝石、钻石及红宝石手链	长16.51cm	3,425,550	纽约苏富比	11/20/2014
黄金镶蓝宝石、钻石及配红宝石手链，卡地亚(CARTIER)	长16.51cm	6,082,350	纽约苏富比	11/20/2014
黄金镶紫水晶手链	长19.05cm	65,344	纽约苏富比	11/20/2014
黄金镶钻石配珐琅手链	内圆周15.24cm	123,000	纽约苏富比	11/20/2014
黄钻石手链镶18K黄金		56,684	香港拍得高	2014.09.06
黄金镶彩色宝石手链	長17.15cm	76,875	纽约苏富比	11/20/2014
祖母绿配红宝石及钻石“豹”手链	长15.5cm	64,188	香港苏富比	2014.04.07
哥伦比亚祖母绿9.50克拉配钻石手链	长16.5cm	375,725	香港苏富比	2014.10.07
卡地亚 CARTIER 18K玫瑰金配镶钻石“猎豹”手炼	长17.5cm	71,300	北京保利	2014.06.06
克劳德·拉莱恩 交错的手链	长7cm	30,359	首尔香港	2014.05.26
蓝宝石及钻石手链	长17.6cm	394,500	佳士得	2014.11.25
蓝宝石及钻石手链	长17.5cm	44,381	佳士得	2014.11.25
75颗古垫形及椭圆形蓝宝石共重约59.07克拉配钻石手链	长17.5cm	641,875	香港苏富比	2014.04.07
蓝宝石配钻石手链及耳环套装	长20cm	138,250	香港苏富比	2014.04.07
蓝宝石手链		22,400	中晟国际	2014.10.11
蓝宝石手链		10,080	中晟国际	2014.10.11
蓝宝石手链	长19cm	84,000	北京荣宝	2014.08.24
蓝宝石手链	长19cm	81,760	北京荣宝	2014.08.24
年份约1930 宝石配钻石手链	长16.5cm	296,250	香港苏富比	2014.04.07
36颗浓彩黄色钻石手链，宝格丽(BVLGARI)	长17.0cm	980,840	香港苏富比	2014.10.07
清 海蓝宝石手捻		11,500	北京传是	2014.06.05
双色钻石18K金手链		89,600	北京荣宝	2014.06.15
坦桑石手链	长18cm	20,160	北京荣宝	2014.08.24
糖果色碧玺手链		12,000	上海驰翰	2014.04.18
维多利亚18K白金钻石手链	长18cm	110,952	大唐国际	2014.05.27
镶翡翠钻石手链	长18cm	23,000	香港淳浩	2014.07.30
亚历山大猫眼石配钻石手链	长18cm	107,203	保利香港	2014.04.06
约1960年英国制 25克拉钻石手链 辜青斯基 KUTCHINSKY	长16.5cm	218,500	北京保利	2014.12.04
约20.84克拉钻石手链		126,500	北京保利	2014.12.04
珍珠及珍珠配钻石手链	长18cm	70,004	保利香港	2014.10.06
珍珠配钻石手链	长17cm	140,007	保利香港	2014.10.06
紫翡翠配祖母绿及钻石手链及吊坠套装	长53cm	167,875	香港苏富比	2014.04.07
紫罗兰十八子手捻		57,500	北京传是	2014.06.05
祖母绿手链		179,200	未来四方	2014.05.23
祖母绿装饰艺术风格手链		28,750	上海嘉泰	2014.06.18
钻石及宝石手链	长20.5cm	603,000	佳士得	2014.05.27
钻石手链	长20cm	14,950	远方拍卖	2014.09.21
钻石手链	长16.9cm	250,000	北京九歌	2014.12.17

(成交价RMB：1万元以上)

拍品名称	物品尺寸	成交价RMB	拍卖公司	拍卖日期
钻石手链	长16.5cm	711,540	天成国际	2014.06.08
钻石手链	长17cm	948,720	天成国际	2014.06.08
钻石手链	长185cm	50,400	北京荣宝	2014.08.24
钻石共重约24.00克拉手链	长16.0cm	138,425	香港苏富比	2014.10.07
钻石共重约49.90克拉手链	长17.0cm	276,850	香港苏富比	2014.10.07
钻石手链	长16.3cm	789,000	佳士得	2014.11.25
钻石手链	长17cm	256,750	香港苏富比	2014.04.07
钻石手链	长18cm	197,500	香港苏富比	2014.04.07
钻石手链	长16.5cm	592,500	香港苏富比	2014.04.07
钻石手链	长16.5cm	153,063	香港苏富比	2014.04.07
钻石手链	长17.5cm	414,750	香港苏富比	2014.04.07
钻石手链，Cartier 设计	长17.0cm	2,209,200	佳士得	2014.11.25
钻石手链，Harry Winston设计	长18.2cm	690,375	佳士得	2014.11.25
钻石手链，梵克雅宝(Van Cleef & Arpels)	长17.5cm	316,000	香港苏富比	2014.04.07
钻石手链，梵克雅宝(Van Cleef & Arpels)	长15.5cm	790,000	香港苏富比	2014.04.07
钻石手链、红宝石或祖母绿戒指，Van Cleef & Arpels设计	长19.5cm	167,663	佳士得	2014.11.25
钻石手链；及两条钻石吊耳环(一对)	长18.5cm	118,500	香港苏富比	2014.04.07
钻石手链镶18K白金	长17cm	42,970	香港拍得高	2014.09.06
钻石手链镶18K黄金	长17cm	12,800	香港拍得高	2014.09.06
项链				
清 白金镶钻翡翠项链		805,000	北京翰海	2014.05.11
清 翠雕葫芦坠项链 (两件)		32,200	北京保利	2014.10.26
清晚期翡翠项链、手镯、戒指套装		5,252,240	香港苏富比	2014.10.07
"Alhambra"项链及耳环套装，Van Cleef & Arpels设计	长42.5cm	177,525	佳士得	2014.11.25
"三宝佛"珊瑚配祖母绿钻石项链	长48cm	149,152	保利香港	2014.04.06
1.03克拉未加热红宝石吊坠项链	长43cm	28,000	北京荣宝	2014.06.15
1.09克拉未加热红宝石吊坠项链	长48cm	28,000	北京荣宝	2014.11.30
1.15克拉皇家蓝色蓝宝石吊坠项链	长43cm	39,200	北京荣宝	2014.03.23
1.18克拉祖母绿吊坠项链	长40cm	20,160	北京荣宝	2014.11.30
1.21克拉红宝石吊坠项链	长43cm	13,440	北京荣宝	2014.06.15
1.22克拉祖母绿吊坠项链	长43cm	31,360	北京荣宝	2014.06.15
1.40克拉蓝宝石吊坠项链	长40cm	22,400	北京荣宝	2014.11.30
1.54克拉艳彩黄色钻石蓝宝吊坠项链		95,200	北京荣宝	2014.11.30
1.65克拉祖母绿吊坠项链		35,840	北京荣宝	2014.03.23
1.79克拉彩黄色钻石项链	长49.8cm	74,750	保利厦门	2014.11.02
1.95克拉心形H色VS1净度钻石配K金项链	长43cm	93,102	天成国际	2014.12.07
10.16克拉IIa型钻石吊坠项链D色IF净度	项链长约46cm	9,562,950	保利香港	2014.04.06
10.68克拉心形浓彩黄色VS2净度钻石配钻石吊坠项链	长40.5cm	1,489,632	天成国际	2014.12.07
14K白金祖母绿项链	长45cm	46,000	上海嘉泰	2014.06.18
18k 黄金"Panth è re"项链、胸针及戒指套装	项链长37cm	201,000	佳士得	2014.05.27
18K白金翡翠颈链	长43cm	863,075	香港拍得高	2014.03.22
18K白金翡翠项链		126,500	中宝拍卖	2014.07.06
18K白金金珍珠戒指及吊坠连18K白金颈链(3)	长40cm	10,902	香港拍得高	2014.03.22
18K白金镶翡翠项链	长43cm	91,770	中信国际	2014.04.19
18K白金镶嵌红宝石配钻石项链	长41.67cm	71,300	北京保利	2014.02.05
18K白金镶祖母绿钻石项链	长0.8cm	23,000	中鸿信	2014.11.23
18K白金祖母绿宝石项链	长44cm	231,150	大唐国际	2014.05.27
18K白金钻石翡翠项链		230,000	中宝拍卖	2014.07.06
18K翡翠项链 耳坠两件套		30,240	未来四方	2014.05.23
18k黄金伴钻镶嵌翡翠冰种晚装链		72,000	上海驰翰	2014.06.26
18K黄金镶翡翠项链	长0.65cm	11,500	中鸿信	2014.11.23
18K黄金鑲養殖珍珠及鑽石项链	長31.75cm	99,938	纽约苏富比	11/20/2014
18K金 翡翠戒指、项链		1,495,000	江苏爱涛	2014.07.06
18K金碧玺颈炼	长40cm	35,597	香港拍得高	2014.06.21
18K金碧玺珍珠颈链及18K金珍珠颈链(两件)		13,628	香港拍得高	2014.03.22

拍品名称	物品尺寸	成交价RMB	拍卖公司	拍卖日期
18K金颈炼	长46cm	21,942	香港拍得高	2014.09.06
18K金镶翡翠怀古环项链	直径2.5cm	575,000	中贸圣佳	2014.07.06
18K金镶翡翠项链	长27cm	74,750	中鸿信	2014.11.23
18K金镶红色绿色粉色碧玺项链	长42cm	552,000	中贸圣佳	2014.07.06
18K金镶钻冰种翡翠项链	规格不一	358,400	盛世嘉宝	2014.11.02
18K金镶钻冰种翡翠项链、戒指、耳坠 (三件套)	尺寸不一	53,760	未来四方	2014.05.23
18K金镶钻冰种满绿翡翠项链	尺寸不一	50,400	中晟国际	2014.10.11
18K金镶钻彩宝项链、耳坠、戒指 (三件套)	规格不一	33,600	盛世嘉宝	2014.11.02
18K金镶钻翡翠项链	长27cm	29,120	未来四方	2014.05.23
18K金镶钻翡翠项链		34,500	中鸿信	2014.11.23
18K金镶钻翡翠项链、手链、戒指 (一套)		28,750	中鸿信	2014.11.23
18K金镶钻嵌玻璃种翡翠套链		224,000	中晟国际	2014.10.11
18K金镶钻嵌阳绿翡翠套链		1,456,000	中晟国际	2014.10.11
18K金项链配卡地亚挂坠项链(一套)	长32cm	43,700	中贸圣佳	2014.07.06
18K金珍珠彩色宝石项链	长2.3cm	14,560	未来四方	2014.05.23
18k金祖母绿项链		64,960	未来四方	2014.05.23
18K玫瑰金 紫罗兰翡翠镶钻项链、戒指、耳环	长1.1cm	1,380,000	江苏爱涛	2014.07.06
194.54克拉祖母绿吊坠项链—"川流不息"		100,800	北京荣宝	2014.03.23
19世纪碧玺福寿项链及耳环套装		345,000	北京华辰	2014.04.27
2.03克拉蓝宝石吊坠项链	长39cm	39,200	北京荣宝	2014.08.24
2.19克拉蓝宝石吊坠项链	长45cm	22,400	北京荣宝	2014.11.30
2.56克拉红宝石吊坠项链	长45cm	20,160	北京荣宝	2014.08.24
2.84克拉未加热鸽血红宝石吊坠项链	项链长45cm	201,600	北京荣宝	2014.08.24
2013 王旎 18K 白金冰种翡翠"春带彩"项链	长45cm	66,700	北京保利	2014.12.01
2014年 孙捷 害羞系列作品，玫瑰金色项链、戒指 (各一件)	直径18.5cm	18,400	中国嘉德	2014.11.20
21.58克拉 祖母绿石 钻石 铂金项链 (哥伦比亚产)	长41.5cm	227,693	日本伊斯特	2014.06.01
22粒翡翠珠		46,334	香港拍得高	2014.03.22
23.76克拉坦桑石吊坠项链	长44cm	134,400	北京荣宝	2014.08.24
24.39克拉 祖母绿 钻石 铂金项链	长50cm	80,858	日本伊斯特	2014.10.25
25.5克拉坦桑石吊坠项链		201,600	北京荣宝	2014.08.24
28.28克拉缅甸红宝石项链		42,560	北京荣宝	2014.11.30
29.71克拉海蓝宝石吊坠项链		72,800	北京荣宝	2014.08.24
3.40克拉长方形L色VVS1净度钻石吊坠项链	长46.5cm	139,653	天成国际	2014.12.07
3.49克拉蓝宝石吊坠项链	长39cm	20,160	北京荣宝	2014.08.24
3.76克拉未加热蓝宝石吊坠项链	长44cm	67,200	北京荣宝	2014.08.24
30.2克拉彩色碧玺吊坠项链	长44cm	39,200	北京荣宝	2014.11.30
31.25克拉未加坦桑石吊坠项链	长42cm	156,800	北京荣宝	2014.03.23
32.17克拉坦桑石吊坠项链	项链长41cm	168,000	北京荣宝	2014.11.30
4.78克拉椭圆形"缅甸"红宝石配钻石吊坠项链	长46cm	158,273	天成国际	2014.12.07
49.71克拉彩色蓝宝石项链		61,600	北京荣宝	2014.11.30
5.02克拉梨形D/VVS1(极优打磨)钻石吊坠项链	项链长40.5cm	1,817,040	佳士得	2014.05.27
5.11克拉蓝宝石心形吊坠项链	长44cm	100,800	北京荣宝	2014.08.24
5.62克拉哥伦比亚祖母绿吊坠项链	长50cm	112,000	北京荣宝	2014.03.23
6.61克拉祖母绿吊坠项链	长50cm	156,800	北京荣宝	2014.06.15
7.16克拉坦桑石吊坠项链		56,000	北京荣宝	2014.08.24
83.39克拉桃红碧玺项链		75,900	保利厦门	2014.11.02
88.48克拉红碧玺配珍珠吊坠项链	项链长92cm	168,008	保利香港	2014.10.06
9.02克拉未加热坦桑石吊坠项链		35,840	北京荣宝	2014.06.15
9.67克拉方形黄钻吊坠及钻石项链		2,070,000	华艺国际	2014.05.31
9.73克拉祖母绿吊坠项链		100,800	北京荣宝	2014.08.24
9K玫瑰金镶嵌欧洲工艺手工精雕红珊瑚项链 戒指 耳环套装	长46cm	48,300	北京保利	2014.02.05

2014珠宝翡翠拍卖成交汇总

(成交价RMB：1万元以上)

拍品名称	物品尺寸	成交价RMB	拍卖公司	拍卖日期
ALHAMBRA CLOVERLEAF 钻石项链及耳环套装，Van Cleef & Arpels出品	长37cm	51,206	天成国际	2014.12.07
BIEAKESHI珍珠镶嵌祖母绿宝石项链 耳环套装	长18cm	115,000	北京保利	2014.02.05
CHIMENTO 18K金钻石颈炼	长40cm	10,171	香港拍得高	2014.06.21
Chopard 18K金 翡翠项链、耳环(一套)	长2.2cm	2,415,000	江苏爱涛	2014.07.06
D至E色 内部无暇至SI2净度钻石项链	长38cm	815,899	天成国际	2014.06.08
ILIAS LALAOUNI 黄金编织项链	长40cm	69,000	北京保利	2014.06.06
JACOB & CO.特殊定制"美元"垂饰项链	项链长63cm	642,688	香港苏富比	2014.10.07
K白金镶锡兰蓝宝石项链	长43cm	128,478	中信国际	2014.04.19
K白金镶钻嵌翡翠蛋面项链 戒指(一组两件)	长28.2cm	114,264	中信国际	2014.05.18
K黄金配祖母绿及缟玛瑙"豹"项链，卡地亚(CARTIER)		128,375	香港苏富比	2014.04.07
K黄金项链及手链套装；及黄金耳环，Buccellati (一对)	长40cm	98,750	香港苏富比	2014.04.07
K金镶钻翠项链		15,680	蓝天国拍	2014.02.28
Mario Buccellati 18K金 项链	长40.8cm	67,800	江苏爱涛	2014.07.06
Mario Buccellati 18K金 祖母绿项链、耳环套装		117,300	江苏爱涛	2014.07.06
Pt850 嵌钻石项链	长42cm	28,750	上海嘉泰	2014.06.18
阿卡红珊瑚翡翠吊坠项链		61,600	北京荣宝	2014.06.15
阿卡红珊瑚珠链		115,000	北京艺融	2014.06.03
巴西碧玺塔链		55,200	中宝拍卖	2014.07.06
白金镶钻翡翠项链、手链、戒指、耳坠(4件套)		504,000	盛世嘉宝	2014.11.02
白金镶钻满翠项链、戒指(两件套)	尺寸不一	26,450,000	中鸿信	2014.11.23
白金镶钻石及红宝石项链	长39.37cm	326,719	纽约苏富比	11/20/2014
白色南洋珍珠项链	长45cm	72,712	保利香港	2014.04.06
白色南洋珍珠项链	长43cm	112,000	北京荣宝	2014.11.30
白色南洋珍珠项链 约11.9-15.2mm	长45.5cm	57,500	北京保利	2014.12.04
白色南洋珍珠项链 约12-13.8mm	长88.5cm	230,000	北京保利	2014.12.04
白色南洋珍珠项链 约12-15mm	长46.5cm	69,000	北京保利	2014.12.04
白色南洋珍珠项链 约13.5-16.2mm	长46.5cm	89,700	北京保利	2014.12.04
白色南洋珍珠项链 约12.4-16.4mm	长41cm	103,500	北京保利	2014.06.06
白色南洋珍珠项链 约13-17.1mm	长42.5cm	97,750	北京保利	2014.06.06
白色南洋珍珠项链	尺寸不一	632,500	北京保利	2014.06.06
白色南洋珍珠项链、耳环一套 约13.03-16.21mm	长43.6cm	115,000	北京保利	2014.06.06
白色南洋珠长链	长88cm	107,203	保利香港	2014.04.06
白色无瑕南洋珍珠项链 约14-16mm	长46.5cm	322,000	北京保利	2014.12.04
白色珍珠项链		57,500	华艺国际	2014.12.09
白玉配养殖淡水珍珠及人造锆石吊坠项链	长81.6cm	57,723	天成国际	2014.12.07
白珍珠项链		112,000	未来四方	2014.05.23
宝诗龙 钻石 黄金项链&跟耳环		104,359	日本伊斯特	2014.06.01
宝石"Alhambra"项链及手链套装，Van Cleef & Arpels设计		147,938	佳士得	2014.11.25
宝石"Panth è re"项链、戒指，Cartier 设计	长40cm	226,838	佳士得	2014.11.25
贝母"Alhambra"项链、耳环及戒指套装，Van Cleef& Arpels设计	项链长40.5cm	256,425	佳士得	2014.11.25
贝母"Alhambra"项链两条及手炼套装		150,750	佳士得	2014.05.27
贝母及钻石项链，Van Cleef & Arpels设计	长41cm	157,800	佳士得	2014.11.25
碧玺排链		207,000	江苏爱涛	2014.07.06
碧玺塔链	长50cm	36,800	远方拍卖	2014.09.21
碧玺镶嵌项链		58,650	福建东南	2014.05.25
碧玺项链		39,200	中晟国际	2014.10.11
碧玺项链		16,800	中晟国际	2014.10.11
碧玺项链		12,000	上海驰翰	2014.04.18
冰种翡翠"福豆"吊坠项链	长46cm	80,641	天成国际	2014.06.08
冰种翡翠"树叶"配彩色翡翠吊坠项链	长66cm	56,923	天成国际	2014.06.08
冰种翡翠"送子观音"配黄翡翠吊坠项链	长63cm	132,821	天成国际	2014.06.08
冰种翡翠颈链连14K白金扣	长70cm	43,608	香港拍得高	2014.03.22
冰种翡翠满绿项炼		432,600	台湾世家	2014.04.13
冰种翡翠配彩色刚玉及钻石吊坠项链及戒指套装	长44cm	204,824	天成国际	2014.12.07
冰种翡翠配翡翠 红宝石 黄色钻石及钻石吊坠项链	长39.2cm	474,360	天成国际	2014.06.08
冰种翡翠配翡翠及钻石"蝴蝶"项链	长34cm	151,795	天成国际	2014.06.08
冰种翡翠配翡翠及钻石吊坠项链，吊耳环及戒指套装，Alessio Boschi设计	项链长45.8cm	2,420,652	天成国际	2014.12.07
冰种翡翠配翡翠及钻石项链	长50.9cm	322,565	天成国际	2014.06.08
冰种翡翠配翡翠及钻石项链	长51cm	1,707,696	天成国际	2014.06.08
冰种翡翠配翡翠及钻石项链		74,482	天成国际	2014.12.07
冰种翡翠配黄色钻石及钻石吊坠项链 戒指及吊耳环套装		806,412	天成国际	2014.06.08
冰种翡翠配紫翡翠，紫色刚玉及钻石吊坠项链，吊耳环及戒指套装，Alessio Boschi设计		1,675,836	天成国际	2014.12.07
冰种翡翠配钻石吊坠项链		1,233,336	天成国际	2014.06.08
冰种翡翠配钻石吊坠项链	长41.6cm	418,959	天成国际	2014.12.07
冰种翡翠配钻石项链		23,000	福建东南	2014.10.26
冰种翡翠配钻石项链及手链套装		1,489,632	天成国际	2014.12.07
冰种翡翠镶钻花形项链		66,700	北京艺融	2014.06.03
冰种翡翠珠串	长45cm	172,500	上海嘉泰	2014.06.18
冰种翡翠项链		36,800	福建东南	2014.05.25
冰种翡翠项链		32,200	福建东南	2014.10.26
冰种翡翠项链、耳钉、戒指(一套)	长49cm	161,000	北京保利	2014.06.06
冰种翡翠珠链	长61cm	36,800	北京保利	2014.12.04
冰种翡翠珠链及冰种翡翠蛋面戒指	长5cm	14,950	北京保利	2014.02.05
冰种翡翠珠配翡翠珠项链	项链长62cm	158,200	香港苏富比	2014.10.07
冰种翡翠珠项链	长156cm	30,170	香港拍得高	2014.09.06
冰种红翡"凤凰"翡翠项链		115,000	上海嘉泰	2014.06.18
冰种黄翡翠"金玉小宝宝佛"配黄色钻石吊坠项链	长39.8cm	379,488	天成国际	2014.06.08
冰种黄翡项链	长47cm	86,250	上海嘉泰	2014.06.18
冰种链		86,250	八益拍卖	2014.10.24
冰种满绿翡翠戒指、耳坠及项链套件(三件)	长43.5cm	1,840,000	上海嘉泰	2014.06.18
冰种满绿翡翠镶钻蛋面项链		3,220,000	北京艺融	2014.06.03
冰种满绿翡翠镶钻蛋面项链		4,140,000	北京艺融	2014.12.08
冰种满绿翡翠镶钻项链四件套		7,475,000	北京艺融	2014.12.08
冰种满绿翡翠项链	长62.5cm	74,750	北京保利	2014.12.04
冰种阳绿翡翠镶钻花型项链		5,520,000	北京艺融	2014.12.08
冰种紫翡翠"弥勒佛"配钻石及钻石吊坠项链	长40.8cm	1,233,336	天成国际	2014.06.08
冰种紫翡翠珠配翡翠珠及钻石项链		296,625	香港苏富比	2014.10.07
冰种紫罗兰翡翠珠链、戒指、耳环(一套)	长43.5cm	414,000	北京保利	2014.06.06
玻璃种翡翠套链	长50cm	1,500,000	北京九歌	2014.12.17
铂金伴钻镶嵌翡翠项链		11,000	上海驰翰	2014.04.18
铂金镶钻红宝石项链		103,500	中鸿信	2014.11.23

拍品名称	物品尺寸	成交价RMB	拍卖公司	拍卖日期
铂金紫翡翠吊坠连铂金颈链(两件)	长60cm	19,987	香港拍得高	2014.03.22
彩黄色钻石20.13克拉，VVS2净度配钻石项链	项链长40.5cm	3,069,080	香港苏富比	2014.10.07
彩黄色钻石配钻石项链	项链长40cm	4,018,280	香港苏富比	2014.10.07
彩色宝石项链	长43.5cm	23,718	天成国际	2014.06.08
彩色宝石项链三条	長45.72cm	13,838	纽约苏富比	11/20/2014
彩色碧玺珠链	长50cm	32,668	保利香港	2014.10.06
彩色刚玉配钻石项链	项链长72cm	296,250	香港苏富比	2014.04.07
彩色蓝宝石及钻石项链，Buccellati 设计	项链长38.5cm	295,875	佳士得	2014.11.25
彩色蓝宝石配钻石项链	长45cm	186,440	保利香港	2014.04.06
彩色蓝宝石配钻石项链		74,750	华艺国际	2014.05.31
彩色蓝宝石项链	长42cm	28,000	北京荣宝	2014.08.24
彩色养殖珍珠配钻石项链及耳环套装	长45cm	237,000	香港苏富比	2014.04.07
彩色钻石、红宝石及钻石吊坠项链	长36.5cm	177,525	佳士得	2014.11.25
彩色钻石及钻石吊坠项链		611,475	佳士得	2014.11.25
5.79克拉梨形淡粉红色VS1钻石吊坠项链	项链长60cm	2,587,920	佳士得	2014.11.25
42.10克拉长方形彩黄色VS1钻石吊坠项链，Jahan设计		11,109,120	佳士得	2014.11.25
彩色钻石颈炼镶18K玫瑰金及白金	长42.5cm	37,484	香港拍得高	2014.09.06
彩色钻石配钻石项链及耳环套装	长40cm	521,796	天成国际	2014.06.08
彩钻吊坠项链	长44cm	31,360	北京荣宝	2014.08.24
彩钻项链及戒指套装		517,500	华艺国际	2014.05.31
大溪地黑珍珠项链		28,750	中鸿信	2014.11.23
大溪地黑珍珠项链 约13–13.85mm		28,750	北京保利	2014.12.04
大溪地黑珍珠钻石项链	直径1.5cm	10,000	北京九歌	2014.12.17
大溪地珍珠钻石项链	长40cm	62,873	香港富得	2014.05.24
蛋白石配彩色宝石及钻石吊坠项链，Buccellati	项链长40cm	217,525	香港苏富比	2014.10.07
蒂芙尼 TIFFANY & CO. 18K黄金镶嵌31.79克拉绿色碧玺项链	长40cm	218,500	北京保利	2014.02.05
蒂芙尼TIFFANY白金镶钻石钥匙项链	长42cm	28,750	保利厦门	2014.11.02
蒂芙尼 耳环，项链，手链套装(一组四件)		13,983	保利香港	2014.04.06
蒂芙尼项链，耳环，戒指(一组三件)	长45cm	44,746	保利香港	2014.04.06
顶级玻璃种翡翠套链	长45cm	720,000	北京九歌	2014.12.17
顶级南洋白珠项链	长45.5cm	130,000	北京九歌	2014.12.17
顶级南洋珍珠项链	长44cm	90,000	北京九歌	2014.12.17
多色碧玺项链	长49.8cm	46,000	北京保利	2014.12.04
梵克雅宝 VANCLEEF&ARPELS 项链、手炼及耳钉(一套)		40,250	保利厦门	2014.11.02
翡翠 钻石铂金项链	长39cm	148,239	日本伊斯特	2014.10.25
翡翠“荷叶”配红宝石，黄色钻石及钻石吊坠项链及吊耳环套装		139,653	天成国际	2014.12.07
翡翠“葫芦”配钻石项链及戒指套装	长42.5cm	85,385	天成国际	2014.06.08
翡翠“如意”配祖母绿及钻石吊坠项链	长44cm	142,308	天成国际	2014.06.08
翡翠“望子成龙”龙钩吊坠项链		170,770	天成国际	2014.06.08
翡翠“叶子”配钻石吊坠项链	长45cm	4,961,200	香港苏富比	2014.04.07
翡翠冰种蛋面配钻石项链、耳坠、戒指各一套装		207,000	银座国际	2014.06.01
翡翠冰种蛋面配钻石项链、耳坠、戒指各一套装		69,000	银座国际	2014.06.01
翡翠冰种满绿蛋面配钻石项链		345,000	银座国际	2014.06.01
翡翠蛋面配钻石项链	长2.1cm	782,000	广州皇玛	2014.01.02
翡翠蛋面配钻石项链		1,725,000	华艺国际	2014.12.09
翡翠蛋面项链、手炼套装		69,000	北京保利	2014.06.06
翡翠雕“年年有余”配钻石吊坠项链	长36.5cm	395,500	香港苏富比	2014.10.07
翡翠雕“五鼠运财”黄翡翠玉珠项链	长6cm	13,257	香港拍得高	2014.09.06
翡翠吊坠镶钻石扣连项链	长4.8cm	27,738	大唐国际	2014.05.27

拍品名称	物品尺寸	成交价RMB	拍卖公司	拍卖日期
翡翠吊坠项链	项链长56cm	1,680,000	北京荣宝	2014.08.24
翡翠吊坠项链	长67cm	78,900	佳士得	2014.11.25
翡翠吊坠项链	长59cm	54,244	佳士得	2014.11.25
翡翠吊坠项链	长75cm	39,450	佳士得	2014.11.25
翡翠吊坠项链	长40.3cm	295,875	佳士得	2014.11.25
翡翠吊坠项链、戒指套装	长44cm	985,600	北京荣宝	2014.06.15
翡翠耳环、项链套件		2,875,000	福建东南	2014.05.25
翡翠及钻石吊坠项链	长47.1cm	197,250	佳士得	2014.11.25
翡翠及钻石吊坠项链		138,075	佳士得	2014.11.25
翡翠及钻石吊坠项链	长66cm	295,875	佳士得	2014.11.25
翡翠及钻石吊坠项链	直径3.79cm，厚度0.61cm 毫米长60cm	197,250	佳士得	2014.11.25
翡翠及钻石吊坠项链	长66.5cm	295,875	佳士得	2014.11.25
翡翠及钻石吊坠项链 (一对)	项链长56cm	5,333,640	佳士得	2014.11.25
翡翠及钻石项链	长43cm	1,470,000	佳士得(上海)	2014.10.24
翡翠及钻石项链及手链套装套装		375,000	佳士得(上海)	2014.10.24
翡翠戒指 项链 (两件)		52,900	北京翰海	2014.08.24
翡翠镂空香囊及珠链 (一套两件)		20,341	大唐国际	2014.05.27
翡翠盘龙吊坠及珠链	长5cm	32,361	大唐国际	2014.05.27
翡翠配冰种翡翠及钻石吊坠项链及戒指套装，Alessio Boschi设计	项链长44.5cm	3,165,468	天成国际	2014.12.07
翡翠配翡翠珠及钻石项链		1,360,520	香港苏富比	2014.10.07
翡翠配红宝石及钻石项链	长129cm	113,846	天成国际	2014.06.08
翡翠配珊瑚珠炼	长67.6cm	102,412	天成国际	2014.12.07
翡翠配珊瑚珠链	直径约0.733mm，长度约77cm	52,180	天成国际	2014.06.08
翡翠配镶钻石项链	长45cm	63,250	北京保利	2014.06.06
翡翠配钻石吊坠项链	项链长42.9cm	3,605,136	天成国际	2014.06.08
翡翠配钻石吊坠项链	项链长39cm	5,502,576	天成国际	2014.06.08
翡翠配钻石吊坠项链	长43cm	142,308	天成国际	2014.06.08
翡翠配钻石吊坠项链	长50cm	2,048,244	天成国际	2014.12.07
翡翠配钻石时来运转项链 耳饰 (一套)		134,400	一得阁	2014.10.20
翡翠配钻石项链	长38cm	55,200	广州皇玛	2014.01.02
翡翠配钻石项链		368,000	华艺国际	2014.05.31
翡翠配钻石项链	项链长41cm	14,269,640	香港苏富比	2014.10.07
翡翠配钻石项链		93,102	天成国际	2014.12.07
翡翠配钻石项链，Carvin French	项链长40cm	4,587,800	香港苏富比	2014.10.07
翡翠配钻石项链，吊耳环及戒指套装		558,612	天成国际	2014.12.07
翡翠配钻石项链及吊耳环套装		375,250	香港苏富比	2014.04.07
翡翠如意形项链、戒指、耳坠套装	长0.9cm	67,200	上海联合	2014.03.29
翡翠如意钻石吊坠项链		280,000	北京荣宝	2014.11.30
翡翠首饰项链戒指		32,200	中鸿信	2014.11.23
翡翠镶钻珠链	长52cm	201,894	中信国际	2014.04.19
翡翠项链		517,500	中鸿信	2014.11.23
翡翠项链		36,800	中鸿信	2014.11.23
翡翠项链		33,600	中联环球	2014.01.12
翡翠项链	长53.5cm	56,000	上海天赐	2014.06.15
翡翠项链	圆珠直径：1.2cm	460,000	上海金艺	2014.07.04
翡翠项链	长46cm	10,350	上海泓盛	2014.06.26
翡翠项链	长47cm	6,469,800	佳士得	2014.11.25
翡翠项链		103,500	福建东南	2014.05.25
翡翠项链		747,500	福建东南	2014.05.25
翡翠项链		36,800	福建东南	2014.10.26
翡翠项链	长45.5cm	517,500	北京保利	2014.12.04
翡翠项链(戒指两用)18K镶钻		179,200	长春金鼎	2014.05.17
翡翠项链、耳环套件		32,200	福建东南	2014.05.25
翡翠项链、耳坠套装	长41.5cm	425,316	香港富得	2014.05.24
翡翠项链、戒指		582,400	上海联合	2014.06.29
翡翠项链、戒指、耳环(三件套)		32,200	福建东南	2014.10.26
翡翠项链、戒指套件		632,500	福建东南	2014.05.25

2014珠宝翡翠拍卖成交汇总

(成交价RMB：1万元以上)

拍品名称	物品尺寸	成交价RMB	拍卖公司	拍卖日期
翡翠项链、手链套装		57,500	北京保利	2014.12.04
翡翠圆珠项链	直径：0.75cm	20,160	上海联合	2014.06.29
翡翠长方型项链		10,350	福建东南	2014.10.26
翡翠珠、祖母绿及钻石项链	长78.4cm	88,763	佳士得	2014.11.25
翡翠珠及珍珠项链 Cartier设计钻石扣	长47.1cm	3,390,000	佳士得(上海)	2014.10.24
翡翠珠及钻石项链	长73cm	532,575	佳士得	2014.11.25
翡翠珠颈炼	长48cm	14,794	香港拍得高	2014.06.21
翡翠珠颈炼	长68cm	23,115	香港拍得高	2014.06.21
翡翠珠颈链(3)		10,448	香港拍得高	2014.03.22
翡翠珠链		11,500,000	北京艺融	2014.06.03
翡翠珠链	长51.2cm	14,950	中贸圣佳	2014.07.06
翡翠珠链	长5.5cm	43,700	北京保利	2014.02.05
翡翠珠链		644,000	华艺国际	2014.05.31
翡翠珠链		782,000	华艺国际	2014.05.31
翡翠珠链		103,500	华艺国际	2014.09.28
翡翠珠配红宝石及钻石项链	长59cm	276,850	香港苏富比	2014.10.07
翡翠珠配红宝石及钻石项链	长62cm	4,018,280	香港苏富比	2014.10.07
翡翠珠项链	长54cm	29,587	大唐国际	2014.05.27
翡翠珠项链	长51cm	73,968	大唐国际	2014.05.27
翡翠珠项链	长94cm	1,645,280	香港苏富比	2014.10.07
翡翠珠项链	长66cm	1,927,600	香港苏富比	2014.04.07
翡翠珠项链	长51cm	2,117,200	香港苏富比	2014.04.07
翡翠紫罗兰色项链		66,700	中鸿信	2014.11.23
翡翠紫罗兰项链、戒指套件		1,610,000	福建东南	2014.05.25
翡翠紫罗兰珠链	直径1.33cm	89,600	长春金鼎	2014.05.17
翡翠钻石吊坠镶18K白金连18K白金颈炼(两件)		146,280	香港拍得高	2014.09.06
翡翠钻石颈炼镶18K白金	长47.5cm	813,683	香港拍得高	2014.09.06
翡翠钻石颈炼镶18K白金	长3.9cm	23,771	香港拍得高	2014.09.06
翡翠钻石项链	长2.2cm	57,500	中国嘉德	2014.05.19
翡翠钻石项链	长45cm	149,500	中国嘉德	2014.05.19
粉红色蛋白石配钻石吊坠项链吊耳环及戒指套装	长41cm	123,334	天成国际	2014.06.08
粉红色海螺珠配钻石项链	长45cm	1,930,040	香港苏富比	2014.10.07
粉红色钻石配钻石项链及吊耳环套装，格拉芙(GRAFF)		395,000	香港苏富比	2014.04.07
粉托帕石项链		15,680	盛世嘉宝	2014.11.02
高冰满绿翡翠镶钻如意项链		115,000	北京艺融	2014.06.03
高冰种翡翠项链		55,000	北京九歌	2014.12.17
各色碧玺塔珠项链	直径约为1.7cm	55,200	福建东南	2014.10.26
共111.44克拉蓝珀,血珀“十八罗汉”项链	长68cm	43,700	北京保利	2014.02.05
共31颗白色南洋珍珠项链		46,000	保利厦门	2014.11.02
共33颗金色南洋珍珠项链		66,700	保利厦门	2014.11.02
共48克拉彩色蓝宝石项链、耳钉及共37克拉彩色蓝宝石手炼(一套)		80,500	北京保利	2014.06.06
共68颗总重88克拉缅甸皇家蓝蓝宝石项链 未经加热处理		1,322,500	北京保利	2014.12.04
共88.96克蓝珀耳环、戒指、项链套装		76,000	北京保利	2014.02.05
古柏林GUBELIN 18K金项链(两条)		184,000	北京保利	2014.06.06
古垫形粉红色锂辉石配珍珠及钻石吊坠项链	长54.8cm	214,135	天成国际	2014.12.07
古垫形红色碧玺配钻石项链 吊耳环及戒指套装	长40cm	379,488	天成国际	2014.06.08
古垫形缅甸无经加热处理蓝宝石配钻石项链及吊耳环套装	项链长44cm	4,032,060	天成国际	2014.06.08
古董钻石项链	项链长35.5cm	14,233,560	佳士得	2014.11.25
古文明复兴风格黄金项链	长40.64cm	238,313	纽约苏富比	11/20/2014
孩儿面珊瑚圆珠项链		34,500	北京艺融	2014.12.08

拍品名称	物品尺寸	成交价RMB	拍卖公司	拍卖日期
海蓝宝项链		31,780	中拍国际	2014.06.04
海螺珍珠、钻石及彩色钻石项链	长50.5cm	1,735,800	佳士得	2014.11.25
海螺珍珠吊坠项链	长79cm	603,000	佳士得	2014.05.27
海螺珍珠项链	长42.5cm	3,408,960	佳士得	2014.05.27
海螺珠配钻石项链	长45cm	41,949	保利香港	2014.04.06
海螺珠配钻石项链及耳环套装	项链长59cm	3,733,520	保利香港	2014.10.06
海水珍珠18K金长项链	长95cm	67,200	北京荣宝	2014.08.24
海水珍珠配钻石项链及耳环套装	长42cm	118,500	香港苏富比	2014.04.07
海水珍珠镶嵌蓝宝石及钻石项链	长42.4cm	55,200	北京保利	2014.12.04
和田玉吊坠项链、耳饰、戒指套装—“馥郁凝香”		44,800	北京荣宝	2014.03.23
和田玉吊坠项链—“金玉满堂”		31,360	北京荣宝	2014.03.23
和田玉吊坠项链—“玉福”		84,000	北京荣宝	2014.03.23
黑玛瑙及钻石吊坠项链、耳环及戒指套装	项链长79.2cm	150,750	佳士得	2014.05.27
黑欧泊吊坠项链		201,600	北京荣宝	2014.08.24
黑色大溪地珍珠项链 约12–14.7mm	长42cm	40,250	北京保利	2014.12.04
黑色大溪地珍珠项链(共33颗)		30,450	北京保利	2014.02.05
黑色南洋珍珠项链 约12.2–15.5mm	长43.5cm	36,800	北京保利	2014.06.06
黑色南洋珍珠项链 约15–17.7mm	项链长42.5cm	51,750	北京保利	2014.06.06
黑色南洋珍珠项链两条 约12.2–14.9mm		74,750	北京保利	2014.12.04
黑色珍珠项链 约12–16.6mm		32,200	北京保利	2014.12.04
黑珍珠项链		56,000	未来四方	2014.05.23
黑珍珠项链配18K黄金扣及珍珠项链配14K黄金扣(两件)		11,885	香港拍得高	2014.09.06
红宝石、祖母绿及蓝宝石项链、胸针及戒指套装		128,213	佳士得	2014.11.25
红宝石18K金项链耳饰套装	长75cm	44,800	北京荣宝	2014.03.23
红宝石及蓝宝石蛋面项链		4,856,160	佳士得	2014.05.27
红宝石及钻石项链	长43cm	85,988	香港富得	2014.05.24
红宝石配钻石项链	长17.5cm	197,750	香港苏富比	2014.10.07
红宝石配钻石项链		197,500	香港苏富比	2014.04.07
红宝石配钻石项链，James W. Currens为Fai Dee设计	长40cm	61,146,000	香港苏富比	2014.04.07
红宝石配钻石项链及吊耳环套装	长43cm	692,125	香港苏富比	2014.10.07
红宝石配钻石项链及吊耳环套装		1,218,140	香港苏富比	2014.10.07
红宝石配钻石项链及吊耳环套装	项链长39cm	1,264,000	香港苏富比	2014.04.07
红宝石嵌钻石项链		46,000	上海嘉泰	2014.06.18
红宝石水滴形镶嵌项链		17,250	福建东南	2014.05.25
红宝石项链	长45cm	113,726	香港富得	2014.05.24
红宝石项链		10,350	上海嘉泰	2014.06.18
红宝石项链	项链长37.5cm	1,189,920	佳士得	2014.05.27
红宝石项链 (三条)	尺寸不一	11,393,160	佳士得	2014.11.25
红宝石圆珠项链	长46cm	57,500	上海嘉泰	2014.06.18
红宝石钻石颈炼镶18K白金	长40cm	119,767	香港拍得高	2014.09.06
红宝石钻石颈炼镶22K黄金	长40cm	26,513	香港拍得高	2014.09.06
红宝石钻石项链	长41cm	175,674	香港富得	2014.05.24
红翡翠“葫芦”配钻石项链及吊耳环套装	长47.6cm	37,949	天成国际	2014.06.08
红翡翠“囍上眉梢”配钻石吊坠项链，王进玲设计	长49.2cm	60,516	天成国际	2014.12.07
红翡翠配墨翠 翡翠及钻石项链	长66cm	303,590	天成国际	2014.06.08
红翡镶钻如意项链		28,750	北京艺融	2014.06.03
红色碧玺配钻石吊坠项链	长5.8cm	139,653	天成国际	2014.12.07
红色碧玺项链 约42.11克		69,000	北京保利	2014.12.04
红珊瑚配珍珠项链，吊坠，耳环，手链四件套四件套装		93,220	保利香港	2014.04.06
红珊瑚项链		14,720	北京保利	2014.02.05
红珊瑚项链		16,000	北京保利	2014.02.05
红珊瑚钻石项链	长42.5cm	72,119	香港富得	2014.05.24
华光流彩–豹型翡翠镶钻项链		2,760,000	北京艺融	2014.12.08
黄翡翠“龙”吊坠连翡翠颈链及黄翡翠“瑞兽”印章(两件)		12,719	香港拍得高	2014.03.22

拍品名称	物品尺寸	成交价RMB	拍卖公司	拍卖日期
黄翡翠配翡翠及钻石项链		232,755	天成国际	2014.12.07
黄翡项链、耳环套件		63,250	福建东南	2014.05.25
黄金“龟渡佛”项链		10,925	上海嘉泰	2014.06.18
黄金彩宝项链	长41cm	11,500	上海嘉泰	2014.06.18
黄金镶嵌碧玺项链		25,300	北京保利	2014.06.06
黄金镶嵌红珊瑚人形项链	长45.5cm	58,650	北京保利	2014.02.05
黄金镶钻石项链,卡地亚(CARTIER)	长35.56cm	17,201,550	纽约苏富比	11/20/2014
黄色钻石配钻石项链		543,125	香港苏富比	2014.04.07
黄水晶配绿松石及钻石项链及手链套装，卡地亚(Cartier, Paris)	长19cm	641,875	香港苏富比	2014.04.07
黄钻配钻石项链	长48cm	177,118	保利香港	2014.04.06
黄钻项链		6,325,000	江苏爱涛	2014.07.06
辉帝J.W. CURRENS设计 缅甸“鸽血红”红宝石配钻石“凤凰”项链 未经热处理	长40cm	10,017,200	保利香港	2014.04.06
简约风格钻石项链		13,800	上海嘉泰	2014.06.18
金色南洋珍珠项链 约11.1-14.1mm	长47.5cm	29,900	北京保利	2014.12.04
金色无瑕南洋珍珠项链	长47.5cm	184,000	北京保利	2014.12.04
金色珍珠项链		84,000	未来四方	2014.05.23
金色珍珠项链		161,000	华艺国际	2014.05.31
金色珍珠项链(共31颗)		35,100	北京保利	2014.02.05
金镶钻珍珠项链戒指耳坠(一套四件)		17,250	中国嘉德	2014.09.22
八角形哥伦比亚祖母绿重24.43克拉配钻石吊坠项链	长50cm	1,643,200	香港苏富比	2014.04.07
祖母绿配钻石及养殖珍珠项链		641,875	香港苏富比	2014.04.07
祖母绿配钻石项链	长46cm	592,500	香港苏富比	2014.04.07
祖母绿配钻石项链	长41cm	2,212,000	香港苏富比	2014.04.07
哥伦比亚祖母绿共重约42.25克拉配钻石项链，梵克雅宝(Van Cleef & Arpels)	长40.5cm	3,448,760	香港苏富比	2014.10.07
祖母绿配钻石项链，梵克雅宝(Van Cleef & Arpels)	长35.5cm	692,125	香港苏富比	2014.10.07
祖母绿配钻石项链及耳环套装	长41cm	933,380	香港苏富比	2014.10.07
祖母绿配钻石项链及两对耳环套装，卡地亚(CARTIER，PARIS)		237,000	香港苏富比	2014.04.07
绝代风华-冰种满绿翡翠镶钻项链(三件套)	共11颗125.9g	7,475,000	北京艺融	2014.12.08
卡地亚 CARTIER 钻石项链	长36cm	43,700	北京保利	2014.06.06
卡地亚PANTHER系列钻石项链		29,900	中鸿信	2014.11.23
京劳德·拉莱恩 绣球花项链	长15cm	34,154	首尔香港	2014.05.26
孔雀绿黑珍珠项链	长41cm	55,000	北京九歌	2014.12.17
孔雀绿黑珍珠项链	长43cm	18,000	北京九歌	2014.12.17
蓝宝石、粉红色蓝宝石、祖母绿及钻石项链，BVLGARI 设计	长42.5cm	147,938	佳士得	2014.11.25
蓝宝石“Mystery Set”吊坠项链，Van Cleef & Arpels设计	长41.5cm	315,600	佳士得	2014.11.25
蓝宝石吊坠项链	长41.5cm	134,400	北京荣宝	2014.03.23
蓝宝石及祖母绿项链及耳环套装，Buccellati 设计	长39cm	443,813	佳士得	2014.11.25
101.32克拉枕形斯里兰卡天然蓝宝石吊坠项链，Chatila设计	长41cm	6,375,120	佳士得	2014.11.25
蓝宝石及钻石项链，BVLGARI设计	长41.8cm	236,700	佳士得	2014.11.25
蓝宝石配宝石项链		98,750	香港苏富比	2014.04.07
蓝宝石配钻石“十字架”吊坠项链；及“心形”钻石吊坠项链		37,241	天成国际	2014.12.07
斯里兰卡蓝宝石配钻石项链	长40cm	444,938	香港苏富比	2014.10.07
蓝宝石配钻石项链	长18.5cm	1,265,600	香港苏富比	2014.10.07
蓝宝石配钻石项链	长42.8cm	214,135	天成国际	2014.12.07
斯里兰卡蓝宝石配钻石项链	长46cm	25,754,000	香港苏富比	2014.04.07
斯里兰卡蓝宝石配钻石项链，梵克雅宝(Van Cleef & Arpels)	长41cm	6,193,600	香港苏富比	2014.04.07
缅甸蓝宝石配钻石长项链	长65cm	415,275	香港苏富比	2014.10.07
蓝宝石镶嵌项链		47,150	福建东南	2014.05.25
蓝宝石镶钻挂坠项链	长50cm	69,000	北京艺融	2014.12.08
蓝宝石镶钻项链		575,000	北京艺融	2014.06.03
蓝宝石项链		11,200	未来四方	2014.05.23
蓝宝石项链		504,000	中晟国际	2014.10.11
蓝宝石项链	长41.8cm	996,960	佳士得	2014.05.27
蓝宝石项链、手链、耳饰套装		50,400	北京荣宝	2014.08.24
蓝宝钻石项链		24,150	远方拍卖	2014.09.21
蓝珀戒指、耳环、项链(一套)		69,000	北京保利	2014.06.06
蓝珀项链		20,160	中联环球	2014.01.12
老坑玻璃种满绿翡翠项链、戒指及耳环(一套)		4,140,000	北京保利	2014.06.06
梨形祖母绿配黄钻及钻石项链、耳环套装		1,265,000	华艺国际	2014.09.28
罗马之恋-满绿翡翠镶钻蛋面项链		4,370,000	北京艺融	2014.12.08
罗启妍 丝绸之路项链		12,650	中国嘉德	2014.11.20
绿碧玺配祖母绿、钻石项链、耳环及戒指“荷香”套装		575,000	华艺国际	2014.05.31
绿碧玺钻石项链	长2.2cm	140,000	北京九歌	2014.12.17
满绿翡翠蛋面配钻石项链		1,265,000	华艺国际	2014.12.09
满绿翡翠蛋面配钻石项链		2,300,000	华艺国际	2014.12.09
满绿翡翠花型镶钻项链		460,000	北京艺融	2014.12.08
满绿翡翠镶钻项链		8,970,000	北京艺融	2014.06.03
满绿翡翠项链		644,000	上海嘉泰	2014.06.18
满绿翡翠项链	长42cm	322,000	上海嘉泰	2014.06.18
满绿翡翠项链(可作为胸针)		69,000	北京保利	2014.12.04
满绿翡翠珠链	长76.3cm	172,500	北京保利	2014.12.04
满绿翡翠珠链	直径约1.5cm	920,000	华艺国际	2014.12.09
满绿翡翠珠链		3,680,000	华艺国际	2014.12.09
满绿翡翠珠链		138,000	华艺国际	2014.12.09
满绿翡翠珠链		5,175,000	北京艺融	2014.12.08
满绿手链、项链套装		79,201	北京保利	2014.02.05
玫瑰金镶葫芦翡翠项链		72,800	未来四方	2014.05.23
美好年代风格的彩色钻石及钻石吊坠项链	项链长51cm	13,760,160	佳士得	2014.11.25
缅甸翡翠〔孔雀〕吊坠配南洋珍珠项链	长92cm	55,932	保利香港	2014.04.06
缅甸翡翠蛋面吊坠项链		150,750	佳士得	2014.05.27
缅甸翡翠蛋面吊坠项链	项链长50cm	2,733,600	佳士得	2014.05.27
缅甸翡翠蛋面项链	长49cm	167,796	保利香港	2014.04.06
缅甸翡翠蛋面项链	项链长42.8cm	582,900	佳士得	2014.05.27
缅甸翡翠蛋面项链及耳坠套装		170,850	佳士得	2014.05.27
缅甸翡翠蛋面项链及戒指套装	长42cm	186,440	保利香港	2014.04.06
缅甸翡翠吊坠项链	长70cm	130,650	佳士得	2014.05.27
缅甸翡翠吊坠项链	长70cm	402,000	佳士得	2014.05.27
缅甸翡翠吊坠项链“花开富贵”		190,950	佳士得	2014.05.27
缅甸翡翠吊坠项链“灵猴献寿”		301,500	佳士得	2014.05.27
缅甸翡翠方牌吊坠项链		321,600	佳士得	2014.05.27
缅甸翡翠佛手吊坠项链		241,200	佳士得	2014.05.27
缅甸翡翠观音吊坠项链(一对)		190,950	佳士得	2014.05.27
缅甸翡翠葫芦吊坠项链	长28.8cm	452,250	佳士得	2014.05.27
缅甸翡翠怀古项链及耳坠套装		552,750	佳士得	2014.05.27
缅甸翡翠辣椒吊坠项链	长76cm	201,000	佳士得	2014.05.27
缅甸翡翠辣椒吊坠项链	项链长34.8cm	2,926,560	佳士得	2014.05.27
缅甸翡翠辣椒吊坠项链	项链长68cm	4,084,320	佳士得	2014.05.27
缅甸翡翠配钻石项链	项链长40cm	6,837,450	保利香港	2014.04.06
缅甸翡翠配钻石项链	项链长45cm	8,027,068	保利香港	2014.10.06
缅甸翡翠如意吊坠项链	长56cm	80,400	佳士得	2014.05.27
缅甸翡翠珠配红宝石及钻石项链	项链长68cm	7,291,700	保利香港	2014.04.06
缅甸翡翠珠链	项链长65cm	2,800,140	保利香港	2014.10.06

2014珠宝翡翠拍卖成交汇总

(成交价RMB：1万元以上)

拍品名称	物品尺寸	成交价RMB	拍卖公司	拍卖日期
缅甸翡翠珠项链	长39.5cm	160,800	佳士得	2014.05.27
缅甸翡翠珠项链	项链长61cm	3,312,480	佳士得	2014.05.27
缅甸鸽血红红宝石项链及耳坠套装	项链长38cm	29,812,320	佳士得	2014.05.27
缅甸蓝宝石蛋面项链	项链长36.5cm	2,637,120	佳士得	2014.05.27
缅甸弥勒佛吊坠项链	长45cm	251,250	佳士得	2014.05.27
缅甸紫罗兰翡翠蛋面吊坠项链	项链长78cm	2,637,120	佳士得	2014.05.27
缅甸紫罗兰翡翠吊坠项链“年年有余”	长65cm	301,500	佳士得	2014.05.27
缅甸紫罗兰翡翠圈吊坠项链	长68cm	90,450	佳士得	2014.05.27
缅甸紫罗兰翡翠珠配钻石项链	长55cm	373,352	保利香港	2014.10.06
民国 翡翠项链、手链、耳坠、挂坠、胸针(一组五件)		40,250	西泠拍卖	2014.05.06
墨翠翡翠配钻石项链	长3cm	40,250	福建东南	2014.10.26
墨翠配彩色宝石及钻石吊坠项链，吊耳环，戒指及手链套装，Alessio Boschi设计		93,102	天成国际	2014.12.07
墨翠配翡翠及彩色宝石吊坠项链		227,693	天成国际	2014.06.08
墨翠配黄色刚玉及钻石吊坠项链 吊耳环及戒指套装		132,821	天成国际	2014.06.08
墨翠项链 (一套)		103,500	北京艺融	2014.06.03
木那种满绿翡翠项链、耳坠、戒指套装		3,136,000	北京荣宝	2014.06.15
南红玛瑙“花开富贵”吊坠项链		15,180	天成国际	2014.06.08
南红玛瑙“龙凤呈祥”吊坠项链		94,872	天成国际	2014.06.08
南洋黑珍珠项链 (二件套)		101,200	北京艺融	2014.06.03
南洋金珠配钻石项链	直径1.65cm	63,250	银座国际	2014.06.01
南洋金珠配钻石项链	长49cm	379,500	银座国际	2014.06.01
南洋珍珠配钻石项链		276,000	银座国际	2014.06.01
南洋珍珠配钻石项链，耳环套装	长46cm	46,669	保利香港	2014.10.06
年份约1933 HUTTON-MDIVANI翡翠珠配红宝石及钻石项链，卡地亚(Cartier)	长53cm	169,091,600	香港苏富比	2014.04.07
浓彩黄色钻石配钻石吊坠项链	长45cm	444,375	香港苏富比	2014.04.07
糯冰种翡翠蛋面项链套装		89,700	北京艺融	2014.12.08
糯冰种浅绿翡翠珠项链		2,242,500	北京艺融	2014.06.03
帕拉伊巴碧玺配钻石项链		747,500	银座国际	2014.06.01
日本海沙珠项链		28,000	北京荣宝	2014.11.30
日本花珠“天女”项链 约90-95mm	长41cm	51,750	北京保利	2014.06.06
如意鸿福-玻璃种翡翠镶钻项链		552,000	北京艺融	2014.12.08
洒红碧玺宝石大项链		40,250	中鸿信	2014.11.23
三色翡翠“弥勒佛”吊坠项链	长66cm	56,923	天成国际	2014.06.08
三色翡翠“腾龙”配翡翠吊坠项链	长67cm	61,667	天成国际	2014.06.08
三色翡翠吊坠项链		139,653	天成国际	2014.12.07
沙弗莱石榴石配钻石吊坠项链及戒指套装	长46cm	47,436	天成国际	2014.06.08
珊瑚、养殖珍珠及钻石项链	长61cm	197,250	佳士得	2014.11.25
珊瑚吊坠项链	长43.3cm	140,700	佳士得	2014.05.27
珊瑚塔珠项链	直径约为1.4cm	109,250	福建东南	2014.10.26
珊瑚项链、耳坠、耳环及戒指套装	戒指尺寸4 1/2	157,800	佳士得	2014.11.25
珊瑚项链、耳坠及戒指套装	项链长85cm	241,200	佳士得	2014.05.27
珊瑚项链三条及耳环套装	项链长38.8cm、74.6cm及86.0cm；耳环长2.1cm	221,100	佳士得	2014.05.27
珊瑚珠配钻石吊坠项链	长42.5cm	158,273	天成国际	2014.12.07
双色冰种黄翡翠“文殊菩萨”及“观音”吊坠项链 (一对)		664,104	天成国际	2014.06.08
双色翡翠“寿桃” 翡翠及红翡翠吊坠项链	长63cm	56,923	天成国际	2014.06.08
台湾紫罗兰财源滚滚18K金镶钻项链		35,840	中联环球	2014.01.12
坦桑石钻石项链		90,000	北京九歌	2014.12.17
桃红碧玺配彩宝项链		25,300	上海嘉泰	2014.06.18
托帕石红宝石颈炼	长52cm	18,492	香港拍得高	2014.06.21
未加热蓝宝石吊坠项链		98,560	北京荣宝	2014.08.24
无色冰种翡翠项链		92,000	上海嘉泰	2014.06.18
显赫的老坑种满绿足色翡翠珠链	项链长58.8cm	13,800,000	北京保利	2014.06.06
香奈儿红珊瑚蛇形项链		37,000	北京保利	2014.02.05
小米珍珠及蓝宝石项圈 约1890年制	长37cm	32,200	北京保利	2014.12.04
心形祖母绿嵌钻石黄金项链		92,000	上海嘉泰	2014.06.18
薛铁 一颗钻石项链		23,000	中国嘉德	2014.11.20
血珀戒指、耳环、项链、手链(一套)	项链长45cm	115,000	北京保利	2014.06.06
亚历山大变色石配钻石项链及吊耳环套装	项链长42cm	2,306,800	香港苏富比	2014.04.07
养殖珍珠“Panth è re”戒指及吊坠项链套装	长39cm	55,275	佳士得	2014.05.27
养殖珍珠及彩色钻石项链，David Morris设计； 配以养殖珍珠及彩色钻石耳环	项链长48cm	3,061,320	佳士得	2014.11.25
养殖珍珠及钻石项链	长85cm	394,500	佳士得	2014.11.25
养殖珍珠及钻石项链，Cartier设计	长39cm	118,350	佳士得	2014.11.25
养殖珍珠配宝石及钻石项链，梵克雅宝(Van Cleef & Arpels)	项链长58cm	395,500	香港苏富比	2014.10.07
养殖珍珠配贝母及钻石吊坠项链	长45cm	14,231	天成国际	2014.06.08
养殖珍珠配粉红色刚玉及蓝宝石项链两条	长95cm	237,000	香港苏富比	2014.04.07
养殖珍珠配粉红色刚玉项链及耳环套装，Gianmaria Buccellati		158,000	香港苏富比	2014.04.07
养殖珍珠配祖母绿及钻石项圈，Carolina Herrera为Mikimoto设计		237,000	香港苏富比	2014.04.07
养殖珍珠配钻石项链	长51cm	113,846	天成国际	2014.06.08
养殖珍珠配钻石项链	长86.5cm	360,514	天成国际	2014.06.08
养殖珍珠配钻石项链	项链长96cm	74,156	香港苏富比	2014.10.07
养殖珍珠配钻石项链	项链长46cm	177,975	香港苏富比	2014.10.07
养殖珍珠配钻石项链	长43cm	37,241	天成国际	2014.12.07
养殖珍珠配钻石项链，胸针及耳环套装		65,171	天成国际	2014.12.07
养殖珍珠配钻石项链、耳环及别针套装		237,000	香港苏富比	2014.04.07
养殖珍珠配钻石项链；及养殖珍珠配钻石吊耳环，David Morris (一对)		217,250	香港苏富比	2014.04.07
养殖珍珠配钻石项链及吊耳环套装	项链长47cm	316,400	香港苏富比	2014.10.07
养殖珍珠配钻石项链及吊耳环套装	项链长47cm	474,600	香港苏富比	2014.10.07
养殖珍珠配钻石项链及耳环套装	项链长44cm	474,000	香港苏富比	2014.04.07
养殖珍珠项链	长49cm	33,205	天成国际	2014.06.08
养殖珍珠项链	长60cm	110,550	佳士得	2014.05.27
养殖珍珠项链	长49cm	281,400	佳士得	2014.05.27
养殖珍珠项链	长43.7cm	125,625	佳士得	2014.05.27
养殖珍珠项链		301,500	佳士得	2014.05.27
养殖珍珠项链、耳坠、耳环及戒指	戒指尺寸5	167,663	佳士得	2014.11.25
养殖珍珠项链、耳坠及戒指套装	戒指尺寸6 1/2	221,100	佳士得	2014.05.27
养殖珍珠项链、胸针、耳环及戒指套装	戒指尺寸5 1/4	118,350	佳士得	2014.11.25
养殖珍珠项链及耳坠套装	耳坠长度2.3cm	211,050	佳士得	2014.05.27
养殖珍珠项链及耳坠套装	耳坠长度2.8cm	197,250	佳士得	2014.11.25
有色钻石及钻石项链，Jahan设计	项链长44cm	7,416,600	佳士得	2014.11.25
约13.89克拉梨形D/IF Type IIa及约5.01克拉枕形D/IF Type IIa 钻石吊坠项链	项链长40cm	15,404,640	佳士得	2014.05.27
约1880年制 绿松石蛇形项链		59,800	北京保利	2014.12.04
约1940年 钻石项链	长38cm	474,600	香港苏富比	2014.10.07
约1940年制 白色欧泊项链、戒指、耳环套装		161,000	北京保利	2014.12.04
约1940年制 绿松石项链、戒指、手镯、耳环套装		184,000	北京保利	2014.12.04

拍品名称	物品尺寸	成交价RMB	拍卖公司	拍卖日期
约1960年制 钻石项链、耳环套装 希腊品牌 LALAOUNIS		69,000	北京保利	2014.12.04
约19世纪末 钻石项链	长42cm	246,875	香港苏富比	2014.04.07
约6.78克拉正方形淡彩黄色SI1(极优打磨)钻石吊坠项链	长45cm	331,650	佳士得	2014.05.27
约9.05克拉梨形淡粉红色IF 钻石吊坠项链	项链长45.6cm	3,698,400	佳士得	2014.05.27
珍罕翡翠配钻石吊坠项链及吊耳环套装	项链长36.2cm	15,827,340	天成国际	2014.12.07
珍罕翡翠配钻石吊坠项链及戒指套装	项链长45.2cm	72,619,560	天成国际	2014.12.07
珍罕珍珠配钻石项链		6,641,040	天成国际	2014.06.08
珍稀的老坑玻璃种帝王绿翡翠项链、戒指、耳环套装	项链长42.5cm	12,075,000	北京保利	2014.12.04
珍珠、红宝石1354克拉及钻石项链	项链长69.6cm	14,675,400	佳士得	2014.11.25
珍珠、钻石及蓝宝石项链	项链长度61cm	246,563	佳士得	2014.11.25
珍珠颈炼(两件)		12,617	香港拍得高	2014.09.06
珍珠颈链连18K白金珍珠耳环(3)		65,412	香港拍得高	2014.03.22
珍珠配祖母绿、钻石项链		322,000	华艺国际	2014.12.09
珍珠配钻石吊坠项链	项链长41cm	692,125	香港苏富比	2014.10.07
珍珠配钻石项链	长56cm	447,456	保利香港	2014.04.06
珍珠配钻石项链	项链长103cm	980,840	香港苏富比	2014.10.07
珍珠套链	长45cm	701,500	北京保利	2014.06.06
珍珠项链	长53cm	740,625	香港苏富比	2014.04.07
周大福 老坑满绿翡翠耳环、戒指、项链套装		828,000	北京保利	2014.04.29
著名设计师作品 41.9克拉哥伦比亚祖母绿吊坠项链	长50cm	425,600	北京荣宝	2014.11.30
紫翡翠"称心如意"配紫水晶吊坠项链		1,138,464	天成国际	2014.06.08
紫翡翠"佛手瓜"配彩色翡翠吊坠项链		265,642	天成国际	2014.06.08
紫翡翠配翡翠 彩色宝石及钻石吊坠项链		332,052	天成国际	2014.06.08
紫翡翠配翡翠及钻石项链	项链长82.8cm	6,051,630	天成国际	2014.12.07
紫翡翠配红宝石，粉红色刚玉及钻石吊坠项链，Alessio Boschi设计		558,612	天成国际	2014.12.07
紫翡翠配蓝宝石项链	项链长51cm	2,141,346	天成国际	2014.12.07
紫翡翠配紫水晶及钻石项链	长77.6cm	46,551	天成国际	2014.12.07
紫翡翠配钻石项链		279,306	天成国际	2014.12.07
紫翡翠珠配翡翠珠项链	项链长63cm	740,625	香港苏富比	2014.04.07
紫翡翠珠项链连18K白金扣	长64cm	35,135	香港拍得高	2014.06.21
紫罗兰翡翠蛋面吊坠项链及耳环套装		118,350	佳士得	2014.11.25
紫罗兰翡翠吊坠项链	长38cm	246,563	佳士得	2014.11.25
紫罗兰翡翠吊坠项链 (一对)		187,388	佳士得	2014.11.25
紫罗兰翡翠镶钻项链(三件套)		2,300,000	北京艺融	2014.12.08
紫罗兰翡翠项链、耳环套装		241,500	北京保利	2014.12.04
紫罗兰翡翠项链、戒指套装	长62cm	138,000	北京保利	2014.12.04
紫罗兰翡翠珠链	长79cm	16,100	北京保利	2014.12.04
紫罗兰翡翠珠项链		138,075	佳士得	2014.11.25
紫色翡翠"平安扣"配翡翠、红宝石及钻石项链	项链长88cm	543,813	香港苏富比	2014.10.07
紫水晶配钻石及宝石"十字架"吊坠项链		128,375	香港苏富比	2014.04.07
祖母绿 钻石 白金项链	长41cm	161,715	日本伊斯特	2014.10.25
祖母绿、蓝宝石、养殖珍珠及钻石项链	长41cm	241,200	佳士得	2014.05.27
祖母绿、珍珠及钻石项链	项链长42.5cm	1,830,480	佳士得	2014.11.25
祖母绿"十字架"吊坠项链	长45cm	37,949	天成国际	2014.06.08
祖母绿18K金流苏项链	长75cm	11,200	北京荣宝	2014.11.30
祖母绿白金项链	长42cm	207,000	上海嘉泰	2014.06.18
祖母绿宝石项链	长48cm	220,000	北京九歌	2014.12.17
祖母绿铂金吊坠项链		28,750	北京艺融	2014.12.08
祖母绿铂金项链	长43cm	23,000	上海嘉泰	2014.06.18
祖母绿及钻石吊坠项链	项链长40cm	1,167,720	佳士得	2014.11.25

拍品名称	物品尺寸	成交价RMB	拍卖公司	拍卖日期
祖母绿配钻石项链，手炼及耳环套装		251,375	天成国际	2014.12.07
祖母绿项链		17,250	福建东南	2014.10.26
祖母绿项链		28,750	福建东南	2014.05.25
祖母绿项链	长89.9cm	381,900	佳士得	2014.05.27
祖母绿圆珠流苏项链	长66cm	63,250	上海嘉泰	2014.06.18
祖母绿钻石项链	长14.3cm	134,400	江苏爱涛	2014.07.06
钻石 铂金项链	长43cm	52,180	日本伊斯特	2014.06.01
钻石、蓝宝石及粉红色蓝宝项链	长37.1cm	231,150	佳士得	2014.05.27
钻石、祖母绿或黑玛瑙"Panth è re"项链 戒指 胸针、耳坠，Cartier 设计		128,213	佳士得	2014.11.25
钻石、祖母绿及黑玛瑙"Panth è re"吊坠项链，Cartier设计	长79cm	473,400	佳士得	2014.11.25
钻石、祖母绿及黑玛瑙"Panth è re"项链、手链及耳坠套装套装，Cartier 设计	项链长49cm	1,451,760	佳士得	2014.11.25
钻石"Agrafe"项链，Cartier设计	长42.5cm	236,700	佳士得	2014.11.25
钻石"豹"项链，卡地亚(Cartier)	项链长41cm	187,863	香港苏富比	2014.10.07
钻石"雪花"项链及耳环套装，梵克雅宝(Van Cleef & Arpels)		444,375	香港苏富比	2014.04.07
钻石18K金吊坠项链	长50cm	39,200	北京荣宝	2014.03.23
钻石吊坠项链	长43.3cm	836,340	佳士得	2014.11.25
10.42克拉圆形F/IF钻石吊坠项链	项链长45cm	6,091,080	佳士得	2014.11.25
钻石吊坠项链		160,800	佳士得	2014.05.27
5.02至0.50克拉D/IF钻石吊坠项链	项链长43cm	8,174,040	佳士得	2014.11.25
18.89克拉梨形E/VS2 Type IIa钻石吊坠项链	项链长52cm	6,848,520	佳士得	2014.11.25
26.41克拉心形K/SI1及5.02克拉梨形E/VS1钻石吊坠项链，Jahan设计	项链长47.5cm	5,712,360	佳士得	2014.11.25
钻石及宝石项链，BVLGARI设计	长44.5cm	138,075	佳士得	2014.11.25
钻石及红宝石"Le Baiser Du Dragon"项链及耳坠套装，Cartier 设计		78,900	佳士得	2014.11.25
钻石配碧玺项链		12,650	福建东南	2014.10.26
钻石配粉红色刚玉"拉链"项链，梵克雅宝(Van Cleef & Arpels)		2,970,400	香港苏富比	2014.04.07
钻石配粉红色钻石吊坠项链，尚美(Chaumet)		1,930,040	香港苏富比	2014.10.07
钻石配黑色钻石吊坠项链及戒指套装	长44cm	14,231	天成国际	2014.06.08
钻石配祖母绿及缟玛瑙"豹"项链，卡地亚(Cartier)		158,200	香港苏富比	2014.10.07
钻石项链		80,000	北京九歌	2014.12.17
钻石项链	长40cm	367,080	中国嘉德	2014.04.09
钻石项链	长4.1cm	276,000	华艺国际	2014.05.31
钻石项链	长40cm	56,923	天成国际	2014.06.08
钻石项链	长42cm	66,410	天成国际	2014.06.08
钻石项链	项链长41cm	2,146,774	保利香港	2014.10.06
钻石项链	项链长80cm	613,025	香港苏富比	2014.10.07
钻石项链	长46.5cm	353,788	天成国际	2014.12.07
钻石项链	长42cm	93,102	天成国际	2014.12.07
钻石项链	长38.7cm	177,525	佳士得	2014.11.25
钻石项链	长37.8cm	236,700	佳士得	2014.11.25
钻石项链	长49cm	374,775	佳士得	2014.11.25
钻石项链	长40.5cm	315,600	佳士得	2014.11.25

(成交价RMB：1万元以上)

拍品名称	物品尺寸	成交价RMB	拍卖公司	拍卖日期
7.21至3.64克拉榄尖形D-F/IF-VVS2 Type IIa钻石项链	项链长40.2cm	9,073,500	佳士得	2014.11.25
钻石项链	长38.5cm	120,600	佳士得	2014.05.27
钻石项链	长39.3cm	482,400	佳士得	2014.05.27
钻石项链	长42cm	482,400	佳士得	2014.05.27
钻石项链	长72cm	653,250	佳士得	2014.05.27
钻石项链	长45cm	753,750	佳士得	2014.05.27
钻石项链	长38cm	375,250	香港苏富比	2014.04.07
钻石项链	长105cm	158,000	香港苏富比	2014.04.07
钻石项链	长43cm	128,375	香港苏富比	2014.04.07
钻石项链	长42cm	118,500	香港苏富比	2014.04.07
钻石项链	长40cm	493,750	香港苏富比	2014.04.07
钻石项链 BVLGARI 设计	长34cm	325,000	佳士得(上海)	2014.10.24
钻石项链 蒂芙尼 TIFFANY	长42.5cm	74,750	北京保利	2014.12.04
钻石共重约10.00克拉项链，Buccellati	项链长40cm	375,725	香港苏富比	2014.10.07
钻石项链，Buccellati 设计	长35.5cm	236,700	佳士得	2014.11.25
钻石项链，Tiffany & Co.设计	长40.5cm	108,488	佳士得	2014.11.25
钻石项链，Van Cleef & Arpels设计	长39cm	177,525	佳士得	2014.11.25
钻石共重约17.00克拉项链，宝诗龙(Boucheron)	项链长43cm	474,600	香港苏富比	2014.10.07
梨形钻石7.72克拉G色VVS2净度配圆钻及榄尖形钻石共14.50克拉项链，蒂芙尼(TIFFANY & CO.)	项链长40cm	2,591,200	香港苏富比	2014.04.07
钻石项链 蒂芙尼(Tiffany & Co.)	项链长40.5cm	395,500	香港苏富比	2014.10.07
钻石项链 卡地亚(Cartier)	项链长38cm	375,725	香港苏富比	2014.10.07
钻石项链、耳环套装	长5cm	115,000	北京保利	2014.12.04
钻石项链、耳坠、戒指、手链及腕表套装		1,546,440	佳士得	2014.11.25
钻石项链、手链、耳环、戒指套装，卡地亚(Cartier)	项链长17cm	3,164,000	香港苏富比	2014.10.07
钻石项链及蓝宝石配钻石手链	项链长40.5cm	158,200	香港苏富比	2014.10.07
钻石项链及耳环套装，Buccellati设计		414,225	佳士得	2014.11.25
钻石项链及耳坠套装		301,500	佳士得	2014.05.27
钻石项链及戒指Van Cleef & Arpels设计	戒指尺寸5 ½	437,500	佳士得(上海)	2014.10.24
钻石项链及手炼套装		522,600	佳士得	2014.05.27
钻石项链及手炼套装		281,400	佳士得	2014.05.27
钻石项链镶18K白金		57,598	香港拍得高	2014.09.06
钻石项链镶铂金	长39cm	21,942	香港拍得高	2014.09.06
胸针				
0.29克拉浓彩橙黄色VS1净度钻石配黄色钻石及钻石“蝴蝶”胸针		170,770	天成国际	2014.06.08
0.79 克拉椭圆形缅甸红宝石胸针	长5.7cm	140,700	佳士得	2014.05.27
14K黄白金红宝石“龙”襟针	长5.2cm	14,990	香港拍得高	2014.03.22
14K黄金、铂金镶钻石及红宝石别针，VERDURA		162,975	纽约苏富比	11/20/2014
14K黄金镶钻石“LA BOMBA”别针，VERDURA		192,188	纽约苏富比	11/20/2014
14K黄金鑲紫水晶及彩色鑽石別針 VERDURA		153,750	纽约苏富比	11/20/2014
14k金镶孔雀胸针		12,650	北京博观	2014.04.20
18k 黄金胸针		120,600	佳士得	2014.05.27
18k 金红珊瑚镶冰翠钻石胸针		92,000	浙江世贸	2014.04.13
18K白金翡翠“如意结”襟针(可作吊坠用)	长3.6cm	18,170	香港拍得高	2014.03.22
18K白金群镶翡翠配钻石胸针	长6.2cm	12,650	北京保利	2014.02.05
18K白金镶嵌0.36克拉黄钻0.02克拉粉钻及3.71克拉白钻蛇形胸针	长6.1cm	35,650	北京保利	2014.02.05
18K白金镶嵌钻石及红宝石白兔胸针	长4.3cm	17,250	北京保利	2014.02.05
18K白金镶钻翡翠凤凰胸针		17,250	中鸿信	2014.11.23
18K黄金、铂金镶钻石及红宝石别针		192,188	纽约苏富比	11/20/2014

拍品名称	物品尺寸	成交价RMB	拍卖公司	拍卖日期
18K黄金及铂金镶宝石配养殖珍珠别针，VERDURA		207,563	纽约苏富比	11/20/2014
18K黄金及铂金镶钻石、养殖珍珠配红宝石别针，VERDURA		246,000	纽约苏富比	11/20/2014
18K黄金镶茶晶及翠榴石别针，VERDURA		138,375	纽约苏富比	11/20/2014
18K黄金镶蓝宝石及钻石别针，梵克雅宝(VAN CLEEF & ARPELS)		384,375	纽约苏富比	11/20/2014
18K黄金及鉑金鑲寶石配養殖珍珠別針，VERDURA		215,250	纽约苏富比	11/20/2014
18K黄金鑲寶石蜜蜂別針三枚		146,063	纽约苏富比	11/20/2014
18K黄金鑲藍寶石及紅寶石配琺瑯別針，VERDURA		345,938	纽约苏富比	11/20/2014
18K金 翡翠镶钻石、红宝石蝴蝶胸针	长8.5cm	437,000	江苏爱涛	2014.07.06
18K金彩宝钻石胸针	长7cm	38,000	北京九歌	2014.12.17
18k金镶澳洲黑欧泊小鸟胸针	长5.2cm	102,350	北京博观	2014.04.20
18k金镶碧玺蜻蜓胸针		23,000	北京博观	2014.04.20
18k金钻石蓝宝石珍珠凤凰胸针	长1.5cm	20,160	未来四方	2014.05.23
18K玫瑰金镶满绿色翡翠天鹅胸针 (一对)	长3cm	17,250	中鸿信	2014.11.23
18K双色金白珍珠襟针		13,714	香港拍得高	2014.09.06
925银珊瑚胸针	长10.5cm	14,560	未来四方	2014.05.23
Buccellati 18K金 蓝宝石胸针	长8.4cm	113,000	江苏爱涛	2014.07.06
JUDY CHAO 作品“绮色佳”花型AKA红珊瑚配镶沙弗来石及钻石胸针		115,000	北京保利	2014.06.06
TIFFANY 20克拉未加热红宝钻石胸针(兼吊坠)		58,240	北京荣宝	2014.11.30
阿卡红珊瑚翡翠胸针(兼吊坠)		42,560	北京荣宝	2014.11.30
阿卡牛血红18k玫瑰金挂件/胸针		69,000	北京艺融	2014.12.08
阿曼·皮埃尔·弗南得山羊座胸针	长4.5cm	14,231	首尔香港	2014.05.26
阿曼·皮埃尔·弗南得水瓶座胸针	长5.5cm	12,333	首尔香港	2014.05.26
阿曼·皮埃尔·弗南得 鱼胸针	长6cm	14,231	首尔香港	2014.05.26
宝诗龙 镶嵌松石小兔胸针	长4cm	18,400	北京保利	2014.06.06
宝诗龙 镶嵌钻石及红宝石小鸟胸针	长4.5cm	20,700	保利厦门	2014.11.02
宝诗龙 钻石胸针		41,949	保利香港	2014.04.06
宝石别针，Piaget（伯爵），Van Cleef & Arpels（梵克雅宝）(四枚)		158,000	香港苏富比	2014.04.07
宝石别针，梵克雅宝(VAN CLEEF & ARPELS) (三枚)		158,000	香港苏富比	2014.04.07
宝石配钻石别针套装，Maubossin，蒂芙尼，梵克雅宝		108,763	香港苏富比	2014.10.07
贝母“Papillon”胸针	长4cm	45,225	佳士得	2014.05.27
贝母“Rose de Noel”胸针	长3.9cm	55,275	佳士得	2014.05.27
贝母蝴蝶胸针		13,800	上海嘉泰	2014.06.18
贝母配镶彩色宝石蝴蝶胸针	长7.7cm	34,500	北京保利	2014.12.04
壁虎胸针吊坠		10,350	上海嘉泰	2014.06.18
冰种翡翠配翡翠 彩色宝石 黑色钻石及钻石“熊猫”胸针	长3.3cm	123,334	天成国际	2014.06.08
冰种翡翠钻石襟针镶18K白金(两件)		63,540	香港拍得高	2014.09.06
冰种满绿翡翠“螃蟹”胸针	长2.1cm	172,500	北京保利	2014.12.04
铂金镶彩色钻石及仿钻石别针		480,469	纽约苏富比	11/20/2014
彩色宝石配钻石“小狗”胸针		27,966	保利香港	2014.04.06
彩色碧玺配黄色钻石及钻石“气球小女孩”胸针，Ice出品		65,171	天成国际	2014.12.07
彩色翡翠配宝石及钻石“熊猫”别针，蔡孟翰		168,088	香港苏富比	2014.10.07
彩色翡翠配彩色刚玉及钻石“猴子”别针，蔡孟翰		641,875	香港苏富比	2014.04.07

拍品名称	物品尺寸	成交价RMB	拍卖公司	拍卖日期
彩色翡翠配养殖珍珠、彩色刚玉及钻石“小丑”别针，蔡孟翰	长1.6cm	217,250	香港苏富比	2014.04.07
彩色蓝宝石配钻石“蘑菇”胸针		13,983	保利香港	2014.04.06
彩色蓝宝石胸针及耳环套装，Buccellati 设计		256,425	佳士得	2014.11.25
彩色钻石及钻石胸针(一对)	长2cm	128,213	佳士得	2014.11.25
彩棕黄色钻石配钻石及粉红色海螺珠“芭蕾彩蝶”别针，Cindy Chao及Sarah Jessica Parker合作设计		7,435,400	香港苏富比	2014.10.07
橙色海螺珠配黄色刚玉、石榴石及钻石别针		444,938	香港苏富比	2014.10.07
蛋白石配粉红色钻石及钻石“北极熊”胸针		56,923	天成国际	2014.06.08
帝王星150.84克拉缅甸"皇家蓝”星光蓝宝石配钻石胸针”		2,426,788	保利香港	2014.10.06
蒂芙尼“稻草人”胸针及“花形”戒指		41,949	保利香港	2014.04.06
电气石、钻石及祖母绿胸针，Tiffany & Co.设计	长4.7cm	295,875	佳士得	2014.11.25
珐琅彩配钻石“蜻蜓”胸针，年份约1900		111,722	天成国际	2014.12.07
梵克雅宝VAN CLEEF & ARPELS 1950年蓝宝石配镶钻石花朵型胸针	长5.5cm	155,250	北京保利	2014.06.06
梵克雅宝 VAN CLEEF & ARPELS 绿松石配镶钻石胸针	长6cm	97,750	北京保利	2014.06.06
梵克雅宝蓝宝石配钻石“叶形”胸针		35,424	保利香港	2014.04.06
梵克雅宝 缅甸红宝石配钻石胸针 未经热处理		447,456	保利香港	2014.04.06
翡翠、彩色钻石及钻石胸针	长7cm	147,938	佳士得	2014.11.25
翡翠、钻石及蓝宝石胸针		138,075	佳士得	2014.11.25
翡翠“花篮”配钻石别针/吊坠		138,449	万昌斯	2014.05.25
翡翠“怀古”配钻石“音符”胸针 及翡翠配钻石耳环一对		85,385	天成国际	2014.06.08
翡翠“怀古”配钻石胸针	长2.3cm	186,204	天成国际	2014.12.07
翡翠凤凰型胸针	长6.3cm	28,750	广州皇玛	2014.01.02
翡翠凤凰胸针吊坠	长6cm	17,250	上海嘉泰	2014.06.18
翡翠蝴蝶胸针	长6cm	184,000	上海金艺	2014.07.04
翡翠花型配钻石胸针	长7.7cm	40,250	广州皇玛	2014.01.02
翡翠满绿色胸针	长6cm	138,000	中鸿信	2014.11.23
翡翠配彩色刚玉、红宝石及钻石“孔雀”别针		276,850	香港苏富比	2014.10.07
翡翠配红宝石 棕色钻石及钻石“蝴蝶”胸针		161,282	天成国际	2014.06.08
翡翠配红宝石及钻石“鸟笼”别针		39,500	香港苏富比	2014.04.07
翡翠配黄色钻石及钻石“螃蟹”胸针	长1.4cm	90,128	天成国际	2014.06.08
翡翠配钻石“蝴蝶”别针		79,000	香港苏富比	2014.04.07
翡翠配钻石“蝴蝶”别针(两枚)		187,863	香港苏富比	2014.10.07
翡翠配钻石“蝴蝶”胸针		55,861	天成国际	2014.12.07
翡翠配钻石“花”别针		98,750	香港苏富比	2014.04.07
翡翠配钻石“蜻蜓”胸针		512,061	天成国际	2014.12.07
翡翠配钻石“树”别针		167,875	香港苏富比	2014.04.07
翡翠配钻石别针		444,375	香港苏富比	2014.04.07
翡翠配钻石别针	长2.5cm	444,375	香港苏富比	2014.04.07
翡翠配钻石别针	长1.76cm×2	8,753,200	香港苏富比	2014.04.07
翡翠配钻石及彩色宝石“孔雀”胸针	长0.5cm	66,410	天成国际	2014.06.08
翡翠配钻石胸针	长1.8cm	189,744	天成国际	2014.06.08
翡翠配钻石胸针/吊坠	长7.3cm	299,000	华艺国际	2014.09.28
翡翠弯弯顺胸针	长3.9cm	97,440	上海联合	2014.06.29
翡翠镶钻蜻蜓胸花	长1.6cm	46,000	北京艺融	2014.06.03
翡翠镶钻胸针 耳饰(一套)		92,000	北京艺融	2014.06.03
翡翠胸针	长12.1cm	51,750	江苏爱涛	2014.07.06
翡翠珠宝别针、戒指、耳环、袖口套装		177,975	香港苏富比	2014.10.07
翡翠钻石蝴蝶胸针项坠	长3.5cm	26,880	上海国拍	2014.05.18

拍品名称	物品尺寸	成交价RMB	拍卖公司	拍卖日期
翡翠钻石金黄蓝宝叶形胸针项坠	长4cm	12,880	上海国拍	2014.05.18
粉红色、紫色蓝宝石及钻石胸针，Tiffany & Co.设计	长3.9cm	108,488	佳士得	2014.11.25
粉红色蓝宝石及钻石胸针，Van Cleef & Arpels设计	长6.4cm	138,075	佳士得	2014.11.25
粉红色钻石配钻石“花”别针，格拉芙(Graff)		237,300	香港苏富比	2014.10.07
粉色蓝宝石配钻石胸针及戒指套装		28,001	保利香港	2014.10.06
橄榄石配蓝宝石、沙弗来石及钻石“小鸟”别针		128,538	香港苏富比	2014.10.07
橄榄石胸针	长3.2cm	65,325	佳士得	2014.05.27
海水蓝宝配钻石“羽毛”别针，Michele della Valle		44,438	香港苏富比	2014.04.07
黑白珍珠襟针镶18K双色金		11,885	香港拍得高	2014.09.06
黑蛋白石配红宝石及钻石胸针，年份约1935		186,204	天成国际	2014.12.07
黑欧泊胸针、戒指及耳钉套件		97,750	上海嘉泰	2014.06.18
黑色珠母贝配钻石“花”别针，梵克雅宝(Van Cleef & Arpels)		138,250	香港苏富比	2014.04.07
红宝石、人造红宝石及钻石胸针	长5.5cm	19,095	佳士得	2014.05.27
红宝石及钻石胸针	长6cm	93,694	佳士得	2014.11.25
红宝石及钻石胸针	长5.8cm	110,550	佳士得	2014.05.27
红宝石及钻石胸针 梵克雅宝 VAN CLEEF & ARPELS	长6.1cm	48,300	北京保利	2014.12.04
约10.10克拉枕形缅甸天然鸽血红红宝石胸针，Cartier 设计	长3.5cm	51,348,120	佳士得	2014.11.25
红宝石配蓝宝石“黑莓”别针及耳环套装，Gianmaria Buccellati		41,475	香港苏富比	2014.04.07
红宝石配蓝宝石及钻石“花”别针，Seaman Schepps		93,931	香港苏富比	2014.10.07
红宝石配钻石“花束”别针，卡地亚(Cartier)		187,625	香港苏富比	2014.04.07
红宝石配钻石胸针及戒指套装		37,241	天成国际	2014.12.07
红蛋石钻石水晶襟针镶18K黄金		11,428	香港拍得高	2014.09.06
红宝碎钻豹头胸针和项链挂件		11,500	上海嘉泰	2014.06.18
红色碧玺猫眼及绿色碧玺猫眼"蜜蜂"胸针	长3.7cm	69,000	北京保利	2014.12.04
红色及黄色碧玺配彩色宝石及钻石“甲虫”胸针，Ice出品		46,551	天成国际	2014.12.07
红珊瑚胸针	长6.2cm	28,750	北京艺融	2014.12.08
红珊瑚胸针	长6.3cm	25,300	北京艺融	2014.12.08
红珊瑚胸针	长6cm	43,700	北京保利	2014.06.06
蝴蝶翡翠胸钉	长4.7cm	55,200	远方拍卖	2014.09.21
黄金别针一对，蒂芙尼(TIFFANY&CO)		24,987	纽约苏富比	11/20/2014
黄金及铂金镶珊瑚，彩色宝石、钻石配珐琅别针，VERDURA		253,688	纽约苏富比	11/20/2014
黄金及银镶钻石、红宝石配祖母绿别针		161,438	纽约苏富比	11/20/2014
黄色蓝宝石胸针		55,275	佳士得	2014.05.27
黄色蓝宝石胸针及耳环首饰，Van Cleef & Arpels设计		216,975	佳士得	2014.11.25
黄水晶、钻石及红宝石“Bird On A Rock”胸针，Jean Schlumberger, Tiffany & Co.设计		345,188	佳士得	2014.11.25
火蛋白石配蓝宝石及钻石“鸟”别针		138,250	香港苏富比	2014.04.07
卡地亚CATIER黄金镶嵌钻石胸针	长4.5cm	97,750	北京保利	2014.06.06
克劳德·拉莱恩 银杏叶胸针	长6.5cm	22,295	首尔香港	2014.05.26
蓝宝石、石榴石及钻石“Morning Glory”胸针，Gimel设计		473,400	佳士得	2014.11.25
蓝宝石及钻石胸针	长6.2cm	23,670	佳士得	2014.11.25
蓝宝石及钻石胸针	长6cm	49,313	佳士得	2014.11.25

2014珠宝翡翠拍卖成交汇总

(成交价RMB：1万元以上)

拍品名称	物品尺寸	成交价RMB	拍卖公司	拍卖日期
蓝宝石及钻石胸针 梵克雅宝 VAN CLEEF & ARPELS		483,000	北京保利	2014.12.04
蓝宝石及钻石胸针、耳环及戒指套装		93,694	佳士得	2014.11.25
缅甸蓝宝石43.43克拉配钻石"花"别针		2,306,800	香港苏富比	2014.04.07
老坑绿翡翠珍珠天鹅项圈(兼胸针)		78,400	北京荣宝	2014.06.15
老坑种翡翠"蜻蜓"胸针	长5.5cm	132,250	北京保利	2014.06.06
满绿翡翠"蝴蝶"胸针	长5cm	172,500	北京保利	2014.12.04
满绿翡翠嵌红珊瑚胸针吊坠		34,500	上海嘉泰	2014.06.18
缅甸翡翠配钻石胸针及挂坠套装		32,668	保利香港	2014.10.06
缅甸翡翠胸针		241,200	佳士得	2014.05.27
缅甸翡翠方牌胸针	长3.3cm	120,600	佳士得	2014.05.27
缅甸鸽血红红宝石胸针	长6cm	1,189,920	佳士得	2014.05.27
缅甸榄尖形翡翠蛋面手炼、胸针、耳坠及戒指套装		130,650	佳士得	2014.05.27
缅甸马眼翡翠胸针		32,627	保利香港	2014.04.06
缅甸墨翠配红宝石胸针	长3.9cm	42,002	保利香港	2014.10.06
年份约1900 红宝石配钻石"蝴蝶"别针		177,750	香港苏富比	2014.04.07
年份约1950 粉红色刚玉配蓝宝石及钻石别针，卡地亚(Cartier，Paris) (一对)		884,800	香港苏富比	2014.04.07
年份约1970 宝石配钻石"花"别针，卡地亚(CARTIER)		128,375	香港苏富比	2014.04.07
欧泊钻石彩宝吊坠(兼胸针)----"百鸟之王"		74,750	北京艺融	2014.12.08
让·谷克多 纳西斯胸针		18,974	首尔香港	2014.05.26
瑞士 珐琅绘精致蜻蜓胸针	长6.3cm	40,250	北京保利	2014.06.06
珊瑚配养殖珍珠及钻石"玫瑰花"胸针	长3.4cm	46,551	天成国际	2014.12.07
石榴石群镶彩宝胸针	长4.5cm	17,250	上海嘉泰	2014.06.18
水晶，钻石及宝石胸针	长4.9cm	38,190	佳士得	2014.05.27
天堂鸟胸针		34,500	上海嘉泰	2014.06.18
椭圆形"缅甸抹谷"无经加热处理红宝石配钻石"四叶草"胸针，Tiffany& Co. 出品，年份约1950		223,445	天成国际	2014.12.07
万事如意三色翡翠胸针		48,300	北京艺融	2014.12.08
养殖珍珠、彩色钻石及钻石胸针，Buccellati 设计	长6.5cm	59,175	佳士得	2014.11.25
养殖珍珠、彩色钻石及钻石胸针，Buccellati 设计	长7.5cm	118,350	佳士得	2014.11.25
养殖珍珠、祖母绿及钻石胸针，Buccellati 设计	长6.3cm	39,450	佳士得	2014.11.25
养殖珍珠配钻石"红鹤"别针，Michele della Valle	长3.3cm	128,375	香港苏富比	2014.04.07
养殖珍珠配钻石"花"别针及耳环套装，Buccellati		207,638	香港苏富比	2014.10.07
养殖珍珠配钻石"蟹"别针，蒂芙尼(TIFFANY & CO.)	长1.5cm	64,188	香港苏富比	2014.04.07
养殖珍珠配钻石及祖母绿"花"别针，卡地亚(Cartier)		375,250	香港苏富比	2014.04.07
隐密式镶嵌共50.31克拉红宝石、彩色蓝宝石及钻石胸针	长4.7cm	155,250	北京保利	2014.12.04
隐密镶嵌红宝石蝴蝶胸针	长5.5cm	92,000	北京保利	2014.06.06
玉髓、紫水晶及玛瑙鹦鹉胸针	长4.8cm	17,250	北京保利	2014.04.29
玉髓及钻石胸针	长4.5cm	16,080	佳士得	2014.05.27
约 3.89克拉长方型哥伦比亚祖母绿胸针		804,000	佳士得	2014.05.27
约1940年制 钻石胸针	长4.3cm	28,750	北京保利	2014.12.04
约1950年法国制 约12.5克拉钻石胸针	长6.9cm	55,200	北京保利	2014.12.04
约1950年制 尚美18K金胸针	长5.4cm	20,700	保利厦门	2014.11.02
约1950年制 祖母绿镶钻石树莓胸针 (一对)	长5.7cm	115,000	北京保利	2014.12.04
约1960年英国制 钻石及珍珠胸针 PRIMA设计	长6.1cm	28,750	北京保利	2014.12.04
月亮石配黑色钻石及钻石"企鹅"胸针		49,333	天成国际	2014.06.08
珍珠(南洋)翡翠胸针吊坠	长7cm	85,100	上海嘉泰	2014.06.18
珍珠配钻石"彩雀"胸针	长3.1cm	92,000	华艺国际	2014.05.31
珍珠配钻石古董胸针	长6.9cm	55,932	保利香港	2014.04.06
珍珠镶嵌钻石"蝴蝶结"胸针		11,186	保利香港	2014.04.06
珍珠胸针(兼吊坠)		11,200	北京荣宝	2014.08.24
珠母贝配钻石"蝴蝶"别针，梵克雅宝(Van Cleef & Arpels)		79,100	香港苏富比	2014.10.07
紫翡翠配翡翠及钻石"富甲天下"别针		929,746	天成国际	2014.06.08
紫翡翠配翡翠及钻石"花"别针		158,000	香港苏富比	2014.04.07
紫水晶配黑石及钻石胸针；及钻石胸针		69,827	天成国际	2014.12.07
祖母绿及红宝石胸针	长8.3cm	32,160	佳士得	2014.05.27
祖母绿及钻石胸针、耳环及戒指套装		241,200	佳士得	2014.05.27
钻石"蝴蝶"胸针	长6.6cm	207,000	华艺国际	2014.12.09
钻石"花"别针		83,938	香港苏富比	2014.04.07
钻石"玫瑰"别针，梵克雅宝(VAN CLEEF & ARPELS)		316,000	香港苏富比	2014.04.07
钻石及宝石胸针	长6cm	17,085	佳士得	2014.05.27
钻石及蓝宝石胸针	长5.2cm	57,500	北京保利	2014.12.04
钻石及珍珠胸针	长5.4cm	160,800	佳士得	2014.05.27
钻石及珍珠胸针	长6.2cm	120,600	佳士得	2014.05.27
钻石襟针镶18K白金		13,714	香港拍得高	2014.09.06
钻石襟针镶18K黄金	长7.4cm	30,170	香港拍得高	2014.09.06
钻石配法琅彩"花"别针；及钻石"花"别针，宝诗龙(Boucheron)		79,100	香港苏富比	2014.10.07
钻石配缟玛瑙及祖母绿"豹"别针，卡地亚(Cartier)		791,000	香港苏富比	2014.10.07
钻石配红宝石"芭蕾女舞者"别针，梵克雅宝(Van Cleef & Arpels)		979,600	香港苏富比	2014.04.07
钻石配红宝石"蝴蝶"别针		148,313	香港苏富比	2014.10.07
钻石配黄色钻石别针/吊坠，梵克雅宝(Van Cleef & Arpels)		593,250	香港苏富比	2014.10.07
钻石配祖母绿及蓝宝石"鹦鹉"别针，卡地亚(Cartier)		197,500	香港苏富比	2014.04.07
钻石配祖母绿及缟玛瑙"豹"别针，卡地亚(Cartier)		148,313	香港苏富比	2014.10.07
钻石胸针		69,915	保利香港	2014.04.06
钻石胸针		76,440	保利香港	2014.04.06
钻石胸针		40,965	天成国际	2014.12.07
钻石胸针	长6.9cm	59,175	佳士得	2014.11.25
钻石胸针	长6.2cm	34,519	佳士得	2014.11.25
钻石胸针	长3cm	45,225	佳士得	2014.05.27
钻石胸针	长5.8cm	55,275	佳士得	2014.05.27
钻石胸针	长5.3cm	32,160	佳士得	2014.05.27
钻石胸针		402,000	佳士得	2014.05.27
钻石胸针 (三枚)		241,200	佳士得	2014.05.27
钻石胸针 BOUCHERON设计	长6cm	87,500	佳士得(上海)	2014.10.24
钻石胸针及耳环套装		110,550	佳士得	2014.05.27
耳饰				

拍品名称	物品尺寸	成交价RMB	拍卖公司	拍卖日期
0.40克拉钻石配大溪地黑珍珠耳环(一对)		57,000	北京保利	2014.02.05
1.01及1.00克拉圆形D色VVS2及VVS1净度钻石耳环(一对)		204,824	天成国际	2014.12.07
1.04及1.02克拉G色VS1净度钻石耳环(一对)		68,308	天成国际	2014.06.08
1.28及1.02克拉椭圆形"巴基斯坦"(克什米尔山谷)无经加热处理蓝宝石配钻石吊耳环(一对)		61,667	天成国际	2014.06.08
1.5克拉彩黄色钻石耳坠		50,400	北京荣宝	2014.03.23
1.5克拉彩黄色钻石蓝宝耳饰		39,200	北京荣宝	2014.11.30
1.70及1.70克拉圆形D色VVS1及VVS2净度钻石耳环(一对)		455,386	天成国际	2014.06.08
11.42及11.31克拉椭圆形红色碧玺配钻石吊耳环，蔡安和设计		167,584	天成国际	2014.12.07
13.67及12.01克拉彩黄色VS1及SI1净度钻石配钻石吊耳环(一对)		3,605,136	天成国际	2014.06.08
18K白金碧玺耳环(两件)	长2.1cm	61,024	香港拍得高	2014.06.21
18K白金蛋面耳坠	长1.2cm	10,080	未来四方	2014.05.23
18k白金翡翠蛋面耳钉		69,000	中宝拍卖	2014.07.06
18K白金翡翠耳环(一对)	长0.9cm	12,607	大唐国际	2014.05.27
18K白金翡翠耳环(两件)	长1.6cm	127,595	香港拍得高	2014.06.21
18K白金翡翠耳环(两件)	长5.3cm	11,095	香港拍得高	2014.06.21
18K白金翡翠耳环，吊坠及戒指(4)		56,327	香港拍得高	2014.03.22
18K白金黑珍珠颈炼连耳环及18K金珍珠颈炼(4)		11,095	香港拍得高	2014.06.21
18K白金红宝石耳环(两件)	长1.5cm	154,445	香港拍得高	2014.03.22
18K白金红宝石耳环(两件)	长1.3cm	175,674	香港拍得高	2014.06.21
18K白金红宝石钻石耳坠(一对)		45,000	北京九歌	2014.12.17
18K白金葫芦型翡翠耳环(一对)	长1.6cm	25,889	大唐国际	2014.05.27
18K白金黄钻石耳环(两件)	长0.7cm	11,558	香港拍得高	2014.06.21
18K白金金珍珠耳环(两件)	长3.6cm	15,718	香港拍得高	2014.06.21
18K白金蓝宝石耳环(两件)	长1.4cm	27,738	香港拍得高	2014.06.21
18K白金镶钻翡翠玻璃种帝王色耳钉、戒指套装		184,000	中鸿信	2014.11.23
18K白金紫翡翠耳环连珍珠吊饰(4)		11,811	香港拍得高	2014.03.22
18K白金钻石耳环(两件)	长7.4cm	14,990	香港拍得高	2014.03.22
18K白金钻石耳环(两件)		49,059	香港拍得高	2014.03.22
18K白金钻石耳环(两件)	长5.7cm	35,135	香港拍得高	2014.06.21
18K白金钻石红翡金鱼耳环连戒指(一套三件)	长3cm	60,099	大唐国际	2014.05.27
18k白金钻石三叶草耳坠		31,360	未来四方	2014.05.23
18K黄金及铂金镶蓝宝石及钻石耳环一对，蒂芙尼(TIFFANY & CO.)		499,688	纽约苏富比	11/20/2014
18K黄金配桃红色红宝石耳坠		55,100	北京保利	2014.02.05
18K黄金镶蓝宝石及钻石耳环一对，卡地亚(CARTIER)		345,938	纽约苏富比	11/20/2014
18K黄金镶嵌彩色钻石耳钉		22,800	北京保利	2014.02.05
18K黄金镶祖母绿及钻石耳环一对，梵克雅宝(VAN CLEEF & ARPELS)		365,156	纽约苏富比	11/20/2014
18K金 翡翠耳环	长2.6cm	63,250	江苏爱涛	2014.07.06
18K金 翡翠耳环	长1.7cm	149,500	江苏爱涛	2014.07.06
18k金碧玺花蕊耳挂		19,040	未来四方	2014.05.23
18k金粉色蓝宝石钻石耳坠		22,400	未来四方	2014.05.23
18k金红宝石钻石耳钉		16,800	未来四方	2014.05.23
18k金蓝宝石钻石耳钉		20,160	未来四方	2014.05.23
18K金镶公主方型钻石耳钉(一套两件)	长1.1cm	161,000	中贸圣佳	2014.07.06
18K金镶红宝石嵌高冰翡翠耳钉	长6cm	257,600	中晟国际	2014.10.11
18K金镶嵌2.1989克拉钻石耳钉		10,000	北京保利	2014.02.05
18K金镶钻石金色珍珠链形耳坠(一对)	长3.9cm	23,000	中贸圣佳	2014.07.06
18k金祖母绿耳钉		64,960	未来四方	2014.05.23
18世纪至19世纪 耳坠(一对)	长23cm	632,500	北京翰海	2014.05.10
19.03、17.97、6.85及6.33克拉水滴形"哥伦比亚"祖母绿配钻石吊耳环(一对)		1,489,632	天成国际	2014.12.07
19世纪 翠玉雕饕餮纹龙耳活环盖瓶		245,320	纽约苏富比	2014.09.16
19世纪 耳坠(两只)	长16cm	345,000	北京翰海	2014.05.10
19世纪末 缅甸红宝石配钻石耳环(一对)		18,256,280	香港苏富比	2014.10.07
2.01克拉及2.32克拉"斯里兰卡"蓝宝石配钻石耳钉(未经热处理)(一对)		109,250	华艺国际	2014.12.09
2.15&2.26克拉浓彩黄色钻石配钻石耳环		345,351	保利香港	2014.10.06
2.22克拉圆形D/VS2(极优切割)及约2.20克拉圆形D/SI2(极优切割、打磨及比例)钻石耳环		462,300	佳士得	2014.05.27
2.47克拉红宝石耳环		29,000	北京保利	2014.02.05
2.56克拉及2.5克拉矩形彩黄色VVS1净度钻石耳环		345,000	北京保利	2014.12.04
261及269克拉方形黄钻耳环(一对)		230,000	华艺国际	2014.05.31
25.49及25.31克拉梨形D/IF Type IIa钻石耳坠	耳坠长5.1cm	60,428,640	佳士得	2014.05.27
27.075克拉及25.985克拉赞比亚祖母绿耳环		4,025,000	北京保利	2014.12.04
3.02克拉椭圆形D/VS2及3.01克拉椭圆形D/VS2(极优打磨)钻石耳环		948,720	佳士得	2014.05.27
3.03克拉圆形F/VVS2(极优打磨)及3.00克拉圆形F/VS1(极优切割、打磨及比例)钻石耳环		1,286,400	佳士得	2014.05.27
3.04及3.04克拉梨形E-F/SI1(极优打磨)钻石耳坠		623,100	佳士得	2014.05.27
3.08克拉及3.02克拉祖母绿形G色VVS2、VS2净度钻石耳环(一对)	长3.9cm	897,000	华艺国际	2014.05.31
3.2克拉黄色钻石耳钉	长6.6cm	138,000	北京保利	2014.06.06
3.67及3.38克拉祖母绿配钻石耳环(一对)		92,000	华艺国际	2014.05.31
3.88及3.74克拉圆形J/VS2-SI1钻石耳环		552,750	佳士得	2014.05.27
3克拉未加热红碧玺耳坠		22,400	北京荣宝	2014.06.15
4.16及3.97克拉古垫形"东非"无经加热处理红宝石配钻石耳环(一对)		148,963	天成国际	2014.12.07
4.32克拉蓝宝石耳饰		53,760	北京荣宝	2014.08.24
4.47及4.38克拉古垫形"哥伦比亚"祖母绿配钻石吊耳环(一对)		1,328,208	天成国际	2014.06.08
5.04克拉未加热蓝宝石耳饰		42,560	北京荣宝	2014.11.30
5.6克拉及5.6克拉缅甸抹谷鸽血红红宝石耳环 未经加热处理 宝格丽 BVLGARI设计		5,750,000	北京保利	2014.06.06
5.75克拉及5.35克拉"缅甸"粉红色蓝宝石配钻石耳钉(一对)		437,000	华艺国际	2014.05.31
6.55及6.54克拉方形淡彩黄色VS1净度钻石配钻石吊耳环(一对)		1,233,336	天成国际	2014.06.08
7.06及7.05克拉古垫形浓彩黄色VS1及VVS1净度钻石配黄色钻石及钻石吊耳环(一对)		2,276,928	天成国际	2014.06.08
8.31及8.31克拉缅甸"鸽血红"红宝石配钻石耳环	耳环长6.8cm	14,741,400	保利香港	2014.04.06

2014珠宝翡翠拍卖成交汇总

(成交价RMB：1万元以上)

拍品名称	物品尺寸	成交价RMB	拍卖公司	拍卖日期
8.46克拉及7.77克拉哥伦比亚祖母绿耳环		920,000	北京保利	2014.12.04
9.34 & 9.35克拉斯里兰卡彩色蓝宝石配钻石耳坠		51,336	保利香港	2014.10.06
9999黄金手炼，翡翠“怀古”吊坠配9999黄金颈炼及翡翠“怀古”耳环镶K黄金(4)		10,971	香港拍得高	2014.09.06
Seaman Schepps耳环及蒂芙尼珊瑚戒指 (一组两件)		32,627	保利香港	2014.04.06
Tiffany & Co. 紫色蓝宝石配钻石耳坠		72,804	保利香港	2014.10.06
Vera Wang设计“玫瑰”钻石耳环		42,881	保利香港	2014.04.06
巴西亚历山大石耳坠		1,575,840	佳士得	2014.05.27
白金镶钻翡翠水滴形耳钉(一对)	长1.6cm	115,000	中鸿信	2014.11.23
白金镶钻石及彩色钻石耳环一对		192,188	纽约苏富比	11/20/2014
白珊瑚配钻石“Rose de Noë l”耳环，梵克雅宝(Van Cleef & Arpels) (一对)		138,250	香港苏富比	2014.04.07
宝石配钻石吊耳环，宝格丽(BVLGARI) (一对)		474,000	香港苏富比	2014.04.07
宝石配钻石耳环套装，蒂芙尼，梵克雅宝，宝诗龙		44,494	香港苏富比	2014.10.07
变色石榴石配钻石吊耳环(一对)		237,000	香港苏富比	2014.04.07
冰种翡翠“怀古”配翡翠及钻石吊耳环 (一对)		75,898	天成国际	2014.06.08
冰种翡翠“如意”配钻石吊耳环(一对)		60,516	天成国际	2014.12.07
冰种翡翠耳环(两件)	长1.9cm	10,514	香港拍得高	2014.09.06
冰种翡翠配钻石耳环 (一对)		24,667	天成国际	2014.06.08
冰种满绿翡翠“葫芦”耳环	长5.3cm	25,300	北京保利	2014.12.04
冰种满绿翡翠福豆耳钉	长1.4cm	92,000	北京保利	2014.06.06
冰种满绿翡翠双环耳环	长5.6cm	97,750	北京保利	2014.12.04
玻璃种满绿翡翠叶型耳环	长1.3cm	920,000	北京保利	2014.12.04
彩黄色钻石配钻石吊耳环(一对)		1,455,440	香港苏富比	2014.10.07
彩黄色钻石配钻石耳环(一对)		1,738,000	香港苏富比	2014.04.07
彩色翡翠配钻石耳环 (一对)		69,125	香港苏富比	2014.04.07
彩色钻石配钻石吊耳环(一对)		375,250	香港苏富比	2014.04.07
陈世英作品“冰雪桃花”钻石、水晶、白玉及红宝石耳环		1,840,000	北京保利	2014.12.04
淡蓝色钻石配粉红色钻石及钻石吊耳环 (一对)		642,688	香港苏富比	2014.10.07
蒂凡尼叶子耳钉		12,650	上海嘉泰	2014.06.18
蒂芙尼祖母绿配钻石耳环 未经注油		205,084	保利香港	2014.04.06
翡翠“风铃”配钻石吊耳环(一对)		2,466,672	天成国际	2014.06.08
翡翠“葫芦”配钻石吊耳环(一对)		69,213	香港苏富比	2014.10.07
翡翠“怀古”配钻石吊耳环(一对)		2,846,160	天成国际	2014.06.08
翡翠“怀古”配钻石吊耳环(一对)		55,861	天成国际	2014.12.07
翡翠“怀古”配钻石耳环 (一对)		3,823,600	香港苏富比	2014.04.07
翡翠“兰豆”配钻石吊耳环 (一对)		2,401,600	香港苏富比	2014.04.07
翡翠“灵猴”配钻石吊耳环 (一对)		170,770	天成国际	2014.06.08
翡翠“如意”配钻石吊耳环 (一对)		208,718	天成国际	2014.06.08
翡翠“树叶”配钻石吊耳环 (一对)		2,327,550	天成国际	2014.12.07
翡翠18k白金镶钻耳丁 (一对)		29,900	南京经典	2014.04.27
翡翠蛋面耳环	长2.3cm	345,188	佳士得	2014.11.25
翡翠蛋面耳坠	长0.8cm	10,080	上海联合	2014.06.29
翡翠蛋面配钻石耳饰	长2cm	10,350	广州皇玛	2014.01.02
翡翠雕“碗豆”配钻石吊耳环(一对)		118,650	香港苏富比	2014.10.07
翡翠雕“碗豆”配钻石吊耳环(一对)		5,726,840	香港苏富比	2014.10.07
翡翠雕金鱼配钻石耳饰	长1.8cm	11,500	广州皇玛	2014.01.02
翡翠耳钉		94,080	北京荣宝	2014.08.24
翡翠耳环		109,250	上海金艺	2014.07.04
翡翠耳环		315,600	佳士得	2014.11.25
翡翠耳环		1,546,440	佳士得	2014.11.25
翡翠耳环、别针套装		217,250	香港苏富比	2014.04.07
翡翠耳饰 吊牌 (一套)		61,600	中联环球	2014.01.12
翡翠葫芦耳坠 (一对)		13,800	深圳市拍	2014.01.05
翡翠及钻石耳环		2,682,600	佳士得	2014.11.25
翡翠及钻石耳环		40,743,960	佳士得	2014.11.25
翡翠及钻石耳坠		836,340	佳士得	2014.11.25
翡翠及钻石耳坠，Michele Della Valle设计	长7.3cm	276,150	佳士得	2014.11.25
翡翠菱形配钻石耳饰	长1.3cm	17,250	广州皇玛	2014.01.02
翡翠配冰种翡翠及钻石吊耳环(一对)		187,863	香港苏富比	2014.10.07
翡翠配红宝石及钻石吊耳环(一对)		418,959	天成国际	2014.12.07
翡翠配红宝石及钻石吊耳环(一对)		1,738,000	香港苏富比	2014.04.07
翡翠配红碧玺及钻石耳环 (一对)	耳环长3.6cm	92,000	华艺国际	2014.05.31
翡翠配尖晶石，黄色钻石及钻石吊耳环 (一对)		93,102	天成国际	2014.12.07
翡翠配浓彩黄色钻石及钻石耳环 (一对)		257,075	香港苏富比	2014.10.07
翡翠配珊瑚 缟玛瑙及钻石吊耳环 (一对)		47,436	天成国际	2014.06.08
翡翠配镶钻石耳环 (一对)		57,200	北京保利	2014.02.05
翡翠配钻石、碧玺耳坠	长3.5cm	23,000	银座国际	2014.06.01
翡翠配钻石吊耳环 (两对)		121,033	天成国际	2014.12.07
翡翠配钻石吊耳环 (一对)		8,348,736	天成国际	2014.06.08
翡翠配钻石吊耳环 (一对)		758,976	天成国际	2014.06.08
翡翠配钻石吊耳环 (一对)		3,700,008	天成国际	2014.06.08
翡翠配钻石吊耳环 (一对)		494,375	香港苏富比	2014.10.07
翡翠配钻石吊耳环 (一对)		5,586,120	天成国际	2014.12.07
翡翠配钻石吊耳环 (一对)		54,313	香港苏富比	2014.04.07
翡翠配钻石吊耳环 (一对)	长1.1cm	98,750	香港苏富比	2014.04.07
翡翠配钻石吊耳环 (一对)		414,750	香港苏富比	2014.04.07
翡翠配钻石耳环 (一对)	耳环长3.6cm	97,750	华艺国际	2014.05.31
翡翠配钻石耳环 (一对)		189,744	天成国际	2014.06.08
翡翠配钻石耳环 (一对)		3,605,136	天成国际	2014.06.08
翡翠配钻石耳环 (一对)		296,625	香港苏富比	2014.10.07
翡翠配钻石耳环 (一对)		346,063	香港苏富比	2014.10.07
翡翠配钻石耳环 (一对)		692,125	香港苏富比	2014.10.07
翡翠配钻石耳环 (一对)		353,788	天成国际	2014.12.07
翡翠配钻石耳环 (一对)	长4.5cm	161,000	华艺国际	2014.12.09
翡翠配钻石耳环 (一对)	长1.3cm	444,375	香港苏富比	2014.04.07
翡翠配钻石耳环 (一对)	长11cm	296,250	香港苏富比	2014.04.07
翡翠配钻石耳环 (一对)		1,169,200	香港苏富比	2014.04.07
翡翠平安耳环		17,250	上海嘉泰	2014.06.18
翡翠圈及钻石耳坠	长7cm	157,800	佳士得	2014.11.25
翡翠水滴形耳坠 (一副)	长1cm	11,200	上海联合	2014.03.29
翡翠椭圆形蛋面镶嵌耳钉		10,350	福建东南	2014.05.25
翡翠心形耳钉	长0.6cm	13,440	上海联合	2014.10.11
翡翠钻石吊坠及翡翠钻石耳环镶18K白金(3)	长2.4cm	29,256	香港拍得高	2014.09.06
翡翠钻石耳环 (一对)	长3.4cm	69,345	香港富得	2014.05.24
翡翠钻石耳环镶18K白金(两件)	长3.3cm	13,714	香港拍得高	2014.09.06
翡翠钻石耳环镶18K黄金(两件)	长5.3cm	16,457	香港拍得高	2014.09.06
粉红色碧玺配红宝石及钻石吊耳环，IVY (一对)		395,000	香港苏富比	2014.04.07
粉红色刚玉配沙弗来石及钻石“玫瑰”耳环，Michele della Valle (一对)		98,750	香港苏富比	2014.04.07
粉红色海螺珠配钻石吊耳环 (一对)		296,625	香港苏富比	2014.10.07
粉色碧玺配钻石耳坠及戒指套装		261,346	保利香港	2014.10.06
哥伦比亚祖母绿耳饰		302,400	北京荣宝	2014.11.30
哥伦比亚祖母绿配钻石耳环		242,372	保利香港	2014.04.06
共26克拉祖母绿水滴型耳环	长1.9cm	345,000	北京保利	2014.06.06
共31.51克拉坦桑石耳钉		149,500	北京保利	2014.06.06

拍品名称	物品尺寸	成交价RMB	拍卖公司	拍卖日期
瑰丽7.12及7.06克拉椭圆形“莫桑比克”无经加热处理“皇家红”红宝石配钻石吊耳环(一对)		10,706,730	天成国际	2014.12.07
海瑞温斯顿Jacques Timey设计钻石耳环 两颗主石为D色IF净度		10,471,450	保利香港	2014.04.06
海水珍珠18K金耳饰		16,800	北京荣宝	2014.08.24
海水珍珠配钻石及宝石耳钉		51,750	银座国际	2014.06.01
黑翡翠钻石颈炼镶18K白金及黑翡翠钻石耳环镶18K白金(3)	长0.6cm	10,971	香港拍得高	2014.09.06
黑色珍珠、金色珍珠配18K黄金耳环(一对)	长0.9cm	19,000	北京保利	2014.02.05
黑色钻石耳环		32,668	保利香港	2014.10.06
黑珍珠钻石吊坠连18K白金颈炼黑珍珠钻石耳环镶14K白金及黑珍珠吠针镶18K白金(5)	长39cm	14,628	香港拍得高	2014.09.06
红宝石、祖母绿或钻石耳环，BVLGARI设计	长5.5cm	315,600	佳士得	2014.11.25
红宝石耳环		452,250	佳士得	2014.05.27
红宝石耳坠		804,000	佳士得	2014.05.27
红宝石翡翠耳坠(一对)	长2.5cm	29,900	南京经典	2014.08.04
红宝石及钻石耳环，BVLGARI设计	长2.1cm	739,688	佳士得	2014.11.25
约4.25及4.18克拉椭圆形缅甸天然鸽血红红宝石耳坠	耳坠长3.7cm	18,651,960	佳士得	2014.11.25
红宝石及钻石耳坠，Faidee设计	耳坠长5.2cm	8,552,760	佳士得	2014.11.25
红宝石及钻石耳坠及戒指套装	长3.3cm	493,125	佳士得	2014.11.25
红宝石配钻石吊耳环(一对)		197,750	香港苏富比	2014.10.07
红宝石配钻石吊耳环(一对)		232,755	天成国际	2014.12.07
红宝石配钻石耳环(一对)		1,550,360	香港苏富比	2014.10.07
红宝石配钻石耳环(一对)		158,000	香港苏富比	2014.04.07
红宝石配钻石耳环，卡地亚(Cartier)(一对)		316,000	香港苏富比	2014.04.07
红碧玺耳饰		33,600	北京荣宝	2014.08.24
红碧玺镶白色南洋珍珠耳环	长1.3cm	13,800	北京保利	2014.12.04
红翡钻石耳坠	长1cm	47,720	中国嘉德	2014.04.09
红色翡翠及绿色翡翠耳环	长1.5cm	20,700	北京保利	2014.12.04
红色尖晶石配钻石吊耳环，IVY(一对)		345,625	香港苏富比	2014.04.07
黄金配彩色宝石、珍珠耳环，手镯套装		39,152	保利香港	2014.04.06
黄色钻石耳环		23,000	北京保利	2014.06.06
黄色钻石耳环	长2.9cm	13,800	北京保利	2014.06.06
黄色钻石耳环	长1.8cm	17,250	北京保利	2014.06.06
黄色钻石耳环		34,500	北京保利	2014.06.06
金镶坦桑石耳钉	长1.1cm	11,200	盛世嘉宝	2014.11.02
金珍珠颈炼及金珍珠耳环(3)	长40cm	95,996	香港拍得高	2014.09.06
金珍珠钻石耳环镶18K白金(两件)	长3.8cm	10,788	香港拍得高	2014.09.06
祖母绿配钻石吊耳环(一对)		375,725	香港苏富比	2014.10.07
祖母绿配钻石吊耳环(一对)		148,313	香港苏富比	2014.10.07
祖母绿配钻石吊耳环，梵克雅宝(Van Cleef & Arpels)(一对)		1,169,200	香港苏富比	2014.04.07
祖母绿配钻石耳环，宝格丽(BVLGARI)(一对)		395,000	香港苏富比	2014.04.07
卡地亚钻石耳环，戒指(一组两件)		32,627	保利香港	2014.04.06
蓝宝耳钉		17,250	北京艺融	2014.06.03
蓝宝耳坠(一对)		13,800	北京艺融	2014.06.03
蓝宝石、红宝石、祖母绿及钻石耳环，BVLGARI设计	长1.8cm	315,600	佳士得	2014.11.25
蓝宝石、红宝石及钻石耳坠，BVLGARI 设计	长6.2cm	197,250	佳士得	2014.11.25
蓝宝石“Mystery Set”耳环，Van Cleef & Arpels设计		374,775	佳士得	2014.11.25
蓝宝石耳环及戒指套装	长1.6cm	157,800	佳士得	2014.11.25
蓝宝石及钻石耳环，Gérard设计		2,871,960	佳士得	2014.11.25

拍品名称	物品尺寸	成交价RMB	拍卖公司	拍卖日期
蓝宝石配钻石“花”耳环，Aletto Brothers (一对)		316,000	香港苏富比	2014.04.07
蓝宝石配钻石吊耳环(一对)		2,496,400	香港苏富比	2014.04.07
克什米尔蓝宝石配钻石吊耳环(一对)		7,426,000	香港苏富比	2014.04.07
蓝宝石配钻石吊耳环，Michele della Valle (一对)		83,938	香港苏富比	2014.04.07
蓝宝石配钻石耳环		326,683	保利香港	2014.10.06
蓝宝石配钻石耳环(一对)		187,863	香港苏富比	2014.10.07
蓝宝石配钻石耳环(一对)		642,688	香港苏富比	2014.10.07
蓝宝石配钻石耳环(一对)		93,931	香港苏富比	2014.10.07
蓝宝石配钻石耳环，梵克雅宝(Van Cleef & Arpels)(一对)		316,400	香港苏富比	2014.10.07
蓝宝石钻石耳环镶18K白金(两件)	长2.5cm	11,885	香港拍得高	2014.09.06
绿碧玺配钻石耳环		70,004	保利香港	2014.10.06
满绿翡翠蛋面配钻石耳环(一对)	长0.7cm	69,000	华艺国际	2014.12.09
满绿翡翠配钻石耳环(一对)	长0.9cm	345,000	华艺国际	2014.12.09
猫眼石耳环及戒指套装		69,038	佳士得	2014.11.25
锰铝榴石配变色石榴石及钻石吊耳环，IVY (一对)		167,875	香港苏富比	2014.04.07
缅甸“鸽血红”红宝石配钻石耳环 未经热处理		838,980	保利香港	2014.04.06
缅甸翡翠“豆荚”耳环	长2.4cm	242,372	保利香港	2014.04.06
缅甸翡翠蛋面耳环及戒指套装		79,237	保利香港	2014.04.06
缅甸翡翠蛋面耳坠	长2.8cm	381,900	佳士得	2014.05.27
缅甸翡翠蛋面耳坠	长4.2cm	281,400	佳士得	2014.05.27
缅甸翡翠豆荚耳坠	长4.8cm	221,100	佳士得	2014.05.27
缅甸翡翠耳环	长4cm	14,001	保利香港	2014.10.06
缅甸翡翠耳坠	长2.7cm	140,700	佳士得	2014.05.27
缅甸翡翠怀古耳环及戒指套装		60,593	保利香港	2014.04.06
缅甸翡翠配碧玺耳坠	长2.5cm	70,004	保利香港	2014.10.06
缅甸翡翠配钻石“玉豆”耳坠		1,120,056	保利香港	2014.10.06
缅甸翡翠配钻石耳环		60,593	保利香港	2014.04.06
缅甸翡翠配钻石耳环	长2.1cm	420,021	保利香港	2014.10.06
缅甸翡翠配钻石耳坠		140,007	保利香港	2014.10.06
缅甸翡翠配钻石珠宝耳环两对，戒指及吊坠套装		149,152	保利香港	2014.04.06
缅甸翡翠圈耳坠	长5.6cm	321,600	佳士得	2014.05.27
缅甸红宝石钻石耳环镶18K白金(两件)	长3.5cm	86,854	香港拍得高	2014.09.06
缅甸榄尖形翡翠蛋面耳坠		452,250	佳士得	2014.05.27
缅甸梨形翡翠蛋面耳坠	长7cm	55,275	佳士得	2014.05.27
缅甸紫罗兰翡翠耳环	长1.3cm	39,202	保利香港	2014.10.06
缅甸紫罗兰翡翠配钻石耳环及戒指套装		354,236	保利香港	2014.04.06
明代嵌绿松石金耳环(一对)	长4.5cm	25,300	北京诚轩	2014.11.22
南洋白珍珠钻石耳坠	长1.6cm	36,000	北京九歌	2014.12.17
年份约1940 红宝石配蓝宝石及钻石耳环，卡地亚(Cartier)(一对)		59,250	香港苏富比	2014.04.07
浓彩黄色钻石配钻石耳环(一对)		979,600	香港苏富比	2014.04.07
欧泊配祖母绿耳坠		51,336	保利香港	2014.10.06
清 翡翠雕灵芝云龙纹兽耳衔环盖瓶(二件)		2,070,000	北京翰海	2014.10.26
清 翡翠耳坠	长2cm	13,800	北京匡时	2014.09.17
日本公盘南洋白珍珠耳钉(一对)		18,000	北京九歌	2014.12.17
三色彩宝耳坠		39,200	北京荣宝	2014.06.15
珊瑚耳钉(一对)		20,700	北京传是	2014.06.05
珊瑚耳钉、挂件套装		28,750	北京传是	2014.06.05
珊瑚耳环及戒指套装	长3cm	31,560	佳士得	2014.11.25
珊瑚耳坠两对、手镯及戒指套装	耳坠长6.1cm及6.0cm；戒指5cm；手镯内周长15.5cm	95,475	佳士得	2014.05.27

2014珠宝翡翠拍卖成交汇总

(成交价RMB：1万元以上)

拍品名称	物品尺寸	成交价RMB	拍卖公司	拍卖日期
珊瑚及养殖珍珠耳坠及戒指套装	长7cm	29,588	佳士得	2014.11.25
双色钻石18K金耳饰		67,200	北京荣宝	2014.06.15
水滴形翡翠耳环		63,250	福建东南	2014.10.26
钛金属耳坠		120,600	佳士得	2014.05.27
坦桑石耳环		31,360	盛世嘉宝	2014.11.02
无热处理蓝宝石耳环（一对）		87,837	香港富得	2014.05.24
镶钻翡翠耳坠（一对）	长3.7cm	20,700	中国嘉德	2014.03.24
星光红宝石耳环	耳环长3.1cm	502,500	佳士得	2014.05.27
星光蓝宝石耳环及戒指套装	耳环长2.3cm	78,900	佳士得	2014.11.25
养殖珍珠耳坠及钻石首饰，Van Cleef & Arpels设计	长4.6cm	216,975	佳士得	2014.11.25
养殖珍珠及钻石耳坠	长6.6cm	138,075	佳士得	2014.11.25
养殖珍珠及钻石耳坠	耳环长4.4cm	482,400	佳士得	2014.05.27
养殖珍珠配钻石耳环，梵克雅宝(Van Cleef & Arpels)（一对）	长1.1cm	217,250	香港苏富比	2014.04.07
异形珍珠配蓝宝石及钻石耳坠		32,668	保利香港	2014.10.06
隐密式镶嵌红宝石花型耳钉	长1.79cm	69,000	北京保利	2014.06.06
约0.81克拉圆形深彩粉红色钻石及约0.79克拉圆形 深彩粉红色SI2 钻石耳环		2,154,720	佳士得	2014.05.27
约1.00 及1.00 克拉圆形D–E/VVS1 钻石耳环		140,700	佳士得	2014.05.27
约3.04 克拉长方形G/VVS1(极优打磨及比例) 及3.03克拉长方形G/VVS1(极优打磨)钻石耳坠	耳环长2.5cm	948,720	佳士得	2014.05.27
约3.24及3.08克拉圆形D/IF Type IIa钻石耳坠	耳环长2.1cm	3,891,360	佳士得	2014.05.27
珍珠耳坠	耳坠长3.8cm	17,205,600	佳士得	2014.05.27
珍珠及钻石耳坠		315,600	佳士得	2014.11.25
珍珠配粉红色海螺珠及钻石吊耳环（一对）		197,750	香港苏富比	2014.10.07
珍珠配钻石吊耳环（一对）		1,835,120	香港苏富比	2014.10.07
珍珠配钻石吊耳环（一对）		414,750	香港苏富比	2014.04.07
珍珠配钻石吊耳环（一对）		3,065,200	香港苏富比	2014.04.07
珍珠配钻石耳环，梵克雅宝(Van Cleef & Arpels)（一对）		256,750	香港苏富比	2014.04.07
珍珠钻石耳环镶18K黄金(两件)	长3.5cm	10,971	香港拍得高	2014.09.06
紫罗兰翡翠耳环 古董款	长2.1cm	20,700	北京保利	2014.12.04
紫罗兰翡翠及钻石耳坠		69,038	佳士得	2014.11.25
祖母绿、粉红色蓝宝石及钻石耳环，BVLGARI 设计		138,075	佳士得	2014.11.25
祖母绿耳坠		201,000	佳士得	2014.05.27
祖母绿及珍珠耳坠	长8.5cm	414,225	佳士得	2014.11.25
祖母绿及钻石耳环	长1.8cm	221,100	佳士得	2014.05.27
祖母绿及钻石耳环，Tiffany & Co.设计	长2.7cm	493,125	佳士得	2014.11.25
约7.95及7.69克拉枕形哥伦比亚天然祖母绿及钻石耳坠	坠长4.1cm	7,227,240	佳士得	2014.11.25
祖母绿及钻石耳坠，BVLGARI设计	长5.3cm	473,400	佳士得	2014.11.25
祖母绿配钻石吊耳环（一对）		237,180	天成国际	2014.06.08
祖母绿配钻石耳环镶14K黄金(两件)	长3.2cm	42,056	香港拍得高	2014.09.06
钻石"Panth è re"耳环	长1.5cm	170,850	佳士得	2014.05.27
钻石共重约13.00克拉吊耳环（一对）		128,538	香港苏富比	2014.10.07
钻石吊耳环（一对）		543,813	香港苏富比	2014.10.07
钻石吊耳环（一对）		866,936	香港苏富比	2014.10.07
钻石吊耳环（一对）		11,218,000	香港苏富比	2014.04.07
钻石吊耳环，Buccellati（一对）		98,750	香港苏富比	2014.04.07
钻石耳钉		22,741	中国嘉德	2014.10.07
钻石耳环		27,966	保利香港	2014.04.06
钻石耳环		85,762	保利香港	2014.04.06

拍品名称	物品尺寸	成交价RMB	拍卖公司	拍卖日期
钻石耳环		91,356	保利香港	2014.04.06
2.16及2.13克拉圆形D/IF(极优切割、打磨及比例)钻石耳环		1,120,380	佳士得	2014.11.25
钻石耳环	长1.7cm	236,700	佳士得	2014.11.25
钻石耳环（一对）		98,875	香港苏富比	2014.10.07
钻石耳环（一对）		415,275	香港苏富比	2014.10.07
钻石耳环（一对）		4,397,960	香港苏富比	2014.10.07
钻石耳环（一对）		41,475	香港苏富比	2014.04.07
钻石耳环（一对）		1,453,600	香港苏富比	2014.04.07
钻石耳环（一对）		543,125	香港苏富比	2014.04.07
约3.15及3.10克拉圆形E/VVS2–VS1钻石耳环，Graff设计		1,451,760	佳士得	2014.11.25
钻石耳环，Van Cleef & Arpels设计	长1.9cm	591,750	佳士得	2014.11.25
钻石耳环，Van Cleef & Arpels设计	长3.5cm	118,350	佳士得	2014.11.25
钻石耳环，海瑞温斯顿(HARRY WINSTON)（一对）		2,401,600	香港苏富比	2014.04.07
钻石耳环二对镶18K白金(4)		12,800	香港拍得高	2014.09.06
钻石耳环及钻石戒指(3)	长2cm	24,685	香港拍得高	2014.09.06
钻石耳环镶18K白金(两件)	长2.9cm	137,138	香港拍得高	2014.09.06
4.02及3.85克拉长方形F/VS1钻石耳坠	耳坠长2.4cm	978,360	佳士得	2014.11.25
3.02至1.03克拉梨形D/IF钻石耳坠		2,114,520	佳士得	2014.11.25
约10.46 及10.04 克拉梨形F/VS2–SI2 钻石耳坠	耳坠长4.0cm	4,102,800	佳士得	2014.11.25
钻石耳坠		2,682,600	佳士得	2014.11.25
约5.10及5.07克拉圆形钻石耳坠	耳坠长5.4cm	2,303,880	佳士得	2014.11.25
5及5.44克拉圆形D/IF(极优切割、打磨及比例)Type IIa钻石耳坠	耳坠长3.1cm	8,742,120	佳士得	2014.11.25
钻石耳坠	长5.1cm	55,275	佳士得	2014.05.27
钻石耳坠，Cartier 设计		1,499,100	佳士得	2014.11.25
钻石配黄色钻石"花"耳环（一对）		464,713	香港苏富比	2014.10.07
袖扣				
清晚期 软玉钮扣套装		168,088	香港苏富比	2014.10.07
清晚期 软玉钮扣套装		177,975	香港苏富比	2014.10.07
清晚期 软玉钮扣套装		128,538	香港苏富比	2014.10.07
18k 黄金袖扣		40,200	佳士得	2014.05.27
K金翡翠袖口钮(两件)	长19cm	14,990	香港拍得高	2014.03.22
红宝石袖扣		261,300	佳士得	2014.05.27
珊瑚配宝石及钻石袖扣，Michele della Valle（三对）		37,525	香港苏富比	2014.04.07
袖扣（四对）		39,500	香港苏富比	2014.04.07
袖扣，爱马仕（Hermès），宝诗龙（Boucheron），百达翡丽（Patek Philippe）（三对）		98,750	香港苏富比	2014.04.07
袖扣，梵克雅宝(Van Cleef & Arpels)，Schlumberger for Tiffany & Co.（三对）		118,500	香港苏富比	2014.04.07
袖扣四对，梵克雅宝，百达翡丽，伯爵，尚美		74,156	香港苏富比	2014.10.07
袖扣四对，梵克雅宝，卡地亚，蒂芙尼，肖邦		59,325	香港苏富比	2014.10.07
缅甸翡翠方牌和服扣		170,850	佳士得	2014.05.27
钻石配祖母绿"龙"袖扣及领带别针套装，卡地亚(Cartier)		84,044	香港苏富比	2014.10.07
钻石袖扣一对；及衣扣四件		121,033	天成国际	2014.12.07
腕表				
18K 黄金女装养殖珍珠配红宝石及钻石手表 及红宝石配钻石"花"胸针	长16cm	142,308	天成国际	2014.06.08
宝石配钻石腕表，宝格丽(BVLGARI)		177,975	香港苏富比	2014.10.07
彩色翡翠配钻石手表（一对）		414,750	香港苏富比	2014.04.07

拍品名称	物品尺寸	成交价RMB	拍卖公司	拍卖日期
年份约1940 红宝石配钻石腕表，梵克雅宝(Van Cleef & Arpels)		138,250	香港苏富比	2014.04.07
女装18K黄金配蓝宝石及钻石手表		104,359	天成国际	2014.06.08
钻石"Cadenas"腕表，梵克雅宝(Van Cleef & Arpels)		177,750	香港苏富比	2014.04.07
钻石腕表，卡地亚(Cartier)		593,250	香港苏富比	2014.10.07
钻石腕表及耳环套装，梵克雅宝(Van Cleef & Arpels)		543,125	香港苏富比	2014.04.07
裸石				
1.02克拉心形D色全美无瑕钻石		94,872	天成国际	2014.06.08
1.11卡拉椭圆形红宝石，颜色：鲜彩红色(鸽血红色)	长0.7cm	23,771	香港拍得高	2014.09.06
1.19克拉圆形钻石		71,772	香港拍得高	2014.03.22
11.50克拉椭圆形帕拉伊巴碧玺	长1.5cm	2,070,000	华艺国际	2014.05.31
2.05克拉 缅甸抹谷非加热红宝石裸石	长1.4cm	126,500	上海嘉泰	2014.06.18
23.76克拉圆形D/FL Type IIa(极优切割、打磨及比例)钻石		29,362,080	佳士得	2014.05.27
26.08克拉圆形D/FL Type IIa(极优切割、打磨及比例)钻石		30,712,800	佳士得	2014.05.27
26.20克拉圆形D/FL Type IIa(极优切割、打磨及比例)钻石		30,712,800	佳士得	2014.05.27
3.00克拉圆形G色内部无瑕钻石		550,258	天成国际	2014.06.08
5.01克拉梨形足色全美无瑕钻石		2,415,000	北京保利	2014.12.04
8.04克拉圆形钻石		804,402	香港拍得高	2014.06.21
黑欧泊裸石	长7.3cm	2,127,500	上海嘉泰	2014.06.18
皇家蓝蓝宝石12.33克拉裸石		448,500	上海嘉泰	2014.06.18
黄钻1.14克拉内部无瑕(IF)裸石		86,250	上海嘉泰	2014.06.18
黄钻裸石	长0.5cm	74,750	上海嘉泰	2014.06.18
金绿猫眼裸石	长1.1cm	149,500	上海嘉泰	2014.06.18
金绿猫眼14.07克拉裸石		345,000	上海嘉泰	2014.06.18
克什米尔产蓝宝石3.60克拉裸石		805,000	上海嘉泰	2014.06.18
猫眼祖母绿4.53克拉裸石		264,500	上海嘉泰	2014.06.18
缅甸非加热"皇家蓝"蓝宝石裸石		86,250	上海嘉泰	2014.06.18
全美钻石裸石	长0.8cm	92,000	上海嘉泰	2014.06.18
沙弗来11.22克拉裸石		563,500	上海嘉泰	2014.06.18
矢车菊蓝宝石5.08克拉裸石		379,500	上海嘉泰	2014.06.18
黄色托帕151.634克拉裸石		97,750	上海嘉泰	2014.06.18
显赫的28.83克拉枕形艳彩黄色VS1净度钻石 格拉夫 GRAFF		19,435,000	北京保利	2014.12.04
圆形裸钻		29,250	中鸿信	2014.11.23
约10.35克拉祖母绿裸石	长1.4cm	69,000	北京保利	2014.12.04
足色全美钻石		40,353,200	香港苏富比	2014.04.07
足色全美钻石(一对)		20,002,800	香港苏富比	2014.04.07
冰种翡翠"葫芦"(18件)		12,020	香港拍得高	2014.06.21
翡翠"葫芦"(11件)		27,738	香港拍得高	2014.06.21
翡翠"怀古"(10件)		11,095	香港拍得高	2014.06.21
翡翠葫芦	长2.5cm	11,500	上海金艺	2014.07.04
翡翠花生	长2.8cm	115,000	上海金艺	2014.07.04
翡翠七颗		12,650	上海嘉泰	2014.06.18
翡翠双蛋面	蛋面长1.83cm	9,499,560	佳士得	2014.11.25
翡翠叶子(一对)	长3.2cm	632,500	上海金艺	2014.07.04
翡翠玉兰(一对)	长3.2cm	1,092,500	上海金艺	2014.07.04
红宝石原石		224,000	荣盛国际	2014.07.26
特大南洋珍珠---"海洋公主"		908,500	北京艺融	2014.12.08
翡翠蛋面(两件)		189,744	天成国际	2014.06.08
紫翡翠"蛋面"(10)		11,428	香港拍得高	2014.09.06
紫翡翠蛋面	长2.3cm	14,628	香港拍得高	2014.09.06
熏衣草碧玺裸石	长12.9cm	36,800	上海嘉泰	2014.06.18
其他佩玩件				
清 翡翠发簪	长18.2cm	36,800	中国嘉德	2014.03.24
清 翡翠螭龙璧	直径5.7cm	13,800	中国嘉德	2014.06.22

拍品名称	物品尺寸	成交价RMB	拍卖公司	拍卖日期
清晚期金累丝嵌东珠御用朝冠顶	高12cm	138,000	北京保利	2014.06.06
18K金 钻石晚装手袋	长17.4cm	184,000	江苏爱涛	2014.07.06
20世纪 红碧玺雕柿纹把件	长5.7cm	92,025	纽约苏富比	2014.03.18
碧茜龙纹咀	高3.2cm	19,079	香港拍得高	2014.03.30
彩色翡翠"金玉满堂"手把件(一对)		28,462	天成国际	2014.06.08
翡翠白菜手把件	长9.3cm	74,750	广州皇玛	2014.09.27
翡翠雕"人生如意"把件	翡翠长1.1cm	89,600	上海联合	2014.03.29
翡翠雕"迎春接福"把件	长9.5cm	78,400	上海联合	2014.03.29
翡翠雕件	长4.7cm	979,600	香港苏富比	2014.04.07
翡翠雕孔雀纹把件	长7.6cm	61,600	上海联合	2014.03.29
翡翠雕摩羯把件	长8cm	31,360	上海联合	2014.03.29
翡翠连年有余手把件	长6.8cm	1,253,500	北京艺融	2014.06.03
翡翠貔貅把玩一对	长7.4cm	40,320	中晟国际	2014.10.11
翡翠手把件	长6.5cm	40,250	广州皇玛	2014.09.27
翡翠手把件	长6.8cm	32,200	广州皇玛	2014.09.27
翡翠算盘指	长17.1cm	493,125	佳士得	2014.11.25
红翡雕龙龟把件	长5.4cm	44,800	上海联合	2014.03.29
黄翡祥龙如意把件	长5.6cm	35,840	中晟国际	2014.10.11
祖母绿配宝石"马头"开信刀		148,125	香港苏富比	2014.04.07
克劳德·拉莱恩 金箔三叶草	直径5.3cm	11,385	首尔香港	2014.05.26
两色翡翠"凤头钗"	长1.8cm	93,931	香港苏富比	2014.10.07
灵猴献寿把件	长2.9cm	42,560	上海天赐	2014.06.15
缅甸翡翠雕件		37,335	保利香港	2014.10.06
明金包白玉寿星人物嵌饰(两件)	尺寸不一	460,000	中鸿信	2014.11.22
明和清 白玉及翡翠雕件(六件)	长16.5cm	99,661	邦瀚斯	2014.09.15
墨翠金刚杵	长6.6cm	17,000	上海联合	2014.10.11
浓彩粉红色钻石配钻石发箍		256,750	香港苏富比	2014.04.07
清 翠雕烟嘴	长7cm	23,000	北京保利	2014.08.02
清 翠猴把件	长3cm	22,400	武汉中信	2014.10.23
清 玉、翠、玛瑙雕(共十件)	长5.3cm	27,221	香港淳浩	2014.11.27
清乾隆 白玉嵌翠玉碧玺带饰	长7.8cm	34,500	北京保利	2014.12.05
清乾隆 翡翠鱼化龙磬	长22.7cm	66,700	八益拍卖	2014.10.25
赵琦 遇百财 翡翠把件	长7.8cm	92,000	西泠拍卖	2014.05.03
珍珠配钻石皇冠		395,000	香港苏富比	2014.04.07
钻石配青金石及白水晶马鞭，爱马仕(Herm è s)		167,875	香港苏富比	2014.04.07
陈设件				
清乾隆 翡翠雕持瓶观音像	高39.5cm	2,990,000	北京保利	2014.04.27
清乾隆 翡翠一品清廉摆件	长13cm	94,300	江苏爱涛	2014.07.06
清中期 翡翠雕鹿摆件	高133cm；宽15cm	130,673	保利香港	2014.10.07
清中期 翡翠观音立像	高：38cm	322,000	中鸿信	2014.11.22
清中期翡翠双色冰种持荷仙了摆件	连座高21cm	149,500	浙江世贸	2014.04.13
清中期 蓝碧玺瑞兽	高3cm	32,200	北京翰海	2014.05.11
清中期 紫罗兰翡翠花篮仙女像	高13.5cm	517,500	上海嘉泰	2014.06.18
清 翠雕观音立像	高17.5cm	230,000	北京保利	2014.01.11
清 翠雕观音立像	高17.5cm	230,000	北京保利	2014.10.26
清 翠雕荷塘摆件	长11cm	11,500	北京保利	2014.10.26
清 翠雕九如摆件	高23cm	32,200	北京保利	2014.10.26
清 翠雕仕女摆件(一对)	高28cm	161,000	北京保利	2014.10.26
清 翠雕仕女凤凰摆件	高56cm	51,750	北京保利	2014.10.26
清 翠雕童子骑鹿摆件	高12.5cm	36,800	北京保利	2014.10.26
清 翠玉雕仕女立件	高16.2cm	138,000	上海泓盛	2014.06.26
清 翠玉巧雕灵猴献桃摆件	翡翠高5.5cm	115,776	罗芙奥	2014.05.25
清 翡翠"一路连科"摆件(带座)	长9.3cm	143,750	华艺国际	2014.05.31
清 翡翠白菜	高18cm	55,200	北京保利	2014.04.27
清 翡翠雕布袋和尚摆件	高15.2cm	113,500	中拍国际	2014.06.04
清 翡翠雕黛玉葬花摆件	高20cm	136,200	中拍国际	2014.06.04
清 翡翠雕富甲天下摆件	带座高18.5cm	747,500	西泠拍卖	2014.12.13
清 翡翠雕荷塘清趣摆件	长5.8cm	23,000	中贸圣佳	2014.06.01
清 翡翠雕花篮仕女供	高14.8cm	747,500	上海嘉泰	2014.06.18
清 翡翠雕刘海戏金蟾	宽17.8cm	172,500	北京保利	2014.12.05
清 翡翠雕麻姑献寿摆件	高18cm	40,250	北京匡时	2014.06.04
清 翡翠雕仕女摆件	高22cm	218,500	江苏爱涛	2014.07.06

2014珠宝翡翠拍卖成交汇总

(成交价RMB：1万元以上)

拍品名称	物品尺寸	成交价RMB	拍卖公司	拍卖日期
清 翡翠雕仕女像	带原装木座高：22cm	28,750	中鸿信	2014.11.22
清 翡翠雕双鹅摆件	长5.7cm	109,250	苏州东方	2014.10.30
清 翡翠雕提篮仕女摆件(一对)	高21.5cm	126,500	西泠拍卖	2014.12.13
清 翡翠雕童子观音像	长16cm	39,491	中信国际	2014.03.30
清 翡翠雕祥龙瑞兽双联印摆件	高13cm	55,200	浙江世贸	2014.07.27
清 翡翠雕云龙祥瑞摆件	高39cm	471,500	浙江世贸	2014.07.27
清 翡翠观音	高55cm	1,840,000	北京保利	2014.04.27
清 翡翠观音摆件	高55cm	138,000	北京保利	2014.10.26
清 翡翠鹿摆件(一对)	长5.3cm	437,000	东拍国际	2014.07.31
清 翡翠麻姑献寿摆件		32,200	北京匡时	2014.12.03
清 翡翠麻姑献寿摆件(一对)	高20cm	230,000	八益拍卖	2014.10.24
清 翡翠虔诚信佛供器	高20.5cm	149,500	北京翰海	2014.04.12
清 翡翠俏雕瑞兽摆件	长8.5cm	10,350	中鸿信	2014.11.22
清 翡翠人物摆件	长10cm	24,640	武汉中信	2014.10.23
清 翡翠如意摆件	长23cm	69,000	上海泓盛	2014.12.15
清 翡翠仕女	高18.5cm	113,500	中拍国际	2014.06.04
清 翡翠仕女	高28cm	20,700	北京保利	2014.10.26
清 翡翠仕女摆件	高23.5cm	161,000	北京匡时	2014.06.04
清 翡翠仕女摆件	高12cm	57,500	南京经典	2014.01.06
清 翡翠仕女摆件	高18cm	135,600	江苏爱涛	2014.07.06
清 翡翠双欢	长6cm	29,900	北京翰海	2014.01.12
18世纪 翠玉九芝寿山案供	高15cm	48,300	上海嘉泰	2014.06.19
19世纪 紫罗兰翠玉雕美人立像	高22.9cm	260,738	纽约苏富比	2014.03.18
19世纪 紫罗兰翠玉雕美人立像	高30.3cm	153,325	纽约苏富比	2014.09.16
清晚期 翡翠观音像	高29.2cm	1,479,360	佳士得	2014.05.28
20世纪 翡翠古木逢春供	长27cm	32,200	上海嘉泰	2014.06.19
民国 翠雕花鸟摆件	高20cm	20,700	北京保利	2014.10.26
民国 翠雕寿星摆件	高24cm	207,000	北京保利	2014.01.11
民国 翠雕喜鹊登梅摆件	高19cm	36,800	北京保利	2014.01.11
民国 翡翠雕送子观音摆件	高16cm	690,000	东拍国际	2014.07.31
民国 翡翠雕长眉罗汉像	高13cm	230,000	北京保利	2014.04.27
民国 翡翠荷叶鲤鱼纹摆件	高31cm	76,840	广东省拍	2014.06.22
民国 翡翠貔貅	长10cm	20,160	上海国拍	2014.11.30
民国 翡翠巧作持莲观音摆件	高16.5cm	80,500	上海嘉泰	2014.06.18
民国 翡翠太师少师摆件	长8.5cm	1,150,000	东拍国际	2014.07.31
近代 翡翠雕仕女立像	高17cm	17,250	北京保利	2014.10.26
近代 翡翠雕仙女献寿	高20cm	20,700	北京保利	2014.01.11
近代 翡翠观音大摆件	高50cm	66,700	北京保利	2014.01.11
近代 翡翠人物摆件	高21cm	43,700	八益拍卖	2014.10.24
近代 翡翠仕女(两件)	高21cm；高22cm	36,800	北京保利	2014.01.11
近代 紫罗兰观音摆件	高18cm	11,500	北京保利	2014.10.26
近代 翡翠仕女	高21.5cm	92,000	北京翰海	2014.08.24
92588克紫罗兰矿珀“老子出关”摆件	长16cm	57,500	北京保利	2014.02.05
碧玺摆件	长4.2cm	110,550	佳士得	2014.05.27
冰种翡翠“佛公”摆件连木座(两件)	长14.6cm	82,283	香港拍得高	2014.09.06
冰种翡翠“观音”摆件	高11.9cm	1,453,600	香港苏富比	2014.04.07
冰种满绿巧雕紫罗兰摆件荷塘情趣	长12cm	1,064,000	上海天赐	2014.06.15
彩色翡翠“八骏马”摆件	尺寸不一	108,625	香港苏富比	2014.04.07
彩色翡翠“骏马”摆件	高14.9cm	592,500	香港苏富比	2014.04.07
彩色翡翠“色色俱全 事事如意”摆件	宽8.18cm	98,875	香港苏富比	2014.10.07
春带彩翡翠摆件《一念》于丰也作品	40cm×20cm×15cm	5,520,000	北京保利	2014.06.06
翠雕《五老观松图》山子摆件		268,800	盛世嘉宝	2014.11.02
翠雕仕女加官进爵摆件	带座高20.5cm	92,000	西泠拍卖	2014.12.13
翠玉刘海戏蟾摆件	高12cm	38,344	纽约佳士得	2014.03.20
翡翠 寂·涛	长19cm	230,000	西泠拍卖	2014.12.14
翡翠 涅盘·渡		1,725,000	西泠拍卖	2014.12.14
翡翠 涅盘·幻		920,000	西泠拍卖	2014.12.14
翡翠 涅盘·离垢地	佛高8.5cm	3,105,000	西泠拍卖	2014.12.14
翡翠 涅盘·圆满	长15cm	1,150,000	西泠拍卖	2014.12.14
翡翠 清趣·真如	长12cm	287,500	西泠拍卖	2014.12.14
翡翠 新文玩·冬至	长16.5cm	632,500	西泠拍卖	2014.12.14
翡翠 自在·贤者	尺寸不一	483,000	西泠拍卖	2014.12.14

拍品名称	物品尺寸	成交价RMB	拍卖公司	拍卖日期
翡翠“八骏图”摆件	尺寸不一	76,344	天成国际	2014.12.07
翡翠“称心如意”摆件连木座(两件)	长26cm	12,265	香港拍得高	2014.03.22
翡翠“福龟”摆件	长6.5cm	32,586	天成国际	2014.12.07
翡翠“福禄三多”摆件	长15cm	172,500	广州皇玛	2014.01.02
翡翠“富春山居图”摆件	尺寸不一	92,000	北京保利	2014.12.04
翡翠“观音”摆件	长16.8cm	111,722	天成国际	2014.12.07
翡翠“观音”摆件连木座(两件)	长11cm	29,256	香港拍得高	2014.09.06
翡翠“麻将”摆件	长3.7cm	142,308	天成国际	2014.06.08
翡翠“如意佛”摆件	长27cm	69,000	广州皇玛	2014.01.02
翡翠“如意福鼠”摆件连木座(两件)	长4.6cm	45,425	香港拍得高	2014.03.22
翡翠“如意观音”摆件	高26cm	253,000	广州皇玛	2014.01.02
翡翠“西游记”摆件	尺寸不一	74,482	天成国际	2014.12.07
翡翠“玉观音”摆件	高16cm	25,300	广州皇玛	2014.01.02
翡翠“紫气东来观音”摆件	高23.8cm	34,500	广州皇玛	2014.01.02
翡翠白玉 涅盘·蝶	蝶高57.4cm×2，佛高15cm	28,750,000	西泠拍卖	2014.12.14
翡翠百财摆件		720,000	润德堂	2014.04.20
翡翠百财摆件	长14cm	88,000	北京中孚	2014.05.25
翡翠摆件	长5.7cm	59,175	佳士得	2014.11.25
翡翠摆件	长1.3cm	83,831	佳士得	2014.11.25
翡翠摆件(一组)	尺寸不一	128,213	佳士得	2014.11.25
翡翠步步高升摆件	长18cm	80,500	北京博观	2014.07.06
翡翠财神摆件	长15cm	201,600	中晟国际	2014.10.11
翡翠螭龙戏球	高9.5cm	36,816	帝图艺术	2014.06.22
翡翠春带彩老子出关摆件	高19cm	1,870,000	北京中孚	2014.05.25
翡翠雕“财神到”摆件	高53cm	92,000	广州皇玛	2014.01.02
翡翠雕“财神到”摆件	长42cm	218,500	广州皇玛	2014.01.02
翡翠雕“父子情深”摆件(一对)	长6.7cm	15,680	上海联合	2014.03.29
翡翠雕“高士图”摆件	长7.3cm	22,176	上海联合	2014.06.29
翡翠雕“观音”配钻石摆件	观音高4.74cm	444,938	香港苏富比	2014.10.07
翡翠雕“笑佛”摆件连木座(两件)	长7.1cm	13,714	香港拍得高	2014.09.06
翡翠雕观音花插摆件	高23.5cm	103,500	广州皇玛	2014.01.02
翡翠雕貔貅小摆件	长4cm	10,640	上海联合	2014.06.29
翡翠雕仕女持花摆件	高20.4cm	34,500	苏州东方	2014.10.30
翡翠雕硕果累累摆件	高23.8cm	145,600	上海联合	2014.10.11
翡翠独占鳌头摆件	长10cm	57,500	华艺国际	2014.05.31
翡翠佛公摆件	长14cm	89,600	中晟国际	2014.10.11
翡翠观音摆件	长25.2cm	265,642	天成国际	2014.06.08
翡翠观音摆件		50,000	润德堂	2014.04.20
翡翠观音像	长19cm	46,000	上海嘉泰	2014.06.18
翡翠蝈蝈	长8cm	36,800	广州皇玛	2014.04.27
翡翠何仙姑摆件	长15.6cm	161,282	天成国际	2014.06.08
翡翠花开富贵摆件	长13.9cm	2,105,600	上海天赐	2014.06.15
翡翠罗汉摆件(三件)	长8.5cm	14,518	香港淳浩	2014.11.27
翡翠扭转乾坤摆件	长7.8cm	105,800	北京博观	2014.07.06
翡翠配黄翡翠“金玉满堂”摆件	长24cm	345,625	香港苏富比	2014.04.07
翡翠貔貅	长6.7cm	13,620	中拍国际	2014.06.04
翡翠貔貅(一对)	长31cm	13,800	北京盘古	2014.06.25
翡翠骑驴摆件	高19.5cm	1,189,920	佳士得	2014.05.28
翡翠如意·玉兔	长23cm	287,500	广州皇玛	2014.04.27
翡翠三阳开泰摆件	长18cm	97,750	北京博观	2014.07.06
翡翠岁寒三友摆件	尺寸不一	195,500	广州皇玛	2014.09.27
翡翠五鼠运财摆件	长9.3cm	195,500	北京博观	2014.04.20
翡翠一路莲升件(一对)	高23cm	33,768	香港拍得高	2014.05.27
翡翠渔翁摆件	高6.5cm	22,400	一得阁	2014.10.20
翡翠玉兰花摆件	长15cm	201,600	中晟国际	2014.10.11
翡翠跃马摆件	长12.5cm	560,000	上海天赐	2014.06.15
翡翠执荷观音摆件	高22cm	23,230,000	上海金艺	2014.07.04
高毅进 遇百财 翡翠摆件	长31.1cm	6,210,000	西泠拍卖	2014.05.03
果篮摆件	翡翠高20cm	57,500	北京盘古	2014.06.25
黄翡翠“观音”摆件连木座(两件)	长2.9cm	18,170	香港拍得高	2014.03.22
黄翡翠“龙凤呈祥”摆件	长7.6cm	28,462	天成国际	2014.06.08

拍品名称	物品尺寸	成交价RMB	拍卖公司	拍卖日期
黄金镶宝石、白水晶及方钠石犀牛摆件, FULCO DI VERDURA		879,450	纽约苏富比	11/20/2014
黄金镶宝石配珐琅摆件, VERDURA		1,359,150	纽约苏富比	11/20/2014
黄色翡翠“万事如意”摆件	长18cm	83,938	香港苏富比	2014.04.07
金鞍永固唐绪祥设计 TTF出品	长22cm	322,000	北京保利	2014.06.06
缅甸翡翠摆件“观音送子”	长17.2cm	160,800	佳士得	2014.05.27
缅甸翡翠摆件“家肥屋润”(一对)	长9.1cm	321,600	佳士得	2014.05.27
缅甸翡翠摆件“鲤跃龙门”	尺寸不一	130,650	佳士得	2014.05.27
缅甸翡翠观音摆件	长12.5cm	502,500	佳士得	2014.05.27
缅甸翡翠观音摆件	长54.3cm	321,600	佳士得	2014.05.27
缅甸翡翠观音摆件	高14.5cm	1,189,920	佳士得	2014.05.27
墨翠小狗“五福临门”摆件(五件)	尺寸不一	75,898	天成国际	2014.06.08
年份约1935 银配白水晶地球仪，卡地亚(Cartier)		395,000	香港苏富比	2014.04.07
糯冰种翡翠白菜	长9.5cm	33,600	一得阁	2014.10.20
邱启敬 玻璃种翡翠 涅槃·意空	佛高12.5cm	20,700,000	北京保利	2014.06.05
邱启敬 翡翠清趣·菊	长9.1cm	322,000	北京保利	2014.06.05
日本珊瑚“飞龙”挂画，今井正夫(秀星)雕刻，年份约1970	珊瑚装饰长703cm	698,265	天成国际	2014.12.07
三彩翡翠巧雕“生生不息”摆件		287,500	广州皇玛	2014.01.02
三彩巧色翡翠雕“观音”摆件	高14.8cm	11,422,040	香港苏富比	2014.10.07
三色翡翠“蛙鸣报喜”摆件	长23.5cm	186,204	天成国际	2014.12.07
三色翡翠龙钩“望子成龙”摆件		325,857	天成国际	2014.12.07
双色翡翠“喜气洋洋”摆件	配绳长度22.6cm	41,896	天成国际	2014.12.07
双色翡翠雕“岁岁长春绿”摆件	长12.1cm	257,075	香港苏富比	2014.10.07
双色红翡翠“福龟”及“壁虎”摆件		94,872	天成国际	2014.06.08
双色黄翡翠“英明神武”摆件	长6.07cm	104,359	天成国际	2014.06.08
仵应汶 翡翠雕自在观音摆件	高38cm	1,725,000	中贸圣佳	2014.07.06
项京翡翠多子多福多寿财无量七宝具足摆件		13,800	中鸿信	2014.11.23
颜桂明 翡翠雕“菩提佛祖”	高20cm	9,430,000	中鸿信	2014.11.23
颜桂明 真如自在 翡翠摆件	翡翠长21.6cm	414,000	西泠拍卖	2014.05.03
佚名 荷塘鸭趣 翡翠摆件	长5.4cm	17,250	西泠拍卖	2014.12.14
友谊之马 苏芒设计 TTF出品		345,000	北京保利	2014.06.06
张知忠冰种翡翠踏雪寻梅摆件	高19.5cm	138,000	中鸿信	2014.11.23
珍罕紫翡翠配钻石吊坠/摆件	蛋面长4.35cm	8,379,180	天成国际	2014.12.07
紫翡翠“花开富贵长生寿篮”摆件连木座(两件)	长184cm	12,800	香港拍得高	2014.09.06
紫翡翠“刘海戏金蟾”摆件连木座(两件)	摆件长18cm	54,510	香港拍得高	2014.03.22
紫翡翠“龙龟”配翡翠“莲花”摆件		26,069	天成国际	2014.12.07
紫翡翠“招财狮子，福到眼前”摆件连木座(6)	长9.17cm	25,889	香港拍得高	2014.06.21
紫罗兰春带彩翡翠观音雕件(一对)	尺寸不一	172,500	北京保利	2014.04.29
紫罗兰琥珀“老子出关”摆件	主石长18.5cm	57,500	北京保利	2014.06.06
紫罗兰玉雕童子拜观音摆件	高28cm	375,796	景薰楼	2014.06.15
清 冰种翡翠礼佛图山子摆件	高22cm	184,000	北京传是	2014.06.05
清 翡翠山水人物山子	长12.7cm	10,350	中国嘉德	2014.09.22
清 翡翠山子	长9cm	23,000	北京翰海	2014.04.12
清 翡翠深山访友御题诗文山子	长17cm	13,800	中国嘉德	2014.09.22
20世纪 翡翠高山流水琴音山子	长23.5cm	115,000	上海嘉泰	2014.06.19
20世纪60年代 冰种翡翠雕礼佛图山子	高15.8cm	207,000	中鸿信	2014.11.23
翡翠踏雪寻梅山子	高28.5cm	40,250	北京传是	2014.06.05
近代 翠雕山水高士图大山子	高20cm	17,250	北京保利	2014.01.11
自儒堂翡翠雕“秋山行旅图”山子	翡翠长7.5cm	123,200	上海联合	2014.03.29
清 翡翠如意	长11.2cm	92,000	中贸圣佳	2014.07.06
19世纪 翡翠如意	长7.2cm	482,400	佳士得	2014.05.28
民国 翡翠雕灵芝如意	长37cm	145,600	北京荣宝	2014.06.15
红翡如意摆件	翡翠长9.8cm	16,800	上海联合	2014.03.29
翠玉船	长16.5cm	41,400	北京匡时	2014.09.17
清中期 翡翠祝寿图屏心	长35cm	345,667	中国嘉德	2014.10.07

拍品名称	物品尺寸	成交价RMB	拍卖公司	拍卖日期
翡翠雕松鹿纹插屏	长27cm	80,500	广州皇玛	2014.04.27
20世纪 翠玉描金蓝采和图板	高40.7cm	168,658	纽约苏富比	2014.09.16
生活用品				
瓶				
清中期 翡翠兽耳活环瓶	高8cm	368,000	北京翰海	2014.05.10
清中期 翡翠龙纹盖瓶	高22.5cm	241,500	北京保利	2014.04.27
清中期 翡翠龙纹盖瓶	高22.5cm	97,750	北京保利	2014.10.26
清中期 翡翠链瓶	高16cm	138,000	北京保利	2014.04.27
清中期 翡翠链瓶	高16cm	69,000	北京保利	2014.10.26
清中期 翡翠雕兽面铺首三羊开泰罍式盖瓶	高27cm	1,495,000	北京保利	2014.06.04
清中期 翡翠雕螭龙纹盖瓶	高15.5cm	92,000	北京东正	2014.11.20
清中期 翡翠雕“英雄”瓶	高17cm	276,000	华艺国际	2014.12.09
清中期 碧玺龙凤纹双联瓶	高9cm	138,000	北京翰海	2014.05.10
清 翡翠链条瓶	高21.5cm	168,000	上海国拍	2014.11.30
清 翡翠链条瓶	高21.5cm	168,000	上海国拍	2014.11.30
清 翡翠花瓶	高16cm	11,500	北京翰海	2014.11.22
清翡翠雕兽面纹双环耳瓶(一对)	高15.6cm	483,000	苏州东方	2014.10.30
清 翡翠雕螭龙团寿纹衔环耳抱月瓶	高32cm	253,000	北京保利	2014.12.05
清 翡翠螭龙纹象耳瓶镶嵌件	长8.1cm	20,700	中国嘉德	2014.03.24
清 翠玉饕餮纹盖瓶带缂丝灯罩(一对)	瓶高24.7cm	459,975	纽约苏富比	2014.09.16
清 翠雕花卉麒麟大盖瓶	高35cm	36,800	北京保利	2014.04.27
19世纪 翡翠雕开光松竹梅纹花耳瓶	高17.7cm	46,000	北京东正	2014.06.07
民国 三彩翡翠雕福禄寿纹盖瓶	高21cm	29,366	中信国际	2014.04.19
民国 翠嵌百宝盖瓶	高8.5cm	13,800	北京保利	2014.04.27
民国 翠雕凤纹双联瓶	高15cm	48,300	北京保利	2014.10.26
翡翠福寿双耳瓶	高35cm×2	330,000	北京中孚	2014.05.25
翡翠对瓶	高16cm	517,500	北京博观	2014.07.06
翠玉六棱双耳活环龙钮盖瓶	高20.3cm	421,781	纽约佳士得	2014.03.20
觚				
清中期 翡翠雕兽面纹活环花觚	高34cm	460,000	北京保利	2014.01.11
清 翠雕出戟花觚	高8.5cm	190,400	天津文物	2014.05.16
19世纪 翠玉雕饕餮纹觚 (一对)	高18.3cm	53,664	纽约苏富比	2014.09.16
清 翠玉雕饕餮纹觚 (一对)	高29.4cm	1,548,400	香港苏富比	2014.04.08
壶				
19世纪 翡翠雕缠枝莲纹提梁壶	直径21.8cm	2,300,000	北京东正	2014.05.18
翡翠茶壶	长9cm	112,000	中晟国际	2014.10.11
翡翠雕“茶壶及茶杯”摆件	茶壶高17cm	257,075	香港苏富比	2014.10.07
杯				
清中期 翡翠雕兽耳衔环杯	直径5.4cm	230,000	北京东正	2014.05.18
清 翡翠爵杯	长8.5cm	55,200	深圳市拍	2014.01.05
清 翡翠雕双龙戏珠纹爵杯	带座高15cm	230,000	西泠拍卖	2014.05.06
清 翡翠双耳花口杯	宽12cm	43,700	北京保利	2014.06.06
碗				
清乾隆 翠雕仿古碗 青白玉龙纹碗	直径11.5cm	230,000	北京保利	2014.01.11
清乾隆 翡翠雕夔龙纹碗	直径11.3cm	287,500	北京东正	2014.11.20
清中期 翡翠痕都斯坦菊瓣碗	高5.3cm	161,000	上海嘉泰	2014.06.18
清中期 翡翠福寿纹盖碗	直径11cm	517,500	北京东正	2014.11.20
清 翡翠碗 (一对)	高8cm	115,000	西泠拍卖	2014.05.06
近代 翡翠碗 (一对)	直径12.5cm	55,200	北京保利	2014.01.11
盘				
清 翡翠莲花香盘(配原座)	直径12cm	92,000	北京翰海	2014.05.10
翡翠果盘		36,800	北京东正	2014.06.07
盒				
清中期 翡翠羊钮游环盖盒	宽14cm	230,000	北京保利	2014.01.11
清中期 翡翠羊钮游环盖盒	宽14cm	126,500	北京保利	2014.10.26
清中期 翡翠圆盒	直径5.2cm	57,500	北京翰海	2014.05.11
清 翠玉桃形嵌宝石香盒		402,500	翰风国际	2014.04.30
清 翡翠浮雕福寿图桃形盖盒		80,500	中宝拍卖	2014.07.06

2014珠宝翡翠拍卖成交汇总

(成交价RMB：1万元以上)

拍品名称	物品尺寸	成交价RMB	拍卖公司	拍卖日期
19世纪 18K金 钻石、祖母绿编织首饰盒	长9cm	86,250	江苏爱涛	2014.07.06
清晚期 翡翠雕寿字圆盖盒		118,620	伦敦邦瀚斯	2014.05.15
14K黄金镶彩色刚玉及钻石粉盒, VERDURA		199,875	纽约苏富比	11/20/2014
18K黄金镶橄榄石、绿松石及祖母绿粉盒, SCHLUMBERGER 蒂芙尼(SCHLUMBERGER FOR TIFFANY & CO.)		246,000	纽约苏富比	11/20/2014
18K黄金镶红宝石粉盒, SCHLUMBERGER 蒂芙尼(SCHLUMBERGER FOR TIFFANY & CO.)		284,438	纽约苏富比	11/20/2014
18K黄金镶蓝宝石及祖母绿粉盒, SCHLUMBERGER 蒂芙尼		215,250	纽约苏富比	11/20/2014
18K黄金镶紫水晶、绿松石及红宝石粉盒, SCHLUMBERGER 蒂芙尼(SCHLUMBERGER FOR TIFFANY & CO.)		207,563	纽约苏富比	11/20/2014
18K三色黄金镶彩色钻石秋叶锦盒, VERDURA	长8.26cm	768,750	纽约苏富比	11/20/2014
翡翠"旗开得胜"象棋连木盒(32)	长4.945cm	24,040	香港拍得高	2014.06.21
翡翠福寿如意首饰盒	长6.6cm	51,750	北京艺融	2014.12.08
红宝石配黑漆化妆盒及唇膏盒套装;及祖母绿"花"别针，梵克雅宝(Van Cleef & Arpels)	长8.7cm	64,269	香港苏富比	2014.10.07
红翡翠"祥龙"宝盒摆件		74,482	天成国际	2014.12.07
英国 Artdeco风格珐琅镶嵌翡翠镀金盒子	长82.08mm	25,300	北京保利	2014.06.06
钻石晚装手袋、唇膏盒、化妆盒及梳套装，梵克雅宝(Van Cleef & Arpels)		346,063	香港苏富比	2014.10.07
钻石晚装手袋及香烟盒，梵克雅宝(Van Cleef & Arpels)	手袋长17.5cm	355,950	香港苏富比	2014.10.07
黄金及皮革珠宝盒,卡地亚(CARTIER)	长30.48cm	76,875	纽约苏富比	11/20/2014
炉				
清乾隆 翡翠雕狮钮炉	高14.2cm	138,000	中贸圣佳	2014.06.01
清中期 翡翠游环掌炉	长5cm	28,750	上海嘉泰	2014.06.19
清中期 翡翠兽面纹盖炉	宽17cm	747,500	北京保利	2014.04.27
清中期 翡翠兽面纹盖炉	宽17cm	109,250	北京保利	2014.10.26
19世纪 翠玉雕菊花纹活环四足式盖炉	高23cm	421,644	纽约苏富比	2014.09.16
清 翡翠雕狮钮三足炉	长20cm	138,000	浙江世贸	2014.07.27
清 翡翠双龙首衔环耳鬲炉		27,221	香港淳浩	2014.11.27
清 翡翠狮钮香炉		20,700	上海道明	2014.12.11
清 翡翠三足炉	高14.5cm	218,500	翰风国际	2014.04.30
清 翡翠三羊开泰香炉	高13.5cm	1,840,000	江苏爱涛	2014.07.06
清 翡翠瑞兽衔活环耳三足盖炉	高10.5cm	128,538	香港苏富比	2014.10.08
清 翡翠龙纹大香炉	高38cm	747,500	江苏爱涛	2014.07.06
清 翡翠龙耳狮钮海棠形香炉		138,000	翰风国际	2014.04.30
清 翡翠刻诗文狮钮方炉	高14.6cm	195,500	西泠拍卖	2014.12.13
清翡翠官造狮群戏球三足衔环炉	高15.5cm	2,070,000	江苏爱涛	2014.07.06
清 翡翠雕四季花鸟活环盖炉	高27cm	1,380,000	北京保利	2014.06.04
清 翡翠雕活环衔耳炉	带座高15cm	552,000	西泠拍卖	2014.12.13
清 翠雕兽面纹炉	宽16.5cm	51,750	北京保利	2014.10.26
翡翠双狮耳活环三足炉	高12.5cm	74,497	香港富得	2014.03.29
翡翠三足炉和盖	高17.3cm	201,000	佳士得	2014.05.28
19世纪 四灵兽翠玉香炉	高22.5cm	368,160	帝图艺术	2014.06.22
花插				
清 翠雕松树花插	高9.5cm	13,800	北京保利	2014.10.26
清 翠雕灵芝花插	高15cm	101,200	北京保利	2014.10.26
民国 翠雕竹形鸟纹花插	高15cm	23,000	北京保利	2014.10.26
其他生活用品				
清 翠雕天鸡尊	高22.5cm	55,200	北京保利	2014.10.26
清翡翠雕仿古凤鸟纹活环连盖匜	长10.7cm	642,688	香港苏富比	2014.10.08
清 翡翠雕花篮	高29.5cm	224,250	古天一	2014.06.05
清 翡翠雕松鹤延年纹香筒		437,000	苏州东方	2014.10.30
清 翡翠夔龙纹玉锁	宽16.5cm	23,000	北京保利	2014.04.27
民国 翡翠兽面纹龙凤觥	高21cm	13,800	中国嘉德	2014.09.22
20世纪 冰种翡翠荷花仙露茶具(一组五件)	壶高10.5cm	747,500	上海嘉泰	2014.06.18
翠玉镶鎏金银富贵吉祥图把镜	高26.7cm	306,750	纽约佳士得	2014.03.20
翡翠透雕满工云龙香薰	高33cm	92,000	浙江世贸	2014.04.13
钻石"兰花"眼镜，卡地亚(Cartier)		44,494	香港苏富比	2014.10.07
文房用品				
清乾隆 翡翠雕喜上眉梢双面臂搁	长20.2cm	5,635,000	北京保利	2014.06.04
清乾隆 翡翠巧雕荷塘清趣水洗	高6.2cm	253,000	江苏爱涛	2014.07.06
清 翠雕叶形洗	宽18cm	57,500	北京保利	2014.01.11
清 翡翠雕福寿纹洗	长12.5cm	25,300	中贸圣佳	2014.06.01
清 翡翠雕荷趣飞鸟笔洗	9.5cm×8.2cm	368,000	北京匡时	2014.06.03
清 翡翠雕花卉纹笔洗	长15.3cm 宽10.7cm	161,000	西泠拍卖	2014.05.06
清 翡翠雕松鼠葡萄纹三色水洗	长9.8cm；宽6.8cm	109,250	浙江世贸	2014.07.27
清晚期 翡翠雕笔洗	直径11.2cm	118,620	伦敦邦瀚斯	2014.05.15
清晚期 翡翠雕蟾蜍观鱼纹荷叶形洗	宽25.7cm	36,904	伦敦邦瀚斯	2014.05.15
清乾隆 翡翠双龙纹水丞	长5.8cm	322,000	远方拍卖	2014.06.02
清 翠雕龙纹水盂	宽8cm	36,800	北京保利	2014.08.02
清 翡翠水盂	直径5.2cm	138,000	苏州东方	2014.05.30
翡翠雕梅花纹水盂附底座	长16cm	19,272	中信国际	2014.04.19
清 翡翠雕螭龙笔架	带座高6.2cm	34,500	西泠拍卖	2014.12.13
清 翡翠叶形俏色笔掭	长24.5cm	172,500	保利厦门	2014.11.02
清 红翡雕竹节臂搁	长15.5cm	437,000	西泠拍卖	2014.12.13
清中期 翡嵌翠狮子戏球墨床	长7.5cm	10,350	北京保利	2014.10.26
翡翠糯冰种龙钮玉玺	长6.4cm	74,750	北京艺融	2014.06.03
清 翡翠狮钮印章	高6.5cm	40,250	中鸿信	2014.11.22
清中期 翡翠兽首钮方章	长7cm	172,500	中宝拍卖	2014.07.06
翡翠"鸿运当头"对章(一对)		64,960	上海联合	2014.03.29
翡翠"如意"印章(一对)	尺寸不一	33,205	天成国际	2014.06.08
翡翠雕狮钮金钱纹印章	5×4cm	58,733	中信国际	2014.04.19
翡翠金蟾钮章猴子偷桃坠各一件	长1.8cm	25,300	中国嘉德	2014.03.24
翡翠寿桃印章料	高4.1cm	29,900	南京经典	2014.08.04
翡翠兽钮方章		23,000	中国嘉德	2014.11.22
翡翠兽钮印章		17,250	北京传是	2014.06.05
翡翠印章		21,698	佳士得	2014.11.25
翡翠印章		17,250	北京传是	2014.06.05
翡翠印章；及黄金掏耳勺(一对)	印章高2.57cm	1,074,400	香港苏富比	2014.04.07
黄翡印章	长9.1cm	63,250	北京保利	2014.06.06
糯冰种翡翠狮钮印章	长2.3cm	13,800	北京艺融	2014.06.03
紫翡翠图章	长7.79cm	74,063	香港苏富比	2014.04.07
清 翡翠书签	长18cm	34,500	南京经典	2014.01.06
清 翡翠书签	长18cm	32,200	南京经典	2014.04.27
清 翡翠福在眼前竹纹笔筒	高11.2cm	230,000	北京翰海	2014.05.11
18世纪 翡翠岁寒三友诗筒		195,500	上海嘉泰	2014.06.19
清晚期 翡翠雕花龙纹文房用具(四件)	笔长16.5cm	242,679	保利香港	2014.10.07
红色碧玺配沙弗来石及钻石"龙龟"纸镇		791,000	香港苏富比	2014.10.07